Eva Wolfangel

EIN FALSCHER KLICK

Hackern auf der Spur:
Warum der Cyberkrieg
uns alle betrifft

PENGUIN VERLAG

Der Verlag hat die russischen Eigennamen in der englischen Umschrift belassen, da – wie bei Eigennamen üblich – die Namensträger:innen diese Umschrift gewohnt sind und sich mit ihr identifizieren. So findet sie sich meist in den hier auch als Quellen genutzten privaten E-Mails der russischen und ukrainischen Personen.

Penguin Random House Verlagsgruppe FSC® N001967

1. Auflage 2022
Copyright © 2022 Penguin Verlag
in der Penguin Random House Verlagsgruppe GmbH,
Neumarkter Straße 28, 81673 München
Redaktion: Caroline Draeger
Umschlaggestaltung: total italic/Thierry Wijnberg
Umschlagabbildung: © Shutterstock/rangizzz
Satz: Uhl + Massopust GmbH, Aalen
Druck und Bindung: CPI books GmbH, Leck
Printed in the EU
ISBN 978-3-328-10904-4

www.penguin-verlag.de

Inhalt

Einleitung Es ist viel zu einfach 6

Teil 1
Die Welt der kriminellen Hacker 15

1.1 »Wir waren arm, und Hacking
    galt als Patriotismus« 17
1.2 Der Täter, das Opfer, der Jäger 39
1.3 Still wanted: Botmaster Bogachev 64

Teil 2
Die Welt der staatlichen Hacker 91

2.1 Blackout aus der Ferne 93
2.2 Die Geburt des Cyberwars 116
2.3 Sie sind überall 137

Teil 3
Der Cyberwar gerät außer Kontrolle 167

3.1 Milliardenschwerer Kollateralschaden 169
3.2 Gefährliche Synergien 199
3.3 »Da hat es in meinem Kopf Klick gemacht« 226

Teil 4
Perspektivwechsel für mehr Sicherheit 249

4.1 Meisterin der Manipulation 251
4.2 Im Kopf der Kriminellen 274
4.3 Die den Finger in die Wunde legt 296

Ende »Es gibt kein Zurück« 325

Glossar 342

Was ich noch zu sagen hätte 350

Einleitung

Es ist viel zu einfach

Im Herbst 2019 habe ich den IT-Sicherheitsberater des früheren US-Präsidenten Barack Obama gehackt. Damals wurde mir klar, dass die Welt dieses Buch braucht. Denn es war viel zu einfach. Es war ein Auftragshack – und der Auftrag kam vom Opfer selbst: Eric Rosenbach, dem sogenannten Cyberzar. Unter der offiziellen Rollenbezeichnung Deputy Assistant Secretary of Defense for Cyber verantwortete er von 2011 bis 2014 die Cyberstrategie des US-Verteidigungsministeriums, von 2014 bis 2017 war er Stabschef des Pentagon. Rosenbach begleitete in dieser Zeit alle wesentlichen Entwicklungen, die den Cyberraum betreffen, und mit seinem Team gelang es ihm, allerlei Attacken teils oder vollständig abzuwenden oder zumindest im Nachhinein zu analysieren. Das waren in diesen Jahren gleich eine ganze Reihe – von Chinas Diebstahl geistigen Eigentums großer US-Unternehmen durch Spähangriffe über iranische und nordkoreanische Cyberangriffe auf kritische Infrastrukturen bis zu den immer massiveren Versuchen des russischen Geheimdiensts, sich mithilfe von Hacking-Angriffen und der Verbreitung von Falschnachrichten in die US-Politik einzumischen.

2019 erhalte ich also die Aufgabe Rosenbachs, ihm eine Spear-Phishing-E-Mail zu schreiben. Das sind sehr gezielte, auf eine Person zugeschnittene E-Mails mit dem Ziel, die Angeschriebenen dazu zu bewegen, einen schädlichen Anhang anzuklicken. Tun sie das, breitet sich ein Virus auf ihrem Computer aus, der sie wahlweise ausspioniert und Daten klaut oder alles verschlüsselt – oder gleich beides.

Eric Rosenbach unterrichtet heute Cybersecurity als Direktor des Belfer Centers an der Harvard Kennedy School. Die Phishing-E-Mail ist eine Hausaufgabe in einem Intensivseminar in Harvard, das ich zu dieser Zeit zweimal in der Woche besuche: »Cyber and Info Ops: War, Peace and the Space Between«, so lautet der Name des Seminars, der mich besonders anspricht, weil ich mich genau dafür interessiere: für Krieg, Frieden – und alles, was dazwischen in der Cyberwelt existiert. Ich bin keine reguläre Studierende, sondern habe ein Fellowship für Wissenschaftsjournalismus am MIT. Deshalb muss ich Rosenbach erst überzeugen, dass ich als Stipendiatin an seinem Seminar teilnehmen darf. »Sie müssen aber die gesamte Arbeit machen«, schreibt er mir drohend. Die Arbeit – das ist alles, was er von den ehrgeizigen Midcareer-Fellows, die mit mir an dem Seminar in Harvard teilnehmen, auch erwartet. Für mich klingt das spannend, und ich sage zu – was tatsächlich einen Berg Arbeit nach sich zieht: schier endlos lange Leselisten zur Vorbereitung jedes Termins etwa, deren Inhalt er ohne Vorwarnung vor der ganzen Klasse abfragt. Ein mehrtägiges Bootcamp mit technischen Inhalten. Gleich mehrere Quize und zu verfassende Politik-Strategiepapiere. Spontane »On the spot briefings«, bei denen wir die Rolle der Beteiligten eines Cybervorfalls einnehmen und ein Statement abgeben müssen, und vor allem Simulationen: realistisch nachempfundene Rollenspiele aus dem Verteidigungsministerium, in denen Rosenbach meist den US-Präsidenten spielt, den wir beraten müssen.

Es gibt sonst im Leben wohl kaum eine Gelegenheit, sich so intensiv, dicht gepackt und umfassend damit zu beschäftigen, was im digitalen Raum geschieht, welcher massive Schaden durch Cyberangriffe entsteht, wie gefährlich das Zeitalter der Cyberwars ist – und vor allem: wie angreifbar wir sind. Wir alle. Nicht die USA, sondern die Gesellschaft, die Welt.

Seither habe ich nicht aufhören können, in diesem Themenbereich zu recherchieren, und das Bild wird immer umfassender.

Neue Perspektiven kommen hinzu, bei manchen Themen gibt es unterschiedliche Einschätzungen, aber eines bleibt – meine Gewissheit: Wer sich die großen Cyberangriffe der vergangenen Jahre und die aktuelle Entwicklung anschaut, sieht, dass wir handeln müssen. Und damit meine ich nicht nur die Regierungschefs und Sicherheitsberater.

Wie sehr das jeden Einzelnen von uns betrifft, wird mir klar bei der Aufgabe, die Spear-Phishing-E-Mail an Rosenbach zu schreiben. Ich recherchiere eine Nacht lang über Rosenbach und bin erstaunt, wie viel Privates ich nach dieser Zeit schon über ihn weiß, wie viele potenzielle Angriffsmöglichkeiten sich auftun.

Für die E-Mail bekomme ich ein A, die Bestnote nach dem US-Notensystem. Das bedeutet, erklärt mir Rosenbach, dass er meine E-Mail für vertrauenswürdig gehalten hat: Wäre es eine echte Phishing-Mail gewesen, hätte er sich mit ihr einen Virus eingefangen.

Wenn es so einfach ist, einem problembewussten Menschen wie Rosenbach eine schädliche E-Mail unterzujubeln: Wie können wir uns dann überhaupt schützen? Mir wurde in dem Seminar damals plötzlich bewusst, wie viele Anhänge ich schon geöffnet hatte, weil die zugehörige E-Mail absolut vertrauenswürdig klang. Ob eine E-Mail das wirklich ist, lässt sich nur schwer überprüfen. Es muss sich nur jemand wie ich einen Tag Zeit nehmen und ein bisschen im Internet recherchieren – genau so, wie ich es mit Rosenbach getan habe. Und schon kann man eine persönliche, vertrauenswürdige E-Mail schreiben, die von den meisten Menschen arglos geöffnet würde. Die Absenderadresse zu fälschen, ist eine leichte Übung. Entsprechende Schadsoftware im Internet zu kaufen, braucht auch nur wenig Rechercheleistung. Und fertig ist der Angriff.

Die meisten Phishing-Attacken werden mit noch viel weniger Aufwand durchgeführt. Die meisten sind nicht persönlich, sondern es genügen vielfach verwendete Textbausteine – und trotzdem sind sie erfolgreich. Die Masse macht es. Wer genug solcher E-Mails hinaus in die Welt schickt, erwischt immer mal wieder eine leichtgläubige Person. Sobald es um größere Geldsummen geht, lohnt es sich, etwas Aufwand zu investieren und den Angriff maßzuschneidern. Das ist dann eine ziemlich lukrative Investition, wenn man bedenkt, welche Summen Unternehmen bezahlen, um ihre verschlüsselten Daten zurückzubekommen. Es gibt heute tatsächlich nur wenige effizientere Investitionen als die in Schadsoftware. Und der Schaden für uns alle ist immens.

Es braucht nur einen falschen Klick.

Wie geht es wohl dem Mitarbeiter oder der Mitarbeiterin, der oder die durch einen unbedachten Klick Kriminelle ins Unternehmensnetzwerk lässt und damit einen Millionenschaden auslöst? Das frage ich mich ganz aktuell im Februar 2022, als ich aus der Managementetage des Osnabrücker Logistikunternehmens Hellmann drei Etagen weit hinunterschaue auf den großen Vorplatz, auf dem es wie in einem Ameisenhaufen wimmelt. Dort rangieren riesige Lastwagen des Unternehmens, die Tag für Tag unzählige Güter durch die Republik fahren, auf die an ganz verschiedenen Adressen jemand wartet. Nur wenige Wochen zuvor hat hier tatsächlich alles anders ausgesehen. Die hektische Betriebsamkeit wurde jäh unterbrochen, als Hellmann kurz vor Weihnachten 2021 Opfer eines Cyberangriffs wurde. Das Unternehmen mit weltweit knapp 11 000 Beschäftigten und einem Jahresumsatz von 2,5 Milliarden Euro ging von einer Sekunde zur anderen und ohne jede Vorwarnung offline.

In diesem Fall floss kein Lösegeld, weil der Konzern den Angriff frühzeitig bemerkte – das heißt, er wurde entdeckt, bevor die Kriminellen die Daten verschlüsseln konnten. Dennoch war der Schaden enorm, schließlich war das Unternehmen einige Tage kaum handlungsfähig – und das im Weihnachtsgeschäft. Zudem standen einige Wochen später mehrere Gigabyte interne Daten im Darknet, die für Kriminelle ebenso interessant sind wie für die internationale Konkurrenz.

Durch die Veröffentlichung der Daten wurde ich auf den Hack aufmerksam und konnte Hellmann schließlich überzeugen, mich für eine Reportage für die Wochenzeitung *Die Zeit* zu empfangen. Einfach war das nicht, die meisten Unternehmen haben große Angst, über Angriffe zu sprechen. Die öffentliche Schmach, aber auch Sorge davor, Kriminelle erst recht herauszufordern, lassen sie vor dem Schritt an die Öffentlichkeit zurückschrecken.

Aber wenn Cyberangriffe ein Tabu sind, bleiben wir für immer angreifbar. Auch im Kleinen begegnet mir oft diese Haltung: »Ich will das lieber nicht so genau wissen, ich verstehe das sowieso nicht –, und mich wird es schon nicht treffen.« Leider trifft es immer unvorbereitet, wenn man sich nicht vorbereitet. Genau diese Menschen rufen mich dann an: »Eva, ich habe da so eine E-Mail angeklickt, die klang schon ein bisschen komisch. Was soll ich denn jetzt tun?«

Allein in meinem persönlichen Umfeld hat es innerhalb eines Jahres mehrere Privatpersonen getroffen, die sich über E-Mails schädliche Viren einfingen oder auf Fake-Nachrichten hereinfielen, sowie zwei mittelständische Unternehmen, die fünf- bis sechsstellige Summen an Geld verloren haben.

Bei Hellmann sind die Kosten vermutlich deutlich höher, aber auch dieses Opfer eines Hackerangriffs ist nur eines von vielen: Der deutschen Wirtschaft entsteht laut einer Studie des Digitalverbands Bitkom ein jährlicher Schaden von rund 203 Milliarden Euro durch Cyberattacken. Es trifft die Mehrheit aller Unternehmen, rund 84 Prozent berichteten entsprechende Angriffe.

Ich habe für dieses Buch viele Recherchereisen gemacht – reale Reisen nach Russland, in die Ukraine, nach Großbritannien, in die Niederlande und in die USA ebenso wie virtuelle Zeitreisen: Ich habe mich mit Sicherheitsforscher:innen in die Geschichte des Cyberwars und der Cyberkriminalität vertieft und diese in tagelangen Gesprächen minutiös rekonstruiert. Es ist eine noch junge Geschichte, aber nicht minder ereignisreich. Ich habe für dieses Buch einige der größten und interessantesten Cybervorfälle der vergangenen Jahre ausgewählt und deren Spuren bis in die Gegenwart intensiv verfolgt. Ich habe Hacker:innen jeder Couleur getroffen, ich habe Opfer besucht und Sicherheitsforscher:innen bei ihrer unermüdlichen Detektivarbeit begleitet.

Das Ergebnis gliedert sich in vier Teile: Im ersten Teil begleite ich kriminelle Hacker, im zweiten Teil geht es um staatliches Hacking und den Beginn des Cyberwars, im dritten Teil zeige ich, wie der Cyberwar mit teils lebensgefährlichen Folgen für Unbeteiligte außer Kontrolle gerät, und im vierten Teil untersuche ich die Fragen, wieso wir so angreifbar sind und was wirklich hilft.

Wie ich werden auch Sie erstaunt und frustriert feststellen, dass die Unterscheidung zwischen kriminellen und staatlichen Angriffen nicht immer eindeutig ist, dass es Mischformen gibt, weil die einen von den anderen profitieren und umgekehrt. Das macht die Sache umso gefährlicher, denn eine Erkenntnis zieht sich durch die gesamte Geschichte der IT-Sicherheit: Auch vermeintlich »gutes«, staatliches Hacking im Kampf gegen Kriminelle schwächt in der Konsequenz die Sicherheit aller.

Was aber können wir tun? Wir müssen Sicherheitslücken schließen – im Großunternehmen wie am heimischen Schreibtisch –, und dazu müssen wir uns damit beschäftigen, wie und welche Lücken unsere Systeme für Angreifer:innen öffnen. Das tun wir in diesem Buch. Wir werden dabei auch organisatorische, ja sogar psychische »Lücken« aufdecken, denn das ist einer der Trends: Kriminelle und staatliche Hacker:innen nutzen unser Vertrauen aus. Sie werden staunen, was eine sogenannte Social-Engineering-Expertin – gewissermaßen eine Fachfrau im Überlisten und Hereinlegen – alles erreicht, ganz ohne Gewalt, ganz ohne Viren.

Mitten in die Schlussredaktion dieses Buches platzt ein Anrufer mit einer schrecklichen Nachricht: Er rufe von Europol an, auch das FBI höre mit, sagt der Mann an meinem Handy, denn ich werde gesucht als Teil einer internationalen schwerkriminellen Bande. Er werde nun mein Bankkonto sperren, und auch mein Ausweis sei ab sofort nicht mehr gültig. In einem von mir angemieteten Fahrzeug sei vermutlich eine Gewalttat geschehen, es sei völlig verbeult und voller Blut am Stadtrand von Berlin gefunden worden, und über meine Konten werde Geldwäsche betrieben. Glücklicherweise scheint er mir aber zu glauben, dass ich mit alldem nichts zu tun habe, sondern dass offenbar jemand meine Daten erbeutet hat – nur wer? Er wolle mir helfen, sagt er. Zuallererst müsse ich den Behörden beweisen, dass mein Geld legalen Ursprungs sei. »Öffnen Sie Ihren Laptop und googeln Sie Team-Viewer«, sagt er.

Sie ahnen schon, worauf es hinausläuft: Der Anrufer war ein krimineller Hacker. Er versuchte, mich zu überreden, ihn mit einem Programm auf meinen Computer einzuladen, damit er dort unter dem Vorwand, mir zu helfen, mein Konto leerräumen kann.

Natürlich tat ich das nicht, denn ich war nicht unvorbereitet. Stattdessen überlegte ich mir viele technische Ausreden, um den Anrufer auszutesten und zu sehen, was er auf Lager hat.

Ich muss gestehen: Ich war am Ende ziemlich beeindruckt, denn er hatte eine enorme Überzeugungskraft und auf alles eine Antwort. Ich wurde mehrmals weiterverbunden zu »Beamten« anderer Hierarchieebenen, die sich stets mit vollem Namen und Dienstnummer vorstellten und das »Good-Cop-Bad-Cop«-Spiel zur Vollendung spielten.

Ich bin nach der Recherche für dieses Buch natürlich kein geeignetes Opfer mehr für die Bande, doch mir wurde klar, dass sie viel investiert hatten und dass sich das vermutlich auszahlt. Und ich weiß aus erster Hand von einem Opfer, wie die Geschichte weitergeht, wenn man nicht vorbereitet ist: Im Zuge der Recherche habe ich eine junge Frau kennengelernt, die eine fünfstellige Summe an die Kriminellen verloren hat.

Wenn Sie sich jetzt fragen, wie das sein kann, lesen Sie bitte das Kapitel über Social Engineering: Es ist so aktuell wie der Anruf mitten in der Schlussphase meines Schreibprozesses. Daher gibt es in allen Bereichen dieses Buchs Hinweise auf aktuelle Entwicklungen: Eine Hackinggruppe des russischen Geheimdiensts, die sich eine ganze Zeit lang bedeckt gehalten oder im Verborgenen agiert hat und die für einige der gefährlichsten Cyberangriffe der Geschichte verantwortlich ist, ist im Zuge des russischen Angriffskriegs auf die Ukraine wieder aktiv und hat mit einer – glücklicherweise missglückten – Attacke auf ein Elektrizitätswerk gezeigt, dass sie nach wie vor eine große Gefahr darstellt – auch und gerade für westliche Infrastrukturen. Auch im Bereich der Entwicklung staatlicher Spionagesoftware und deren Missbrauchspotenzial überschlagen sich die Ereignisse: Unter anderem zeigen aktuelle Recherchen rund um die Spionagesoftware Pegasus, wie Nichtregierungsorganisationen, Journalist:innen und Oppositionelle in Diktaturen in den Fokus staatlicher Repression geraten. Cyberwaffen aus Europa helfen repressiven Regimes bei der Unterdrückung kritischer Stimmen – im Jahr 2021 war Deutschland Exportweltmeister von Spionagesoftware. Diese ging beinahe ausschließlich an nicht demokratische Regimes.

Auch die Kriminellen, die ich im ersten Teil begleitet habe, werden immer kreativer. Eine wachsende Zahl von Menschen verliert Geld, weil Kriminelle sich auf verschiedenen Wegen Zugang zu ihrem Bankkonto verschaffen. Beinahe täglich liest man von neuen Ransomware-Angriffen auf Unternehmen, die dabei Millionen verlieren. Auch hier gilt: ein falscher Klick genügt.

Als ich kurz vor Erscheinen dieses Buches auf Twitter fragte, was denn Wichtiges ins Vorwort solle, wurde mir geraten, Sie – liebe Leser:innen – im Stil von Walter Moers' *Stadt der Träumenden Bücher* zu warnen. Moers schreibt einleitend, es sei keine Geschichte »für Leute mit dünner Haut und schwachen Nerven – welchen ich auch gleich empfehlen möchte, dieses Buch wieder zurückzulegen«[1]. In der Tat werden Sie sich möglicherweise auch bei der Lektüre meines Buchs gruseln, aber ich möchte Sie warnen: Es nicht zu lesen, könnte ebenfalls gefährlich sein. Denn Sie würden wertvolles Wissen verpassen, das Sie vor Cyberangriffen schützt. Im Gegensatz zu Walter Moers' Arbeit handelt es sich hier nämlich ausnahmslos um wahre Gegebenheiten. Vor diesen sollten Sie besser nicht die Augen verschließen.

---

1 Walter Moers, *Die Stadt der Träumenden Bücher: Ein Roman aus Zamonien von Hildegunst von Mythenmetz*, Piper Verlag, München 2007, S. 11.

Teil 1

Die Welt der kriminellen Hacker

Cyberangriffe auf Bürgerinnen und Bürger
werden immer professioneller.
Für die Verteidigung ist es wichtig,
die Motive der Kriminellen zu kennen
und ihre Denkweise zu verstehen.

Kapitel 1.1

»Wir waren arm, und Hacking galt als Patriotismus«

Die einen greifen unsere Systeme an, die anderen
verteidigen sie – die Skills sind die gleichen.
Was gibt den Ausschlag für eine kriminelle Karriere?

Als Sergey Pavlovich am 16. September 2004 mit Anfang 20 verhaftet wird, hat er bereits eine beeindruckende Karriere als Krimineller hinter sich. Oder als Unternehmer im Internet, der immer der Spur gefolgt ist, die Geld bringt. Das hatte ihn von halbseidenen Schummeleien zielstrebig in eine der damals größten kriminellen Hackerbanden geführt. Mehr als eine Million Dollar hat er so als krimineller Hacker bereits mit Anfang 20 erbeutet, auf raffinierte Weise geklaut von Konten europäischer und US-amerikanischer Bürger.

Nachdem ein Großteil der Bande hinter Gittern sitzt, betont der damalige US-Staatsanwalt in einer Pressemitteilung[2], es handele sich um den bislang »größten und komplexesten Fall von Identitätsdiebstahl«. Dem habe man nichts hinzuzufügen, schreibt das FBI auf meine Anfrage im Frühjahr 2022 hin. Was man freilich hinzufügen könnte ist, dass es heute einige solcher Banden gibt, die perfekt organisiert sind und massiven Schaden anrichten. Pavlovich und seine Kumpanen waren durchaus Pioniere – im negativen Sinne. Damals also, schon im Jahr 2004, wurden Weichen gestellt, die heute zu einem großen Problem angewachsen sind.

Deshalb wollen wir Sergey Pavlovich ein paar Schritte in sei-

---

2   https://www.justice.gov/archive/opa/pr/2008/August/08-ag-689.html

nem Leben begleiten. Ich habe ihn im Herbst 2021 in Moskau besucht, um mehr zu erfahren über seine Welt. Denn Pavlovich ist einer der frühen Vertreter einer Bewegung im Internet, die heute massiv wächst und die der Sicherheitsforschung große Sorgen bereitet: Kriminelle, die jede Lücke im System finden und die alle erdenklichen Schwachstellen ausnutzen, um zu stehlen. Manche tun das mit sehr viel Aufwand, sie sind häufig zu gut, um erwischt zu werden. Andere nehmen sich das, was leicht zu kriegen ist, und betreiben dafür Fleißarbeit: Sie suchen das Netz zum Beispiel systematisch nach geleakten Passwörtern ab, wohl wissend, dass viele Menschen dasselbe Passwort für verschiedene Dienste verwenden. Sie loggen sich in deren Konten ein und stehlen kleinere, manchmal auch größere Summen. Sie sind häufig unvorsichtig, werden immer mal wieder erwischt. »Aber es sind so viele, dass wir keine Chance haben«, sagt der Sicherheitsforscher Benoît Ancel, der diese Bewegung im Netz intensiv beobachtet.

Beide Gruppen – die Raffinierten und die Draufgänger:innen – haben eines gemeinsam: Ihr einziges Ziel ist es, Geld zu erbeuten. Das klingt banal, aber es lohnt, sich einmal mit den Hintergründen und der Szene auseinanderzusetzen. Denn nur wer weiß, mit wem er es zu tun hat, kann sich schützen. Im Laufe dieses Kapitels werden wir daher beobachten, wie Behörden und Sicherheitsforscher:innen manchmal danebenliegen, wenn sie sich nicht mit den Hintergründen der Kriminellen beschäftigen. Und wie wichtig es ist, sich über die Mentalität der Angreifer:innen Gedanken zu machen, um die richtigen Schutzmaßnahmen zu entwickeln.

Zurück zu Sergey Pavlovich. Er wird verhaftet, als es gerade am schönsten ist. Am Vorabend hatte er Freunde eingeladen und seine Erfolge gefeiert: Gerade einmal 20, besitzt er damals eines der erfolgreichsten Foren rund um das Hacking von Bankkunden im Internet. Als er am 16. September 2004 nach der Party in der Datscha seiner Schwiegereltern in Lipen aufwacht, einem

Dorf, 100 Kilometer von seinem damaligen Wohnort Minsk entfernt, laufen seine besten Hacker-Kumpels vor ihm nervös durchs Wohnzimmer. Da ist Dmitry Burak, der eigentlich ein Cousin ist, »aber für mich war er ein Bruder und mein bester Freund«. Da sind Kleinkriminelle mit Decknamen wie Fidel, Postal, Kaizer, und schließlich ist da noch Pavlovichs Freundin Katya.

Er habe noch nicht klar denken können nach dem vielen Wodka am Vorabend, erinnert sich Pavlovich, deshalb habe er gehofft, die Polizeibeamten seien nur deshalb gekommen, weil er am Vortag zu schnell gefahren sei. Vielleicht war es ja alles nur ein Missverständnis. Vielleicht suchten sie jemand anders. Schließlich war er hier nicht Zuhause. Doch wenige Minuten später hört er schon das Klacken der Handschellen, spürt das kalte Metall an seinen Handgelenken und findet sich schließlich auf dem Rücksitz eines Polizeiautos wieder.

Zehn Jahre sitzt er in weißrussischen Gefängnissen als Teil des »Hacking-Rings« um den berüchtigten US-Hacker Alberto Gonzalez.[3] Gemeinsam hatte die Gruppe die Daten von mehr als 40 Millionen Kreditkarten gestohlen. Pavlovichs Anteil daran heißt Dumpsmarket. Er hat das gleichnamige Forum im Internet selbst aufgebaut. Der Begriff »Dumps« steht für gehackte Kreditkartendaten, die anschließend im Internet verkauft werden. Bei Pavlovichs Verhaftung ein Jahr nach der Gründung 2003 blüht Dumpsmarket bereits. Das liegt auch an dessen gutem Ruf in der sogenannten Carding-Szene, jener Szene von Kriminellen, die Bankkunden ausnehmen, indem sie Zugangsdaten oder Kreditkartendaten erbeuten.

Seinen echten Namen nutzt er damals selten. Im Netz nennt er sich PoliceDog, manchmal auch panther757 oder FallenAngel. Seine Kunden wissen, dass auf sein Wort Verlass ist, seine Ware hat eine gute Qualität: gefälschte Kreditkarten auf der Basis gehack-

---

3 https://www.justice.gov/opa/pr/leader-hacking-ring-sentenced-massive-identity-thefts-payment-processor-and-us-retail

ter Datensätze unter anderem aus Online-Shops. Die User seines Forums schätzen die guten Tipps, die er zu Fragen liefert wie: Wo bekomme ich gestohlene Kreditkartendaten? Wo die Rohlinge – jene weißen Plastikkarten, um Kreditkarten zu fälschen? Und wer macht das beste Design und möglichst echt aussehende gefälschte Bankkarten? Welche Anbieter für Geldwäsche gibt es?

Pavlovich selbst bietet damals immer mehr dieser Dienstleistungen selbst an. Er ist ein Geschäftsmann, seit seiner Jugend hat er ein Talent, Geld zu machen aus quasi nichts. »Wir waren arm«, sagt er. Die Mutter Apothekerin, der Vater ein Alkoholiker, der die Familie verlässt, als Sergey drei Monate alt ist. Er wächst auf in der Zeit des Turbokapitalismus nach dem Zusammenbruch der Sowjetunion. Einen moralischen Kompass zu entwickeln ist nicht einfach als Jugendlicher in dieser Zeit und in seiner Situation. Er beobachtet, wie Menschen um ihn herum plötzlich reich werden, während andere hingegen kaum über die Runden kommen. Sergey beschließt, dass er aus der zweiten Gruppe in die erste wechseln will. Er wird kreativ, wenn es darum geht, Geld zu verdienen.

Bereits als Jugendlicher kauft er Kleidung und Elektrogeräte im Internet und verkauft sie teurer weiter. Dann handelt er mit Dingen, die es gar nicht gibt oder die nicht das sind, was er von ihnen behauptet. Alte deutsche Nähmaschinen, von denen er vorgibt, sie seien aus »Nazigold« zum Beispiel. Aber spielt das eine Rolle, was etwas wirklich ist, wenn die Menschen zu gerne etwas ganz anderes glauben, fragt er heute. »Ich weiß, das ist nicht so richtig okay, aber es war auch nicht wirklich kriminell.« Mit diesem »nicht ganz okay, aber vielleicht auch nicht wirklich kriminell« wurstelt er sich durch seine Jugend – bis es eines Tages schief geht. Denn natürlich gibt es keine Abkürzung in die Welt der Neureichen, die sich alles leisten können. Doch zunächst sieht es so aus.

Mit 18 entdeckt er, wie einfach es ist, an Kreditkartendaten zu kommen. Zuerst kauft er sie in verschiedenen Foren im Netz von

Kriminellen, die sie von schlecht gesicherten Webseiten verschiedener Online-Shops geklaut haben. Schnell merkt er, wer in der Szene vertrauenswürdig ist, wo es die »guten« Karten gibt – also die, die noch funktionieren, weil die legitimen Besitzer:innen keine Ahnung haben, dass ihre Daten durch irgendein Leck eines Online-Shops verloren gegangen sind. Als das Geschäft immer besser läuft, organisiert Pavlovich Unterhändler:innen: Menschen, die mit den gefälschten Karten für ihn einkaufen oder die Bestellungen entgegennehmen und ihm weitergeben. Und sogenannte Money Mules – Menschen, die auf ihren Privatnamen ein Konto eröffnen, über das gestohlenes Geld weiterüberwiesen wird.

Wenn Pavlovich von dieser Zeit spricht, sprudelt es nur so aus ihm heraus. Er hat schier unendliche Mengen an Wissen zusammengetragen und gewinnbringend genutzt. Er berichtet so detailliert über diese Zeit, dass er ein Fachbuch für angehende Bank-Hacker:innen füllen könnte. Ein dickes Fachbuch. Er recherchiert damals genauestens, wie Bankkarten funktionieren, und beschafft sich Geräte, mit denen er die Informationen auslesen kann, die auf dem Magnetstreifen codiert sind – »dumps«, so nennt er diese Informationen. »Ein Magnetstreifen hat drei Tracks, die ersten beiden sind dafür da, um Transaktionen zu prozessieren, der dritte enthält technische Informationen, aber der zweite Track ist am wichtigsten: Nach der Kartennummer kommt der Name, das Ablaufdatum. Und die Zahlenfolge danach sagt etwas darüber aus, ob die Karte international funktioniert, dann sollte sie 101 lauten«, zählt Pavlovich mir atemlos auf. »201 heißt, sie gilt nur in dem Land, aus dem sie kommt. Wenn du Track 2 hast, reicht das aus, um Geld aus einem Automaten zu ziehen.«

Er kauft schließlich nur noch die Informationen von Hackern, deren Vertrauenswürdigkeit er geprüft hat. Manche trifft er persönlich, er reist viel in dieser Zeit, und die Menschen, mit denen er sich umgibt, sind irgendwie alles seine Freunde. »Es war wie eine Familie.« Er findet eine Quelle für Kreditkartenrohlinge in China, die besonders günstig ist. Und er kauft sich eine Maschine, mittels derer er die Magnetstreifen codieren kann. Allmählich bekommt er Übung darin, die Rohlinge mittels Photoshop in einem täuschend echt aussehenden Design zu bedrucken. Nun sind die gefälschten Kreditkarten fertig für den Verkauf.

Es hätte ewig so weitergehen können, wäre nicht einer seiner Kumpane erwischt worden und hätte ihn verraten, sodass Pavlovich im weißrussischen Knast landet. Die Zeit von damals wirft noch immer einen Schatten in die Gegenwart: Das FBI sucht Pavlovich bis heute, weil die US-Behörde seine Haftstrafe in Weißrussland nicht anerkennt. Auch sein Cousin Dmitry Burak steht nach wie vor auf der Fahndungsliste. Pavlovich kann deshalb Russland und Weißrussland nicht verlassen: Sobald er eine andere Grenze überquert, würde ein Alarm ausgelöst.

Zweifelhafte Fanbase

Als ich Sergey Pavlovich im Oktober 2021 in Moskau besuche, wird klar, dass sich in seinem Leben einiges geändert hat. Heute betreibt er einen YouTube-Kanal, auf dem er unter anderem Kriminelle interviewt, und lebt von den Werbeeinnahmen. »Ich bin jetzt einer von den Guten«, sagt er. In der hippen Fabriketage im Norden Moskaus mit ihren großen Fenstern, den Backsteinmauern und Wänden aus Sichtbeton sind die Spuren einer Party vom Vorabend nicht zu übersehen. Luftballons schweben unter der Decke, der Boden ist übersät mit Glitzerplättchen, und auf Pavlovichs Schreibtisch steht eine beeindruckende Sammlung an Wodka- und Weinflaschen neben dem MacBook.

Er hat Freunde und Geschäftspartner eingeladen, um seinen Erfolg zu feiern: Seit drei Jahren besteht Pavlovichs YouTube-Kanal »Ljudi Pro«, was auf Deutsch bedeutet: »Leute Pro«. Das Pro steht für »Profi«, weil er dort Profis aller Art interviewt. Ein guter Teil von ihnen sind kriminelle Hacker, andere machen ihr Geld mit Geschäften im Darknet. Pavlovichs YouTube-Kanal ist auch deshalb so erfolgreich, weil das Interesse der kriminellen Szene an seinen Shows enorm ist. Schließlich kann man hier von den ganz Großen lernen.

Heute ist er nicht mehr der »FallenAngel« oder »PoliceDog«. Heute ist er Sergey Pavlovich, der YouTuber mit den guten Kontakten in die Hackerszene. Der Besuch in der hippen Fabriketage in Moskau gibt wertvolle Einblicke in die Mentalität einer Szene und deren Mechanismen. Und Pavlovich ist weiterhin ein gewiefter Geschäftsmann. Mit einem feinen Gespür dafür, wofür Menschen bereit sind Geld zu bezahlen – beispielsweise dafür, dass sie in seiner Show auftreten dürfen. »I am a good guy«, wiederholt er gerne immer wieder. Aber auch hier bewegt er sich auf einer Grenze, die nicht immer ganz eindeutig ist. Denn die Werbeeinnahmen sind auch deshalb so hoch, weil die Kriminellen in seiner Show Tipps geben für den Nachwuchs.

Besonders erfolgreich sind die Videos, bei denen die Interviewten Masken tragen. Fast alle sind aktiv im Geschäft, zwielichtige Gestalten. Darunter ist einer, der seinen Telegram-Bot – also ein automatisches Chatprogramm, mit dem Telegram-Nutzer:innen kommunizieren können – »Eye of God« getauft hat: Er verspricht, alle Geheimnisse eines Menschen zu finden und zu verkaufen. Ein anderer verrät zehn Methoden, den PIN-Code eines Bankkunden zu erfahren. Wieder ein anderer verdient sein Geld mit Bitcoin-Transaktionen, und einer berichtet, wie er Pässe fälscht.

Pavlovich interviewt einmal pro Woche Leute wie den Mann in Jeans und blauer Trainingsjacke mit zwei weißen Streifen an den Ärmeln, der ihm im Herbst 2021 gegenübersitzt. Turnschuhe an den Füßen, eine sogenannte Anonymous-Maske auf dem Kopf. Die Maske, die das Erkennungszeichen der gleichnamigen Hackingbewegung ist, legt ihm ein schadenfrohes Grinsen auf das Gesicht. Unter der Maske schauen kurze braune Haare hervor, einige sind schon grau. Der Mann sitzt breitbeinig in dem großen gelben Ohrensessel, in dem Pavlovich seine Gesprächspartner immer interviewt.

Sergey Pavlovich hat den Mann noch nie zuvor gesehen. Er kennt nicht seinen richtigen Namen, und er will auch gar nicht mehr über ihn wissen. Er wird alle Daten dieses Mannes löschen. Den »geheimen Chat« auf Telegram, seine Handynummer, die er für den Notfall hat – alle digitalen Spuren. Sobald der Mann mit der Maske sein Studio verlassen hat, wird bei Pavlovich nichts mehr über ihn zu finden sein – abgesehen von der Videoaufzeichnung des Interviews für seinen YouTube-Kanal. Der Mann ist professioneller Geldwäscher. Niemand soll wissen, wer er wirklich ist, denn er wird von der Polizei gesucht. Ihn gibt es nur als bekanntes Pseudonym im Darknet, im echten Leben öffentlich nur mit Maske – für ihn ist ein Auftritt in Pavlovichs Show gutes Marketing, aber auch eine Gefahr. »Bisher hat mich der Geheimdienst nie kontaktiert«, sagt Pavlovich.

Sein heutiger Gast sei ein »erfahrener Bankkartenbetrüger«, kündigt Pavlovich zu Beginn der Show an. Er habe sich darauf spezialisiert, sogenannte Money Mules anzuwerben – Menschen also, die ein Konto eröffnen, dort illegales Geld in Empfang nehmen und es gegen einen geringen Abzug weiterüberweisen. Wer Geld zu waschen hat – aus welchem Grund auch immer –, kann diesen Service bei ihm buchen. Seine Kund:innen sind Menschen, die Steuern hinterziehen oder aus anderen Gründen Schwarzgeld verwalten und Cyberkriminelle wie Pavlovich selbst einer war. Schließlich können diese ihr erbeutetes Geld nicht einfach aufs eigene Konto überweisen. Dann kämen ihnen die Behörden zu schnell auf die Schliche. Also buchen sie eine Dienstleistung, bei der das Geld ein paar Runden über andere Konten dreht. Danach ist es etwas weniger Geld, dafür ist es sicher vor den Ermittlungsbehörden.

Dass die Menschen, die sich als Money Mules zur Verfügung stellen, dadurch natürlich ins Visier der Behörden geraten, ist dem Interviewpartner egal. Schließlich bekommen sie Geld dafür und haben meist ohnehin nichts zu verlieren. Wer so einen Job macht, ist schon ganz unten. Und meistens kommen sie durch mit der

Beteuerung, von nichts gewusst zu haben. Was sogar irgendwie stimmt: Ihre Bosse halten sie im Ungefähren, manche überwachen sie ihrerseits, um sofort zu erfahren, sobald jemand mit der Polizei in Kontakt ist.

»Wie kannst du verhindern, dass die Money Mules dein Geld einfach behalten?«, fragt Pavlovich. Schließlich ist es ja ein privates Konto, auf dem das Geld zwischengeparkt wird, bevor es über viele weitere Kanäle weitergeleitet wird, damit die Behörden den Überblick verlieren. Ach, das sei einfach, antwortet der Mann. Alles eine Frage der Organisation: Erstens solle man nie zu viel Geld auf einem Konto haben, sondern die Beträge regelmäßig weiterbuchen. Dann sei die Gefahr schon geringer, dass viel Geld abhandenkommt, sollte ein Money Mule unehrlich sein. Und zweitens sei es ratsam, die SIM-Karte des Mules zu übernehmen, sodass Nachrichten der Bank an den Auftraggeber, also den Mann mit der Maske, gehen. Dann habe der Kontoinhaber selbst keinen Zugriff mehr aufs eigene Online-Banking. Er ist dann blind, was sein eigenes Konto betrifft, während der Mann in der blauen Trainingsjacke die Geldströme genau verfolgen kann.

Mit dem Geldwäsche-Profi plaudert Pavlovich an diesem Tag ausgiebig darüber, welche Banken weniger skeptisch sind, wenn Money Mules allzu offensichtlich Konten für kriminelle Zwecke eröffnen oder in welchen Internetforen es »gute« Bankkarten gibt – also solche, die garantiert noch nicht gesperrt sind. Für 50 000 Rubel können Kriminelle sogar eine Art Versicherung dazukaufen, berichtet sein Gast: eine Geld-zurück-Garantie, falls eine gestohlene Karte nicht funktioniert oder ein anderer Krimineller ebenfalls eine Kopie der Karte hat und seinerseits Geld abhebt. Bereits für 5000 Rubel, rund 60 Euro, könne man hingegen ungeprüfte Karten bekommen, berichtet der Mann mit der Maske weiter. Das ist dann ein Glücksspiel. »Als ich angefangen habe, hat eine gestohlene Kreditkarte nur einen Dollar gekostet«, sagt Pavlovich. Mit der Professionalisierung steigen die Preise.

Falsche Spur

Diese Professionalisierung bringt bisweilen die Behörden durcheinander. Als im Juli 2014 die größte Bank der USA, JPMorgan Chase & Co, durch externe Sicherheitsunternehmen erfährt, dass sich offenbar Hacker:innen in ihren Systemen befinden, und sich nach und nach herausstellt, dass diese die Daten von 83 Millionen Kund:innen der Bank geklaut haben, ist die Aufregung groß. Denn 83 Millionen ist eine unvorstellbar große Zahl – demnach müssten mehr als die Hälfte aller privaten Haushalte in den USA betroffen sein! Zudem ist die Vorgehensweise extrem professionell: Wie die ersten Ermittlungen zeigen, sind die Angreifer:innen schon länger in den Netzwerken der Bank und haben sich extrem vorsichtig und professionell dort bewegt, ihren Zugriff auf Teile des Systems systematisch ausgeweitet und so Zugang zu immer mehr internen Daten erlangt.

Kurz zuvor hat Russland die Krim überfallen und annektiert, und die USA haben mit scharfen Sanktionen darauf reagiert. Die Welt wartet gespannt und nervös auf die erwartete Rache Russlands. Was wird als Nächstes passieren? Natürlich liegt nichts näher, als dass dieser Hack, der den ausgefeilten Methoden staatlicher russischer Hackinggruppen in nichts nachsteht, der Beginn einer großangelegten digitalen Racheaktion für die Sanktionen ist, die Russland empfindlich getroffen haben. Medien und JPMorgan Chase sind sich schnell einig: Hier sind russische staatliche Gruppen am Werk.[4]

Noch eines scheint klar auf ein politisches Motiv hinzudeuten: Die Hacker:innen in den Systemen der Bank hatten es offensichtlich nicht auf Geld abgesehen. Sie haben keinen Cent gestohlen. Wären sie Kriminelle – wäre es nicht das Erste, was sie tun würden? Also schien klar: Das sind keine Kriminellen.

---

4   https://www.theguardian.com/business/2014/aug/28/jpmorgan-chase-us-companies-hacking-attack-russia

Diese Vorannahmen erwiesen sich als falsch – und als teuer. Denn sie hinderten die Beteiligten daran, zielstrebig in die richtige Richtung zu ermitteln. Die Vermutung, es handele sich um den russischen Geheimdienst, schien einige Ermittlungsansätze von vorneherein auszuschließen – beispielsweise jene in die kriminelle Szene. Schließlich setzte sich das FBI gegen die IT-Abteilung der Bank durch, die weiterhin auf russische Geheimdienste verwies – und nahm im Juli 2015 drei Männer in Israel fest: einfache Kriminelle, könnte man sagen. Oder auch: begabte Kriminelle. Und wie sich schließlich zeigte, ergab es nach deren Geschäftsmodell durchaus Sinn, der Bank kein Geld zu stehlen, sondern die gestohlenen Daten zu Geld zu machen. Damit organisierten sie unter anderem Aktienbetrügereien, für die ein breit angelegtes E-Mail-Marketing die Grundlage war. Der einzige Grund für den Einbruch in die Bank war, dass die Kriminellen wussten, dass sie dort Kontaktdaten von Anleger:innen ergattern konnten. Die drei israelischen Beschuldigten scheuten weder Kosten noch Mühe, an solche Daten zu gelangen. Ihr Angriff war so perfekt, dass er offenbar an die Ausgefeiltheit staatlicher Angriffe herankam und die internen Ermittlungen der Bank gehörig durcheinanderbrachte.

Wer sich mit den Motiven von Kriminellen auseinandersetzt und deren Perspektive kennt, ist in solchen Fällen im Vorteil. Die US-Psychologin Fiona Guy beschäftigt sich seit vielen Jahren mit der Einstellung von Kriminellen und den Hintergründen krimineller Taten und hat auch den Hack bei JPMorgan Chase analysiert. Auch sie sei überrascht, was für eine riesige kriminelle Firma hinter dem Angriff steckte und mit welcher Professionalität deren Boss Gery Shalon sie geführt habe, sagt sie im Interview mit mir. »Diese Unternehmung erstreckte sich über mehrere Länder und brachte mehrere Millionen Dollar ein.« Als sie die Vorgänge analysierte, entblätterten sich vor ihren Augen »viele Schichten von gut geölten und gut geführten Geschäftsabläufen«, sagt sie, »das

Unternehmen war sehr gut organisiert und verwaltet und äußerst effektiv.« Doch auch wenn Shalon sich die besten Kriminellen für seine Taten einkaufte, so war er doch eine Einzelperson. »Es fällt mir immer noch schwer zu begreifen, wie ein einzelner Mann ein so ausgeklügeltes Netzwerk wie dieses entwickeln und betreiben kann und damit so lange durchkommt.«

Das ging den Behörden ähnlich, nur waren diese sich darüber nicht im Klaren, dass es gerade der Grad der Professionalisierung war, von dem sie sich täuschen ließen. Weil sie das Motiv nicht auf Anhieb durchschauten, gingen sie davon aus, es handele sich um den russischen Geheimdienst.

»Kriminelle haben andere Ziele und andere Beweggründe«, sagt Fiona Guy. »Wenn man herausfindet, welche das sind, hat man schon den halben Weg geschafft, um die Täter zu finden.« Den gleichen Fall gibt es auch andersherum: Die Hacker des russischen Geheimdienstes tarnen sich tatsächlich manchmal als Cyberkriminelle, um die Aufklärung zu erschweren und eine mögliche Gegenwehr zu lähmen – beispielsweise bei NotPetya, dem teuersten Cyberangriff der Geschichte, der sich zunächst als kriminelle Ransomware – also als eine Art Erpressungsmechanismus durch Schadsoftware – tarnte und schließlich ganze Systeme unwiederbringlich löschte (Dazu mehr in Kapitel 3.1).

Im Zuge des russischen Angriffskriegs auf die Ukraine bietet sich aktuell ein einmaliger Einblick in die Organisationsstruktur einer anderen kriminellen Hackinggruppe aus Russland: Conti gilt als eine der gefährlichsten, wenn nicht als die gefährlichste Ransomware-Gruppe. Sie wird offensichtlich aus Russland gesteuert. Als Russland im Februar 2022 in die Ukraine einmarschierte, erklärten sich zahlreiche internationale Hacker:innen solidarisch mit der Ukraine und begannen, russische Infrastrukturen anzugreifen. Im Gegenzug erklärte Conti, die Gruppe werde Russland verteidigen und Vergeltung üben für alle, die ihr Heimatland angriffen.

Das behagte offenbar einem Insider nicht, der daraufhin unter dem Namen »Conti-Leaks« begann, zahlreiche interne Dokumente zu veröffentlichen – unter anderem waren dies Chats und Textnachrichten, die die Befehlskette und die Organisation des kriminellen Unternehmens sichtbar werden ließen. Diese Leaks zeigen eindrücklich, dass Conti nicht eine zufällig zusammengewürfelte Untergrund-Gang ist, sondern wie ein professionelles Unternehmen organisiert ist – mit Personalabteilung, Bonuszahlungen und einer klaren Rollenverteilung unter anderem in Zuständige fürs Coding, für die Systemadministration und für die Verschlüsselung, zudem gab es ein eigenes Offensiv-Team.[5] Für jede Aufgabe gibt es Spezialist:innen. Nur wer sich dies vor Augen hält und davon ausgeht, dass Angreifer:innen aus dem Darknet ebenso straff organisiert und professionell sein können wie ein erfolgreiches Start-up, kann solche Aktivitäten richtig einordnen.

Aber wieso entscheiden sich offensichtlich begabte Menschen nicht dafür, mit ihren Fähigkeiten etwas Legales zu tun? Diese Frage treibt Fiona Guy immer wieder um. Sie erinnert sich noch gut an den Fall von Zain Qaiser, einem 17-jährigen Jungen, der zu Hause bei seinen Eltern in London lebte und von dort eine massive Cybercrime-Unternehmung startete. »Er war ein sehr begabter Hacker und hatte das nötige Selbstvertrauen, um ein russisches Ransomware-Syndikat anzusprechen.« Die Strafverfolgungsbehörden gehen in diesem Fall davon aus, dass er in kurzer Zeit mehr als vier Millionen Pfund einnahm – womit er als der erfolgreichste Cyberkriminelle Großbritanniens gilt. Es gebe keinen vergleichbaren Fall, erklärte der Richter, der ihn schließlich zu mehr als sechs Jahren Haft verurteilte.[6] »Man kann sich des Eindrucks nicht erwehren, dass dieser Junge mit seinen Fähigkeiten, seinem Tatendrang und seiner Motivation auf legalem Weg viel Beeindruckendes hätte erreichen können«, sagt Fiona Guy zu mir

---

5   https://research.checkpoint.com/2022/leaks-of-conti-ransomware-group-paint-picture-of-a-surprisingly-normal-tech-start-up-sort-of/

6   https://www.bbc.com/news/uk-47800378

im Gespräch. Warum tat er es nicht? Wieso wird ein junger Mann mit Fähigkeiten, die ihm viele legale und durchaus lukrative Möglichkeiten eröffnet hätten, zum Kriminellen?

Die Frage nach der Motivation beschäftigt auch den Sicherheitsforscher Benoît Ancel, den ich im Sommer 2021 im idyllischen dänischen Skanderborg besuchte, wo er für ein Sicherheitsunternehmen arbeitet. »Mit meinen Fähigkeiten hätte ich auch im Gefängnis landen können«, sagt er. Als Jugendlicher hat er viel gemein mit Gleichaltrigen, die später in der kriminellen Hackingszene gelandet sind. Er treibt sich damals in Computerforen herum, deren Mitglieder sich gegenseitig in Sachen Hacking weiterbilden. Er hat viel Zeit, denn Schule findet er weniger wichtig. Stattdessen tüftelt er nächtelang am großen Rätsel der Computersprache. »Im Nachhinein denke ich oft: Die ganze Sache hätte auch schiefgehen können, aber ich habe zum Glück den richtigen Weg gewählt, denn als Jugendlicher ist die dunkle Seite natürlich interessant«, sagt er.

Heute scrollt er beruflich oft durch das Internet. Nicht auf der Suche nach Filmen, Musik oder Schnäppchen wie wir, sondern auf der Spur von Kriminellen. Als ich ihn besuche, sitzt Benoît Ancel im Büro des dänischen Unternehmen CSIS Security Group in Skanderborg, der Kleinstadt in der Nähe des dänischen Arhus, zwischen Bildschirmen und vor einem Fenster mit Blick auf einen malerischen See. Draußen scheint die Sonne, der Garten des Unternehmens endet am See, es gibt sogar einen eigenen Badesteg für die Angestellten. Aber Ancel hat nur Augen für die Zahlen und Buchstaben auf seinem Bildschirm. Dieses scheinbar ziellose Scrollen ist Herzstück seiner Tätigkeit. Für sein Unternehmen und dessen Kunden – darunter viele Banken – will er vorhersehen, was da anrollt: Von welchen IP-Adressen aus verbreiten sich Viren und Trojaner? Welche Schadsoftware ist gerade wo unterwegs? Und wer sind die kriminellen Hacker:innen, die dahinterstecken?

Die scheinbare Ziellosigkeit seines Scrollens folgt in Wirklichkeit einem Muster, wenn auch einem undurchsichtigen. Ancel folgt seinem Bauchgefühl. »Andere durchsuchen das Netz automatisch«, sagt er. Automatisch heißt mit eigens dafür entwickelten Programmen, die auffällige Muster suchen, die auf kriminelle Aktivitäten hindeuten könnten. Er lässt sich lieber von seiner Intuition leiten. »So sieht man mehr. Ich spüre mehr.« Dieses Gespür ergibt sich aus vielen kleinen Eindrücken im Vorbeisurfen und aus jahrelanger Erfahrung. Es ist die Haptik des Internets. Das Bauchgefühl eines Sicherheitsforschers, der sich mit Computern beschäftigt, seit er als Achtjähriger der einzige in 50 Kilometern Umkreis war, der überhaupt einen besaß.

Mit Leuten wie Pavlovich oder seinen Mitstreiter:innen im Forum hat der junge Benoît Ancel eine Leidenschaft gemeinsam, die er in seinem analogen Leben in einem französischen Dorf mit niemandem teilen kann. Wieso es nicht schiefging? Ancel ist überzeugt, dass es der gute Einfluss seiner Eltern war und deren konsequente Ehrlichkeit. Die letztlich behütete Jugend. Geld war unwichtig, moralische Werte wichtig. »Meine Eltern haben mir von klein auf gesagt, dass ich tun muss, was richtig ist, und nicht, was einfach ist«, erinnert er sich.

Aufmerksam verfolgt er als Jugendlicher, wie einer seiner Freunde schließlich in ein gut geschütztes Forum von Kriminellen im Darknet eindringt, was ihm nur gelingt, indem er jahrelang an seiner Reputation als krimineller Hacker arbeitet und schließlich eine Einladung erhält. Auch Ancel ist fasziniert von dem, was die Hacker:innen dort können, von ihrer Macht. Doch dann kommt die Überraschung: Sein Freund gibt alles, was er dort vorfindet, direkt ans FBI weiter. Und Ancel beschließt: Das möchte er auch eines Tages machen.

Heute sieht er in seinem Beruf als Sicherheitsforscher das Leid, das kriminelle Hacker:innen anrichten. Er selbst ist als Sohn einer Krankenschwester und eines Sachbearbeiters in einem Elektrizitätswerk im ländlichen Frankreich bescheiden aufgewachsen.

»Wir waren nicht reich, aber mir hat es nie an etwas gefehlt«, sagt er. Doch nicht auszudenken, was passiert wäre, wenn jemand das Familienkonto geplündert hätte!

Bis heute gibt Ancel den Ermittlungsbehörden regelmäßig Tipps, welche Hacker derzeit wo auf der Welt aktiv sind, von welchen IP-Adressen aus sie sich mit dem Internet verbinden, in welcher Stadt sie möglicherweise leben, welche Ziele sie im Visier haben und vieles mehr. Solche Tipps führen immer wieder dazu, dass Hackingringe zerschlagen werden und Kriminelle wie Pavlovich im Gefängnis landen.

Prahlen und Patriotismus

Pavlovich hingegen hätte gerne Ruhe vor dem FBI. Doch davon kann keine Rede sein. Die US-Behörde sucht ihn noch immer und macht kein Geheimnis daraus, dass sie ihn sofort in den Knast stecken würde, sobald er den Fuß in ein Land setzte, das an die USA ausliefert. Zwei seiner früheren Mitstreiter aus der Ukraine und aus Estland ist das passiert: Einer war im Türkeiurlaub, ein anderer in Deutschland. Sie waren auf der Interpol-Fahndungsliste, auf der auch Pavlovich bis heute steht.

»Ich würde das so gerne klären mit Interpol«, sagt Pavlovich bei meinem Besuch in Moskau, während er in seinem Büro das Geschenkpapier eines länglichen Päckchens löst und einen Baseballschläger aus der Verpackung nimmt. Seine Besucher:innen haben ihm so viele Geschenke zum Jubiläum mitgebracht, dass er noch am nächsten Tag jede Gesprächspause nutzt, um weiter auszupacken. Der Schläger ist blau lackiert, darauf sind weiße Blumen gemalt. Ein Baseballschläger mit Margeriten? »Das ist Kunst.« Pavlovich schwingt ihn durch die Luft, dann streicht er über den Lack als prüfe er die Qualität eines besonders wertvollen Stücks Holz. »I am a good guy now«, sagt er wieder wie ein Mantra, »ich bin jetzt einer von den Guten.« Der Baseballschläger ist das Geschenk eines befreundeten Galeristen. Wobei die Unterscheidung zwischen Freund und Geschäftspartner kaum möglich ist, denn Pavlovich macht möglichst mit jedem Geschäfte. Auch der Galerist wird bald darauf in Pavlovichs Show auftreten. Dafür zahlt er gerne 5000 Dollar, denn für ihn ist das Marketing.

Aber Pavlovich beschäftigt derzeit mehr, wie es mit seiner Freiheit weitergeht. »Ich saß zehn Jahre im Knast, wieso reicht das nicht für das FBI?« Sein Anwalt versucht gerade, die US-Behörden davon zu überzeugen, dass er für seine Taten ausreichend gebüßt hat, auch für die, unter denen Millionen amerikanischer Bankkunden gelitten haben. Kürzlich habe ihn ein FBI-Beamter persönlich angerufen und versucht, ihn zu überreden, in die USA zu reisen. »Sie wollten mir ein Spezialvisum ausstellen, ich hätte es innerhalb einer Stunde bekommen.« Aber kann der Mann am Telefon garantieren, dass er nicht verhaftet wird? Nein, habe der Mann gesagt, das könne er nicht. Man müsse die Sache verhandeln, wenn er vor Ort sei.

Pavlovich hat sich vorerst dagegen entschieden. Er wird in Russland bleiben. Lediglich seine Heimat Weißrussland ist noch sicher vor dem Zugriff internationaler Behörden. »Aber da herrscht ein Diktator, da will ich nicht hin.« An allen anderen Grenzen würde er aufgrund des Eintrags auf der Interpol-Liste vermutlich verhaftet. Auch sein Cousin und einstiger bester Freund Dmitry Burak ist abgetaucht, er hat ihn seit seiner Festnahme nicht mehr gesehen. Das sagt er zumindest. »Ich vermisse ihn sehr, ich hoffe, er kann das mit dem FBI irgendwann klären.«

Wäre er nur nicht auf diese Interpol-Liste geraten! Wieso er sich damals wohl für diesen Weg entschieden hat? Typische Beweggründe sind laut Fiona Guy: »Die Verlockung des Geldes ohne harte Arbeit und die Option, flexibel von zu Hause aus zu arbeiten. Und der Nervenkitzel, etwas zu tun, von dem man weiß, dass es falsch ist, und damit davonzukommen«, sagt sie. »Für Jüngere hat das Ganze einen gewissen Glamour.« Oft locke zudem die Aussicht auf »protzige Autos, schicke Anzüge und Geld«, mit denen die Hacker dann prahlen. Das wurde Zain Qaiser zum Verhängnis: Er geriet in Verdacht, weil er offenbar plötzlich zu Geld gekommen war.

»Nenn es Patriotismus«, sagt Pavlovich, wenn man ihn darauf anspricht. »Wir fanden, es gibt so viele reiche Europäer und Amerikaner – und wir waren arm.« Nach dem eigentlichen Interview sitze ich mit Pavlovich und einem Kollegen im Büro. »Vlad, mein CEO«, stellt Pavlovich den jungen Mann vor. »Ich musste mich vergrößern, das Geschäft läuft so gut.« Mit mehr als einer Million Abonennt:innen auf YouTube sowie Tausenden Fans auf diversen Telegram-Kanälen und einem Gewinn von 46 316 Dollar allein aus YouTube-Werbeeinnahmen im vergangenen Jahr fand er: Jetzt ist es Zeit für eine Professionalisierung. Zusammen mit seinem CEO will er Verträge durchgehen: Vlad gibt ihm eine Liste all der Kund:innen, die für ihre Auftritte in der Show bezahlen. »Dem müsstest du bald den Entwurf für das Marketing-Element schicken«, sagt Vlad und zeigt auf einen Vertrag. Der Kunde bezahlt 2000 Dollar dafür, dass Pavlovich ihn zu Beginn seiner Sendung erwähnt.

Pavlovich hat jetzt also einen CEO, außerdem einen Mitarbeiter für die Sendung, der sich mit Kryptowährungen auskennt, einen Marketingmitarbeiter, einen Techniker und zwei Anwälte. »Letztes Jahr war ich noch ganz allein«, sagt er nachdenklich. »Letztes Jahr war ich noch Putzkraft«, erwidert Vlad. Andere würden zusammenzucken bei einem solchen Geständnis des eigenen Geschäftsführers. Aber Vlads Chef schaut ihn an wie ein stolzer großer Bruder und sagt: »Er ist erst einundzwanzig und arbeitet, seit er fünfzehn ist!« Vlad kommt aus der Ukraine, seine Familie ist ebenfalls arm. Und so habe er sich aufgemacht, um Arbeit zu finden, berichtet er. Zwei Jahre war er in Israel als Koch, drei Jahre in Deutschland als Fahrer, Putzmann und Hausmeister – und als Pole. »Denn als Ukrainer bekommst du in Deutschland keine

Arbeitserlaubnis.«[7] Deshalb verdienen die einen ihr Geld mit Ausweisfälschungen, während die anderen mit den gefälschten Ausweisen im EU-Ausland arbeiten. »Wir werden kriminell, weil wir arm sind«, sagt Pavlovich.

Aber ist es so einfach? Wovon hängt es ab, ob jemand irgendwann erkennt, dass der Weg in die falsche Richtung geht und die Notbremse zieht? Auch Benoît Ancel ist nicht in besonders üppigen Verhältnissen aufgewachsen. Sind es wirklich die Eltern mit ihrem prägenden Einfluss, von denen Ancel sagt, dass er ihnen Ehrlichkeit schuldig ist? »Das ist die uralte Debatte um Natur und Veranlagung«, sagt die Psychologin Fiona Guy. So spielen ihrer Beobachtung nach die Erfahrungen in der Kindheit durchaus eine große Rolle bei zukünftigen Entscheidungen und dem weiteren Lebensweg. »Gleichzeitig gibt es Menschen, die einen schrecklichen Start ins Leben hatten und als Kinder sehr gelitten haben, sich aber dennoch zu ausgeglichenen und völlig gesetzestreuen Bürgern entwickelt haben.« Was Menschen wie Ancel und Pavlovich dazu bewegt hat, dass sie heute Gegenspieler sind – diese Frage ist nicht einfach zu beantworten.

Einsames Geschäft

Benoît Ancel hat sich in seinem Leben schon viel in die Leben von Kriminellen gehackt. Er hat ihre Schicksale verfolgt, mit vielen hatte er persönlichen Kontakt. Die Begeisterung für die Technik ist eine große Gemeinsamkeit. Er kann sich in sie hineinversetzen. »Ich behandle sie nicht von oben herab, sondern mit Respekt«, sagt er. So etwa den 17-Jährigen, den er eines Tages ausfindig machte und mit dem er bis heute in Kontakt ist. Er hatte beobachtet, wie der junge Franzose in zwei Jahren mehr als eine Mil-

---

7 Das Gespräch fand vor dem russischen Angriffskrieg statt – aktuell dürfen ukrainische Geflüchtete in Deutschland arbeiten.

lionen Euro erbeutete, indem er Bankkund:innen hackte. Natürlich wollte der neugierige Benoît Ancel wissen, was ihn antrieb. Also schrieb er ihn an. »Wieso machst du das?« Da brach es aus dem jungen Mann heraus: »Ich weiß nicht, ich kann nicht mehr aufhören.« Ancel tauschte sich lange mit ihm aus, immer wieder chatteten die beiden miteinander. Der Teenager wollte aussteigen. Er fühle sich einsam, er könne nicht einmal eine Freundin haben, schrieb er Ancel. Ständig sei er dabei, sich vor der Polizei zu verstecken. »Was habe ich von meiner Million?«

Ancel half ihm schließlich, sich der Polizei zu stellen. Der junge Mann saß nur kurz im Gefängnis und wurde schließlich vorzeitig entlassen. Benoît Ancel hat seither aus der Ferne ein Auge auf ihn. »Einmal dachte ich, ich hätte seine Handschrift erkannt«, sagt er. Ein Hack, der ihm ähnlichsah. Er hat ihn sofort angeschrieben – und der junge Franzose war empört. »Wieso verdächtigst du mich?«

»Wieso bin ich nicht auch so einer geworden«, fragt sich Ancel. Er hat sich zum Mittagessen Sushi geholt und sitzt damit auf einer Parkbank mit Blick auf den See in Skanderborg. Mit seinen Fähigkeiten hätte er genau das tun können, ja, vielleicht noch mehr: »Ich wäre sogar noch besser, denn ich hätte mich nicht erwischen lassen«, sagt er überzeugt.

Am 1. November 2021 checkt Sergey Pavlovich in ein Hotel in Sankt Petersburg ein. Er ist auf dem Weg, um für seine YouTube-Fans ein Live-Event zu veranstalten. Aber irgendetwas geht schief: Jedenfalls wird er kurz darauf von der Polizei abgeführt. Es folgen einige Stunden des Verhörs. Wann war er zuletzt in den USA? Weiß er, dass er von den US-Behörden gesucht wird? Schließlich taucht er wieder auf und produziert sofort ein Live-Video aus dem Hotel: »Ich bin nicht im Gefängnis, ich wurde nur verhört.«

Vermutlich war die Interpol-Fahndungsliste im Hotel hinterlegt, und das Personal hat die Polizei alarmiert, als er dort auftauchte. Wie knapp es wirklich für ihn war? Noch liefert Russland nicht an die USA aus, aber der Vorfall zeigt, womit Pavlovich für immer zu kämpfen haben wird: Wer vom FBI gesucht wird, kann nie sicher sein, nicht doch eines Tages verhaftet zu werden.

Dabei ist das genau die Situation, die er nie wieder erleben wollte. »Ich war so einsam«, erinnert er sich an die Zeit vor seiner Verhaftung 2004. Viele seiner Komplizen waren bereits verhaftet worden, das viele Reisen wurde zunehmend gefährlich. Er beschloss, möglichst unauffällig zu leben. »Ich hatte keine Freunde und auch keine Freundin, ich habe nur mit teuren Prostituierten geschlafen.«

Möglicherweise sind die Behörden aber auch nicht ganz auf dem Laufenden. Denn während die damaligen US-Staatsanwälte angesichts von 40 Millionen kompromittierter Kreditkarten von Pavlovich und seiner Bande vom größten Identitätsdiebstahl der Geschichte sprechen, wird jedem klar, der Benoît Ancel ein paar Tage über die Schulter schaut: Das war erst der Anfang. Im Netz braut sich etwas zusammen, das sich kaum in den Griff kriegen lässt. Zumal es ja YouTube-Nachhilfe für Kriminelle gibt: Pavlovichs Interview mit dem Bankkartenbetrüger jedenfalls erweist sich als Hit. Schon drei Wochen später hat es über 300 000 Aufrufe, darunter mehr als 1200 Kommentare von Pavlovichs Fans, die unter anderem diskutieren, welche Banken besonders leicht zu betrügen sind.

Auch Benoît Ancel sieht die Gefahren. An dem lauen Sommerabend 2021, an dem wir miteinander gesprochen haben, sitzt er noch lange im Büro und verfolgt akribisch die Spuren junger Krimineller im Internet. Manche machen sich nicht einmal die Mühe, sich zu verstecken: sie nutzen teils unverschlüsselte Messenger, manche prahlen sogar in öffentlich zugänglichen Foren über ihre Erfolge. Als es draußen dämmert, entdeckt Ancel eine Seite, auf der offenbar sehr junge Hacker:innen Kreditkartendaten feilbieten. »Das sind so viele«, sagt er nachdenklich. »Die Jugendlichen halten das für ein Spiel.«

Auf die Generation der Allrounder wie Pavlovich, die zu Beginn ihrer Hackerkarriere vieles selbst gemacht haben und es dabei zu einer gewissen Professionalisierung gebracht haben, folgen gleich zwei Extreme: Zum einen sind es ausgefeilte, durchdachte Angriffe hochspezialisierter Krimineller, die sich die Arbeit aufteilen und dadurch ihren Verfolger:innen immer ein Stück voraus sind – so wie Pavlovichs Interviewgast. Sie sind einfach zu gut. Und auf der anderen Seite ist da eine Armada von Jugendlichen aus größtenteils ärmeren Ländern, die Tipps von den Erfahrenen bekommen und erbeuten, was einfach zu kriegen ist: Sie knacken die Websites von Online-Shops, extrahieren Bankdaten und Passwörter. Nicht immer sind sie erfolgreich, aber die Masse macht es: »Es sind so viele, und es ist viel zu einfach«, sagt Ancel, »wir werden das nicht stoppen können.« Er klingt müde.

Kapitel 1.2

Der Täter, das Opfer, der Jäger

Die Rekonstruktion eines perfekten Hacks

Als Markus M. am 3. Januar 2019 um 20.54 Uhr seine letzte Überweisung des Tages tätigt, ahnt der Geschäftsmann aus Nürnberg nicht, dass seine Konten bei der Sparkasse Amberg in der Nacht ein Eigenleben führen werden. Am nächsten Morgen fehlen mehrere Hunderttausend Euro. Während er schläft, verschafft sich ein Hacker Zugang zu seinem Computer und zu seinem Bankkonto und leistet ganze Arbeit: Zwischen 22 Uhr und fünf Uhr morgens überweist der Hacker zunächst zahlreiche Beträge intern zwischen M.s verschiedenen Konten, die er alle mit einem Account auf der Bankwebsite verwaltet. Darunter sind diverse geschäftliche Konten, aber auch das seiner Frau sowie die Konten seiner drei Söhne. Das Ziel des Hackers: Das Geld so zu verteilen, dass er das Überweisungslimit optimal ausschöpfen kann.

Dies alles lässt sich gut anhand der Kontoauszüge nachvollziehen, die der Hacker selbst archiviert hat und die mir zusammen mit vielen anderen digitalen Unterlagen des Kriminellen im Zuge der Recherche unter anderem für dieses Buch zugespielt wurden. Insgesamt 27 Überweisungen à 5050 Euro hat er in dieser Nacht vorgenommen, allein 17-mal zum Zahlungsdienstleister Skrill Limited, über einen Gesamtbetrag von 136 350 Euro. Außerdem hat der Hacker zulasten von M. bei Mediamarkt eingekauft für insgesamt 46 386 Euro und 97 Cent. Ein Screenshot zeigt, dass der Täter Zugriff auf alle zehn Konten M.s hatte. Das Gesamtlimit für Überweisungen: 9 999 900 Euro.

Der nächste Tag ist stressig, voller Meetings. Markus M. ignoriert sein klingelndes Telefon. Er führt ein mittelständisches Unternehmen und hat viele Besprechungen. Erst als ihn kurz vor 16 Uhr eine E-Mail von seiner Sparkasse erreicht, erfährt er von den seltsamen Vorgängen. Es gebe »verdächtige Transaktionen« auf seinem Konto, schreibt eine Mitarbeiterin der Sparkasse: Jemand habe Waren im Wert von mehreren 10 000 Euro bei Mediamarkt bestellt und mit seiner Kreditkarte bezahlt. Die Waren sollten an eine Dame in Mühlheim an der Ruhr geliefert werden. Ob das seine Richtigkeit habe?

»Stoppen!!!!«, schreibt M. zurück.

Dann bemerkt er, dass der Einkauf bei Mediamarkt nur die Spitze des Eisbergs ist, und versucht, die zahlreichen Überweisungen zu stoppen. Er versucht, den Zahlungsdienstleister Skrill zu erreichen − vergeblich. Der Zahlungsdienstleister aus London hat keine Telefonnummer auf seiner Webseite, nur ein Kontaktformular. Um 16.20 Uhr kontaktiert er Skrill also auf diesem Weg, erhält aber außer einer Vorgangsnummer keine Antwort. M. beauftragt einen Anwalt, der ebenfalls an Skrill schreibt −, auch dies erfolglos. »Die waren so unkooperativ, sie haben es so lange verzögert, bis das Geld weg war«, sagt M. im Interview mit mir. Zwei Jahre später ist er noch immer entsetzt, wie schnell sein Geld nicht mehr greifbar war. Es ließ sich einfach nicht mehr einfangen. Hier zeigt sich die Masche der Kriminellen: Das Geld wird schnell und in kurzen Abständen über mehrere Konten und schließlich ins Ausland überwiesen.

Neben dem finanziellen Verlust hat M. der Angriff auch psychisch getroffen − schließlich wusste der Hacker offenbar viel über ihn. Er kannte all seine Ausgaben, seine Unternehmen, die Konten der drei Söhne und das seiner Frau. »Es ist auch ein Angriff auf dein Leben«, sagt M. »Es ist unangenehm, wenn jemand im Privatleben wühlen kann.«

Der Hacker ist bis heute aktiv – das zeigen seine Spuren, die ich in dieser Recherche verfolge. Er hat allein in den Jahren 2018 und 2019 Tausende Konten bei mehr als 600 verschiedenen Kreditinstituten allein in Deutschland gehackt. Doch er hat einen Fehler gemacht, der dazu führte, dass mir nun unzählige Dokumente vorliegen, mittels derer wir ihm quasi über die Schulter schauen können. Das Geschäft der Kriminellen ist aufwendig, wie diese Geschichte zeigt, aber lukrativ. Sie nutzen jede Lücke.

Bei den Gewinnmargen und der relativen Sicherheit, nicht erwischt zu werden, ist es kein Wunder, dass diese Art von Betrug (sogenannter Banking Fraud) verbreitet ist – und das, obwohl die Sicherheitsmechanismen ständig verbessert werden. Laut den aktuellen Zahlen der Europäischen Zentralbank von 2021 betrug der Gesamtwert der betrügerischen Transaktionen im Jahr 2019 mit Bankkarten, die innerhalb des SEPA-Raums ausgegeben (und weltweit ausgeführt) wurden, 1,87 Milliarden Euro.[8]

Betrachtet man alles in Kombination, die Interviews mit Opfern, Sicherheitsforscher:innen, Banken und Ermittlungsbehörden, lässt sich für den aktuellen Fall das Bild eines fast perfekt organisierten Verbrechens nachzeichnen, von dem wir meist nur eine Seite kennen: die des Opfers. Und es ist ja kein Einzelfall. Die Geschichten ähneln sich: Darin geht es um plötzlich verschwundenes Geld, den gehackten Computer und meist hilflose Behörden. Der Blick über die Hacker-Schulter hilft uns, aktuelle Entwicklungen in der Cyberkriminalität zu verstehen und uns selbst besser schützen zu können. Allerdings zeigt meine Recherche auch, wie sich kriminelle Hacker:innen immer weiter professionalisieren – und das macht es natürlich immer schwieriger, solche Angriffe abzuwehren.

Die Geschichte des Hackers, der M. um sein Geld gebracht und nachhaltig geschockt hat, ist eng verwoben mit der seines Widersachers: dem Sicherheitsforscher Benoît Ancel, den wir im vorigen Kapitel ja bereits kennengelernt haben. Er hat mir die Unterlagen über diesen kriminellen Hacker zukommen lassen –

---

8 https://www.ecb.europa.eu/pub/cardfraud/html/ecb.cardfraudreport202110
   ~cac4c418e8.en.html

nachdem er zufällig auf ihn gestoßen ist an einem denkwürdigen Tag im Herbst 2018.

An jenem Tag holt den französischen Sicherheitsforscher seine eigene Vergangenheit ein. Ancel scrollt wie so oft durch das Internet auf der Suche nach Spuren Krimineller und neuen Trends. Anstatt die typischen Programme der Sicherheitsforschung zu nutzen, die automatisiert nach verdächtigen Interaktionen im Netz suchen, lässt er sich von seiner Intuition leiten. Es ist allein der Zufall, der ihn zu einem Unternehmen mit chinesischer Postadresse führt, das wiederum einen Server in Bulgarien betreibt. Er führt ihn weiter zu einer Internetseite mit seltsamen Inhalten. Zu anderen Dingen, die ihm irgendwie komisch vorkommen. Schnell hat er viele Tabs offen. Auf vielen Websites ist einfach nur eine Datei. Der Startpunkt: eine IP-Adresse, von der aus bekanntermaßen Schadsoftware verschickt wird. Dann schaut er sich »Nachbarn« an, nahe gelegene Regionen des Internets, die ähnliche IP-Adressen haben. Viele weitere Webseiten mit seltsamen Inhalten poppen auf. Immer wieder stößt er auf auffällige Dateien, die er dann auf ein Portal namens »VirusTotal« hochlädt und die dort automatisch analysiert werden: Enthalten sie Malware, die bereits bekannt ist?

»VirusTotal« ist ein Portal, das die Antivirenprogramme von 70 verschiedenen Anbietern nutzt, um Dateien auf Schadsoftware hin zu untersuchen. Jeder kann dort kostenlos verdächtige Dateien hochladen und bekommt in Echtzeit angezeigt, ob sich darin bekannte Computerviren und Schadsoftware befinden.[9]

Und dann ist da plötzlich ein Bekannter von früher auf dem Bildschirm, ein Bekannter, den Ancel nur unter einem Namen kennt: Zeus. »Was? Wer benutzt denn heute noch Zeus?«, schießt

---

9 Man sollte das aber nicht mit vertraulichen Dokumenten tun, denn mit dem Hochladen erklärt man sich damit einverstanden, dass der Betreiber Google sowie zahlreiche Sicherheitsforscher:innen sowie interessierte kriminelle und staatliche Hacker:innen Zugriff auf die Dokumente bekommen.

es Ancel durch den Kopf. Dieser alte Trojaner ist beinahe schon historisch. Ancel fühlt sich zurückversetzt in sein Kinderzimmer in den 1990er-Jahren im französischen Elsass.

Zeus

Das erste Mal begegnet Ancel diesem Zeus auf seinem eigenen, einem seiner ersten Computer. Alles fing damit an, dass ihm sein Vater einen Computer kaufte, als Benoît Ancel acht Jahre alt war. »Das wird mal wichtig, beschäftige dich damit«, habe der Vater ihm gesagt. Benoît wird neugierig und tut, wie ihm geheißen. Er entdeckt das Internet und all seine Foren. Diskussionsgruppen, in denen sich in den späten 1990er-Jahren nur Menschen herumtreiben, die ihrerseits mit der Technik experimentieren. »Das war eine tolle Stimmung, du konntest alles fragen, und immer hat dir jemand geholfen.« Ancel lernt viel in dieser Zeit. Wie er seine eigene Webseite erstellt, wie er Inhalte, die er braucht, irgendwo in den Weiten des Netzes finden kann. Und irgendwo in diesen Weiten lauert auch Zeus.

Ancel ist eher fasziniert als wütend, als er feststellt, dass sein Computer infiziert ist. Das ist im Herbst 2010, er ist 19 Jahre alt. Er sitzt an diesem Nachmittag in der Schule an seinem Rechner und merkt durch Zufall, dass er nicht allein ist. In dem Klassenzimmer schon, also im analogen Leben, aber nicht im digitalen Raum. »Ein Fremder war auf meinem Computer!« Er merkt das, weil er sieht, wie Daten verschickt werden, die er nicht selbst verschickt. Er findet eine Schadsoftware auf seinem Computer und schließt daraus, dass er offenbar einen E-Mail-Anhang angeklickt hat, der den Trojaner enthielt.

Beeindruckt verfolgt er die Spuren dieses fremden Programms auf seinem Rechner. Er versucht herauszufinden, wo es herkommt. »Der Trojaner kommunizierte mit einem Server«, erinnert er sich. Er sieht, wie das Schadprogramm regelmäßig Daten an diesen Server schickt und lernt, dass es Zeus heißt. »Es sagte: ›Hallo, hier bin ich, was soll ich tun?‹« Das ist freilich eine grobe Übersetzung, aber so kann man sich die Funktion des Programms vorstellen. Einmal auf einem Computer angekommen, führt es dort die Befehle eines Fremden aus, der diesen Computer zumindest teilweise fernsteuern kann. »Bei mir war noch nichts passiert, ich habe ihn früh genug bemerkt«, erinnert sich Ancel.

Schließlich schafft er es, in den Server einzudringen, mit dem Zeus kommuniziert, weil der Angreifer ein schwaches Passwort verwendet, das Ancel in kurzer Zeit errät. Er landet auf einem sogenannten Command-and-Control-Server in Russland. Das ist ein Computer, von dem aus der digitale Angriff gesteuert wird: Es ist die Kommandozentrale des Hackers, von der aus er Befehle an die Computer schickt, die er mit seinem Virus infiziert hat. Ancel hat jetzt Zugriff auf die Daten dieses fremden Computers, er schaut sich auf dem Server um und sieht, was Zeus anrichtet: Der unsichtbare Trittbrettfahrer, den er auf seinem Computer entdeckt hat, späht Bankkunden in großem Stil aus. Das Hilfsmittel dazu ist der Trojaner Zeus, den sich Ancel in den darauffolgenden Jahren noch genauer anschaut. Denn Zeus verbreitet sich schnell, immer mehr Kriminelle merken, wie viel sie damit machen können. »Ich war fasziniert«, sagt er: »Zeus war ein wahnsinnig elegantes Programm, es war so einfach zu bedienen.«

Im Jahr 2018 stößt er also wieder auf Zeus – plötzlich und unerwartet. Inzwischen beobachtet er Hacker:innen hauptberuflich. Viele Banken sind Kunden der CSIS Group. Ancel ist zufällig auf den ukrainischen Hacker gestoßen, der auf deutsche Banken spezialisiert ist und kurz darauf auch Markus M. angreifen wird. »Ich war einfach neugierig, was das für ein Typ ist«, sagt er bei meinem Besuch im CSIS-Büro in Dänemark. Wer um Himmels willen nutzt heute ein so altes Programm? Was für ein hemdsärmeliger Hacker wird das wohl sein, fragt er sich.

Aber schnell wird klar werden, dass der ukrainische Hacker

alles andere als hemdsärmelig ist. Er ist ein Profi. Er holt mehr aus dem alten Trojaner heraus, als sich Ancel je hätte träumen lassen. Und er ist ein geschickter Geschäftsmann. Ancel tauft den Hacker »Bagsu« – ein Fantasiename – und verfolgt ihn durch die Tiefen des Netzes, durch Foren, in denen über Viren und Trojaner diskutiert wird. Seine Arbeit gleicht der eines Detektivs: Ancel beobachtet die digitalen Spuren des Kriminellen, dessen Interaktion mit anderen im Darknet, und er schließt daraus, was als Nächstes geschieht – welche Lücken er möglicherweise ausnutzt und welche Denkfehler er machen könnte. Dabei sitzt Ancel vor seinem Computer, über seinen Bildschirm fliegen unzählige Zeilen aus Zahlen und Buchstaben. Er tippt hier ein Passwort ein und öffnet da ein neues Programm. Für Außenstehende ist der Raum nicht zu sehen, der sich vor seinem inneren Auge aufbaut: der Raum zwischen den Computern – virtuell, nicht physisch. Darin navigiert er wie mithilfe einer unsichtbaren Karte, bis er sie vor sich sieht: die Architektur des Angriffs. Er folgt dem Hacker auf ausgetretenen Pfaden und über neue Wege und bekommt schließlich Zugriff auf einen seiner Server und damit auf unzählige Dokumente und Screenshots.

Diese Dokumente hat Ancel mir übergeben, um die Vorgehensweise eines Hackers für meine Recherche zu rekonstruieren. Darunter sind viele russischsprachige Chats, die dieser Bagsu mit Komplizen geführt hat, Anleitungen für seine Helfer, genaue Beschreibungen, wie sie vorgehen sollen, und Hunderte Kontoauszüge deutscher Bankkunden.

Dank der Informationen auf solchen Kontoauszügen gelingt es mir, einige der Betroffenen zu identifizieren und zu kontaktieren – unter anderem Markus M.. Anhand der Daten finde ich schnell seine Telefonnummer. Ich google sein Unternehmen und überzeuge die Sekretärin unter einem Vorwand, mir seine Handynummer zu geben. Ich rufe ihn an, erwische ihn im Auto – und bin verblüfft, wie freimütig er erzählt. Er bestätigt, dass er gehackt wurde, und er wundert sich zu Beginn des Gesprächs nicht einmal darüber, was ich alles über ihn weiß.

Dann wird er doch wütend. »Wer sind Sie überhaupt?«, fragt er empört, »Sie rufen mich hier einfach mit unterdrückter Nummer an.« Eine E-Mail und etwas Zeit helfen, sodass Markus M. schließlich bereit ist, weiterzureden. Schließlich stellt er mir zusätzliche Informationen zur Verfügung.

Auch das ist übrigens ein Effekt, den Kriminelle häufig ausnutzen: Menschen sind zunächst gutgläubig. Wenn man sie überrascht und möglicherweise eine emotionale Situation erzeugt (in diesem Fall ist bei Herrn M. vermutlich der Ärger über den Angriff wieder hochgekommen), tritt das kritische Denken in den Hintergrund. Skepsis kommt meist erst später oder gar im Nachhinein dazu. So funktionieren Angriffe, in denen Täter:innen Menschen am Telefon überzeugen, ihnen Passwörter zu verraten oder andere heikle Daten, mittels derer sie Zugriff auf Bankkonten und anderes bekommen können.

Über Bagsu persönlich lässt sich aus den Daten rekonstruieren: Er sitzt in der Ukraine, er ist mehr Geschäftsmann als Hacker, denn viele Dinge übergibt er an andere. Er organisiert so einen Angriff wie ein Manager ein großes Unternehmen. Und er weiß genau, welche kriminelle Dienstleistung er wo beauftragt. Seine Gewinnmargen steigen stetig, er hat sich auf deutsche Banken spezialisiert – und das seit 2005. Zumindest behauptet er das in einem Chat, in dem er einen Mittäter anwirbt. Die ersten nachweisbaren Spuren von Bagsu hat der Sicherheitsforscher Ancel in einem Schadcode aus dem Jahr 2010 gefunden. Bagsu blickt also auf mindestens 12 Jahre Erfahrung im Hacken deutscher Banken zurück.

Von dieser Region ausgehend, aus Russland, Weißrussland und der Ukraine, beobachtet Ancel die meisten Hackerangriffe. »Weil man sie lässt«, sagt er. In Russland herrscht beispielsweise inoffiziell die Politik: Wer keine russischen Bürger angreift, braucht nichts zu befürchten. Und in der Tat findet Ancel immer wieder einen Trick im Code: Russische Hacker:innen programmieren ihre Schadsoftware so, dass diese zunächst überprüft, welche Tastatureinstellungen ein Rechner hat. Wird er mit einer russischen Tastatur genutzt, bleibt der Virus passiv – niemand merkt, dass er je auf dem Rechner gewesen ist. Auf diese Weise stellen die Hacker sicher, mit den russischen Behörden keine Probleme zu bekommen.

Bagsus Geschichte ist die einer stetigen Professionalisierung. Auch wenn es Ancel anfangs verwunderte, dass überhaupt jemand noch so eine alte Schadsoftware wie Zeus nutzt – einen Banking Trojaner für Microsoft Windows von 2007, dessen Erschaffer Evgeniy Mikhaylovich Bogachev beinahe ebenso lange auf der »Most Wanted«-Liste des FBI steht. Der Code des Trojaners ist öffentlich zugänglich auf GitHub. GitHub ist ein Dienst im Internet, der von Microsoft betrieben wird und auf dem Entwickler:innen ihre Softwareprojekte teilen und verwalten können. »Jeder kann sich Zeus dort herunterladen und an seine Bedürfnisse anpassen«, sagt Ancel.

Gemeinhin würde man davon ausgehen, dass es wenig attraktiv ist, eine so alte Schadsoftware zu verwenden, denn natürlich springen alle Sicherheitsmechanismen an. Soll heißen: In aller Regel wird der Angriff gestoppt, und die Sicherheitslücken, die Zeus einst ausnutzte, sind längst gestopft. Doch Bagsu weiß das zu umgehen. Er engagierte kurzerhand einen Entwickler, dem er die Aktualisierung und Pflege des Zeus-Code anvertraute. »Das ist wahnsinnig aufwendig, denn mit jedem Update musst du deinen Code überarbeiten«, sagt Ancel beinahe ein bisschen bewundernd. Doch es scheint sich trotzdem zu lohnen: Von dem Geld, das Bagsu mithilfe des Alt-Trojaners Zeus erbeutete, bezahlte er im Verlauf der vergangenen zehn Jahre 100 000 Dollar an seinen Entwickler. Das geht aus den Dokumenten hervor.

Aber so ein Hacker-Unternehmen hat noch mehr Unkosten. Wenn Zeus erst mal erfolgreich einen Computer infiziert und Bankdaten ausspioniert hat, kann Bagsu das Geld schließlich nicht direkt auf sein eigenes Konto überweisen. Dann wäre er sofort für die Ermittler offensichtlich. Also hat er eine ständig wachsende und vor allem eine sich ständig verändernde Gruppe sogenannter Money Mules engagiert, die ebenfalls jeweils einen Anteil der Beute erhalten: Menschen, auf deren Konto das Geld landet und die es dann weiterüberweisen, wie im vorstehenden Kapitel beschrieben. Auf diese Weise wird die Beute über mehrere Ländergrenzen und verschiedene Zahlungsdienstleister weitergeleitet, bis es den Ermittlungsbehörden zu kompliziert wird: Mit jeder Länder- und Zuständigkeitsgrenze stehen sie vor bürokratischen Hürden. So verliert sich die Spur des Geldes. Und der Unternehmer Bagsu freut sich. Unbehelligt von den Autoritäten.

Ermittlerfrust

Das lässt die Ermittler verzweifeln. Wer den Amberger Oberstaatsanwalt Jürgen Konrad anruft, bekommt diesen Frust zu spüren. Und ein gewisses Misstrauen – möglicherweise die Berufskrankheit eines Ermittlers, der unzählige Male Phantome wie Bagsu gejagt und gesehen hat, mit welchen Tricks und Täuschungen diese Hacker:innen weit kommen. Bevor er mir ein Gespräch zusagt, will er meinen Presseausweis sehen. Erst dann berichtet er von den Mühen eines Oberstaatsanwalts, der immer wieder mit Geldwäsche und Bankenbetrug zu tun hat. Meistens endet seine Ermittlung bei Menschen, die nichts mit der Sache zu tun haben, oder die dachten, sie hätten einen rechtmäßigen Job angenommen. In M.s Fall habe er diverse Spuren zum Zahlungsdienstleister Skrill verfolgt, »aber die Menschen, unter deren Namen die Konten angelegt wurden, waren bisher strafrechtlich nicht in Erscheinung getreten«.

Häufig würden diese Menschen –, darunter auch die erwähnten Money Mules – von den Täter:innen hereingelegt, beispielsweise indem diese eine attraktive Stellenanzeige schalten und Bewerber:innen auffordern, ihre persönlichen Daten und eine Kopie ihres Ausweises mitzuschicken. »Manche Banken lassen sich darauf ein, auf dieser Basis ein Konto zu eröffnen.« Andere heuerten Obdachlose oder Drogensüchtige an, im eigenen Namen ein Konto zu eröffnen, und bezahlten diese mit einem Anteil des Geldes. Kann man solche Menschen wirklich bestrafen? Jürgen Konrad findet das schwierig:»Die Betroffenen sind doch mitunter selbst Opfer.« Für ihn ist klar, dass diese Beschuldigten eine Sackgasse darstellen.»Und dann geht das Geld weiter per Western Union nach Bukarest oder Kiew.« Sobald das Geld eine Ländergrenze überschreitet, muss Konrad Rechtshilfe beantragen.»Das klappt in manchen EU-Ländern gut –, allerdings erst ab gewissen Schwellenwerten von ein paar Tausend Euro.« Die Ukraine hingegen ist nicht in der EU,»da komme ich mit der standardisierten Anfrage nicht durch.« Für die Ermittler erschien das wenig erfolgversprechend angesichts der Sackgassen im Inland, erklärt Konrad, denn dann muss er die Behörden vor Ort bitten, die Ermittlungen zu übernehmen – was oft aufwendig ist:»Die Mühe eines Übernahmeersuchens mache ich mir nur, wenn ich gute Chancen habe.«

Ähnlich erging es den Ermittelnden bei den Adressen, an die die hochpreisigen Mediamarkt-Produkte geliefert wurden, bei denen die Zahlungen über M.s Konto liefen. Die Betroffenen machten keine Angaben oder sagten aus, nichts von der Sache zu wissen.

»Manche denken, es handle sich um einen legitimen Job«, und es sei doch nichts dabei, Pakete entgegenzunehmen und weiterzuschicken. Diese Art von»Job« wird häufig in E-Mail-Kampagnen von den unbekannten Kriminellen ausgeschrieben: Sie behaupten beispielsweise, es gebe Probleme, direkt von einem Land ins andere zu versenden, sodass legitime Sendungen einen Zwischenstopp in Deutschland einlegen müssten. Freilich sind solche Jobs oft auffällig gut bezahlt, auch die Art der Aufgabe könnte hellhörig machen. Aber offenbar fallen genügend Leute darauf herein. »Für Geldwäsche braucht man Leichtfertigkeit«, sagt Oberstaatsanwalt Jürgen Konrad.

Wobei es durchaus auch Menschen erwischt, die es besser wissen müssten. Menschen, die allzu gern und naiv glauben, der gutbezahlte Job sei legal. Die amerikanische Filmemacherin Kylie Scott beschreibt ihre Erfahrung mit einem solchen Job auf Tiktok:[10] Sie habe mit ihrem Mann umziehen müssen und einen neuen Job gesucht, und plötzlich sei »out of nowhere« dieses Angebot eines Unternehmens gekommen, als Mitarbeiterin für die Qualitätskontrolle zu arbeiten – »Teilzeit, von zu Hause, gut bezahlt«. Ihre einzige Aufgabe sei es gewesen, Pakete zu empfangen, hochwertige Produkte auszupacken, zu überprüfen, ob alles in Ordnung war, und diese dann weiterzuschicken, »an die Person, von der ich dachte, sie hätte sie bestellt«. Nach zwei Wochen stand die Polizei vor ihrer Tür und erklärte ihr, dass sie Teil einer Gruppe organisierter Krimineller sei.

Der französische Sicherheitsforscher Ancel beobachtet auch in Dänemark in einer Facebook-Gruppe für Neuzugezogene, wie dort entsprechende Jobs angeboten werden. Die Täter:innen wissen genau, in welchen Lebenslagen Menschen offen für solche Angebote sind: Wenn sie in einer neuen Umgebung ankommen, wie Ancel nach seinem Umzug nach Dänemark, oder wenn sie möglicherweise nur mitgezogen sind, z. B. die Angehörigen, und sich mit den Gepflogenheiten des Landes nicht auskennen.

In M.s Fall habe sich jemand »richtig Mühe gegeben«, sagt Konrad – und er klingt dabei ein wenig beeindruckt nach den Monaten, die er sich durch den Fall gewühlt hat. Es habe eine Vielzahl an Beschuldigten gegeben, aber letztlich habe er das Verfahren einstellen müssen. Nur eines stehe fest: »Auf unbekannte Weise« seien die Täter in M.s Konto eingedrungen.

Die Dokumente vom Server des Hackers Bagsu verraten da etwas mehr. Der von Bagsus Entwickler überarbeitete Trojaner Zeus landete vermutlich per E-Mail-Anhang auch auf M.s Computer. Zeus ist bekannt: Klickt das Opfer den Anhang an, startet ein Programm, das die Aktivitäten des Betroffenen überwacht und dem Täter erlaubt, aus der Ferne auf dessen Computer zuzu-

---

10 https://www.tiktok.com/@dearkyliescott/video/6803432432725953797

greifen. Zeus erlaubt den Täter:innen aber noch mehr: Dort ist meist zusätzlich ein sogenannter Keylogger eingebaut: ein kleines Programm, das alles protokolliert, was das Opfer tippt, und es an den Hacker schickt. Zudem registriert die Schadsoftware, welche Webseiten das Opfer in seinem Browser aufruft. Beim Aufruf einer Bankenadresse leitet Zeus zu einer gefälschten Version, die im Idealfall der Bankenwebsite täuschend ähnlich sieht. Viele der Angegriffenen bemerken den Unterschied nicht. Auch Banken updaten ihre Websites regelmäßig, es sieht oft anders aus, als gewohnt, wenn man sich als Kunde oder Kundin einloggt. Wann aber ist man einer Fälschung aufgesessen? Den Kriminellen wird es auch vonseiten der Banken leicht gemacht. Und sie wissen, dass ihr investiertes Geld gut genutzt ist, wenn so eine falsche Bankenwebsite möglichst echt aussieht.

Bagsu hat dafür jedenfalls den Besten seines Fachs engagiert. Der Hacker nennt sich »Marseille«. Und er sei spezialisiert auf Bankenwebseiten, wirbt Marseille selbst in seiner russischsprachigen Annonce in einem Hackerforum im Internet. Er sei sehr erfolgreich, und er verspricht potenziellen Neukunden sogar Referenzen wie »Kundendaten, die meine Effizienz und meine guten Ergebnisse zeigen«. Wäre es nicht am besten, man würde zusammenarbeiten?, fragt er unschuldig. Und mit dieser Einladung sind nicht Sicherheitsforscher wie Ancel gemeint, sondern die Kriminellen wie Bagsu. »Lasst uns uns gegenseitig unterstützen, gutes Geld zu machen«, schreibt Hacker Marseille. Ancel bestätigt: »Marseille ist sehr bekannt im Forum«, er gilt als der Star der Szene, wenn es darum geht, Bankenwebseiten zu fälschen – »und er ist schon seit zehn Jahren aktiv.«

Am 18. Juli 2018 diskutieren Marseille und Bagsu so über den Messengerdienst Jabber die Details ihrer möglichen Zusammenarbeit. Auch diese Konversation finde ich in den Dokumenten, die Ancel vom Server des Hackers entwendet hat. Ihr Plan: Als

Erstes soll Marseille die Website der Fidor Bank, einer Direktbank mit Sitz in München, fälschen. Ein Screenshot von einer späteren Zusammenarbeit zeigt die gefälschte Webseite der Ing-DiBa. Der Kniff dabei: Die neue Website gibt vor, ein besonders sicheres Verfahren zu haben, für das sich der Kunde per Smartphone authentifizieren müsse. Dabei haben Bagsu und seine Komplizen durchaus ein Verständnis für Service: Die falschen Bankwebseiten haben ausführliche, durchaus nutzerfreundliche Tutorials, die dabei helfen, die dafür nötigen Apps auf dem eigenen Handy zu installieren. Man kann einen QR-Code einscannen, dann öffnet sich der Download automatisch, der Bankkunde muss nur noch zustimmen – und hat dann anstatt der vermuteten App der Bank eine von Marseille gefälschte App auf dem Gerät, die ihn für den Zugriff von Bagsu freischaltet, die also das eigene Handy de facto zum verlängerten Arm des Kriminellen macht. Jetzt hat Bagsu den kompletten Zugriff und kann damit jeden Sicherheitsmechanismus außer Kraft setzen.

In Markus M.s Fall ist Bagsu anders vorgegangen: Er hat kurzerhand die gesamte Kontrolle auf sein eigenes Handy übertragen. M. kann sich erinnern, dass er von der Bank gebeten wurde, eine Telefon-TAN einzugeben als besondere Sicherheitsmaßnahme – vermutlich ebenfalls auf einer gefälschten Bankseite. Das Verfahren ist bekannt: Die Bank schickt beim Einloggen dem Kunden eine TAN auf das Mobiltelefon – und M. hat diese arglos in das entsprechende Feld auf der Webseite beim Onlinebanking eingetragen. Mittels dieser TAN änderte Bagsu – unbemerkt von M. – die Mobiltelefonnummer, an die künftige TANs geschickt werden sollen. Gleich drei neue Nummern trug er ein – offenbar für sich und seine Helfer.

Das ist der Bank zwar aufgefallen, doch man habe gedacht, M. habe vielleicht seine Söhne berechtigen wollen, selbst Überweisungen vorzunehmen, sagt eine Mitarbeiterin zu M., als das

Problem einige Tage später offenbar wird. Man habe sich zwar auch gewundert, dass M. in der Nacht auf einmal unzählige Überweisungen an verschiedene Zahlungsdienstleister verschickt habe, aber wer weiß: Vielleicht hatte es ja seine Richtigkeit, man wolle schließlich keinen Auftragnehmer von M. verärgern, indem man die Zahlungen unnötig verzögert.

Erst als sich der Mediamarkt am Morgen bei der Sparkasse meldet und auf auffällige Unregelmäßigkeiten hinweist – unter anderem jene, dass M. plötzlich mitten in der Nacht fünf Bestellungen über jeweils rund 10 000 Euro in Auftrag gegeben habe – beginnt die Bank, die anderen verdächtigen Überweisungen zu stoppen. Vorher habe sie versucht, M. zu erreichen, erklärte ihm die Mitarbeiterin. Aber es sei jemand Fremdes ans Telefon gegangen, das kam ihr dann seltsam vor.

Kriminelle Raffinesse

Banken rufen immer öfter ihre Kunden an, wenn ihnen deren Verhalten verdächtig vorkommt. Das ist für Kriminelle wie Bagsu zwar besonders ärgerlich – im Zweifelsfall werden Überweisungen gestoppt, für deren Zustandekommen er sehr viel Arbeit investiert hat –, aber auch hier finden sich Wege. Die meisten Banken kennen ihre Kund:innen nicht persönlich, von daher genügt es, die Anrufe entsprechend umzuleiten und Leute zu beauftragen, diese entgegenzunehmen, die vom Geschlecht und von der Muttersprache her zum Opfer passen.

Bagsus immer raffiniertere Strategien werden schnell aufwendig, und er kann nicht ständig Nächte durchmachen, damit er wie in M.s Fall einen passenden Moment abpassen kann, um ein Konto zu übernehmen. Angesichts Tausender gehackter deutscher Bankkunden ist das für einen allein nicht zu stemmen. Aber Bagsu ist ein Geschäftsmann, er beschäftigt offenbar zahlreiche Mitarbeiter:innen. In den Unterlagen finden sich detaillierte Anleitungen an seine Komplizen, unter anderem wie sie die IBAN aus dem Dokument mit kyrillischer Schrift, das er ihnen schickt, in die deutschen Banking-Websites eintragen müssen, wie der Verwendungszweck lauten soll und wie die Adresse des Bankkunden. Und er achtet peinlich genau darauf, dass Rechtschreibfehler vermieden werden – was bei Hunderten deutscher Opfer nicht einfach ist, denn die Sprache hat seltsame Zeichen, jedenfalls aus ukrainischer Perspektive (»Achtung«, schreibt er auf Russisch in ein Dokument als Kommentar zum Nachnamen des Opfers, der ein ö enthält: »der vorletzte Buchstabe o mit zwei Punkten oben«), denn das ein oder andere Mal stoppt eine Bank eine Überweisung, die ohnehin ein wenig verdächtig scheint, wenn sie zudem Rechtschreibfehler im Namen aufweist.

Und auch das Problem mit den Kontrollanrufen der Banken löst Bagsu schließlich bei einigen seiner Opfer ganz elegant: Dank seines Zugangs zu gehackten Smartphones kann er die Anrufe umleiten. Er engagiert deutschsprachige Komplizen, die diese Anrufe dann entgegennehmen. »Ich weiß, es ist unglücklich, ausgerechnet am Freitagabend«, schreibt er an einen seiner Mitarbeiter, »aber es ging nicht anders.« Dann schickt er ihm alle Informationen, die er für das Gespräch mit der Bank wissen muss, falls diese anruft: Name des Überweisenden, Adresse, Summe, Verwendungszweck. Sollte jemand von der Bank misstrauisch werden und anrufen, wird der Komplize bestätigen, dass es mit dieser Überweisung am Freitagabend seine Richtigkeit hat.

Bagsu ist offenbar ein Perfektionist. Er stellt gerne sicher, dass seine Mitarbeiter:innen alles richtig machen. Er schickt ihnen Screenshots beispielsweise der Postbank oder der Kreissparkasse Köln und Fotos vom TAN-Verfahren mit eingetragenen Handynummern verschiedener ausspionierter Opfer. Auf einem Screenshot der Volksbank im Bergischen Land hat er eingekreist, wie sich das TAN-Medium ändern lässt – das ist die bankinterne Bezeichnung für ein einzelnes Smartphone oder Handy –, und in einem kleinen Video zeigt er ihnen, welche Felder ausgefüllt sein müssen, dort am Beispiel des Onlineformulars der Sparkasse Hochfranken: Das Feld »Echtzeit«-Überweisung müsse unbedingt angeklickt werden – Bagsu hat es farbig markiert.

Das Geschäft geht lange gut – doch es wird zunehmend schwierig für die Kriminellen. 2018 will Bagsu schließlich seine Methode aktualisieren, um auf die Computer der Bankkunden zu kommen: Spam-E-Mails sind irgendwie veraltet und mühsam, die Banken klären ihre Kundschaft immer besser auf, und immer weniger Menschen fallen auf seine Umtriebe herein. Bagsu aber ist Geschäftsmann und will die Margen erhöhen, es muss eine effektivere Methode geben. Der Hacker wird schnell fündig: Sogenannte Exploit Kits, eine Art Baukasten für Cyberattacken, sind im Angebot auf dem spezialisierten Markt: Dabei werden die Computer der Opfer infiziert, sobald diese eine bestimmte Website besuchen. Auf dieser ist eine auf den ersten Blick normale Werbeanzeige zu sehen, die aber Schadcode enthält. »Drive by«-Attacke nennt die Sicherheitsforschung das, da die Opfer quasi »im Vorbeisurfen« infiziert werden – ohne selbst auf einen schadhaften Inhalt zu klicken. Das ist eine aufwendige, aber aus Hackersicht recht zuverlässige Methode, denn sie ist sehr »leise«: Da die Betroffenen selbst nichts aktiv tun müssen, außer die Webseite zu besuchen, erreicht man auch sicherheitsbedachte Opfer.

Wie die Dokumente zeigen, vergibt Bagsu im Herbst 2018 Aufträge an einen Exploit-Kit-Anbieter, um sich zu wappnen. Und auch hier arbeitet er nur mit dem Besten zusammen, wie Ancel beobachtet. So landet er bei »lemans«, der in der Szene recht bekannt ist. Am 3. November 2018 diskutieren Bagsu und lemans die Details per WhatsApp – diese Kommunikation findet sich in den Daten. Bagsu ist spät dran, denn diese Methode der Driveby-Attacken nutzt eine Tür im Browser, die sich 2018 gerade beginnt zu schließen: Moderne Browser hindern Webseiten in der Regel technisch daran, Schadprogramme auf dem Rechner auszuführen. »Sandboxing« heißt die Methode, die den Browser vom Rest des Computers abtrennt und so verhindert, dass Computerviren über den Browser in den Rechner eindringen können. Heute ist sie bei den meisten Browsern Standard –, wenn man das jeweils aktuelle Update nutzt. Doch lemans scheint Ende 2018 noch erfolgreich im Geschäft zu sein: »Ich biete Firefox, Internet Explorer, Chrome …«, schreibt er selbstbewusst in seiner Annonce.

»Ich möchte 1200 neue Infektionen kaufen«, schreibt Bagsu schließlich im Chat an lemans. Er habe sich seit zwei Jahren damit beschäftigt, wie sich falsche Banking-Websites bauen lassen, und er lässt in seine Kommunikation hier und da Stichworte und Informationen fallen, die zeigen sollen, dass er sich auskennt. Dieser Small Talk hat eine Funktion: Vertrauen aufzubauen. Schließlich müssen sich die Komplizen vertrauen können in einem Milieu, das auch von Polizei und Geheimdiensten beobachtet wird und in dem ein Fehler des einen den anderen mit auffliegen lässt. »Ich arbeite seit 2005 auf diesem Gebiet«, schreibt Bagsu weiter – er meint den Betrug an deutschen Banken –, und ergänzt, als er erfährt, dass lemans auch ein alter Hase im Bereich deutscher Banken ist: »Vielleicht haben wir sogar schon mal zusammengearbeitet.«

So ein Hinweis ist Gold wert. Vertrauen ist ein großes Thema –, aber im kriminellen Milieu stößt man da schnell an Grenzen. Woher weiß man, wer vertrauenswürdig ist? Für Bagsu stellt sich ja stets die Frage, ob er seinen Helfer:innen vertrauen kann. Offenbar sind sie bereit, viel zu riskieren, weil sie dringend Geld brauchen. Er ist von ihrem guten Willen abhängig. Schicken sie das Geld nicht weiter, geht er leer aus. Deshalb finden sich in seinen Unterlagen Fotos von Ausweisen, Bankzugangsdaten und vieles mehr, dazu auch die Kontoauszüge von jeder Tat. Vermutlich hat er einige seiner Hilfskräfte auch selbst gehackt, um sie zu überwachen. Schließlich fliegen die Money Mules früher oder später immer auf: Sie benutzen reale Bankkonten, die auf ihren richtigen Namen eröffnet wurden. »Wenn dann die Polizei kommt, kann der Hacker durch den gehackten Computer gleich mit anhören, was sie der Polizei sagen«, sagt Ancel.

Bagsu kommt mit lemans ins Geschäft, er bezahlt 300 Euro Vorkasse sowie 300 Euro nach erfolgreicher Infektion von 1200 neuen Opfern. Auch dieser Zahlungsbeleg findet sich in den Daten. Zwei Euro pro infiziertem Computer kostet ihn diese Investition in moderne Software – selbst wenn Bagsu mit seiner Malware nur bei jedem zehnten Opfer erfolgreich ist und selbst wenn er nur jeweils 500 Euro abbucht, landet er bei einem Gewinn von 60 000 Euro. Das Geschäft lohnt sich. Offenbar feiert Bagsu seine Erfolge: In den Daten findet sich der Screenshot eines Gartentisches auf der Terrasse einer Datscha, darauf eine Flasche Wodka, eine Flasche Sekt, ein Smartphone und Zigaretten.

In den Dokumenten finden sich auch die Namen einiger Money Mules, die sich dank zusätzlicher Informationen gut googeln lassen. Ich sehe beispielsweise das Profil eines jungen Mannes auf LinkedIn, er ist Bankmitarbeiter in Kiew. Soll ich ihn kontaktieren?

Auf meine Frage zuckt Benoît Ancel nur mit den Schultern. Der junge Mann ist für ihn ein tragischer Fall, einer von vielen. Er hat beobachtet, wie Kriminelle Menschen vor Entzugskliniken ansprechen, um Money Mules anzuwerben. Mir wird klar: Diese Menschen haben schon viel verloren, wenn sie sich auf eine Zusammenarbeit mit Bagsu einlassen. Ich klicke das LinkedIn-Profil wieder weg.

Ich solle stattdessen doch mal beim Bundeskriminalamt anrufen, schlägt Ancel vor, schließlich schicke er der Behörde seit drei Jahren Informationen über Bagsu und seine Machenschaften. Gegen ihn ermittelt nicht nur Jürgen Konrad, der zuständige Oberstaatsanwalt für M., der nicht wissen konnte, dass viele weitere Bankkund:innen und Geldinstitute betroffen sind. Was Bagsu angeht, sei das BKA ebenfalls aktiv, erklärt mir Ancel, auch wenn die Kommunikation gewissermaßen etwas einseitig sei: Er schicke Informationen hin, bekomme hin und wieder ein »Danke« –, mehr aber auch nicht.

Anders ist es beim FBI: Ancel telefoniert einmal wöchentlich mit Mitarbeitern der Behörde. Man plaudere über dies und das und informiere sich gegenseitig über neue Entwicklungen. »Petze«, sagen manche seiner Kollegen zu ihm – in der Community ist die Zusammenarbeit mit den Behörden umstritten. Schließlich sind es Behörden, die gerne Sicherheitslücken offen halten, um durch diese Lücken die Kriminellen überwachen zu können. Das ist gefährlich, denn solche Lücken können auch von anderen ausgenutzt werden. Und viele finden, dass die Behörden mit ihren Überwachungsmethoden manchmal über die Stränge schlagen und Unschuldige in Mitleidenschaft gezogen werden. Aber Ancel ist überzeugt, dass er das Richtige tut. Denn er beobachtet regelmäßig, wie kriminelle Hacker ahnungslose Menschen ausnehmen, darunter viele, die selbst wenig Geld haben. Das macht ihn wütend. »Manche geraten dadurch richtig in Schwierigkeiten.«

Über die Jahre ist Ancel mit vielen Kriminellen in Berührung gekommen. Seine Arbeit wird manchmal ziemlich persönlich. Das macht seinen Job interessant, aber auch belastend, und bringt ihn im einen oder anderen Fall in Schwierigkeiten. Da war dieser Familienvater beispielsweise, der systematisch Banken hackte und den Ancel über Monate hinweg dabei beobachtete. Mit der Zeit bekam er Zugang zu immer größeren Teilen von dessen Leben. Ancels sah auf dessen Facebook-Account die Fotos neugieriger, lebenslustiger kleiner Kinder und fragte sich bang: Wissen die Kinder davon? Weiß es die Frau? Eine glückliche Familie schien das zu sein. »Soll ich das alles zerstören?«, fragte er sich und fühlte sich schlecht. »Darauf bereitet dich keiner vor in diesem Job.«

Beruhigt habe ihn schließlich das FBI, als er das Thema bei einem seiner wöchentlichen Calls ansprach. Das sei ganz normal. Auch Kriminelle seien letztlich ja nur Menschen. Schweren Herzens hat Ancel schließlich all die Daten des Bankräubers und Vaters an die Behörden übergeben – in dem Wissen, damit eine

Familie zu zerstören. Aber Ancel hat einen strengen moralischen Kompass. »Mit so etwas sollte keiner durchkommen«, sagt er.

Hacking als »Dienstleistung«

Beim BKA findet man den Fall Bagsu erst nicht, als ich anrufe. Es dauert eine Woche, um herauszukriegen: Der Fall ist schon Ende 2020 an die Staatsanwaltschaft Verden abgegeben worden, er sei mit 45 anderen Verfahren zusammengelegt worden – mutmaßlich 45 weitere Opfer von Bagsu, die Anzeige erstattet haben. Aber das dortige »Pressetelefon« klingelt ins Leere, es dauert zwei weitere Wochen, bis ich Markus Heusler, den Leiter der dortigen Zentralstelle Cybercrime, am Apparat habe. Wie kann es sein, dass das BKA die gleichen Informationen und mehr von Benoît Ancel bekommen hat wie ich und noch immer nichts erreicht? »Cybercrime-Ermittlungen sind extrem langwierig«, verteidigt der Ermittler seine Kollegen.

Heusler kennt sich aus. Im Jahr 2016 hatten die Verdener unter anderem zusammen mit dem FBI das Avalanche-Netzwerk aufgedeckt, ein sogenanntes Botnet, also ein Netzwerk infizierter Rechner, deren Computer automatisiert Schadprogramme verschicken. Dahinter stand eine internationale Gruppe von Cyberkriminellen. Ein großer Ermittlungserfolg. »Wir haben dafür vier Jahre ermittelt«, sagt Heusler. Die Ermittlungen gegen Bagsu will Heusler nicht kommentieren, weil das Verfahren noch läuft, aber er deutet einen allgemeinen Trend an: Die Kriminellen spezialisierten sich, es gebe Fachleute für Geldwäsche und andere für gehackte Zugangsdaten und wieder andere für gefälschte Websites und so weiter. »Diese modular organisierte Kriminalität erschwert die Ermittlungen«, sagt Heusler. »Oft fließen die Stränge erst im Ausland zusammen.«

Modular organisiert – das bedeutet, dass sich die Kriminellen immer mehr spezialisieren und dadurch immer besser werden. Das macht sich auch Bagsu zunutze, wie ich anhand der Dokumente nachvollziehen kann. Offenbar wird es Bagsu nämlich langsam doch zu aufwendig, den uralten Trojaner Zeus zu verwenden – obwohl er verrückterweise noch immer häufig funktioniert, weil Menschen alte Versionen von Computerprogrammen nutzen, Updates verzögern oder mit Windows-Raubkopien arbeiten, die keine Updates erhalten. Einem Trojaner, der seit 2007 auf den Listen der Antivirusprogramme steht, können sogar 2020 noch Menschen zum Opfer fallen. Trotzdem kommt Bagsu mit Zeus immer seltener ans Ziel, und die Wartung wird zu aufwendig.

Bagsu krempelt sein Geschäftsmodell erneut um. Er beschließt, künftig andere die Arbeit machen zu lassen und nur noch für den Service zu bezahlen. »Banking Trojan as a Service« heißt ein Angebot, das seit einigen Jahren mehr und mehr wächst, also sinngemäß »Bankentrojaner als Dienstleistung«. Die Kundschaft sind Kriminelle wie Bagsu, und sie schließen eine Art Abo ab: Für einen monatlichen Betrag bekommen sie Zugriff auf eine bestimmte Anzahl infizierter Computer. Die Anbieter:innen dieser Services sind extrem spezialisiert: Sie tun nichts anderes, als Schadsoftware zu verbessern und ihre Angriffe zu optimieren. Keiner ist besser darin, überzeugende Phishing-Mails zu schreiben. Wird eine neue Schwachstelle bekannt, sind sie die Ersten, die das gesamte Internet nach angreifbaren Computern durchsuchen und »auf Vorrat« infizieren. Sie haben eine große Auswahl an Zielen, aus denen ihre kriminelle Kundschaft wählen kann.

Benoît Ancel hat genau beobachtet, wie sich der Umstieg von Bagsu auf einen neuen Serviceanbieter ausgewirkt hat. »Bis dahin hat er alle drei Tage für 1000 neue Infektionen bezahlt«, sagt er, »jetzt hat er Tausende Infektionen jeden Tag.« Der neue Service, den Bagsu zunächst beim Anbieter »DreamBot« bucht, ist teuer –, aber er lohnt sich offenbar. Während Zeus als alte Basisvariante gilt, spielt DreamBot auf der Skala ausgefeilter Hacks immerhin im Mittelfeld. Ein Screenshot Bagsus zeigt sein Control Panel, von dem aus er Angriffe auf 75 000 infizierte Computer in Deutschland startet.

Im Frühjahr 2020 verschwindet DreamBot auf einmal vom Markt. »Wir haben plötzlich keine neuen Infektionen mehr gesehen«, sagt Ancel, der bei seiner Internetsuche nach entsprechenden Angriffen nun ins Leere trifft. 2019 gingen noch mehr als eine Million Infektionen auf DreamBot zurück. Und 2020 tut sich nichts mehr. Möglicherweise wurden die Server im Rahmen geheimdienstlicher Aktivitäten übernommen und DreamBot so gestoppt. Ancel kann es nicht genau festmachen. Was er aber auch beobachtet: Bagsu stört das nicht.

Bagsu ist schon aufgestiegen zu »TrickBot«, der Luxusklasse der Trojaner: »Das ist der beste Anbieter für Banking-Trojaner«, sagt Ancel. Teurer als DreamBot, aber auch noch ausgeklügelter. Diese kriminellen Dienstleister schicken ständig auf verschiedenen Wegen Schadsoftware durch die Welt und infizieren permanent neue Computer – zunächst ohne konkretes Ziel. Betroffene merken es häufig nicht oder erst dann, wenn auf einmal seltsame Dinge geschehen: Wenn Unbekannte auf das eigene Konto zugreifen oder – worst case – wenn eine Ransomware-Attacke alle Daten verschlüsselt und Kriminelle ein Lösegeld fordern für den Code zur Entschlüsselung. Was die Kund:innen mit dem Zugang anstellen, den TrickBot ihnen bietet, interessiert die Hacker:innen von TrickBot nicht: Damit haben sie nichts zu tun, sie öffnen nur die Tür. Bagsu kann auf einem nutzerfreundlichen Browserportal auswählen, in welchen Ländern und wie viele Computer er angreifen will. Er kann Paketpreise buchen, als handele es sich ganz legal um mobile Daten für den Prepaid-Handyvertrag.

Screenshots vom September 2019 zeigen, wie Bagsu TrickBot testet. Er wählt zunächst 21 000 Computer in Deutschland aus. Das Panel bietet auch eine Suchfunktion, mit der man beispielsweise nach infizierten Computern suchen kann, die zu einem bestimmten Unternehmen gehören. Bagsu kann aus insgesamt 1,5 Millionen infizierten Computer auf der ganzen Welt auswählen, die in den vergangenen 24 Stunden online gewesen sind. Deutlich mehr sind in der Datenbank – sie sind nur gerade nicht online. Abhängig vom bestellten Paket variiert der monatliche Preis. »Ich habe gehört, dass Bagsu 50 000 Dollar pro Monat bezahlt«, sagt Benoît Ancel mir. Dafür gibt es keine nachprüfbare Quelle, aber die Summe erscheint dem Sicherheitsforscher realistisch.

Man kann davon ausgehen, dass TrickBot und ähnliche kriminelle Dienstleister einen Großteil jener Computer weltweit gekapert haben, die mit veralteter Software laufen. Angesichts des Umsatzes, den das kriminelle Unternehmen macht, lohnen sich aber auch Investitionen in ausgefeiltere Angriffe, möglicherweise sogar in Sicherheitslücken, die noch unbekannt sind und für die es noch kein Update gibt. Und TrickBot hat seinen Service erweitert: Interessierte können jetzt auch die Ransomware mitkaufen, die dann die Computer der Opfer verschlüsselt. Mit der Professionalisierung werden Cyberangriffe immer ausgefeilter, immer schwieriger zu stoppen – und lukrativer für die Kriminellen. Leider werden sie für uns am heimischen Rechner zu einem wachsenden Problem. Und die Täter:innen bleiben im Dunkeln.

Bagsu hat uns für diese Recherche buchstäblich über seine Schulter schauen lassen. Ich habe für dieses Buch unzählige seiner Chatnachrichten gelesen. Ich habe gesehen, wie er vorgeht, wie er seine Kumpane schult und beauftragt, ich kenne sogar einige seiner Fotos – ich habe beinahe das Gefühl, ihn persönlich zu kennen. Aber er bleibt ein Phantom. Nicht nur für mich, sondern auch für die Behörden, die seiner nicht habhaft werden. Und auch für Sicherheitsforscher:innen wie Ancel, die Kriminellen wie Bagsu zwar immer wieder begegnen –, aber stets im digitalen, nie im realen Leben.

Dennoch hätte ich gerne mehr gewusst über ihn als Menschen. Ich habe Bagsu über einen Messenger angeschrieben, seine Kontaktdaten hatte ich ja aus den Chats. Ich fand, ihm steht es als Protagonist dieser Geschichte zu, sich zu äußern. Aber so wortreich er auch mit seinen Komplizen kommunizierte, mit mir wechselte er kein Wort.

Dafür lernen wir im folgenden Kapitel den Schöpfer seiner mächtigsten Waffe kennen: Evgeniy Bogachev. Auch der Entwickler des Trojaners Zeus versteckt sich erfolgreich. Er steht seit mehr als zehn Jahren auf der Wanted-Liste des FBI, niemand konnte ihm bisher habhaft werden. Doch ein deutscher Sicherheitsforscher kam ihm erstaunlich nahe.

Kapitel 1.3

Still wanted: Botmaster Bogachev

Die Waffen der Kriminellen
und einer ihrer besten Programmierer

Als Evgeniy Bogachev merkt, dass es ihm nun endgültig an den Kragen geht, kämpft er erbittert. In Russland ist es mitten in der Nacht, aber Bogachev scheint hellwach zu sein. Kein Wunder, es geht um sein Imperium. Ein Botnetz der Meisterklasse, infizierte Rechner, die miteinander kommunizieren. Ein Netz, das er über Jahre hinweg aufgebaut und verfeinert hat. Jetzt fällt es, und mit jedem Knoten, den seine Verfolger übernehmen, schwindet seine Kontrolle. Er sitzt irgendwo in Russland, vielleicht in der Hafenstadt Anapa an der Schwarzmeerküste, wo er zuletzt gesehen wurde, und tippt fieberhaft in seinen Computer. Er verfolgt jeden Schritt seiner Jäger und reagiert schnell darauf.

»Gameover Zeus« heißt das Meisterwerk von Bogachev, der wohl einer der genialsten Cyberkriminellen seiner Zeit ist. Schon sein Banking-Trojaner Zeus war legendär, eine der meistgenutzten Cyberwaffen Krimineller. Mit dem Botnetz hat er seine vernichtenden Angriffe auf eine neue Stufe gehoben. Seine Verfolger sprechen von ihm stets mit Bewunderung in der Stimme. Denn die weltweite Computer-Armee aus Hunderttausenden Geräten, die Bogachev übernommen hat und nun für Angriffe aller Art fernsteuert, ist schier unaufhaltsam. Das Netz hat sich bis jetzt allen Versuchen widersetzt, es zu übernehmen oder stoppen. Heute soll sich das ändern. Wird es klappen?

Tillmann Werner sitzt auf der anderen Seite der Erde an diesem 30. Mai 2014 und weiß längst nicht mehr, ob es Nacht oder Tag ist. Er schaut seit Ewigkeiten auf den Bildschirm, passt hier und da ein Kommando an und wartet gespannt darauf, dass wieder etwas auftaucht, das die Botnetz-Jäger übersehen haben. Irgendein bislang unentdeckter Server, irgendein Kniff, der wieder einmal dazu führen wird, dass der kriminelle Botmaster doch noch die Oberhand bekommt. Er beobachtet Bogachevs verzweifelte Versuche, wieder Herr zu werden über sein Botnetz.

Zwei Tage zuvor ist der deutsche Sicherheitsforscher in die USA geflogen und sitzt nun seit Stunden – oder sind es Tage? – in einem abgedunkelten Raum in einem FBI-Büro in Pittsburgh zusammen mit einem Kollegen und versucht, das zu Ende zu bringen, was man zu dieser Zeit sein Lebenswerk nennen kann: Keiner kennt »Slaviks« Werk so gut wie Tillmann Werner. Slavik ist das Pseudonym, das der Welt seit 2010 eine düstere Version der Zukunft des Internets vor Augen führt. Slavik oder – wie Werner heute weiß: Bogachev – hat eine Infrastruktur der Träume für Kriminelle geschaffen, mit der diese im großen Stil Bankkunden ausnehmen und öffentliche Netzwerke lahmlegen. Auch die russische Regierung scheint es dankbar zu nutzen, um ihre Feinde auszuspionieren. Zu seinen besten Zeiten kontrolliert Slavik mehr als eine Million Computer weltweit.

Bogachev alias Slavik hat schon vor Jahren gezeigt, dass er sein Handwerk versteht. Er ist der Autor des damals ausgefeiltesten sogenannten Banking-Trojaners Zeus. Nun hat er den hinter Zeus steckenden Gedanken ausgebaut und ein Botnet der Extraklasse geschaffen. Gelernt hat er im Kampf gegen seine Widersacher: Jede verzweifelte Aktion der Behörden und der Sicherheitsunternehmen gegen Slaviks Waffen hatte bis dahin damit geendet, dass dieser gestärkt aus dem Kampf hervorging. Das Ergebnis im Mai 2014: Ein schier unangreifbares Botnetz, abgesichert gegen alle erdenklichen Angriffsversuche.

Dieser 30. Mai 2014 soll das beenden, was bis dahin einen Millionenschaden angerichtet hat. Aber Tillmann Werner ist nervös. Der Weg zur Kooperation mit dem FBI war lang. Die Behörde war lange misstrauisch ihm gegenüber und hatte ihn selbst anfangs angegangen. Für den 36-Jährigen ist es ungewohnt, dass er nun, 2014, selbst in einer geheimen FBI-Kommandozentrale sitzt. Der Raum ist dunkel, sein Gesicht kaltblau beleuchtet vom Bildschirm. Er spürt die Anwesenheit der FBI-Agenten, die hinter ihm stehen und ebenso gebannt auf den Bildschirm schauen.

Das FBI hat Tillmann Werner und seinen Kollegen Brett Stone-Gross eingeladen, weil es keine Alternative gibt: Die Szene der Botjäger ist klein zu dieser Zeit. Es gibt kaum Spezialisten für Botnetze. Die zwölf Männer in Werners Rücken haben keine Ahnung, was der junge Deutsche tut. Auf sie muss er wie ein Alien aus dieser fremden digitalen Welt wirken. Mit ratlosen Blicken verfolgen sie, was er tut, anhand seiner Flüche können sie abschätzen, dass es gerade nicht so gut läuft. »Die Agents konnten nichts machen, aber sie wollten uns nicht allein lassen«, sagt Werner. »Sie wollten uns zeigen, dass sie uns unterstützen.« Also reichen sie den beiden jungen Männern Cola und Pizza und versuchen, sich nicht nervös machen zu lassen von ihrer angespannten Stimmung.

Tillmann Werner jedoch ist zu dem Zeitpunkt klar: Irgendetwas stimmt noch nicht. Der Code seines Angriffs gegen einen der gefährlichsten Cyberkriminellen hat noch Fehler. Wird der Angriff ein Erfolg werden, fragt er sich bang. Oder endet es so wie immer?

Anfangs war alles eigentlich eine klare Sache, logisch und einfach. Tillmann Werner hatte jahrelang allen, die es wissen wollten, von der Gefahr erzählt, die von Botnetzen ausgeht. Und vor allem auch allen, die es nicht wissen wollten. Wie dringend es Maßnahmen gegen sie brauchte, war ihm längst bewusst. Aber dass es so schwierig werden würde, damit hat er nicht gerechnet, damals in den Anfangsjahren der Internetkriminalität.

Als Tillmann Werner 2005 eines der frühen Botnetze rund um den Trojaner Zeus zum ersten Mal in Aktion in den Weiten des Internets sieht, ahnt er nicht, dass ihn sein Kampf gegen diesen mächtigen Gegner Jahre später in eine geheime Kommandozentrale des FBI führen wird, um einen der größten Feinde des Landes im Internet zu jagen: den russischen Kriminellen Evgeniy Bogachev, der Mann hinter dem gefürchteten Pseudonym Slavik. Unter diesem geistert Bogachev seit Anfang der Nullerjahre durch das Internet und gewinnt jede Schlacht.

Bevor die Schadsoftware Zeus 2005 ihren Siegeszug antrat, habe es keine professionelle Cyberkriminalitat gegeben, erklärt mir Tillmann Werner. Und auch keine Computersicherheitsbranche wie heute. Doch es gab Windows und darin etliche Sicherheitslücken, die von Kriminellen ausgenutzt wurden. Microsoft hatte noch keine Strategie, damit umzugehen, es gab keine automatischen Updates und auch kein Verfahren, wie mit Sicherheitslücken umzugehen ist. Es gab nicht nur keine Prämien für unabhängige ethische Hacker:innen, die Schwachstellen ausfindig machten und diese dem Konzern meldeten – es gab nicht einmal einen Kontakt, an den diese sich wenden konnten. »Wenn eine Schwachstelle gefunden wurde, konnte die ganze Welt alle Computer über das Internet angreifen«, erinnert sich Werner. Und das geschah, wenn auch zunächst etwas ziellos.

Werner selbst hat damals gerade sein Studium abgeschlossen und arbeitet beim Bundesamt für Sicherheit in der Informationstechnik BSI. Schneller als er und seine Kollegen nachdenken können, entwickelt sich eine organisierte kriminelle Szene, die Windows-Sicherheitslücken systematisch ausnutzt. Eine der ersten sichtbaren Gruppen ist das sogenannte »Russian Business Network«, eine hochprofessionelle kriminelle Gruppe, die in enormem Tempo neue Geschäftsmodelle erschließt. »Wir haben das am Anfang gar nicht verstanden, was da passiert«, erinnert sich Werner.

Die russische Gruppe von Kriminellen betreibt damals sogar

eigene Internet Service Provider, also eigene Internetanbieter – ein schlauer Schachzug, schließlich sind das die Strukturen, die von Behörden als Erstes angegangen werden, wenn es um kriminelle Aktivitäten im Internet geht. Fasziniert beobachtet Werner, wie die Gruppe eine eigene Sprache entwickelt –, um im nächsten Moment festzustellen, dass es bereits Begriffe für kriminelle Aktivitäten im Internet gibt, von denen die Sicherheitsforschung noch nicht einmal weiß, dass sie existieren. Werner rätselt lange, was die Werbesprüche der Gruppe bedeuten sollten: »Wir konvertieren traffic«, bieten sie anderen Kriminellen an. Was soll das sein? Das englische »Traffic« heißt auf Deutsch ja zunächst einmal nur »Verkehr«. Was für ein Verkehr wird hier umgewandelt – und in was? Schließlich geht ihm ein Licht auf: »Die haben Internetverkehr umgewandelt in Zugriff auf Systeme.« Es war ein früher Service dessen, was sich heute immer mehr verbreitet und professionalisiert: Angriffe auf Computersysteme als Service von Kriminellen, den wiederum andere Kriminelle buchen können.

Vor allem ein Mann sticht dabei im Laufe der Zeit hervor: Über Slavik, wie er sich nennt, ist lange nichts im Netz zu finden bis auf dieses Pseudonym und unendlich viele Spuren seines cleveren Geschäftssinns. Er scheint überall gleichzeitig zu sein, seine Schadsoftware findet rasante Verbreitung. Tillmann Werner fragt sich oft, was für ein Mensch sich hinter diesem Pseudonym verbirgt: Der Mann schreibt zu einer Zeit ausgefeilte Computerviren, in der die meisten Menschen froh sind, dank des modernen Betriebssystems Windows XP ihren Computer endlich einigermaßen intuitiv bedienen zu können. Sie haben keine Ahnung, dass sich hinter der bunten Oberfläche überhaupt Sicherheitslücken verbergen könnten.

Bogachev alias Slavik

Slavik entpuppte sich erst viel später und nur dank intensiver und aufwendiger Ermittlungen von Strafverfolgungsbehörden als der russische Staatsbürger Evgeniy Bogachev. Er ist ein Lebemann, offenbar ein lustiger Geselle: Im Internet finden sich Fotos von ihm am Steuer einer Jacht, er trägt nur eine Badehose und eine goldene Uhr, glatzköpfig und grinsend schaut er auf den Betrachter herab. Auf einem anderen Foto hält er eine teure Rassekatze in die Kamera wie eine Trophäe, er selbst trägt einen Anzug mit Leopardenmuster, es könnte ein Pyjama sein.

Diese Fotos werden neben normalen Fahndungsfotos vom FBI verbreitet – offenbar aus Verzweiflung, denn die Verfolger werden des Kriminellen einfach nicht habhaft. Bis heute steht Bogachev auf der »Wanted«-Liste, immerhin seit knapp zehn Jahren. Drei Millionen Dollar Kopfgeld hat das FBI auf ihn ausgesetzt. Das ist die höchste Summe, die das FBI je für Hinweise auf einen Internetkriminellen ausgelobt hat. Auf dem Fahndungsplakat beschreibt ihn die Behörde als einen weißen Mann mit braunen Haaren (»meistens abrasiert«), er wiege wohl etwa 80 Kilogramm und sei 1,75 Meter groß; als Geburtsdatum wird der 28. Oktober 1983 angegeben. »Er ist bekannt dafür, dass er gerne Boot fährt und mit seinem Boot zu Orten am Schwarzen Meer reist«, schreibt das FBI weiter.

Bogachevs Kapital aber sind sein feines Gespür für Marktlücken und seine offenbar ausgefuchsten Programmierfähigkeiten. Schon in den frühen 2000ern – Bogachev ist gerade mal Anfang 20 – sieht er, dass es eine Nachfrage für Schadsoftware gibt. Das ist die Geburtsstunde des Trojaners Zeus. Als Tillmann Werner Zeus zum ersten Mal sieht, ist er beeindruckt: Es ist nicht irgendein Wald-und-Wiesen-Virus, im Gegenteil: »Slavik ist ein sehr guter Softwareentwickler.« Das klingt anerkennend. Sein Banking-Trojaner Zeus entwickelt sich zu einer der beliebtesten Waffen der Cyberkriminellen, denn mit Zeus können sie Bankzugangsdaten erbeuten, sich in fremde Accounts hacken und Millionen erbeuten.

Doch dabei sollte es nicht bleiben. Slavik entpuppt sich schnell als Profi. Er aktualisiert den Zeus-Code regelmäßig, der Trojaner ist unendlich anpassungsfähig: »Seine Kunden konnten verschiedene eigene Regeln hinterlegen«, erinnert sich Werner. Sie konnten die Schadsoftware also an ihre Bedürfnisse und für ihren Anwendungsfall anpassen. Beispielsweise konnten sie eingeben, ob die Schadsoftware nur nach Opfern mit Postbank-Konto oder nach solchen mit Sparkassen-Konto Ausschau halten sollte. »Sie konnten ganz gezielt die Kommunikation zwischen Kunden und der Bank infiltrieren«, erklärt Werner. Slaviks Kundschaft wird schließlich immer professioneller, weil sich der Hacker seinen Service immer mehr kosten lässt. Er verkauft seine Schadsoftware in Form von Lizenzen, die an einzelne Personen gebunden sind: »Das war gut gemacht, fälschungssicher und gegen Piraterie geschützt.« Eine Kopie kostete nach Informationen des US-Magazins *Wired* mehr als 10 000 Dollar.[11]

War ein Computer erst einmal mit Zeus infiziert, konnte er schon damals in ein Botnetz eingebunden werden, also in ein Netzwerk infizierter Computer, die von einem zentralen Server gesteuert werden, auf den die Kriminellen Zugriff haben. Dadurch können sie den fremden Computer aus der Ferne übernehmen und steuern. Beispielsweise werden Computer dazu gebracht, weitere Schadsoftware in Form betrügerischer E-Mails zu verschicken. Oder es werden sogenannte Denial-of-Service-Angriffe ausgeführt, bei denen unzählige Computer eines solchen Netzes eine bestimmte Webseite aufrufen – sodass diese für niemand anderen mehr zu erreichen ist.

2007 kommt es schließlich zu einer überraschenden Wende: Jemand stellt den Code von Zeus offen ins Internet. »Damit waren alle Dämme gebrochen, es gab jeden Tag Hunderte neue Bot-

---

11   https://www.wired.com/2017/03/russian-hacker-spy-botnet/

netze«, erinnert sich Werner. Niemand musste mehr umständlich eine Lizenz bei Bogachev erstehen.

Tillmann Werner betrachtet die Welle aufkommender Botnetze damals als logische Folge einer Entwicklung, die in der Computerbranche zu dieser Zeit noch recht neu ist: kriminelle Angriffe auf Computernetzwerke in großem Stil. Als junger Sicherheitsforscher begegnet er diesen Dingen mit Neugier und mit einer gewissen Radikalität der Jugend. »Man muss doch etwas machen«, sagt er immer dann, wenn die etablierten Kolleg:innen in der wissenschaftlichen Sicherheitsforschung behaupten, man müsse sich damit abfinden. Gegen Botnetze sei kein Kraut gewachsen – sie verbreiteten sich viel zu schnell. Werner findet: Das geht nicht. »Eines Tages wird so ein krasser Angriff passieren, dass wir froh sein werden, wenn wir uns frühzeitig mit Botnetzen beschäftigt haben«, warnt er die Sicherheitsszene.

Die ersten Jahre ist Tillmann Werner auf verlorenem Posten. Tagsüber arbeitet er in seinem Job beim BSI, nachts jagt er durchs Internet und arbeitet an seiner Idee, Schadsoftware automatisch »einzufangen«, wie er sagt. Während die etablierten Sicherheitsforschenden sogenannte »Honeypots« aufstellen, um Angreifer anzulocken und mehr über diese zu lernen, denkt Werner längst daran, solche Honeypots automatisiert zu nutzen. »Ich fand Wörter wie Honeypots einfach cool«, erinnert er sich. Und in der Tat sind einige der Begriffe der frühen IT-Sicherheitsszene sehr bildhaft: Ein Honeypot lockt Täter an wie ein Topf Honig hungrige Bienen. Es ist ein Mittel, um Internetkriminelle dazu zu bringen, ins Scheinwerferlicht der Sicherheitsforscher:innen zu kommen, damit diese sie beobachten können. Dafür stellen diese einen Computer ins Netz, der besonders angreifbar ist, also beispielsweise einen Rechner, der ein bestimmtes Update nicht hat und damit eine offene Sicherheitslücke präsentiert. Wird dieser dann angegriffen, können sie die Schadsoftware analysieren und Informationen über die Kriminellen dahinter sammeln.

Vor seinem inneren Auge sieht Tillmann Werner längst einen riesigen Bienenschwarm über automatisierten Honeypots. Da beschließt er, etwas zu unternehmen. Zusammen mit ein paar Freunden, die er aus dem Internet kennt und die teilweise noch studieren, sitzt er in kleinen Unibüros in Bonn und programmiert Nächte durch. Schließlich gelingt es der informellen Gruppe tatsächlich, in großem Stil Schadsoftware einzusammeln – der Bienenschwarm kommt und ist überwältigend. Noch fliegen sie einzeln hinein in Werners Honeypot und nicht koordiniert. Aber Werner spürt deutlich, dass seine düsteren Prognosen berechtigt sind.

Rätselhafter Wurm

Oder nicht düster genug. Kurz darauf ereignet sich der Fall, vor dem Werner und seine Freunde seit Monaten warnen: Im Januar 2007 breitet sich ein Botnetz über die Welt aus, das in kürzester Zeit einige Millionen Computer weltweit infiziert.[12] Der Computerwurm Storm Worm breitet sich aus, der Schwerpunkt seines Zugriffs: Europa und die USA. Er heißt deshalb so, weil er sich unter anderem mittels E-Mails verbreitet, die angeblich Neuigkeiten über Todesopfer eines vernichtenden Sturms in Europa beinhalten.

Mit der Kontrolle über einige Million Computer gewinnt das Botnetz eine enorme Rechenleistung: Es übertrifft die Leistung der damals größten Supercomputer, also der leistungsfähigsten Computer der Welt. Diese werden meist von staatlichen Forschungseinrichtungen betrieben, ihre Infrastruktur füllt mehrere Stockwerke aus. Der australische Informatiker Peter Gutmann merkt damals alarmiert an: So werde zum ersten Mal einer der stärksten Supercomputer der Welt »nicht von einer Regierung oder einem Megakonzern kontrolliert, sondern von

---

12 https://www.schneier.com/blog/archives/2007/10/the_storm_worm.html

Kriminellen«[13]. Schon das macht die neue Qualität dieser kriminellen Machenschaften deutlich.

Aber es kommt noch etwas dazu, das Werner damals sehr viel mehr alarmiert als die schiere Größe des Botnetzes: Storm Worm ist eine besondere neuartige Art des Angriffs. »Storm Worm war das erste ernstzunehmende Peer-to-Peer-Botnetz«, sagt Tillmann Werner. In diesem Fall werden die übernommenen Computer nicht von einem zentralen Server aus gesteuert, sondern sie geben ihre Informationen nach einem ausgeklügelten System von einem Rechner zum anderen weiter, unter Peers (also Gleichgestellten), von Angegriffenem zu Angegriffenem. Das funktioniert wie eine Telefonkette nach dem Schneeballprinzip: Wenn zehn Personen eine Information haben und diese an jeweils zehn andere weitergeben, lässt sich diese Telefonkette nicht stoppen, nur weil etwa eine Person daran gehindert wird zu telefonieren. Ein solches Botnetz lässt sich kaum einfangen

Dieser Gedanke spornt Tillmann Werner und seine Freunde damals erst so richtig an. »Die Szene war in heller Aufregung, weil es nun ein Peer-to-Peer-Botnetz gab«, erinnert er sich. Aber er ist schnell enttäuscht: Das Interesse daran ist ihm zu akademisch. Man kann doch so ein Botnetz nicht nur fasziniert beobachten! Viele seien beeindruckt gewesen angesichts der Perfektion der Software, die jede Möglichkeit, sie zu stoppen, elegant umschiffte, erinnert er sich. Werner hingegen wurde wütend. »Uns hat geärgert, dass man das als akademisches Problem betrachtete, anstatt es zu zerschlagen.« Hat man als Forscher nicht etwa auch die Verantwortung, etwas zu tun?

Was er wahrnimmt, ist ein Konsens in der Branche, laut dem die Welt von nun an mit Botnetzen leben müsse. Das regt ihn auf. Er engagiert seine Freunde. »Wir haben uns in unserer Naivität gedacht: Wir machen das jetzt anders, wir greifen an.« Wie sich später zeigen sollte, liegt er richtig mit seiner Einschätzung. Denn mit

---

13   https://seclists.org/fulldisclosure/2007/Aug/520

Peer-to-Peer-Botnetzen lässt es sich nicht leben: Sie sollten sich über die Jahre zu einer massiven Gefahr für die Gesellschaft entwickeln.

Zunächst aber kämpften Tillmann Werner und seine Handvoll Freunde wie ein einsames, aber entschlossenes gallisches Dorf gegen den scheinbar unangreifbaren Gegner. Nächtelang brütet die Gruppe über dem Code von Storm Worm, den sie ihren Fallen entlocken konnten: Maschinencode, für fast alle Menschen unverständlich. Der sogenannte Binärcode ist alles, was Forschenden in die Hände fällt, wenn sie eine Schadsoftware einfangen. Sogenanntes Reverse Engineering versucht, einen Binärcode aus Einsen und Nullen wieder in für Menschen verständlichen Programmiercode rückzuübersetzen. Da es aber keine eindeutige Rückübersetzung gibt, kann es immer nur eine Annäherung sein, eine mögliche Repräsentation. Als wollte man aus einem fertig gekochten Gericht die einzelnen Zutaten bis aufs Gramm genau herausfiltern. Werner beschreibt es so: Man müsse rekonstruieren, welche Logik hinter einem Programm stecke. »Der Heilige Gral ist, die Motivation des Entwicklers nachzuvollziehen.«

Aus dem aufgeschnappten Code auf ihren Honigtopf-Rechnern – den im Netz als Lockmittel verteilten Rechnern mit offensichtlichen Sicherheitslücken – versuchen Werner und seine Kollegen also, erst einmal die Denkweise der Person zu verstehen, die die Schadsoftware entwickelt hat, und darin mögliche Denkfehler und Lücken aufzuspüren. Viele vergleichen das mit Ausgrabungsarbeiten, bei denen Forschende Knochen finden und diese wieder zu einem Tier zusammensetzen wollen: Aber es fehlen einzelne Knochen. »Ich muss eine möglichst gute Idee von dem Gesamtkonzept haben«, erklärt Tillmann Werner. Die Kriminellen hingegen haben es einfacher: »Sie müssen nicht den ganzen Dinosaurier verstehen, sondern nur eine Lücke finden.«

Stundenlang diskutiert die Gruppe um Werner damals über mögliche Schwachstellen von Storm Worm. »Das war ein Präzedenzfall, wir durften das nicht durchkommen lassen«, erinnert er sich an die Debatte. Schließlich könnte das Nachahmer auf den Plan rufen – »das wäre eine Bankrotterklärung« gewesen. Eines Nachts dann finden sie eine Schwachstelle, mittels derer sie das Botnetz übernehmen könnten. Der einzige Haken: Das wäre illegal. Denn dafür müssten sie Code auf den von Storm Worm infizierten Computern ausführen, sie müssten also ein Programm aus der Ferne auf diese infizierten Computer aufspielen und ablaufen lassen. Ohne Einverständnis der Betroffenen ist das illegal, selbst wenn es diese von einem Kriminellen auf ihrem Computer befreit. »Selbst wenn das moralisch okay ist, ist es verboten«, sagt Werner. Prompt überlegt die Gruppe, den Angriff aus einem öffentlichen WLAN-Netz zu starten, beispielsweise aus einem Starbucks-Cafe. Dann könnte niemand den Angriff auf sie zurückführen. Aber dadurch würde ihre Handlung nicht plötzlich legal. Eine Zwickmühle.

Doch dann schläft Storm Worm plötzlich ein. »Vielleicht wurde es dem Botmaster zu heiß, schließlich war die gesamte Community aufmerksam geworden«, mutmaßt Werner. War er enttäuscht? Nein, eher froh. »Das hat uns aus dem Dilemma geführt, dass wir bei Startbucks den Trigger hätten ziehen müssen.« Trotzdem ist Werner sicher, dass die Gruppe einen Meilenstein erreicht hat: Es wäre möglich gewesen, das Botnetz zu stoppen.

Doch noch während Tillmann Werner und seine drei Kollegen ihre Arbeit dokumentieren und einen Vortrag darüber halten, um für ihre Idee zu werben, dass man Peer-to-Peer-Netzwerke angreifen kann, breitet sich ein Nachfolger von Storm Worm im Internet aus, ein Botnetz namens »Waledac«. Werner und seine Kollegen sind vorbereitet: All die Arbeit, die sie in die Analyse des Botnetzes Storm Worm gesteckt haben, zahlt sich nun aus. Zudem können sie Microsoft überzeugen, ihre Bemühungen zu unterstützen – schließlich sind es Sicherheitslücken im Microsoft-Betriebssystem, die von den unbekannten Angreifern ausgenutzt werden. Diese Lücken zu schließen, müsste im ureigenen Unternehmensinteresse sein. Endlich finden Werner und seine Freunde Gehör beim Softwarehersteller.

Dann fehlt nur noch ein Puzzlestück: ein Gerichtsbeschluss. Denn ohne einen solchen ist es nicht legal, einen betroffenen Server zu übernehmen. Auch über diesen verfügen sie schließlich, sodass der Übernahme des Botnetzes nichts mehr im Weg steht: Zusammen mit Microsoft und dem damaligen Studenten Ben Stock, der damals gerade seine Bachelorarbeit über den Waledac-Wurm geschrieben hatte, kann die Gruppe um Werner ihre Methode schließlich testen – und es gelingt: Sie können das Netz übernehmen. »Das war die erste Übernahme eines Peer-to-Peer-Botnetzes«, sagt Werner. Er klingt heute noch stolz. Aber die Branche nimmt die Gruppe nicht wirklich ernst und auch die Bedrohung durch Botnetze. Ihre Arbeit wird kaum gesehen. Was muss denn noch passieren?, fragt sich Werner.

Doch dann hält die Welt ein Botnetz in Atem, dessen Hintergründe bis heute rätselhaft sind. Fest steht nur: Es ist das bis heute größte Botnetz, es infizierte bis zu 15 Millionen Rechner auf der ganzen Welt – und hätten die Angreifer sein Potenzial genutzt, hätten sie eine der vernichtendsten Cyberattacken der Geschichte starten können. Conficker, so wird das Netz getauft, ist ein Glücksfall für Werner, gewissermaßen. »Danach war klar, wie gefährlich Botnetze sind.« Aber erst einmal gilt es, das Botnetz unschädlich zu machen – ihm steht harte Arbeit bevor. Und das an einem langen Wochenende.

Alarm im Krankenhaus

Als der Sicherheitsforscher Samstagnacht nach Himmelfahrt im Mai 2009 von einem Familienausflug nach Hause kommt, ist Tillmann Werner sofort klar, dass etwas nicht stimmt. Sein Anrufbeantworter blinkt wie wild. So viele Nachrichten hatte er noch nie auf einmal. »Ich habe am Blinken des Anrufbeantworters gesehen, dass etwas passiert ist.« Auf Band findet er unzählige Anrufe der

Uniklinik Düsseldorf: Es gibt massive Computerprobleme. Die Systeme seien nicht mehr erreichbar, auf vielen Rechnern könne sich niemand mehr anmelden, man habe große Sorge, dass die Spezialmaschinen für Operationen ausfallen könnten. Und das am langen Wochenende: Spätestens am Montag, das zeigt die Erfahrung nach langen Wochenenden, werden viele Patient:innen vor der Tür stehen – mit drängenden medizinischen Problemen.

Werner stellt die gepackten Koffer in die Ecke. Eine Stunde später findet er sich in den Katakomben der Klinik wieder. »Es war wie im Film, Neonröhren flackerten, ein endlos langer Gang«, erinnert er sich. Als er schließlich den ersten Rechner analysiert, wird ihm klar, dass es die Klinik mit einem mächtigen Angreifer zu tun hat: Auf den Maschinen hat sich der Computerwurm »Conficker« ausgebreitet. »Deren Systeme standen still«, erinnert sich Werner. Er arbeitet das Wochenende durch und schafft es schließlich zusammen mit Kollegen, die Uniklinik vom rätselhaften Wurm zu befreien.

So krass es ist, wenn eine Uniklinik für einige Tage stillsteht: Es ist doch eher ein Kollateralschaden. Und das zeigt die Gefährlichkeit des Wurms. Schon wenige Monate, nachdem Conficker im November 2008 zum ersten Mal gesichtet wird, sind mindestens 10 Millionen Computer in aller Welt infiziert, die alle regelmäßig mit einem unbekannten Mastermind kommunizieren. »Er war und ist der hartnäckigste Computerwurm, den es je gab«, schreibt der Autor Mark Bowden in seinem Buch über Conficker. Das Verschlüsselungsprotokoll, das der Wurm nutzt, ist das allerbeste, was die Welt der Informatik (und der Geheimdienste) zu diesem Zeitpunkt zu bieten hat – unter anderem ist der Algorithmus MD6 implementiert, der erst wenige Wochen vor dem erstmaligen Auftauchen Confickers am Massachusetts Institute of Technology MIT entwickelt worden und noch nicht öffentlich war. Wie waren die Angreifer:innen an die neue Technologie gekommen? Und viel wichtiger: Wie ließ sich nun die Gesellschaft schützen vor einem Wurm, dessen Zweck niemand kannte, der aber zweifelsohne sehr gefährlich werden konnte? Wie kann man solche Sicherheitsrisiken bewältigen? Und was tun, wenn Schadsoftware uns alle angreift?

Denn tatsächlich sind damals sehr viele Privatpersonen betroffen: Das Sicherheitsunternehmen Panda geht im Januar 2009 davon aus, dass rund sieben Prozent aller deutscher Windows-Computer mit Conficker infiziert seien – was hochgerechnet weltweit tatsächlich bedeuten würde, dass 50 Millionen Maschinen betroffen gewesen sein könnten.[14] Im Verlauf der Infektion kämpfen unter anderem die Bundeswehr[15] und die französische Luftwaffe mit dem Wurm. Im September 2010 entsorgt das Bildungsministerium von Mecklenburg-Vorpommern 170 teils nagelneue Computer, weil sie mit Conficker befallen sind.[16] Im AKW Grundremmingen wird sogar im April 2016 noch eine Infektion mit Conficker entdeckt – was zwar zu keiner akuten Gefährdung führte, aber ein Hinweis ist auf die schlechte IT-Sicherheit in deutschen Kernkraftwerken. Denn offenbar waren die Computer dort nicht nur alt und daher ohne Sicherheitsupdates, es gab zusätzlich keine Sicherheitsmaßnahmen, die verhindert hätten, dass die Schadsoftware ihren Weg dorthin fand – infiziert war ein Rechner ohne Verbindung zum Internet.[17] Solche Feststellungen wurden aber erst getroffen, als das Problem schon aus der Welt war.

Im Frühjahr 2009, auf dem Höhepunkt der Angriffe, warten alle jedoch gebannt und ängstlich auf den nächsten Schritt des

---

14 https://www.zdnet.de/39201523/deutschland-sieben-prozent-aller-pcs-mit-conficker-infiziert

15 http://www.spiegel.de/netzwelt/web/conficker-wurm-bundeswehr-kaempft-gegen-viren-befall-a-607567.html

16 http://www.ostsee-zeitung.de/Nachrichten/MV-aktuell/170-neue-Computer-wegen-Virus-weggeworfen

17 https://www.heise.de/security/meldung/AKW-Gundremmingen-Infektion-mit-Uralt-Schadsoftware-3188599.html

unbekannten Botmasters, der Millionen von Computern in der Hand hat. Diese kommunizieren regelmäßig mit dem unbekannten Mastermind und warten auf Befehle. Millionen ferngesteuerter Computer! Eine Horrorvorstellung: Was können sie für einen Schaden anrichten. Es ist der Weckruf, auf den Werner und seine Kollegen jahrelang gewartet haben. Ihre Recherchearbeit und die Erkenntnisse über Botnetze und die Möglichkeiten, diesen mittels eigener Software zu begegnen, ergibt auf einmal Sinn. »Das hat uns bestätigt«, erinnert sich Werner, »jetzt hatten wir den Fall, bei dem die ganze Welt in Panik war. Und es war klar: Wir können nicht zulassen, dass der Angreifer mit dieser Waffe jetzt etwas machen kann.«

Doch nicht nur die Gruppe um Werner ist in heller Aufregung. Die Vorgänge um Conficker stellen die IT-Sicherheitscommunity weltweit auf den Kopf. Normalerweise herrscht in der Szene ein ausgeprägtes Konkurrenzdenken. Gerade in der IT-Security-Szene macht sich einen Namen, wer als erstes eine neue Schwachstelle entdeckt, vor der Konkurrenz. Es wird kaum zusammengearbeitet. Bis heute ist das so – mit teils skurrilen Folgen: Unternehmen, die eine neue Schadsoftware entdecken, geben dieser und der möglicherweise dahinterstehenden Gruppe einen selbst ausgedachten Namen. Jede Sicherheitsfirma hat ihre eigene Nomenklatur, in die Neuentdeckungen eingefügt werden. Das führt dazu, dass bisweilen ein Hack oder eine Gruppe mehrere Namen hat, was zu Verwirrungen führen kann.

Aber angesichts der Bedrohung durch Conficker herrschte in der sich damals etablierenden IT-Sicherheitsszene eine seltene Einigkeit, erinnert sich Werner: Über jedes Konkurrenzdenken hinweg hatte sich in den USA eine »Conficker-Workinggroup« gegründet, »da war das Who is Who der Szene vertreten«. So etwas hatte es bis dahin nicht gegeben.

Der Anti-Wurm

Das kleine Team um Tillmann Werner gehört zunächst nicht zum engen Kreis der Workinggroup. Noch immer werden die jungen Deutschen nicht ernst genommen. »Man hat uns damals vor allem als Bedrohung wahrgenommen, weil unsere Vorgehensweise das Arbeiten der etablierten Stellen und Personen infrage gestellt hat«, sagt Werner. Aber das Problem Conficker spornt sie an. Eines Tages macht die informelle Gruppe eine unheimliche Entdeckung: Sie wissen, dass Conficker besonders raffiniert entwickelt ist – unter anderem verhindert der Wurm, dass ein Update von Microsoft die Lücke schließt, durch die er eingedrungen ist. Ein solches Update wird in Sicherheitskreisen Patch genannt, wie ein Flicken, den man auf einen Riss in der Kleidung näht. Das Ungewöhnliche: Conficker hat einen eigenen Patch für die Lücke. Der Virus kommt – bildlich gesprochen – durch die offene Tür (sprich: die Sicherheitslücke) in die Computersoftware und verschließt diese Lücke hinter sich mit dem sogenannten Patch, sodass niemand anders mehr eindringen kann.

Doch die Angreifer:innen haben genau dabei einen Fehler gemacht, sie haben eine Kleinigkeit nicht bedacht, die zwar schwer aufzufinden ist, deren Auswirkungen aber umso verheerender sein könnten. Als Werner das entdeckt, wird ihm heiß und kalt, denn er sieht: Durch diesen Fehler lässt sich das gesamte Netz von außen übernehmen. Wer das tut, kann auf einen Schlag Millionen von Computern auf der Welt erobern und fernsteuern. »Vor uns lag also ein Verzeichnis von Millionen mit Sicherheit angreifbarer Systeme auf der ganzen Welt – und eine Möglichkeit, diese zu übernehmen.«

So groß der Triumph über diese Entdeckung ist, so groß ist die Angst. Denn jetzt rennt die Zeit. »Was ist, wenn das jemand vor uns tut?« Was, wenn Kriminelle diese Lücke entdecken? Sie für sich nutzen? Es gibt eigentlich nur eine einzige Lösung: durch diese Lücke Conficker anzugreifen, indem man einen eigenen

Computerwurm programmiert. Eine Art Rettungs-Infektion sozusagen. Eine Medizin.

Aber was, wenn beim Rettungsangriff irgendetwas schiefgeht? Wenn die Medizin unvorhergesehene Nebenwirkungen hat, wenn die Forscher etwas nicht bedacht haben, wenn ihr Wurm selbst eine Lücke hat oder einen Schaden anrichtet, den sie nicht vorhergesehen haben? In der Uniklinik hat Werner gesehen, welche heiklen Prozesse von funktionierenden Systemen abhängen. Vor seinen Augen läuft eine Szene ab, in der eine lebenswichtige Operation abgebrochen werden muss, weil ein Computernetzwerk abstürzt. »So etwas kann über Leben und Tod entscheiden.« War es also sicherer, besser nichts zu tun, solange die Herz-Lungen-Maschinen dieser Welt noch funktionierten? Einfach stillzuhalten? Die Hände in den Schoß zu legen? Aber was, wenn ein anderer bemerkt, dass sich Millionen Computer auf der Welt auf einfache Weise übernehmen lassen?

Das erscheint den Forschern damals die gefährlichere Möglichkeit. Also spielen sie erneut ihre Idee durch, das Netz von einem freien WLAN-Netz aus anzugreifen, die »Starbucksidee«, wie Werner es nennt. »Das wäre so hochgradig illegal gewesen!« Letztlich dokumentieren sie ihre gesamte Arbeit und wenden sich an die Conficker Workinggroup in den USA mit der klaren Empfehlung, einen »Antiwurm« auf Conficker loszulassen. Doch die Mitglieder der Gruppe reagieren nicht gerade freundlich. Wie Werner später erfahren sollte, wendet sich auf ihren Hinweis hin sogar eine US-Behörde an das BKA und beantragt, die Computer der jungen Wilden zu beschlagnahmen. »Die haben uns einfach nicht vertraut.« Das BKA weigert sich glücklicherweise, dem Wunsch aus den USA nachzukommen.

Was dann geschah? Ist die Welt seither sicherer? Sind solche Bots Vergangenheit?

Conficker verschwindet so plötzlich, wie er gekommen ist. Auch hier stellt der unbekannte Botmaster plötzlich die Arbeit ein. Genau genommen verschwindet der Wurm nie ganz, weil ältere Windows-Versionen nach wie vor anfällig sind, ihn sich einzufangen. Im Juni 2019 schätzt Autor Bowden, dass nach wie vor 500 000 Computer weltweit mit Conficker infiziert sind.[18] Bis heute ist nicht wirklich klar, wer genau hinter Conficker stand und was der Plan war. Jedenfalls hat Conficker der Welt gezeigt, wie gefährlich ein Botnetz sein kann. »Genau zum richtigen Zeitpunkt«, findet Tillmann Werner.

Game over?

An dieser Stelle kommt Slavik alias Bogachev erneut in das Spiel, das so bitterer Ernst ist. Denn mit Conficker ist die Zeit der kriminellen Internetmachenschaften noch lange nicht vorbei. Tillmann Werner beobachtet damals, dass Slavik nicht einfach weitermacht – er entwickelt sich weiter: »Er erfindet sich immer neu.« Werner beobachtet, dass der russische Kriminelle eine Schadsoftware kreierte, die in etwa der Qualität von Conficker entspricht. Offensichtlich verfügt Slavik über eine schier unendliche kriminelle Energie und gleichzeitig über den Antrieb eines Geschäftsmanns, der sieht, dass seine Idee funktioniert, weshalb er sein Geschäft stetig vergrößert und ausbaut.

Seine Idee ist in diesem Fall das Botnetz namens »Gameover Zeus«. Bogachev entgeht nicht, dass immer mehr Kriminelle eigene Botnetze auf der Grundlage von Zeus bauen, teilweise in Form von Raubkopien. Er will einen Teil des Profits – und er will mehr Kontrolle. Er beschließt, selbst ein Botnetz zu betreiben und es als Dienstleistung zu vermieten.

»Gameover Zeus war leistungsfähiger und ausgeklügelter als alles, was bis dahin auf dem Markt war«, sagt Werner. Wieder kann er nicht anders, als Bogachev zu bewundern für seine

---

18   https://www.nytimes.com/2019/06/29/opinion/sunday/conficker-worm-ukraine.html

schlauen Schachzüge. Ähnlich wie Storm Worm hat Gameover Zeus eine dezentrale Befehlsstruktur: Die neue Zeus-Variante stützt sich also auch auf die Peer-to-Peer-Kommunikation zwischen den übernommenen Rechnern. Die infizierten Rechner führen dafür eine ständig aktualisierte Liste anderer infizierter Rechner und kommunizieren untereinander. Der Vorteil des neuen Virus: Der Botmaster kann neue Befehle an jeder Stelle einstreuen, und sie werden weitergegeben, das Netzwerk hat eine Architektur, die jeden Angriff von Behörden verhindert. Es lässt sich nicht abschalten. »Es war perfekt abgesichert gegen uns«, sagt Werner. Klassische Methoden funktionieren nicht mehr: Würden Behörden einen Server vom Netz nehmen, könnte Bogachev einfach einen neuen Server starten und die Kontrolle über das Peer-to-Peer-Netzwerk auf diesen umleiten.

Hinzu kommt: Bogachev und seine kriminelle Kundschaft nutzt das Netz optimal: Sie fangen in großem Stil Kontodaten ab, überweisen das Geld der Opfer auf ihre eigenen Konten – und nutzen das Netz gleichzeitig für eine Denial-of-Service-Attacke auf die entsprechenden Banken. Bei einer Denial-of-Sevice-Attacke müssen die Angestellten hilflos danebenstehen, sie können nichts tun, als zuzuschauen, denn die Rechner verweigern ihnen den Dienst. Das Perfide am neuen Virus: Die Kriminellen gewinnen dadurch Zeit. Meist merken die Betroffenen erst dann, dass ihnen Geld fehlt, wenn es bereits über mehrere weitere Konten ins Ausland überwiesen ist. Am 6. November 2012 beobachtete das FBI laut *Wired,* wie das Game-over-Netzwerk 6,9 Millionen Dollar im Zuge einer einzigen Transaktion stiehlt.

In diesen Tagen im Winter 2012/2013 sammelt Werner fünf Freunde und Kollegen um sich, sie packen Werners Kofferraum voller Hardware, obendrauf die Isomatten, und ziehen gemeinsam in die Wohnung eines Mitstreiters ein. Dort ist ein Whiteboard, auf dem sie abwechselnd versuchen, die Logik des Botnetzes aufzuzeichnen. »Das Netz verstehen«, ist das Ziel. Eine mühsame Detektivarbeit. Die Gruppe hat dafür ihre eigene Methodik entwickelt. Sie haben zunächst eine feste Liste an Fragen, die sie abklären. Und dann kommt die Intuition der fünf Beteiligten ins Spiel. Diese Mischung führt schließlich dazu, die Lücken im System des Virus zu erkennen.

Dieses Lückenfinden ist eine verbreitete Methode: »Das ist wie bei Cum-Ex: Die haben im Finanzsystem Lücken identifiziert und diese ausgenutzt – so ähnlich ist der Denkprozess«, erklärt Tillmann Werner: Wo hat Bogachev einen Denkfehler gemacht, wo hat er zu sorglos programmiert? Werners Erfahrung sagt: Irgendwo gibt es immer eine Lücke. Aber diesmal ist es hart. Es ist klar, dass in den nächsten Tagen keiner die Runde verlassen kann, denn sich erneut hineinzudenken wäre zu aufwendig. »Der Fall hatte so eine Komplexität, dass es nicht ausreicht, mal vier Stunden zu sprechen.« Also arbeiten die fünf rund um die Uhr, gerade einmal unterbrochen von den individuellen Schlafphasen, die sie sich auf den Isomatten am Boden gönnen, zwischendrin gibt es Flammkuchen und Pizza. Werners amerikanischer Freund Brett Stone-Gross ist per Videokonferenz zugeschaltet.

Auf dem Whiteboard finden sich schnell unzählige Zeichnungen. Die Basis der Überlegungen der Gruppe ist die Graphentheorie, eine komplexe Theorie aus der Mathematik, die auch im Rahmen der Informatik angewandt wird. Eigentlich muss man als Laie nur so viel verstehen, dass es darum geht, wie ein Netzwerk aufgebaut ist. Ein wenig ähneln solche Netzwerke meist Strukturen in der Realität: Wie viele Knoten und Kanten gibt es? Wie ist die Architektur des Netzwerkes? »Man muss das auf der theoretischen Ebene verstehen und das Protokoll verstehen und das Ganze dann in Programmcode gießen«, erklärt Werner. Das Ziel: »Wir müssen die Kommunikation zwischen den Peers, also den einzelnen betroffenen Computern, so manipulieren, dass die nicht mehr miteinander sprechen können.« Im Unterschied zum Plan der Gruppe bei Conficker ist die Schwachstelle diesmal zum Glück auf der Ebene der Kommunikation: Dafür müssen sie in keine fremden Rechner eindringen.

Nach vier Tagen ist die Sache rund. Die Gruppe hat einen Plan und ist zuversichtlich, die richtigen Stellschrauben gefunden zu haben. Der Angriff auf das Netzwerk startet. »Wir waren alle nervös, wir hatten Angst, etwas übersehen zu haben«, erinnert sich Werner. Grob gesagt, wollen sie das Peer-to-Peer-Netzwerk von Gameover Zeus auf einen neuen Server unter ihrer Kontrolle umleiten – ein Prozess, der als »Sinkholing« bezeichnet wird. Im sogenannten »Sinkhole« versinkt die Kommunikation des Botnetzes wie das schmutzige Spülwasser im Abfluss – die Kriminellen können also auch keine Befehle mehr erteilen, wenn alles klappt, was Werner und sein Team vorhaben.

Sie planen, die Kommunikationsverbindung zwischen dem Botnet und dessen Meister Bogachev zu unterbrechen. Zunächst sieht es gut aus. Atemlos beobachten die fünf, wie sie erst 50, schließlich sogar 80 Prozent, dann mehr als 90 Prozent des Netzes unter ihre Kontrolle bringen. Einige Tage lang geht es gut, die fünf holen etwas Schlaf nach, und als sie nach zehn Tagen das Netz noch immer kontrollieren, fühlen sie sich siegessicher.

Bogachevs Comeback

Doch dann holt Bogachev aus zum großen Gegenschlag. »Wir haben plötzlich gesehen, dass wir die Kontrolle verlieren«, sagt Werner. »Wie kann das sein?«, fragen sich die Teammitglieder gegenseitig: »Wir kontrollieren doch.« Aber Werner und seine Mitstreiter können nur zusehen, wie der Kriminelle einen Knoten nach dem anderen wieder übernimmt. Sie haben etwas übersehen. Werner begreift schließlich, was Sache ist: Über der Peer-to-Peer-Struktur, in der die angegriffenen Computer untereinander kommunizieren, liegt noch eine zentrale Struktur: Mehrere Server in verschiedenen Ländern fungierten als zentrale Proxyserver, von denen aus Bogachev neue Kommandos an die infizierten Rechner schicken kann. So ein Proxyserver ist gewissermaßen eine Kommandoebene zwischen dem Botmaster und den angegriffenen Computern, die das Botnetz ausmachen.

Keine Sorge, wenn Sie als potenzielles Opfer von Kriminellen hier nicht mehr mitkommen oder begreifen, was die Ermittler wie Werner in solchen Fällen tun. Wichtig ist zu wissen, dass diese komplexen Strukturen dafür sorgen, dass ein solches Botnetz kaum zu stoppen ist. Die Strukturen sind schwer zu durchschauen, und deshalb übersehen Verteidiger:innen wie Werner gerne einzelne Elemente – also Computer und Server, die dann wiederum dafür sorgen, dass die Kontrolle wieder von den Kriminellen übernommen werden kann. Wichtig für Sie ist: Ihr eigener privater Computer kann Teil eines Botnetzes sein, ohne dass Sie das wissen.

Die Gruppe um Werner war zunächst erfolgreich, weil sie die Kommunikation zwischen den Peers, also den einzelnen Computern, angegriffen haben. Doch sie haben die Ebene darüber übersehen: Trotz ihrer Bemühungen konnten die Peers noch mit den zentralen Servern kommunizieren, und so waren sie dem Einfluss von Bogachev weiterhin unterworfen. Gegen diese zentralen Server wiederum haben die Sicherheitsforscher um Werner keine Handhabe. Hier können nur Behörden mit offiziellen Gerichtsbeschlüssen die Anbieter der Infrastruktur bitten, die jeweiligen Server abzuschalten. »Wir hatten diese Ebene völlig übersehen, uns war klar, dass da noch etwas ist, aber die Komplexität des Angriffs hat alle unsere Ressourcen gebraucht«, erklärt mir Werner.

Als er und seine Gruppe analysieren, wie Bogachevs Comeback möglich war, wird ihm die Genialität seines Widersachers erneut bewusst und auch, wieso so lange Funkstille geherrscht hat: Bogachev hat die zwei Wochen der Stille für sich genutzt, um den großen Gegenschlag zu organisieren. Nun hatte er ein Update an seine Infrastruktur geschickt, die den Angriff der Gruppe um Werner verhindert:»Er hat einfach unseren Angriff zwei Wochen lang analysiert und das Botnetz gegen ihn abgesichert.« Es ist wie bei einem Krankheitserreger, der für eine Weile erfolgreich bekämpft werden kann: Wird ein Virus durch Gegenmaßnahmen wie Impfungen oder natürliche Immunität nicht komplett vernichtet, mutiert es, um wieder erfolgreich zu sein. Gameover Zeus war gleichsam mutiert. Der Computervirus war nun vermutlich noch schlagkräftiger.

Werner ärgert sich fürchterlich darüber.»Das ist unentschuldbar, das ärgert mich heute noch. Man muss den Angriff in der Theorie richtig verstanden haben, bevor man ihn ausführt.« Sonst stärkt man den Gegner. Doch dann bemerkt er, dass auch Bogatschev offenbar mit der Komplexität überfordert war und ein Detail übersehen hat. Er hat durch die Mutation neue Fehler eingebaut, neue Angriffsvektoren für die Gruppe eröffnet.»Die Erfahrung lehrt: wenn man Leute unter Druck setzt, machen sie Fehler.« Zwei Wochen lang keine Kontrolle über sein Botnetz zu haben, muss Bogachev enorm gestresst haben.

Und es sollte tatsächlich schlimmer kommen für den Kriminellen. Werners amerikanischer Kollege Brett Stone-Gross spricht zu dieser Zeit regelmäßig mit dem FBI, und so erfahren die Ermittler vom Beinahe-Erfolg der Gruppe. Für die Gruppe wiederum ist an diesem Punkt die Zusammenarbeit mit einer Behörde sinnvoll, denn nur so können sie die zentrale Komponente hinter dem dezentralen Netz angreifen: die Server. Dafür braucht es nämlich behördliche Anordnungen.

So landet Werner schließlich im Mai 2014 in der geheimen FBI-Zentrale in Pittsburgh. Aber schon am Tag des Hinflugs wird sein Vertrauen in die Behörde und deren Partnerorganisationen jäh zerstört. Alles scheint geklärt, die Behörde kümmert sich um die zentralen Server und die entsprechenden offiziellen Bitten, diese zum vereinbarten Zeitpunkt abzuschalten, Werner und sein Kollege haben ihre Software umgeschrieben, die die Kommunikation zwischen den Peers übernehmen soll. Doch durch Zufall findet er einen weiteren zentralen Server, von dem bisher keiner wusste – und der ist in der Ukraine. Werner ist stinksauer. Es kann doch nicht sein, dass er am Tag vor einer lang geplanten High-Level-Operation mit dem FBI durch Zufall entdeckt, dass ein wichtiger Teil der Infrastruktur übersehen wurde? »Da kochen schon die Emotionen hoch. Wenn wir das solchen Zufällen überlassen, geht es doch wieder schief.« Mit einem unguten Gefühl steigt er ins Flugzeug, um sich dort die Nacht um die Ohren zu schlagen – denn sein Programm ist auch noch nicht fertig.

Vor Ort ergeben sich viele weitere Hürden. Internetprovider, die sich plötzlich weigern zusammenzuarbeiten oder nicht wissen, was sie tun sollen, und ein Unternehmen, das Server als Backup zur Verfügung stellen will und plötzlich kalte Füße bekommt. Zwölf FBI-Agenten, die helfen wollen, aber nicht programmieren können – dafür Cola und Pizza reichen und die ganze Nacht hinter Werner und seinem Kollegen stehen. Und eine Reihe von Herren in Anzügen, die Werner zunächst nicht richtig zuordnen kann, die aber sichtlich nervös werden, als Werner am zweiten Tag noch immer über seinem Code flucht. Wie er erst später erfährt, sind das Vertreter des State Attorney General, einer Art Generalbundesanwaltschaft, die die Aktion genehmigt hat. Dafür muss sie aber zu einem bestimmten Termin abgeschlossen sein. Und der rückt näher. »Es wäre wirklich gut, wenn wir langsam etwas erreichen würden«, zischt einer der Männer Werner zu. Das macht ihn noch nervöser.

»Irgendwann haben die uns Zwangspausen verordnet«, erinnert sich Werner. Ein Agent will plötzlich mit ihm spazieren gehen. In Werner wehrt sich alles – der Code ist nicht fertig, er hat doch gerade noch einen Fehler entdeckt. »Die haben gemerkt, dass wir nicht mehr können.« Schließlich, am zweiten Tag nach der Anreise, mittags um 12 Uhr, starten sie den Angriff. »Wir hatten gehofft, dass die Russen da schon etwas Wodka intus haben.« Aber

Bogachev wehrt sich erbittert. Werner erreichen die Infos dazu aus vielerlei Quellen. »Er war sofort an seinem Computer und hat gekämpft, es war ein direktes Ringen um die Infrastruktur.« Aber diesmal scheinen die Sicherheitsforscher zu gewinnen. Bogachev versucht noch, einen türkischen Provider zu überreden, seinen Server wieder online zu nehmen. Dann verstummt er.

Sollte dies wirklich der langersehnte Sieg sein, auf den Werner jahrelang hingearbeitet hat? Tatsächlich versucht Bogachev ein weiteres Mal, die Kontrolle zurückzugewinnen – genau zwei Wochen nach der erfolgreichen Übernahme in Pittsburg halten Werner und Stone-Gross gerade einen Vortrag auf einer Konferenz in Kanada. Offenbar ist Bogachev über die Pläne seiner Widersacher gut im Bilde. Während der Vorträge können sie sich schließlich kaum um einen möglichen Gegenangriff kümmern.

Die beiden Forscher beobachten die Infrastruktur aber nach wie vor und merken sofort, dass wieder einzelne zentrale Computer des Netzwerks, einzelne Knoten, von Bogachev übernommen werden. Direkt nach dem Vortrag nehmen sie den Kampf auf. Trotzdem ist Werner entgeistert: »Wie kann das sein, wir kontrollieren doch das Netz?« Er ist sicher, sie haben wieder etwas übersehen. Den beiden wird klar: Bogachev hat sein Netz mit einem ausgefeilten Notfallmechanismus ausgestattet, der anspringt, wenn sich an der Peerliste zu lange nichts ändert. Diesen Mechanismus kannten die Forscher zwar, aber offenbar hatte Bogachev ihn vor dem Angriff noch verfeinert. In einer Nachtschicht an der Hotelbar in Kanada können Werner und sein Kollege zum Glück die Kontrolle zurückgewinnen.

Seither ist es ruhig geworden um den berühmten russischen Internetkriminellen. Seine Schadsoftware dreht noch lange ihre Runden und taucht immer mal wieder auf. Aber was macht er selbst?

Bogachev hat kurz vor dem Angriff aus Pittsburgh offenbar seine Wohnung verlassen und ist seither nicht wieder aufgetaucht, wie

Werner von Journalist:innen erfährt, die dessen Nachbarschaft befragt hatten. Am Tag seines Verschwindens hat Bogachev die Anklageschrift der US-Behörden überreicht bekommen. Seither weiß er auch um das Kopfgeld von drei Millionen Dollar, das auf ihn ausgesetzt ist. Vermutlich ist er aus guten Gründen abgetaucht.

Wo aber steckt Bogachev, und was macht er heute? Manche Sicherheitsforscher:innen vermuten, dass der kriminelle Hacker einen Deal mit dem russischen Staat gemacht hat, der ihn versteckt und im Gegenzug von seinen Fähigkeiten profitiert. Denn es lässt sich nachweisen: Mindestens einmal wurde das Zeus-Botnetz offenbar für politische Spionage genutzt. Zwischen 2015 und 2017 sei im Zuge der russischen Angriffe auf die Ukraine außerdem eine neue, noch unbekannte Zeus-Variante aufgetaucht, sagt Werner, das Ganze sei »sehr massiv« gewesen. Das habe nach einer Weiterentwicklung ausgesehen, die tendenziell die Handschrift Bogachevs trug. »Aber das sind Spekulationen«, gibt Werner zu.

Tillmann Werner arbeitet heute beim US-Unternehmen Crowdstrike, das sowohl kriminelle als auch staatliche Akteure im Cyberspace verfolgt und deren Angriffe analysiert. Er beobachtet, dass diese beiden Gruppen, die staatliche Obrigkeit und die kriminellen Hacker:innen, immer schwerer voneinander abzugrenzen sind und sich nicht immer klar trennen lassen. »Bogachev ist auf jeden Fall am oberen Ende der Fähigkeiten.« Wieso sollte der russische Staat auf die mentalen Kapazitäten eines der begabtesten Hacker des Landes verzichten?

Teil 2
Die Welt der staatlichen Hacker

Die Motive staatlicher Hackinggruppen sind zwar andere als die klassischer Krimineller. Die Folgen für die Menschen können dennoch verheerend sein.

Kapitel 2.1

Blackout aus der Ferne

Mit ihrem Angriff auf das ukrainische Stromnetz zeigen
russische Staatshacker ihre Macht

Marina Krotofil hatte schon lange geahnt, dass es eines Tages geschehen würde. Trotzdem schockiert sie die Nachricht eines Freun-
des aus Kiew kurz vor Weihnachten 2015. »Wir haben einen Stromausfall«, sieht sie auf ihrem Handy und erschaudert. »Ich hatte gleich
ein ungutes Gefühl«, erinnert sich die IT-Sicherheitsexpertin aus
der Ukraine. War nun der Albtraum eingetreten, vor dem sie und
eine Handvoll anderer Sicherheitsforscher:innen schon lange gewarnt hatten – ein durch einen Cyberangriff verursachter Blackout?
Krotofil hat sich zu diesem Zeitpunkt bereits fünf Jahre lang intensiv mit sogenannten cyberphysischen Systemen beschäftigt, also
mit analogen Systemen in der Industrie, die jedoch digital gesteuert
werden und daher auch aus dem Netz angreifbar sind. Ein Stromausfall, verursacht durch eine Cyberattacke, war eines der Horror-
szenarien der Branche. Im Dezember 2015 wurden diese Gefahren
erstmals einer größeren Öffentlichkeit bewusst: Denn eine solche
Attacke kann gefährliche Folgen für die Zivilbevölkerung haben.

Nur wenige wissen zu dieser Zeit so detailliert wie Krotofil, wie
Hacker:innen physischen Schaden anrichten können, wenn sie
mittels digitaler Angriffe die Kontrolle über industrielle Anlagen
übernehmen. Krotofil ist damals 34 Jahre alt, arbeitet als unabhängige Sicherheitsforscherin in Hamburg und hat unzählige re-
alistische Szenarien durchdacht und beschrieben: vom Blackout
über den Ausfall der Wasserversorgung bis hin zu explodierenden

Chemieanlagen, die Menschenleben in direkter Umgebung gefährden und Vergiftungen auslösen könnten. Sie hat anhand verschiedener Modelle von Industrieanlagen demonstriert, wie sich deren Steuerungssoftware aus der Ferne manipulieren lässt, wenn sich die Angreifer mit der Funktionsweise der Anlage auskennen.

Als ihr Freund aus Kiew sie am 23. Dezember 2015 mit den Neuigkeiten konfrontiert, ist sie gerade dabei, sich Bauteile zu organisieren, mit denen sie entsprechende Angriffe auf industrielle Kontrollsysteme auch anhand physischer Modelle demonstrieren könnte. Zeigen will sie diese Simulation auf einer Hackerkonferenz. Nun aber hat die Realität sie eingeholt: Zum ersten Mal hat jemand einen solchen Angriff tatsächlich ausgeführt, jemand, der offenbar bereit ist, Menschenleben zu gefährden.

Weihnachten fällt für Krotofil daher 2015 ins Wasser. Fieberhaft recherchiert die Sicherheitsforscherin das, was sie schon ahnt: Eine Cyberattacke ist die Ursache. Drei Stromversorger sind betroffen, mehrere Umspannwerke sind ausgefallen − und weite Teile der Ukraine liegen im Dunkeln. »Liebe Kunden«, meldet das Unternehmen Kyivoblenergo am 23. Dezember um 15.35 Uhr auf seiner Webseite: Unbefugte seien in die IT-Systeme eingedrungen, insgesamt 30 Substationen seien ausgefallen. In der Region Kiew seien 80 000 Kunden betroffen. Nach und nach erfährt Krotofil, dass auch der Energieversorger Chernivtsioblenergo betroffen ist, der die Region Chernivtsi im Westen des Landes versorgt, sowie Prykarpattyaoblenergo in der Region Ivano-Frankivsk. Hier haben 230 000 der 500 000 Kunden keinen Strom.

Die nächsten Stunden werden entscheidend sein, das weiß Krotofil. Es ist ein kalter Wintertag, sie stellt sich vor, wie die Wohnungen von Freund:innen und Familienangehörigen auskühlen. Es wird nicht lange dauern, bis die ersten Rohre einfrieren. Wie schnell wird es das betroffene Stromunternehmen schaffen, die Eindringlinge im System zu finden und unschädlich zu machen? Und vor allem: Welche physische Infrastruktur hat der Angriff zerstört? Manche Teile von Kraftwerken sind Spezialanfertigungen. Wenn sie unerwartet kaputtgehen, kann es Tage oder Wochen dauern, bis sie nachproduziert sind. Wie lange, fragt sich Krotofil besorgt, wird es gut gehen, wenn Teile ihres Geburtslandes ohne Strom dastehen?

Die Sicherheitsforscherin weiß: Wer einen solchen Angriff startet, hat vermutlich monate-, eher jahrelang recherchiert. Und er oder sie muss über schier unendliche Mittel verfügen, denn so eine Arbeit ist nicht nur aufwendig, sondern auch wenigen Expert:innen vorbehalten, die wissen, wie ein Elektrizitätswerk funktioniert. »Dazu kommt, dass du alles aus der Ferne machst – du siehst ja nicht, was deine Aktivitäten bewirken«, erklärt Krotofil.

Das spüren die Betroffenen dafür umso deutlicher. Hält so ein Stromausfall länger an, bricht die Trinkwasserversorgung sowie die Versorgung mit Lebensmitteln zusammen, das Telefonnetz fällt aus, auch Benzin wird schnell knapp. Damit würden auch die Generatoren in Einrichtungen der Notfallversorgung wie in Krankenhäusern ausfallen. Dazu kommt die bedrohliche Kälte im ukrainischen Winter. Spätestens dann werden die ersten Menschen sterben. Solche Szenarien gehen Krotofil durch den Kopf, als sie recherchiert, was geschehen ist. Die folgenden Stunden sind beunruhigend. Offenbar ist eine große Region betroffen. Allein beim Unternehmen Prykarpattya Oblenergo sind 27 Umspannwerke ausgefallen. Damit sind bereits 103 Städte komplett vom Stromnetz abgeschnitten, weitere 186 Städte seien teilweise betroffen.

Wie aber ist die Cyberattacke abgelaufen? Als die unbekannten Angreifer:innen gegen 15 Uhr aus der Deckung treten und beginnen, die Umspannwerke abzukoppeln, eines nach dem anderen, schauen die Ingenieure von Prykarpattya Oblenergo hilflos zu. Einer von ihnen hat geistesgegenwärtig ein Handyvideo[19] gemacht, das die Ratlosigkeit der Männer im Kontrollraum doku-

---

19   https://www.youtube.com/watch?v=8ThgK1WXUgk

mentiert: Zunächst zeigt der Film den Bildschirm eines Computers, mit dem die Mitarbeiter:innen die Anlagen einzeln steuern können. Der Mauszeiger wird zielstrebig von einem zum nächsten Schalter gesteuert, jemand klickt, als wisse er genau, was er da tut, doch im Kontrollraum hat niemand die Hand an der Maus. Der Fokus der Kamera wandert auf die Tastatur und die Maus, die unberührt auf dem Tisch liegen, während die Geisterhand weiter fieberhaft einen Trennschalter nach dem anderen aktiviert. »Was macht er da?«, hört man im Video einen der Ingenieure mit schockierter Stimme fragen. »Er sucht die Trennschalter!«, ruft ein anderer, seine Stimme klingt nervös: »Was? Er versucht sie abzuschalten?«

Die Angreifer:innen haben das Tool übernommen, mit dem normalerweise die IT-Abteilung per Ferndiagnose helfen kann, wenn es Softwareprobleme gibt. Eine Art TeamViewer-Programm. Die Hacker:innen aus der Ferne haben es gekapert und die Ingenieure vor dem Bildschirm ausgesperrt. Die Mitarbeiter im Kontrollzentrum können nichts anderes tun, als hilflos zuzuschauen.

Krotofil atmet zumindest ein wenig auf, als sie das erfährt. Nutzen die Hacker doch nur »klassische« kriminelle Methoden? Einen Zugang zur Steuerung von Computern aus der Ferne zu übernehmen, das können viele. Und es lässt sich in Zukunft relativ leicht verhindern: Indem diese Zugänge nur dann offen sind, wenn ein Mitarbeiter die IT konkret um Hilfe bittet. Das ist allerdings ein theoretisches »Leicht«, denn die kommenden Jahre sollen zeigen, dass viele Unternehmen genau daran scheitern, entsprechende Verhaltensweisen durchzusetzen: Allzu oft kommen Hacker:innen genau durch diese Lücke in Unternehmen hinein, die Angestellte aus Bequemlichkeit oder Vergesslichkeit offen gelassen haben. Zugänge zur Fernwartung sollten eigentlich immer geschlossen sein und nur kurzfristig aktiviert sein, wenn sie benötigt werden. Noch aber klappt das nicht immer.

Doch noch etwas lässt Krotofil kurzfristig aufatmen: Die empfindlichen Bauteile der Anlage werden durch einen solchen Angriff nicht wirklich zerstört, sondern lediglich abgeschaltet – so wie es auch ein legitimer Nutzer tun würde. Nicht zu vergleichen mit dem Schaden, den etwa eine Bombe anrichten würde. Die Betreiber müssen also »nur« die Fremden aus ihren Systemen vertreiben und werden die Systeme dann wieder hochfahren können – in der Theorie.

Aber dabei sollte es nicht bleiben. Was im Dezember 2015 noch niemand weiß: Im Hintergrund tüfteln die Unbekannten bereits an einem »richtigen« Angriff. Sie beschäftigen sich intensiv damit, wie die Kraftwerke in der Ukraine funktionieren. Welche Programme die physischen Systeme steuern und wie diese missbraucht werden können, um konkreten Schaden an der Anlage anzurichten. Das braucht Zeit.

Marina Krotofil weiß genau, wie sich das anfühlt, wenn man solche Programme entwickelt –, weil sie es selbst schon ausprobiert hat. Für die meisten ihrer Kolleg:innen in der Sicherheitsbranche sind Angriffe auf physische Systeme wie ein Ausflug in ein exotisches Land, das sie noch nie betreten haben. Der seltsame Code der Kontrollsysteme ist quasi das Chinesisch der Programmiersprachen – völlig unverständlich. Denn sie unterscheiden sich vollkommen von anderen Programmen.

Cyberphysik

Krotofil hingegen fühlt sich herausgefordert: Sie hat zu dem Zeitpunkt solche Angriffe schon mehrmals simuliert. Und sie weiß, wie sich die Angreifer:innen fühlen müssen, die vor einem Computer sitzen, weit entfernt vom Ort des Geschehens. Auf ihrem Bildschirm sehen sie zwar den Code und auch die Werte zahlreicher Sensoren der Anlage. Aber diese Zahlen, Zeichen und Daten wie jene der Sensoren, deren Funktion in der Anlage und genauen Standort in der Wirklichkeit sie nicht kennen, sind unglaublich schwer zu interpretieren, wenn man die physische Anlage nicht kennt. Was genau bedeutet jener Wert auf ihrem Bildschirm? Wo andere bereits fast am Ziel sind – nämlich sobald sie in einen anderen Computer eingedrungen sind –, beginnt die Arbeit für Industriehacker:innen erst.

Krotofil hat sich diese komplexe Forschungsrichtung ausgesucht – und um das zu verstehen, dafür lohnt es sich auf die Ereignisse in der Vergangenheit zu schauen, die sie geprägt haben. Denn sie ist eine Pionierin auf ihrem Forschungsfeld. Als sie im März 2010 an der Technischen Universität Hamburg beschließt, cyberphysische Angriffe zu ihrem Forschungsschwerpunkt zu machen, ahnt sie nicht, wie einsam sie zeitweise mit diesem Thema sein wird und wie sehr sie damit die Interessen ihrer mächtigen Gegner durchkreuzt. »Regierungen wollen nicht, dass dieses Wissen an die Öffentlichkeit dringt«, sagt sie heute. Aber damals war es noch keine Selbstverständlichkeit, dass sich Nationen mittels Cyberangriffen gegenseitig attackierten. Das änderte sich im Sommer 2010 schlagartig.

2010 ist das Jahr, in dem »Stuxnet« auftauchte, was die Welt veränderte: jener Computerwurm, den Israel und die USA auf eine iranische Atomaufbereitungsanlage ansetzten. Er war der erste Computervirus, der auf eine industrielle Anlage ausgerichtet war und physischen Schaden anrichtete – und aus der Sicht vieler die Geburtsstunde des Cyberwars (s. Kapitel 2.2). 2015 fragten sich viele, woher solche Angriffe auf komplexe cyberphysische Systeme kamen, die nun auch die Zivilbevölkerung betrafen. »Israel und die USA waren nicht die Einzigen, die schon lange an solchen Dingen arbeiteten«, sagt Krotofil. Sie waren nur die Ersten, die es wagten, sie in großem Stil einzusetzen.

Eine neue Waffe war in der Welt, und wie immer mit neuen Waffen begann ein Wettrüsten. Kurz vor Weihnachten 2015 ist es so weit: Das ukrainische Stromnetz wird angegriffen. Auch wenn es schwierig ist, digitale Angriffe mit Sicherheit einer Quelle zuzuordnen, sind sich die Fachleute rasch weitgehend einig, dass sich hinter den Angreifern auf das ukrainische Stromnetz eine Gruppe des russischen Geheimdienstes verbirgt, die »Sandworm« genannt wird. Darauf deutet unter anderem ein Teil des Angriffscodes hin, den diese Gruppe bereits in vorangegangenen Angriffen verwendet hatte.[20]

Krotofils Forschungsarbeit ist nicht im Interesse staatlicher Dienste, die im Hintergrund an neuen Angriffsmethoden auf Industrieanlagen arbeiten. Deshalb wird sie immer wieder von Geheimdiensten kontaktiert, mal in der Hoffnung, mehr über die jeweiligen anderen Dienste und deren Wissen über das Hacken industrieller Anlagen zu erfahren, mal mit dem Ziel, sie unter Druck zu setzen. Der Höhepunkt ist ein anonymer Anrufer 2019, der ihr mit »physischen Konsequenzen« droht, wenn sie weiter öffentlich über ihre Arbeit spricht. Die Androhung körperlicher Gewalt schockiert sie, gleichzeitig weiß sie, wie wichtig ihr Wissen für die Öffentlichkeit ist. »Bei solchen Angriffen sind Menschenleben in Gefahr. Das ist eine neue Qualität.« Warum aber wird ihr gedroht, was an ihrem Wissen ist so brisant?

Krotofil ist keine, die sich aufhalten lässt. Als sie Anfang der 1980er-Jahre in einer ukrainischen Kleinstadt auf die Welt kommt, hat ihre Familie nicht viel Geld. Ihre Mutter ist zudem wenig angetan von der naturwissenschaftlichen Neugier, die das Grundschulkind Marina schon bald packt. Zu Hause bekommt sie wenig Unterstützung. Aber Krotofil weiß früh, wohin sie möchte: Sie liest damals stundenlang in Physikbüchern. Die Schulbücher begeistern sie, vor allem die Geschichten über die frühen Forscherinnen und Forscher, die Grundlagen der Physik erarbeitet haben. »Ich wollte eine von denen in diesen Büchern sein, ich wollte etwas zur Wissenschaft beitragen.« Aber ohne die finanziellen Mittel ist das nicht einfach.

---

20 https://www.mandiant.com/resources/ukraine-and-sandworm-team

Ihr Ziel ist die Technische Universität in Charkow, eine berühmte Universität in der Ukraine. Doch ein Studienplatz dort ist entsprechend begehrt. Zudem gibt es Studiengebühren – und wovon würde sie leben? »Für besonders Begabte gab es einige wenige kostenlose Plätze, und mir wurde direkt gesagt: Die Chancen darauf sind gleich null.« Aber Krotofil spornt so etwas an. Sie bewirbt sich, reicht Noten und Zeugnisse ein, schreibt Prüfungen – und schafft es tatsächlich, einen der kostenlosen Plätze zu bekommen. Nun ist sie Studentin der Telekommunikationswissenschaft.

Fünf Jahre lang geht sie weite Strecken zu Fuß, immer hin und her zwischen ihrem Studentenwohnheim und der Universität, weil sie sich kein Busticket leisten kann. »Essen war auch immer knapp«, erinnert sie sich. Ihre Mitstudierenden aus wohlhabenderen Familien bringen ihr immer mal wieder Lebensmittel vorbei. Schließlich verdient sie etwas Geld, indem sie für ihre Kommiliton:innen Studienarbeiten schreibt – was sie nebenbei zu einer der besten Studierenden macht, schließlich lernt sie auf diese Weise enorm viel. »Das hat mir später sehr geholfen, denn das Thema cyberphysische Systeme ist multidisziplinär, das heißt, du musst dir viele Disziplinen selbst beibringen.« Denn während die staatlichen Akteure auf diesem Feld ganze Teams beschäftigen, in denen viele Fähigkeiten und Fachrichtungen vorhanden sind, ist Krotofil allein.

Nach ihrem Abschluss beschließt sie, in Deutschland zu studieren. Einen Studienplatz an der prestigeträchtigen TU München muss sie ablehnen: »Ich wusste einfach nicht, wovon ich leben sollte.« Schließlich entdeckt sie, dass es an der TU Hamburg einen Doppelstudiengang gibt, an dem sie gleichzeitig einen Master in Informations- und Kommunikationssystemen und einen Master of Business Administration in Technology Management machen kann – und der die Option auf ein Stipendium beinhaltet. Also studiert sie zwei Studiengänge parallel, um das Stipendium zu bekommen. Trotzdem lebt sie fast am Existenzminimum. Zur Halbzeit muss sie eine Studienarbeit schreiben. Sie sucht sich eine bezahlte Arbeit für ein Unternehmen –, doch das Unternehmen beendet das Projekt kurz vor dem Start. »Ich stand da, ohne Geld und ohne Studienarbeit.« Eine Freundin empfiehlt ihr schließlich einen Professor, »der immer Themen zu vergeben hat«.

Als sie wenige Tage später in der Sprechstunde eines Kryptografie-Experten in dessen schmucklosem Büro an der Hamburger Universität sitzt, versteht sie kein Wort. Sie ahnt nicht, dass dieses Gespräch ein Wendepunkt sein wird. »Hier ist ein Protokoll, ich glaube, es ist unsicher, und du sollst das bitte beweisen.« Ein Protokoll? Es stellt sich heraus, dass es sich um einen Teil eines Computerprogramms handelt, das die Kommunikation von Sensornetzwerken absichern soll. »Ich sollte ein Protokoll hacken, ich habe überhaupt nicht verstanden, wie das geht.«

Das sind genau die Situationen, die Krotofil herausfordern. Sie schaut sich den Code an und eine Dokumentation, in der die Funktionsweise beschrieben ist. In Menschensprache zwar, nicht in Programmiersprache, aber trotzdem kryptisch für Außenseiter wie Krotofil. Sie ist es jedoch gewohnt, sich an Strohhalme zu klammern. »Ich habe gemerkt, dass ich das rauskriegen kann.« Doch dann hat sie noch eine Frage: »Was, wenn ich es nicht schaffe, das zu hacken? Wenn es doch sicher ist? Bekomme ich dann eine schlechte Note?« – »Nein«, lautet die Antwort. »Dann schreib auf, wieso.« Dieser Ansatz gefällt ihr. »Du darfst versagen, du musst es nur erklären können.«

Mit Feuereifer arbeitet sie sich in den kommenden Tagen durch das Protokoll, das unter anderem für militärische Kommunikationszwecke gedacht ist. »Es muss also wirklich sicher sein.« Doch schnell findet sie unzählige Lücken. »Es basierte auf Vertrauen«, sagt sie. Wenn ein Sensor auf einmal auffällig andere Werte meldet als alle anderen, wird angenommen, dass er entweder kaputt ist oder vom Gegner manipuliert wurde. Dann werden seine Ergebnisse nicht berücksichtigt. Krotofil untersucht die Parameter ganz genau, auf deren Basis die Vertrauenswürdigkeit des Systems berechnet wird – und findet Schlupflöcher. »Du musst auf eine sehr schlaue Art und Weise lügen«, sagt sie: »Du musst einfach unter dem Radar bleiben.« Sie hat so einen Spaß bei der Arbeit und findet so viele Schwachstellen, dass sie schließlich eine Verlängerung bekommt: sechs statt drei Monate. »Und das ohne Bezahlung, aber es war so spannend.« Ihre neue Leidenschaft ist ihr wichtiger als regelmäßige Mahlzeiten.

Denken wie Kriminelle

Die junge Forscherin lernt dabei eine neue Seite an sich kennen: The Evil Bit, wie sie es nennt. Das ist ein Ausdruck in IT-Sicherheitskreisen für eine bestimmte Mentalität, die hilfreich ist, um mit dem Mindset von Kriminellen die Lücken in Systemen aufzustöbern. Dazu braucht es die Leidenschaft und die Fähigkeit, Schlupflöcher zu finden, die von jenen übersehen wurden, welche die Systeme entwickelt haben. Dazu die Kunst, die Schwächen anderer Menschen und die Schwachstellen von Systemen auszunutzen, um potenziell verbotene Dinge zu tun – oder zumindest Dinge, die nicht so gedacht sind.

Dieses Bit fehle jenen häufig, die IT-Systeme entwickeln und verteidigen, erklärt Krotofil. Die legale Hackingszene teile sich in Hacker:innen mit und ohne Evil Bit. Nur wenn beide Perspektiven kombiniert werden, das Anliegen der Entwickler:innen gepaart mit der Fähigkeit sogenannter Black-Hat-Forscher:innen, die Welt aus krimineller Perspektive zu sehen, können Systeme einigermaßen sicher sein. »Ich bin gut in beidem, und das liegt, glaube ich, daran, dass ich auch Ingenieurin bin und einfach komplexes Denken anwenden kann«, sagt Krotofil.

Als Krotofil das Evil Bit in sich entdeckt und sieht, wie viel Leidenschaft das bei ihr weckt, ist klar: IT-Sicherheit ist das Thema, dem sie ihr Leben widmen wird. Der erste Schritt: ihren Professor zu überzeugen, dass er sie bei sich promovieren lässt. »Was für ein fürchterliches Thema«, sagt der Professor allerdings, als sie ihm 2010 vorschlägt, sich damit zu befassen, wie Eindringlinge in Computersysteme kommen. »Damit beschäftigt sich gerade jeder.« Aus seiner Perspektive ist die Frage längst gelöst.

Er meint, es sei viel wichtiger, dass mal jemand schaut, wie Angreifer:innen über das Internet physische Systeme in Industrieanlagen zerstören können. »Herausforderung angenommen«, sagt sich Krotofil. »Ich brauchte ohnehin etwas richtig Komplexes. Triviales tötet mich.« Also nimmt sie sich die Domäne vor, die in diesem Zusammenhang sicherlich eine der komplexesten, aber auch eine der gefährdetsten ist: Chemiefabriken. Nur: wo anfangen? »Da spielen allein aus Sicht der Ingenieurswissenschaften drei Disziplinen mit hinein«, sagt sie: Verfahrenstechnik – in diesem Fall Chemie und die Kunst, aus Ausgangsstoffen den geplanten Endstoff herzustellen –, zweitens Steuerungstechnik – also die Steuerung der zugehörigen Anlagen – und drittens Maschinenbau – also die Infrastruktur, Rohre, Pumpen und vieles mehr. Und dann gilt es »nur« noch, sich den Zugang zu diesen Systemen über Schadsoftware genauer anzuschauen, die Lücken im jeweiligen System herauszufinden.

Wenn Krotofil an diese Zeit zurückdenkt, erwacht in ihr wieder der damalige Eifer. Ihre Wangen werden rot, sie springt vom Sofa auf in ihrer Wohnung in Chester, Großbritannien, wo sie während meines ersten Recherchebesuchs lebt, und zieht ein Buch aus dem Regal. *Plantwide Process Control*, übersetzt heißt das »Anlagenweite Prozesskontrolle«. Es ist ein Grundlagenbuch der Steuerungstechnik. »So werden Industrieanlagen seit den 1960er- und -70er-Jahren und bis heute gebaut«, sagt sie. Sie streicht liebevoll darüber. »Das ist unglaublich teuer, und ich habe es sicher zehn Mal durchgearbeitet.« Das sieht man: Das Buch ist vollgeklebt mit Post-its, gelben, grünen, pinken, eng beschrieben mit Hinweisen. Zielstrebig schlägt sie Seite 253 auf. »Eastman Process« steht dort, darunter die schematische Darstellung eines Chemiewerks mit Reaktor, Kompressor, Separator; dazu Temperatur-, Druck- und Durchflussangaben. Wo überall kann man etwas manipulieren, um konkret Schaden anzurichten? Mit dieser Frage im Hinterkopf hat sie sich mehrmals durch das Buch gearbeitet, Zusammenhänge gelernt und schließlich Modelle für Angriffe entwickelt.

Wenn sich jemand vor 2015 in Europa intensiv mit cyberphysischen Angriffen beschäftigt hat, dann also Marina Krotofil. In den USA gibt es damals Forschungen zu diesem Thema in Regierungsinstitutionen wie den Idaho National Labs, die schon vor Stuxnet 2010 entsprechende Angriffe konstruierten, die aber größtenteils geheim blieben. Krotofil ist eine der Ersten, die offen über ihre Recherchen und künftige Angriffsmethoden spricht und diese öffentlich demonstriert. Wenn es eine Bestätigung braucht, dass sie auf dem richtigen Weg ist mit ihren eindringlichen Warnungen, dann ist es der Angriff auf das ukrainische Stromnetz. Doch selbst sie ist überrascht, wie heftig es sie trifft, als ihre düsteren Prognosen wahr werden.

An diesem Tag vor Weihnachten 2015 überschreitet ganz eindeutig jemand eine rote Linie. In den folgenden Tagen und Wochen bleibt vieles mysteriös. Krotofil reist schließlich nach Kiew –, nur um zu erfahren, dass unabhängige Sicherheitsforschende und private Unternehmen von der Regierung daran gehindert werden zu recherchieren. Die ukrainische Regierung erklärt den Angriff zur Chefsache und lässt keine externen Fachleute zu. Stattdessen wird ein Team aus den USA eingeflogen. Der ganze Vorfall wird von der ukrainischen ebenso wie von der US-Regierung als streng geheim eingestuft. Das ist wieder so ein Moment, der Krotofil anspornt. Sie soll ausgeschlossen sein? Nicht mit ihr! Sie löchert Freunde und Bekannte bei Sicherheitsunternehmen und kann einige weitere Informationen zusammentragen. Diese sind eher beunruhigend.

Zwischen den drei angegriffenen Unternehmen gibt es keine Verbindung, keine Gemeinsamkeiten. »Es waren drei völlig zufällige Ziele«, sagt Krotofil. Und während der Angriff bei zwei der Elektrizitätswerke eher einfacher Natur war - die Anlage wurde aus der Ferne über ein entsprechendes Wartungsprogramm übernommen - ist jener auf das dritte wesentlich komplexer. Bei der dritten Anlage manipulierten die Angreifer:innen die Firmware eines Konverters, das Betriebssystem eines Stromumwandlers also. Dadurch konnten die Mitarbeiter des Kraftwerkes den Umwandler nicht mehr benutzen und die Anlage nicht mehr über ihre Computer hochfahren. Anstatt aus der Ferne lediglich den Fernzugriff der IT zu benutzen, um die Umspannwerke vom Kontrollraum aus zu steuern, müssen sie tatsächlich das Programm komplett nachgebaut haben: Sie steuern die Anlagen aus der Ferne von einer Kopie aus. Dafür müssen sie enorm viel Wissen über das Kraftwerk zusammengetragen haben. Krotofil wird klar: Sie hat es hier nicht mit irgendjemandem zu tun, sondern mit einer extrem fähigen und begabten Hackinggruppe, die ihr Handwerk versteht wie wenige.

Zudem gab es parallel eine sogenannte Denial-of-Service-Attacke auf die Telefonzentrale eines der Kraftwerke. Durch so einen Angriff werden entsprechende Webseiten automatisiert infolge von unzähligen Aufrufen lahmgelegt. »Die Kunden konnten den Unternehmen also nicht berichten, wo der Strom ausgefallen ist«, sagt Krotofil. Das hindert das Unternehmen daran, die betroffenen Umspannwerke zielstrebig zu identifizieren.

Glücklicherweise lässt sich alles relativ schnell beheben, indem die Angestellten der betroffenen Kraftwerke die Umspannwerke manuell wieder in Betrieb nehmen. Die Attacken, die zeitgleich begonnen haben und von denen Fachleute annehmen, dass Dutzende Mitglieder der Hackinggruppe parallel damit beschäftigt waren, dauern lediglich zwischen einer und sechs Stunden.[21]

Das alles deutet laut Krotofil darauf hin, dass es sich um einen

---

21 https://www.wired.com/2016/03/inside-cunning-unprecedented-hack-ukrai-
    nes-power-grid/

Test einer mächtigen staatlichen Gruppe handelt. Die US-Regierung sowie nahezu alle damit betrauten Sicherheitsforscher:innen ordnen den Angriff schließlich Russland zu.[22] Letztlich handle es sich hier um nichts anderes als eine militärische Übung – mit digitalen anstatt mit analogen Waffen, aber nicht weniger gefährlich. »Das zeigt aber auch das Potenzial der Angreifer«, warnt Krotofil. Denn wenn es allein zu Übungszwecken möglich ist, einen derart koordinierten Angriff auf drei beliebige Umspannwerke zu starten, spreche das nicht nur für eine gewisse Expertise, sondern auch für entsprechende personelle Ressourcen und eine militärische Organisation. »Du brauchst drei Teams, die gleichzeitig einen komplexen Angriff starten, ohne eine Verspätung, ohne dass etwas schiefgeht.« Es sei möglich gewesen, einen deutlich größeren Schaden anzurichten. Offenbar sei das aber nicht das Ziel gewesen.

Ein solcher Test gleichsam am lebenden Patienten ist wiederum ein Zeichen dafür, wie weit entwickelt die Fähigkeiten der Angreifer:innen sind: bereit für einen Praxistest. Mit einer Übung wie dieser kann man mögliche Schwachstellen ausfindig machen. Danach kann die Methode fein justiert werden – und die nächste Attacke wird vermutlich umso gezielter geführt. »Bis dahin besteht der gesamte Angriff aus reiner Theorie«, sagt Krotofil. Aber wie reagieren die Systeme in Wirklichkeit? Hat man bei der Planung des Angriffs nichts übersehen, keine Fehler gemacht? Und wie reagieren die Menschen, die in der Anlage arbeiten? »Menschen sind manchmal unberechenbar.«

Der Angriff ist – so gesehen – recht erfolgreich verlaufen: Das ganze Land ist kurzfristig in Angst und Schrecken versetzt, die verschiedenen Module wirken gut zusammen. Der Strom ist zwar relativ schnell wieder da. Es sei leicht möglich gewesen, deutlich größeren Schaden anzurichten, sagt Krotofil. Das Potenzial wurde aus ihrer Sicht bei Weitem nicht genutzt –, aber die Übung hinterlässt bei ihr eine böse Vorahnung: Das ist erst der Anfang.

---

22 https://www.cisa.gov/uscert/russia

»Ich habe in dieser Zeit nicht gut geschlafen«, erinnert sie sich. Schon zwei Wochen später bestätigen sich Krotofils düstere Vorahnungen. Am 19. Januar 2016 bekommt sie eine E-Mail zugespielt, die angeblich vom ukrainischen Stromversorger Ukrenergo verschickt wurde. Ich konnte die E-Mail im Zuge der Recherche einsehen: Der Absender lautet info@ukrenergo.energy.gov.ua, ihr Inhalt klingt offiziell. Der Bebauungsplan sei fertig, und der Zeitplan sei angepasst an den Entwicklungsplan der Organisation der Vereinten Nationen für die Ukraine 2016 bis 2025 – die Details folgten im Anhang. In der angehängten Datei findet sich aber nicht nur der angekündigte technische Plan, sondern auch ein Computervirus, der sich unbemerkt im System des Kraftwerks festsetzen und verbreiten kann. Die Angreifer:innen nehmen sich also ein ganzes Jahr Zeit, um sich umzuschauen und einen Angriff zu planen, der den von 2015 in den Schatten stellen soll. Offenbar hat ein Mitarbeiter den schädlichen Anhang geöffnet – die Folgen zeigen sich im Dezember 2016.

Blackout der Zukunft

Erst denkt Oleksii Yasinskyi es sei einer der üblichen Stromausfälle eines winterlichen Samstagabends, wenn zu viele Elektrogeräte gleichzeitig laufen. Der ukrainische Sicherheitsforscher sitzt am 17. Dezember 2016 mit seiner Frau und seinem Sohn vor dem Fernseher, als plötzlich der Strom ausfällt. »Ich dachte, wahrscheinlich schauen die Nachbarn auch fern und haben noch einen Radiator laufen«, erinnert sich der 46-jährige Experte für Cybersicherheit im Interview, der bei der ukrainischen Sicherheitsfirma ISSP arbeitet. In solchen Fällen springt häufig die Sicherung heraus. »Wir hatten gerade den Snowden-Film angefangen zu schauen, da war uns schon etwas gruselig zumute.« Seine Frau macht sogar einen Witz: »Nun kommen uns die Hacker holen.« Und Yasinskyi lacht noch. Dann geht er in die Küche, um Kerzen zu suchen – und als er auf dem Weg aus dem Fenster schaut, wird ihm ganz mulmig: So dunkel hat er seine Heimatstadt noch nie gesehen. Kiew ist schwarz, so weit er sehen kann. »Unser ganzer Wohnblock lag im Dunkeln, das ganze Viertel.«

In seinem vorherigen Job als IT-Sicherheitsbeauftragter von Starlight Media, dem größten Medienunternehmen der Ukraine, hat Yasinskyi unter anderem die Cyberattacke auf das Unternehmen selbst sowie den ersten Angriff auf das ukrainische Stromnetz 2015 analysiert. Beide Male kam die Schadsoftware BlackEnergy zum Einsatz. Und als Leiter des Cyber Research Lab bei ISSP hat er im Verlauf des Jahres 2016 eine Angriffswelle aus Phishing-Attacken und Ähnlichem beobachtet, die unter anderem den internationalen Flughafen von Kiew-Boryspil und das Finanzministerium trafen. Von daher muss sich Yasinskyi gewissermaßen zwingen, nicht immer sofort an einen Cyberangriff zu denken, wenn etwas nicht funktioniert. Und als nach einer halben Stunde der Strom in seinem Wohnblock wieder da ist, legt er sich – mittelmäßig beruhigt – ins Bett.

Doch schon am nächsten Tag bestätigt der nationale Stromversorger Ukrenergo, Opfer eines Cyberangriffs geworden zu sein, der um Mitternacht eine ganze Übertragungsstation lahmgelegt hat. Auch wenn es sich diesmal im Vergleich zum Vorjahr nur um einen und nicht mehrere geschädigte Energieanbieter handelt, ist das Ausmaß des Angriffs deutlich größer: Die Angreifer:innen haben sich nicht damit zufriedengegeben, einzelne Umspannwerke abzukoppeln, sie haben eine Übertragungsstation mit einer Leistung von 200 Megawatt in ihrer Gesamtheit angegriffen – mehr Leistung als die der 50 betroffenen Umspannwerke von 2015 zusammen. Kurz vor Mitternacht wurden nacheinander 20 Stromkreisunterbrecher wie von Geisterhand geöffnet. Die Mitarbeiter im dunklen Kontrollraum saßen vor schwarzen Bildschirmen.

Es sollte das zweite Weihnachtsfest in Folge sein, das Marina Krotofil nicht so begeht, wie sie es geplant hat. Am 23. Dezember 2016 ist sie gerade in den Vereinigten Staaten bei einem Wanderurlaub, als sie eine Nachricht von Yasinskyi erhält. Die beiden kennen sich aus Kiew, und Yasinskyi weiß, dass sich Krotofil mit Angriffen auf Industrieanlagen beschäftigt. Krotofil empfiehlt, Yasinskyi solle zu Ukrenergo gehen und seine Hilfe anbieten, sie werde ihn aus der Ferne unterstützen. Jeden Morgen telefoniert sie vom Hotel aus mit ihrem Kollegen – und die Informationen, die sie Stück für Stück erreichen, verderben ihr die Urlaubslaune. Noch vor dem ersten Kaffee schaut sie sich die Teile des Codes an, die Yasinskyi ihr schickt – doch viel ist es anfangs nicht, da die Arbeit für die unabhängigen Forscher schwierig ist: Lediglich Behörden dürfen das Gelände betreten. ISSP arbeitet schließlich mit einem Subunternehmer zusammen, der für Ukrenergo arbeitet, und bittet ihn, die Computersysteme für sie zu durchsuchen. »Aber auch das war nicht einfach, denn die Ingenieure hatten große Angst und wollten nicht darüber sprechen«, erinnert sich Krotofil. Zudem wissen sie nicht, wonach sie suchen sollen, weil sie sich mit Cyberattacken nicht auskennen.

Anfang Januar trifft sich Yasinskyi mit den Verantwortlichen von Ukrenergo, die das Unternehmen ISSP nun offiziell um Unterstützung gebeten haben. Sie händigen ihm Datenträger mit unzähligen sogenannten Logdateien der vergangenen sechs Monate aus. Das sind gewissermaßen Protokolle aller Vorgänge in einem Computernetzwerk, die unter anderem anzeigen, welcher Nutzer wann welches Programm genutzt hat. Für Yasinskyi beginnt damit eine intensive Suche nach der Nadel im Heuhaufen: Schließlich sind nicht nur die allermeisten dieser Logeinträge von legitimen Nutzern des Systems verursacht, durch die Angestellten von Ukrenergo, die einfach ihren Job machen. Die Angreifer:innen versuchen, dieses legitime Verhalten so perfekt wie möglich zu imitieren.

Nach Tagen akribischer Analyse findet Yasinskyi schließlich

eine Datei, die zunächst ebenfalls das normale Verhalten eines legitimen Prozesses imitiert, genauer gesagt: das einer sogenannten Historian. Eine Historian ist eine Zeitreihendatenbank, die alle Daten einer industriellen Anlage sammelt und für die Überwachung und Analyse der Betreiber speichert – also etwa die Messwerte von Sensoren, Produktionsdaten, Konfigurationen und vieles mehr, und dies jeweils mit einem Zeitstempel versehen. »Die Angreifer gaben vor, diese Datenbank zu sein, die alle Teile des Systems nach entsprechenden Daten fragt«, erklärt Yasinskyi. Für die Angreifer:innen sind solche Informationen wertvoll, denn sie geben Aufschluss darüber, welche Anlagen und Steuerungssoftware verwendet wird, wie diese konfiguriert ist – und welche Prozesse sie durch Software verändern können. All diese Informationen sind eine ideale Grundlage für die Sabotage eines industriellen Kontrollsystems. Eine solche Datenbank ist wunderbar, denn es liegt in ihrer Natur, alle anderen Systeme nach Daten zu fragen, »jedes Gerät in der Infrastruktur«, ruft Yasinskyi aus. »Erst als wir gesehen haben, dass diese Datenbank auch nach Passwörtern fragt, schöpften wir Verdacht.«

Yasinskyi erstellt aus all den Daten der Datenbank, die die Hacker angelegt haben, eine Karte des Netzwerks von Ukrenergo – und als er diese den Verantwortlichen präsentiert, sind sie perplex. Alles ist richtig. Wie kann dieser Mitarbeiter eines IT-Sicherheitsunternehmens allein aus den Nullen und Einsen so viel über die physische Struktur einer Anlage wissen? »Das ist genau das, was die Angreifer auch getan haben«, erklärt Yasinskyi ihnen: »Sie haben diese Karte erstellt und konnten sehen, wo sich ein Angriff lohnt.«

Tatsächlich konnten diese den Daten entnehmen, dass sie dieses Mal weitergehen konnten als vor einem Jahr: »Sie wussten, sie können das SCADA-System angreifen«, also das Computersystem der industriellen Steuerungsanlagen. Die Abkürzung SCADA steht für »Supervisory Control and Data Acquisition« – Überwachung, Steuerung und Datenerfassung.

Dass Yasinskyi schließlich tatsächlich entsprechende Befehle im Code findet, die offenbar mit der Steuerung von Industrieanlagen zu tun haben, zeigt: Dies ist eine neue Qualität. Diesmal haben sich die Fremden nicht darauf verlassen, alles selbst von Hand aus der Ferne zu steuern. Sie haben ein Programm geschrieben, das den Angriff automatisiert. Und er sieht auch: Er braucht Krotofils Hilfe. Aber die Zusammenarbeit mit Krotofil wird schwieriger durch den offiziellen Auftrag: Ukrenergo untersagt Yasinskyi nämlich, interne Daten an Dritte weiterzugeben. Er hält sich daran und versucht seiner Kollegin in langen Telefonaten zu erklären, was er in den unzähligen Dateien sieht, die er teilweise ausdruckt oder zu visualisieren versucht – ohne diese mit ihr zu teilen. So erreichen zwar viele Informationen Krotofil, aber sie sind verwirrend. Und ein entscheidender Teil scheint zu fehlen. Was genau haben die Täter getan, um die physischen Prozesse vor Ort zu beeinflussen?

Schließlich reist sie selbst in die Ukraine, um enger mit ISSP zusammenarbeiten zu können. Eines Tages findet sie das fehlende Puzzleteil – jenen Teil des Schadcodes, der ihre Fragen beantwortet – und wünscht sich im nächsten Moment, sie habe sich geirrt. Aber das hat sie nicht. Sie bearbeitet den Code, versucht, ihn zurückzuverfolgen und in seinen ursprünglichen Zustand zu versetzen, eine Tätigkeit, die als Reverse Engineering bezeichnet wird.

Sie erinnern sich, man kann es sich in etwa vorstellen, wie wenn man ein fertiges Gericht vor sich auf dem Tisch hat und versuchen muss, das Rezept zu rekonstruieren, auf dem dieses Gericht basiert. Anstatt der Kombination von Lebensmitteln und deren Zubereitung stellen Sicherheitsforscher:innen dabei den ursprünglichen Programmiercode wieder her aus der Reihung von Einsen und Nullen, dem sogenannten Binärcode– auch Maschinencode genannt.

Als Krotofil den Teil des Codes untersucht, den sie ergattert hat (sie weigert sich zu sagen woher), blättert sich vor ihren Augen wie die Teile eines Puzzles nach und nach eine Attacke auf in einer Eleganz und Ausgefeiltheit, wie sie es noch nie zuvor gesehen hat. Aber auch in einer nie gesehenen Gefährlichkeit: »Es war eine automatisierte Schadsoftware, die eine cyberphysische Attacke ausführen sollte«, sagt sie. »So etwas hat es seit Stuxnet nicht gegeben.« Im Gegensatz zu den Attacken zuvor übernahmen die Angreifer also weder die Bildschirme und nutzten damit schlicht die Software der Mitarbeiter im Kontrollraum noch wurden die Computer nachempfunden und aus der Ferne gesteuert. Die Schadsoftware konnte – einmal auf dem System angekommen – einen Angriff komplett automatisch ausüben. Die Attacke brauchte nicht einmal mehr eine Internetverbindung. Wie eine Zeitbombe war sie aus der Ferne scharf geschaltet worden für diesen Moment, zwei Tage vor Heiligabend, kurz vor Mitternacht.

Als Krotofil erkennt, wie die Schadsoftware die Sprache der spezialisierten Kontrollsysteme spricht und so direkte Kommandos an die Infrastruktur schickt, wird ihr fast übel. Es ist nicht nur der ausgefeilteste Angriff, den sie je gesehen hat, er ist auch die erste automatisierte Attacke, die buchstäblich lebensgefährliche Auswirkungen haben kann. Der Angriff überlässt nichts dem Zufall. »Nicht-automatisierte Angriffe sind viel einfacher, denn dabei hat man das menschliche Gehirn als Kollaborateur«, sagt sie. Wer automatisiert angreift, muss alles exakt vorher planen. Was nicht immer läuft wie geplant.

Die Angreifer:innen konnten offenbar nicht nur exakt recherchieren, wie die Abläufe bei Ukrenergo sind, sie kannten sich im Unternehmen aus, als wären sie täglich dort. Sie hatten auch die Reaktionen der Verantwortlichen im Kontrollraum kalkuliert und eingeplant. Für Krotofil ist klar: Diese Hacker:innen hatten eine riesige Entwicklung durchgemacht. »2015 haben sie wie brutale Straßenkämpfer agiert«, sagt sie, also wenig exakt, dafür laut und mit großem Energieeinsatz: »Jetzt waren sie wie Ninjas.«

Für Krotofil sind die Zeichen spätestens zu diesem Zeitpunkt eindeutig: So ein aufwendiger Angriff ist nicht die Tat einer einzelnen Person. Dahinter steckt eine mächtige Gruppe, vermutlich ein Geheimdienst. »Bis dahin hatten wir nicht gewusst, ob Regierungen solche Fähigkeiten haben.« Nun ist es klar. Was sie besonders beschäftigt: Ein solcher automatisierter Code ist wiederverwendbar. Und er ist so ausgefeilt, dass er für Größeres gedacht ist als für einen einstündigen Stromausfall. Ist es eine Machtdemonstration? Eine Warnung Russlands an die USA: Kommt uns nicht mit so etwas wie Stuxnet, ihr werdet es bereuen?

Eine internationale Bedrohung

Interessanterweise wird der Angriff international stärker beachtet als im Inland. Hier sei er schnell kein Thema mehr gewesen, sagt mir Roman Boyarchuk bei einer Recherche in Kiew im Dezember 2021, der von 2016 bis 2019 Chef des Ukrainischen State Center for Cyber Protection war, also des ukrainischen Staatsdienstes für Cybersicherheit. Der Stromausfall sei eher als kleiner Vorfall wahrgenommen worden. »Wir sind es gewohnt, immer um etwas zu kämpfen.« Die Bürger hätten sich keine allzu großen Sorgen gemacht – schließlich sei der Strom ja schnell wieder da gewesen. Nur eines war anders: Der Westen reagierte. Boyarchuk erinnert sich: »Die Angriffe auf unser Stromnetz waren für mich interessant, weil die Welt sie interessant fand.«

In der Tat gab es in der IT-Sicherheitsszene einen wahren Run auf die Schadsoftware. Auch wenn ISSP das einzige Unternehmen war, das sie offiziell von Ukrenego ausgehändigt bekam – und Yasinskyi hat seine Verschwiegenheitserklärung sehr ernst genommen –, konnten verschiedene andere Unternehmen auf mysteriöse Weise ebenfalls an den Code kommen. ESET, ein slowakisches IT-Sicherheitsunternehmen, war eines der ersten, das den Code analysierte und der Schadsoftware einen Namen gab: »Industroyer«.

ESET-Forscher Anton Cherepanov erinnert sich noch gut daran, wie er Weihnachten und Silvester 2016 im Büro verbrachte, weil er die Augen nicht von diesem beeindruckenden

Stück Schadsoftware lassen konnte. »Es war so anders als alles, was ich bisher gesehen hatte.« Bis dahin kannten die meisten Sicherheitsforscher:innen lediglich Viren und Trojaner, die beispielsweise versuchen, Zugangsdaten zu stehlen oder Menschen auszuspionieren. »Aber diese Malware sprach eine andere Sprache: die der Hardware. Das ist eine total andere Welt.« Cherepanov braucht Monate, um zu verstehen, was er vor sich hat: eine automatisierte Schadsoftware, die vier verschiedene Protokolle beinhaltet. »Sie hätten die Stromunterbrecher auf vier verschiedene Weisen öffnen können.« Am Ende sei nur eines dieser Protokolle verwendet worden. Die anderen drei? Cherepanov zuckt mit den Schultern. Entweder wollten die Angreifer:innen sicherstellen, dass es auf die ein oder andere Weise funktioniert. Oder es ging ihnen darum, die Schadsoftware kompatibel zu machen – für andere Anlagen in anderen Ländern.

Genau davor warnt das US-Sicherheitsunternehmen Dragos eindringlich: Das slowakische Sicherheitsunternehmen ESET hat nämlich das US-Unternehmen gebeten, die eigene Analyse zu prüfen, bevor sie veröffentlicht werden sollte. Doch stattdessen nutzte Dragos das Material der slowakischen Firma, um eine eigene Analyse zu erstellen[23] und zu versuchen, ESET damit sogar noch zu überholen. In der Community gilt es als besonders prestigeträchtig, über einen ausgefeilten Angriff als Erster zu berichten.

Auch das US-Unternehmen Dragos will sich nicht dazu äußern, wie es an den Code gekommen ist. Die Eile, mit der es einen eigenen Report veröffentlichte, erklärt es mit der bestehenden Bedrohung: Es sei wichtig, die Industrie zu warnen, denn das Stromnetz sei anfällig für solche Attacken – auch in den USA. Die Täter:innen hätten sich Wissen über Stromnetzsysteme zunutze gemacht, es ginge nicht nur um die technische Anfälligkeit an sich. Hier helfe kein einfaches Update, denn die Gruppe nutzte das System selbst aus.

---

23 https://dragos.com/blog/crashoverride/CrashOverride-01.pdf

Er wisse nicht, was das ultimative Ziel des Angriffs gewesen sei, sagt ESET-Forscher Cherepanov. Nur eines sicherlich nicht: den Strom lediglich für eine Stunde abzuschalten. »Die Fähigkeiten dieser Angreifer passten nicht zum Ergebnis. Sie hätten massiven physischen Schaden anrichten können.« Wieso taten sie das nicht? War es eine Übung, wie Yasinskyi betont? Oder hat ein Fehler sie gestoppt? »Vermutlich beides«, sagt Cherepanov, »möglicherweise verlief der Angriff nicht wie geplant, weil die Ingenieure einfach in den manuellen Modus wechselten – das aber geht in vielen anderen Ländern nicht.« Die USA beispielsweise seien viel digitalisierter, Angriffe schwerer zu stoppen. Es gibt oft keinen manuellen Back-up-Prozess. Viele sehen dies als großes Problem der US-Sicherheit: Es sei eine Frage der Zeit, bis das schiefgeht.

»Bis dahin üben sie mit uns«, sagt Yasinskyi sarkastisch. Dass die Angriffe nicht noch zerstörerischer ausfielen, hat aus seiner Sicht auch den Grund, dass der russische Geheimdienst sein Trainingsmaterial noch brauche. »Sie lassen uns leben, sie wollen ihren Spielplatz nicht zerstören.« Ähnlich wie eine Katze, die eine Maus jagt, aber sie am Leben lässt. »Sie sind noch nicht fertig mit Üben.«

Leider sollte Yasinskyi recht behalten. Die Hackinggruppe des russischen Geheimdienstes sollte schon bald zeigen, dass sie mit ihren digitalen Waffen nicht nur die Ukraine, sondern Unternehmen in der ganzen Welt lahmlegen kann.

Kapitel 2.2
Die Geburt des Cyberwars

Wie Israel und die USA die Büchse der Pandora öffneten

Seit Beginn des russischen Angriffskriegs auf die Ukraine am 24. Februar 2022 ist oft von »Cyberwar« oder »hybridem Krieg« die Rede. Von Angriffen im digitalen Raum, die auch physische Schäden verursachen – unter anderem einer digitalen Attacke auf ein Satellitennetzwerk im Februar und ein Elektrizitätswerk im April 2022.[24] Diese Situation kommt keineswegs aus dem Nichts, ebenso wenig wie die russischen Angriffe auf die ukrainische Stromversorgung 2015 und 2016. Fachleute reihen den Angriff auf das ukrainische Stromnetz in eine Abfolge ein, die mit Stuxnet im Jahr 2010 beginnt – der Geburtsstunde des Cyberwars.

Der Sicherheitsforscher Costin Raiu vom russischen Sicherheitsunternehmen Kaspersky hat den Beginn des Cyberwars hautnah miterlebt und begleitet. Er hat mich mitgenommen auf eine Zeitreise und mit mir jene Stunden, Tage und Monate rekonstruiert, in denen es ihm auf seinem Platz in der ersten Reihe nicht immer ganz geheuer war. Wir begleiten ihn in das Jahr 2010, noch vor die Angriffe von 2015 und 2016 in der Ukraine, als cyberphysische Angriffe auch im Fokus der Öffentlichkeit standen. Doch Jahre zuvor hat es erste Entwicklungen gegeben, die zu dieser Situation geführt haben. Und Raiu sollte schnell merken, dass, wer genauer hinschaut, sich hier unbeliebt macht.

---

24 https://www.nzz.ch/technologie/die-ukraine-hat-einen-russischen-cyber
angriff-abgewehrt-er-sollte-das-stromnetz-lahmlegen-ld.1679239

Denn als im Herbst 2010 einige seltsame Dinge in Costin Raius Leben passieren, wird ihm klar, dass er sich in einer gefährlichen Lage befindet – und dass er mit seiner Arbeit offenbar anderen gleichsam in die Suppe spuckt. Zunächst fallen ihm seltsame Zuhörer bei einem Vortrag auf. Er kann die drei Männer von der Bühne der Virus-Bulletin-Konferenz in Montreal am 30. September 2010 aus deutlich sehen: Als Einzige im ganzen Vortragssaal haben sie nicht Platz genommen. Sie wirken wie Fremdkörper, wie sie dort nahe der Ausgangstür am anderen Ende des Saales stehen. Raiu kann den Blick kaum abwenden, als er sie über 400 Köpfe hinweg bemerkt.

»Unreavelling Stuxnet«, lautet der Titel seines Vortrags. Er handelt von einem Computerwurm, der Raiu und seinen Kolleg:innen aus aller Welt seit einigen Wochen Rätsel aufgibt. Es ist ein historischer Moment, selten haben IT-Sicherheitsunternehmen über Konkurrenz- und Lagerdenken hinweg so intensiv und eng zusammengearbeitet wie in den vergangenen drei Monaten und versucht, die vielen verstörenden Hinweise zusammenzutragen. Stuxnet ist ein rätselhaftes Phänomen: Es handelt sich um einen Computerwurm, der sich offenbar rasend schnell ausbreitet, aber auf den betroffenen Computern keinen nennenswerten Schaden anrichtet. Gleichzeitig sehen die Forscher:innen beim Blick auf den Code, dass es sich um eine besonders raffinierte Schadsoftware handelt. Jemand hat enorm viel Aufwand betrieben, um sie zu maskieren, sodass sie weder von Antivirenprogrammen gefunden wird noch sonst in irgendeiner Form auffällt. Die Schadsoftware wurde tatsächlich nur entdeckt, weil sie sich plötzlich massiv ausbreitete und fremdartige Befehle im Code enthielt.

Zudem befällt sie ausnahmslos alle Computer mit dem Betriebssystem Windows, die Kontakt zu infizierten Geräten oder Dateien hatten – auch jene, die mit den neuesten Sicherheitsupdates ausgerüstet sind. Inzwischen wissen die Forscher:innen, woran das liegt: Stuxnet nutzt vier Windows-Zero-Day-Lücken aus, wie Analysierende nach vielen Arbeitsstunden am Computercode entdeckten. »Vier Zero-Days!«, sagt Raiu noch heute beeindruckt, »so etwas hatten wir noch nie zuvor gesehen.« Zero-Days sind Sicherheitslücken, die bis dato noch nicht entdeckt und von daher auch noch nicht geschlossen sind. Zero-Days (übersetzt: Null-Tage), das bezieht sich auf die Zeit, die Unternehmen wie Microsoft bleibt, um die Sicherheitslücken in ihren Programmen zu schließen – und da sie es in diesem Fall noch gar nicht wissen, dass es ein Problem gibt, können sie auch noch keine Updates zur Verfügung stellen, die es beseitigen.

Solche Sicherheitslücken sind extrem attraktiv für Angreifer:innen, denn sie sind die Garantie dafür, beinahe jeden Computer mit Schadsoftware infizieren zu können. Zero-Days sind also interessant für alle, die sicherheitsbewusste Menschen angreifen wollen, die ihre Software stets aktuell halten und alle Updates sofort aufspielen –, denn selbst sie haben keine Chance gegen das Risiko noch unbekannter Sicherheitslücken. Zero-Days sichern denen, die ein System angreifen, einen Vorsprung vor jenen, die es verteidigen. Deshalb lohnt es sich für beide Seiten, viel Energie zu investieren, um solche Lücken zu entdecken. Die einen wollen sie schließen, die anderen wollen sie selbst ausnutzen oder sie verkaufen. Entsprechend umkämpft und schwer zu finden sind diese wertvollen Lücken.

Als Raiu also erkennt, dass für Stuxnet sogar vier Zero-Days genutzt werden, wird ihm klar, dass er es mit einem sehr mächtigen Angreifer zu tun hat. Wer sich vier Sicherheitslücken leisten kann, muss schier endlose Mittel und enorme Kapazitäten haben. Diese Erkenntnis ist verstörend. Dieser Virus, der sich auf einmal in rasendem Tempo verbreitet, stellt eine neue Qualität der Bedrohung dar.

Als der Kaspersky-Forscher im September 2010 auf der Bühne der Konferenz in Kanada steht und zusammenfasst, was bis dahin über Stuxnet bekannt ist, spürt er diese besondere Stimmung. Alle scheinen zu ahnen, dass der neuartige Virus ihre Branche massiv verändern wird – nur wie? Normalerweise werden auf den jährlich stattfindenden Konferenzen alle wichtigen Ereignisse des Jahres diskutiert –, aber diesmal scheint klar, dass Stuxnet alles andere in den Schatten stellt. »In den Pausen wurde über kaum etwas anderes geredet«, erinnert sich Raiu.

Zwei »Last Minute Papers« behandeln Stuxnet, die darin enthaltenen Erkenntnisse sind brandaktuell und in letzter Minute für die Konferenz eingereicht. Eines davon ist vom US-Sicherheitsunternehmen Symantec, das andere von Raiu und seinem Kollegen Alexander Gostev vom russischen Unternehmen Kaspersky. Schon auf den ersten Folien häufen sich die Fragezeichen. »Was ist der Zweck dieses Wurms?«, steht dort in Rot und: »Was ist seine genaue Funktionalität?« Raiu und seine Kollegen haben nahezu zwei komplette Monate in die Arbeit an Stuxnet investiert, der Code sei enorm umfangreich gewesen, berichtet Raiu in Montreal. »Wir haben an einem Tag zwei Zero-Days entdeckt«, sagt er. Das ist noch nie vorgekommen.

Immer wenn Raiu den Blick übers Publikum schweifen lässt, fallen ihm die drei Männer ganz am Ende des Saales auf. Er hat sie noch nie vorher gesehen. »Sie hatten einen nahöstlichen Teint und waren definitiv nicht glücklich über das, was ich vortrug.«

Nach dem Vortrag eilt Raiu durch den Saal. Er will mit den Dreien sprechen. Schließlich rätselt die Fachwelt seit Monaten, wer sich hinter diesem seltsamen Computerwurm verbirgt. Wissen die drei Männer mehr? Aber am Ende seines Vortrags sind sie verschwunden. Raiu fragt die Organisator:innen. Ja, das seien in der Tat ungewöhnliche Besucher gewesen, bestätigen diese. Sie hätten die Konferenzgebühr in bar bezahlt, sie seien lediglich zu diesem einen Vortrag gekommen und danach direkt verschwunden – und auf ihren Tagungsausweisen sollte lediglich die Abkürzung GOI stehen. Was das heiße, fragt Raiu. Die Organisatorin zuckt mit den Schultern – mehr hätten die Drei nicht verraten.

»GOI, ich habe lange darüber nachgedacht«, sagt Raiu heute, »Government of Israel?« Zumindest ist dies keine offizielle Abkürzung für die israelische Regierung. Der Fall bleibt rätselhaft.

Raiu reist nach der Konferenz zurück nach Rumänien, um weiter an dem rätselhaften Wurm zu arbeiten. Die drei Männer vergisst er, aber sie werden ihm wieder einfallen. Denn die Kette rätselhafter Ereignisse wird weitergehen.

Computerviren 1.0

Heute kommt es ihm selbst etwas seltsam vor, dass er Stuxnet derart unterschätzt habe: »Aber damals waren andere Zeiten.« Raiu hat 1994 mit 17 Jahren angefangen, sich für IT-Sicherheit zu interessieren, nachdem ihm seine Eltern einen Computer geschenkt hatten. Ihnen war seine ursprüngliche Leidenschaft – chemische Experimente im heimischen Wohnzimmer – zu gefährlich erschienen. Als kurz darauf seine Schule Opfer eines Cyberangriffs wird, beginnt er ein eigenes Antivirenprogramm zu entwickeln, das er schließlich RAV (Romanian Anti Virus) tauft und kostenlos verteilt. Das rumänische Unternehmen GeCAD Software wird auf ihn aufmerksam, stellt ihn an und vermarktet sein Programm schließlich – es wird das erfolgreichste Produkt des Unternehmens, sodass schließlich 2003 Microsoft das Programm kauft.

Raiu bekommt den Erfolg seines Erstlingswerks allerdings nur aus der Ferne mit, denn er ist bereits im Jahr 2000 zu Kaspersky gestoßen – damals hat das Unternehmen gerade einmal ein paar Dutzend Mitarbeiter. Er hat viel gesehen, angefangen vom Hacktivismus der 1990er-Jahre, »Kinder, die mit Hardware spielten«, wie er sagt – wohlwissend, dass er damals selbst nur gerade so den Kinderschuhen entwachsen war, über unzählige Wellen von Banking-Trojanern. In diesen Jahren wurde klar, dass sich mit dem Internet auch Schaden anrichten lässt, erinnert er sich, »Menschen begannen, ihr Geld zu verlieren«. Dennoch waren es andere Dimensionen der Cyberkriminalitat, sie schienen damals noch beherrschbar. »Unsere Kunden hatten sehr einfache und sehr konkrete Probleme«, erinnert sich Raiu: Kriminelle drangen in

Computer ein, um Geld zu stehlen, es gab erste Wellen von Passwort-Hacks, »mit solchen Dingen habe ich mich beschäftigt«. Raiu hatte den Eindruck, etwas bewegen zu können – in diesen Zeiten schien es noch einfach, den Menschen zu helfen, die von Computerangriffen betroffen waren.

2010 schließlich habe es zwar schon erste Anzeichen von Spionage gegeben, erinnert sich Raiu: »Es gab plötzlich so viele interessante Informationen im Internet, auf die Regierungen scharf waren.« Aber von Sabotage sei lange nicht die Rede gewesen. Bis Stuxnet auf den Plan tritt, dieser Wurm, der offenbar ganz gezielt auf eine spezifische Infrastruktur ausgelegt ist: eine Steuerungssoftware für industrielle Anlagen von Siemens. Als erste Hypothesen Kreise ziehen, denen zufolge womöglich iranische Atomreaktoren das Ziel sein könnten, schüttelt Raiu den Kopf. »Ich wusste, dass Atomreaktoren einen physischen Schutz haben, ich dachte, das kann nicht sein, man kann die nicht mit Software angreifen.« Zunächst erscheint ihm der Hype um Stuxnet übertrieben. Gibt es nicht wichtigere Probleme als einen Virus, der scheinbar keinen Schaden anrichtete?

Erst der Vortrag in Kanada öffnet ihm die Augen: Eigentlich sollte sein russischer Kollege Alexander Gostev den Vortrag halten, doch er bekam kein Visum für Kanada. Raiu, der Rumäne, hat es leichter. Er sagt zu und denkt sich: »Ich kann den Vortrag ablesen.« Aber dann kann er es doch nicht lassen, sich in die Materie einzuarbeiten. Und mit jeder Seite, die er liest, mit jedem Stück Code, das er analysiert, wird ihm unwohler. »Mir wurde klar, dass es etwas ganz anderes ist als alles, womit ich bis dahin zu tun hatte«, sagt er. Er hatte es mit einer hochpräzisen Waffe zu tun – einer, die den Cyberwar startete.

Mehrere Sicherheitsforscher:innen sind dem seltsamen Wurm damals bereits auf der Spur, unter anderem Raius späterer Kollege Sergey Ulasen, der damals noch für ein kleines IT-Sicherheitsunternehmen namens VirusBlokAda in Minsk arbeitete. Im Juni

2010 meldet einer der Kunden aus dem Iran seltsame Vorfälle: Sein Computer stürzt immer wieder ab. Ulasen untersucht die Vorfälle und wird zum »Mann, der Stuxnet entdeckte«, wie Kaspersky heute stolz wirbt.[25]

Als Ulasen den Code genauer anschaut, fällt ihm nämlich auf, dass der Virus nicht nur besonders gut getarnt ist, sondern dass er zudem eine Zero-Day-Lücke nutzt. Für das kleine Unternehmen ist es eine Revolution an sich, eine solche Lücke zu finden. Zero-Days sind seltene Fundstücke – und mit ihrem Auffinden wächst die Reputation eines Sicherheitsunternehmens massiv. Noch dazu scheint diese Lücke eine besonders gefährliche zu sein: Als Ulasen die Schadsoftware auf einem Testcomputer installiert, zeigt sich, dass sie eine grundlegende Windows-Funktion attackiert. Ulasen wird klar, dass damit Millionen Computer auf der ganzen Welt angreifbar sind. Später entdeckt er zudem, dass die Angreifer:innen dafür gesorgt haben, dass ihr Virus nicht nur die damals aktuelle Windows-Version – Windows 7 – angreifen kann, sondern dass die Lücke auch auf allen anderen Windows-Versionen ausgenutzt wird seit Windows 2000. Es handelt sich also um eine Zero-Day-Lücke, auf deren Kompatibilität die unbekannten Hacker:innen besonderen Wert gelegt haben. Noch nie hat Ulasen einen Virus gesehen, der so sorgfältig entwickelt wurde.

Doch während Ulasen und seine Kollegen noch rätseln, wer so etwas entwickelt, fällt ihnen noch etwas auf, das sie fast noch mehr schockiert: Ein Modul der Schadsoftware, ein Treiber, hat sich ebenfalls auf dem Testcomputer installiert – ganz ohne Sicherheitswarnung. Ein Treiber ist ein Programm, das an einen Computer angeschlossene Geräte verwaltet. Durch ihn können diese mit dem Computer kommunizieren: Sie werden also normalerweise installiert, wenn man sich eine neue Hardware besorgt, beispielsweise einen Drucker. Dass nun ein Virus unbemerkt einen

---

25 https://eugene.kaspersky.com/2011/11/02/the-man-who-found-stuxnet-sergey-ulasen-in-the-spotlight/

Treiber installiert, gibt Ulasen Rätsel auf. Schließlich hatte schon Windows 7 eine grundlegende Sicherheitsfunktion, die Nutzer warnte, wenn sich ein Treiber installierte, der nicht mit einem gültigen Zertifikat signiert war – das eigentlich die sichere Herkunft eines Programms belegen soll. Nur: Wie kann es sein, dass eine Schadsoftware ein gültiges Zertifikat hat?

Ulasen ist geschockt. Denn Zertifikate sind die Basis für das Vertrauen im Internet. Es ist ein an sich sicheres kryptografisches Verfahren, das Software gegenüber dem Computer als legitim ausweist. Die kryptografische Technologie beruht auf privaten und öffentlichen Schlüsseln, mit denen Hersteller ihre Produkte fälschungssicher signieren und Computer dies überprüfen können. Ist ein Programm mit einem gültigen Zertifikat signiert, bedeutet das für den Computer, dass es tatsächlich von jenem Hersteller stammt. Jeder kennt diese Warnungen heutzutage beispielsweise von Webseiten, die kein gültiges Zertifikat ausweisen – und der verbreitete Reflex, diese Warnungen, ohne nachzudenken, wegzuklicken, ist ein eigenes Thema. Meist stecken tatsächlich banale Fehler dahinter, wenn eine Zertifikatswarnung aufpoppt. Dennoch ist es ratsam, diese Warnungen ernst zu nehmen, denn es könnte sich auch eine Schadsoftware dahinter verbergen und damit ein Angriff drohen.

In diesem Fall aber ist es andersherum – und das ist aus Ulasens Sicht eine Katastrophe: Ein Virus installierte sich selbst und ohne zu fragen auf dem Computer, und das Zertifikat ist echt. »Das war ein furchteinflößendes Biest«, sagt Ulasen in einem Interview, das Kaspersky veröffentlicht hat, »und uns wurde klar, dass wir die IT-Sicherheitsbranche so schnell wie möglich informieren müssen.«[26] Er kommt zu dem Schluss, dass das Zertifikat geklaut sein muss –, aber das wirft neue Fragen auf. Bis dahin hatten Angreifer Zertifikate gefälscht oder falsche Unternehmen gegründet

---

26 https://eugene.kaspersky.com/2011/11/02/the-man-who-found-stuxnet-sergey-ulasen-in-the-spotlight/

und versucht, dafür Zertifikate einer entsprechenden Zertifikats-agentur zu bekommen. Ulasen hat noch nie davon gehört, dass Angreifer Zertifikate samt des zugehörigen privaten kryptografischen Schlüssels geklaut hätten. Er findet heraus, dass das Zertifikat von Realtek stammt, einem Unternehmen aus Taiwan.

Epidemie

Nachdem er sowohl Microsoft als auch Realtek benachrichtigt hat – ohne eine Antwort zu bekommen –, veröffentlicht Ulasen schließlich am 12. Juli 2010 einen kurzen Blogpost über seine Entdeckung auf der Website Wilderssecurity[27]. Er erwähnt die Treiber, die der Virus installiere, die gestohlenen Realtek-Zertifikate sowie dass sich die Malware über USB-Sticks verbreite und dass sie das Betriebssystem »auf unübliche Weise« infiziere. Und er erlaubt sich eine Einschätzung: Die Schadsoftware, die er entdeckt hat, gehöre einer sehr gefährlichen Kategorie an, »die eine Virusepidemie verursachen könnte«.

Kurz darauf äußert sich Microsoft endlich und warnt seine Kund:innen – freilich ohne ihnen wirklich helfen zu können. Immerhin hat der Virus nun einen Namen: Stuxnet, eine kreative Mischung aus der Erweiterung des Dateinamens eines der Treiber (mrxnet.sys) und weiteren Teilen des Codes. Damit steht Stuxnet nun erstmals in der Öffentlichkeit – wenn auch nur einer sehr kleinen, interessierten Öffentlichkeit.

Ulasens Entdeckung löst eine Welle an tiefergehenden Recherchen und Diskussionen aus. Angesichts der Veröffentlichung durch Microsoft haben Sicherheitsunternehmen nun die Möglichkeit, nach der Schadsoftware auf den Rechnern ihrer Kundschaft zu suchen – und prompt finden sich Tausende von Infek-

---

27 https://www.wilderssecurity.com/threads/rootkit-tmphider.276994/

tionen. Es werden zudem weitere Treiber gefunden, die ebenfalls offenbar mit gestohlenen Zertifikaten signiert sind. Und es zeigt sich, dass manche Versionen von Stuxnet, mit denen einige Rechner infiziert sind, offenbar schon seit Juni 2009 im Umlauf waren. War Stuxnet also seit mehr als einem Jahr auf Computern weltweit unentdeckt unterwegs? In den Datenproben, die Sicherheitsunternehmen nun von ihren Kund:innen bekommen, finden sich zudem Spuren dreier verschiedener Angriffswellen: Offenbar war Stuxnet im Juni 2009 sowie im März und April 2010 mit jeweils einem leicht veränderten Code in die Welt geschickt worden. Wie sich später herausstellen sollte, sogar noch früher. Aber von wem? Und warum?

Wenige Tage nach Ulasens Entdeckung findet das slowakische Sicherheitsunternehmen ESET einen anderen Gerätetreiber, der offenbar mit Stuxnet zu tun hat – und auch dieser hat ein gültiges digitales Zertifikat, diesmal von einem Unternehmen namens JMicron Technology. Allerdings ist dieser Treiber laut einem Zeitstempel, auf den die ESET-Forscher im Code stoßen, erst am 14. Juli 2010 fertiggestellt worden – also einige Tage nachdem Ulasen mit seiner Entdeckung online gegangen ist.

Warum aber gibt es neu zertifizierte Viren? Beobachten die Angreifer:innen die Recherchen der Sicherheitsforschung also? Ist die neue Version der Versuch, die eigene Arbeit noch zu retten, obwohl Ulasen ihnen die internationale IT-Sicherheits-Szene auf den Hals gehetzt hat? Tatsächlich brauchte Stuxnet in diesem Sommer neue Zertifikate, denn die von Realtek waren nicht nur abgelaufen, sondern wurden nach Ulasens Entdeckung von den Zertifikatsbehörden zurückgezogen. Das bedeutete, dass von diesem Zeitpunkt an jene Warnmeldungen ausgespielt wurden, sobald ein entsprechendes Zertifikat auf einem Rechner auftauchte, die Ulasen vermisst hatte.

Doch bisher schien der Stuxnet-Virus nicht nur keinen Schaden anzurichten, er stahl auch keine Passwörter und versuchte

offenbar auch nicht, Daten von den befallenen Maschinen ab-
zuziehen. Sollte er ein Rätsel bleiben wie der damalige Computerwurm Conficker mit dem einzigen Ziel, sich zu verbreiten?
Sollte er wie Conficker als dauerhafte Bedrohung im Hintergrund schlummern – ein Virus, der die Macht über unzählige
Computer auf der ganzen Welt hat und jederzeit gefährlich
werden kann, wenn der Botmaster entsprechende Befehle verschickt?

Die Frage nach dem Sinn und Zweck von Stuxnet lässt auch dem
deutschen Sicherheitsforscher Frank Boldewin keine Ruhe. Er
antwortet am 14. Juli auf den Beitrag von Ulasen[28], dass er einige
Teile des Codes entschlüsselt und entpackt und zu seiner Überraschung im Code Verweise auf Siemens gesehen habe. »SOFT-
WARE\SIEMENS\WinCC\Setup STEP7_Version« laute eine
Zeile. Boldewin kennt sich nicht aus mit industriellen Kontrollanlagen, aber eines ist klar: Die Angreifer suchen gezielt nach
einem System der deutschen Firma Siemens, das darauf ausgelegt
ist, komplexe technische Prozesse in Industrieanlagen zu überwachen und zu steuern. »Das verweist auf ein Siemens CC SCADA
System«, schreibt Boldewin schließlich. SCADA bedeutet Supervisory control and data acquisition (Überwachung, Steuerung
und Datenerfassung). »Es sieht so aus, als ob diese Schadsoftware
für Spionage gemacht ist«, endet Boldewin seinen Post. Hat er damit den Zweck von Stuxnet erfasst?
  Auch Sicherheitsforscher von Symantec untersuchten den
Code parallel – und entdecken eine weitere raffinierte Vorgehensweise: Die Schadsoftware sucht offenbar nach einer ganz bestimmten Version der Siemens-Steuerungssoftware, und sobald sie
diese auf einem Computer gefunden hat, harrt sie zunächst einige
Tage aus und protokolliert die üblichen Vorgänge, also beispielsweise die Daten über den Status der Anlage, die die Steuerung an

---

28 https://www.wilderssecurity.com/threads/rootkit-tmphider.276994/

die Ingenieure schickt und anhand derer diese sehen können, dass alles läuft wie geplant. Eine sogenannte Speicherprogrammierbare Steuerung (SPS), auf die Stuxnet also abzielt, erlaubt es den Verantwortlichen in einer Industrieanlage, eine entsprechende Steuerungssoftware zunächst auf einem (Windows-)Computer zu programmieren und dann auf die SPS hochzuladen.

Die Symantec-Forscher beobachten in einer Mischung aus Faszination und großer Sorge, dass sich Stuxnet wie ein Trittbrettfahrer auf die Software setzt und mit ihr gleichsam in die Steuerung reist. Und noch mehr: Dort beginnt die Schadsoftware schließlich, die Kommunikation zwischen den Ingenieur:innen und der Anlage zu verändern, indem sie einige Dateien austauscht. Die Symantec-Forscher können nicht erkennen, was die Schadsoftware genau an der Funktionsweise der Maschine verändert, aber eines ist sicher: Wenn die Maschine, die von der Software gesteuert wird, andere Anweisungen erhält, verändert sich ihr Zustand – und damit verändern sich auch die Daten und physikalische Zusammenhänge, die die Sensoren messen und die von der Steuerungssoftware an die Menschen im Kontrollraum zurückgeschickt werden.

Spätestens dann sollte Stuxnet allerdings auffliegen, denn die Beschäftigten im Kontrollraum müssten merken, dass etwas nicht stimmt. Um das zu verhindern, greift Stuxnet zu einem alten Trick: Die Schadsoftware spielt diesen einfach alte Daten zurück – es sind genau jene, die Stuxnet zuvor protokolliert hat. Das ist der Grund, warum die Schadsoftware zunächst eine Zeit lang »tatenlos« auszuharren scheint: Sie sammelte Material. So wie gewiefte Bankräuber (zumindest im Film) die Aufzeichnungen einer Überwachungskamera austauschen und durch unauffällige Szenen aus der Zeit vor dem Banküberfall ersetzen. Die Menschen im Kontrollraum können also keine Ahnung davon haben, was wirklich vor sich geht. Zudem setzt die Schadsoftware Sicherheitssysteme außer Kraft, die automatisch Alarm schlagen sollten, wenn bestimmte gemessene Werte der Anlage über- oder unterschritten werden, und die eine Anlage notfalls ausschalten.

Die Angreifer:innen haben auch für den Fall vorgesorgt, dass jemand aus irgendeinem Grund misstrauisch wird und sich den Code anschauen will: Die Malware schaltet sich auch hier dazwischen und zeigt auf Verlangen die ursprüngliche Version des Codes an – also den Ist-Zustand bevor dieser von der Schadsoftware verändert wurde. Und sollte jemand gar anfangen, die Maschine neu zu programmieren, infiziert Stuxnet kurzerhand auch die neue Version und verändert sie.

Die Eindringlinge haben offenbar nicht nur enorm viel Wissen über die Funktionsweise der Siemens-Software gesammelt, sie scheinen auch für jede Eventualität vorgesorgt zu haben. Den Sicherheitsforscher:innen wird klar: Das ist keine einfache Schadsoftware, sondern ein ausgeklügelter Schadcode, der tief im Betriebssystem des Computers aktiv ist und weitgehende Rechte erobert: »Stuxnet ist nicht nur ein Rootkit, das sich selbst in Windows verstecken kann, sondern das erste bekannte Rootkit, das injizierten Schadcode auf einer speicherprogrammierbaren Steuerung verbergen kann«, schreiben sie in einem Symantec-Blogbeitrag im August 2010.

Neuland Industrieanlagen

Eines wird der Sicherheitsbranche in diesen Tagen im Sommer 2010 klar: Stuxnet ist kein Spionagewerkzeug und zumindest auch kein klassisches Sabotagewerkzeug. Denn die Schadsoftware zerstört nicht die Steuerung selbst, die sie beeinflusst. Der Virus nutzt die gewonnene Kontrolle über die Steuerung vielmehr, um das physische System zu beeinflussen und dessen Ablauf zu verändern – was möglicherweise auch zu physischem Schaden führen kann. Es ist also auf einmal möglich, über Software auf die analogen Prozesse einer Anlage zuzugreifen – selbst wenn diese im entscheidenden Moment nicht mit dem Internet verbunden ist. Schließlich braucht jede Steuerung immer mal wieder ein Update oder es müssen Abläufe verändert werden: Immer dann, wenn eine neue Programmversion auf die Steuerung aufgespielt wird, nutzt Stuxnet das gezielt aus. Nur wofür? »Wir untersuchen gerade noch einige Codeblocks, um herauszufinden, was diese genau tun«, endet Symantecs Blogpost. Doch genau an dieser Frage beißen sie sich zunächst die Zähne aus. Was für eine Anlage greift die Software konkret an? Und was verändert sie dort?

Um diese drängenden Fragen zu beantworten, fehlt den Sicherheitsforscher:innen zur damaligen Zeit womöglich auch Expertise im Bereich industrieller Kontrollanlagen. Sie kennen sich zwar mit Malware aus, die Passwörter stiehlt oder auf Windows-Computern spioniert –, aber die ganze Kette am anderen Ende einer sogenannten Speicherprogrammierbaren Steuerung (SPS), wie das Siemens System sie darstellt, ist für die meisten in der Branche damals ein Fremdwort.

Allerdings nicht für Ralph Langner, einen deutschen Sicherheitsforscher, der damals schon seit einigen Jahren davor warnt, dass industrielle Kontrollanlagen schlecht bis gar nicht gesichert seien. Viele seiner Kunden nutzen Steuerungssoftware von Siemens –, aber ähnlich wie Raiu hat er das Thema Stuxnet zunächst nicht ernst genommen. Die ersten Presseberichte mit ihren vielen unklaren Zusammenhängen ergeben für ihn keinen Sinn, »deshalb legte ich das Thema zu den Akten«, schreibt er.[29] Doch das Thema lässt sich schwerlich dauerhaft ignorieren. »Je mehr Antivirusfirmen Stuxnet analysierten, desto mysteriöser wurde die Geschichte.«

Als Langner jedenfalls die Veröffentlichung von Symantec sieht, merkt er, dass er das Thema womöglich unterschätzt hat. Ralph Langner hofft auf eine Reaktion von Siemens. Schließlich sitzt er

---

29 https://www.langner.com/wp-content/uploads/2017/08/Stuxnet-und-die-Folgen.pdf

als deutscher Sicherheitsforscher mit einer Kundschaft, die wiederum Siemens-Steuerungssoftware nutzt, quasi an der Quelle. Aber Siemens schweigt sich aus. Langner verfolgt die Berichte von Symantec und anderen, »aber sie machten keine nennenswerten Fortschritte«, schreibt er: »Sie hatten keine Idee, wozu die eigentliche Payload des Virus gedacht sein sollte.« Payload meint den Teil der Schadsoftware, der schließlich den Schaden anrichtet – im Gegensatz zum Mechanismus seiner Verbreitung.

So beschließt Langner Mitte August 2010 zusammen mit seinen Kollegen, selbst zu analysieren, was Stuxnet genau tut. Doch das stellt sich als erstaunlich aufwendig heraus, denn als das Team den Virus im digitalen Labor auf einige Versionen von Siemens-Steuerungssoftware loslässt, geschieht nichts von dem, was Langner erwartet hat. Stuxnet habe »irgendwas« mit den Steuerungen gemacht, aber er kann keine Auswirkung auf die Steuerung beobachten. »Stuxnet machte nichts von den vielen schlimmen Dingen, die es technisch hätte machen können und vor denen wir unsere Kunden jahrelang gewarnt hatten«, schreibt Langner.

Aber der Forscher hat einen Denkfehler gemacht. Er unterschätzt die Angreifer: Der Virus erkennt, dass diese Probeversionen nicht das richtige Ziel sind. Stuxnet sucht nach einer ganz speziellen Konfiguration, die idealerweise nur in einer ganz bestimmten Anlage vorherrscht. Das eröffnet eine ganz neue Fragestellung: Hat Stuxnet nur ein einziges Opfer zum Ziel? Das hieße aber im Gegenzug auch, dass die Angreifer:innen sehr viele Informationen über die Anlage haben, auf die sie abzielen. Wer kann ihnen das alles verraten haben?

Langner zählt eins und eins zusammen. Ein ausgefeilter Angriff, ein offenbar wichtiger Gegner und die große Verbreitung von Stuxnet ausgerechnet im Iran: Es muss sich um einen Angriff auf das iranische Atomprogramm handeln.

Der entscheidende Hinweis kommt aber schließlich von Frank Rieger, einem deutschen Hacker, Unternehmer und Internetaktivisten, der am 22. September 2010 alle Informationen zusammenträgt und daraus schließt, dass sich der Angriff offenbar gegen eine Urananreicherungsanlage in Natanz im Iran richtete. Rieger betont in seinem Artikel im September 2010 in der FAZ[30], dass die Gruppe offenbar »über hochpräzise Informationen zum Aufbau der Anlage und der darin verwendeten Software« verfügt, und dass ohne diese exakten Kenntnisse der Konstruktionsdetails ein Angriff dieser Präzision unmöglich sei. Aus aktuellen Berichten der Internationalen Atomenergiebehörde IAEO gehe zudem hervor, dass die Zahl der dortigen Zentrifugen zur Uran-Anreicherung deutlich abgenommen habe, was darauf hinweise, dass Stuxnet diese tatsächlich physisch zerstört habe durch die Änderungen im Steuerungsprogramm.

Das bestätigen die späteren Recherchen der US-Journalistin Kim Zetter in ihrem leider nicht auf Deutsch erschienenen Buch *Countdown to Zero-Day*: Die IAEO habe bei ihren Zählungen der Zentrifugen in Natanz Auffälligkeiten festgestellt. So seien im Januar 2010 deutlich mehr Zentrifugen ausgetauscht worden als im gleichen Zeitraum des Vorjahrs. Im November 2009 seien rund 8700 Zentrifugen in Natanz gewesen. Da diese durchaus anfällig sind für Verschleiß, werden durchschnittlich zehn Prozent pro Jahr ersetzt, also etwa 900 bis 1000. Doch im Januar 2010 beobachteten die Inspekteure eine auffällige Häufung: In einem Monat schienen rund 1000 Zentrifugen kaputtgegangen zu sein – so viele wie sonst nur in einem ganzen Jahr –, das zumindest lassen die Zahlen anonymer Diplomaten vermuten, die Zetter zitiert. Ein früherer IAEO-Offizieller sprach gegenüber Zetter gar von etwa 2000 zerstörten Zentrifugen.

Im Nachhinein fügt sich alles einleuchtend zusammen. Kim Zetter beschreibt in ihrem Buch eindrücklich, wie zunächst internationale Verhandlungen mit dem Iran scheiterten, das Atom-

---

30 https://www.faz.net/aktuell/feuilleton/debatten/digitales-denken/trojaner-
    stuxnet-der-digitale-erstschlag-ist-erfolgt-1578889.html

waffenprogramm einzustellen, und wie schließlich Israel nervös wurde und offenbar im Hintergrund immer wieder mit militärischen Schlägen drohte. Dann gingen in Natanz plötzlich die Zentrifugen kaputt. »Aber selbst wenn die Zahl zerstörter Zentrifugen 1000 übersteigt, war Stuxnet eindeutig nicht die Wunderwaffe, die der Virus hätte sein können, wenn er für eine schnellere und weiter gestreute Zerstörung entwickelt worden wäre«, schreibt Zetter. Allerdings wäre er dann vielleicht früher entdeckt worden und hätte sein Ziel nicht erreicht.

Denn das, was es den Stuxnet-Jägern schwer machte herauszufinden, was genau der Virus tat, war auch seine Tarnung: Die Schadsoftware manipulierte die Zentrifugen nur etappenweise, ließ sie für einige Minuten schneller drehen, um dann wieder in den Normalmodus zurückzukehren. So geschah die Zerstörung langsam. Das Ziel: Die Verantwortlichen im Iran in dem Glauben zu lassen, dass normaler Verschleiß der Grund dafür sei. Und auch die Verbreitungsmethode der Schadsoftware war zumindest anfangs zurückhaltend: Zunächst verbreitete sich Stuxnet nicht über das Internet, sondern nur gezielt über infizierte USB-Sticks.

Dann erst stellten die Angreifer:innen ihre Methode um: von der deutlich weniger epidemischen Verbreitung über USB-Sticks zur massiven Ausbreitung über das Internet. Nur wieso? »Vermutlich wurden sie nervös, weil sie ihr Ziel nicht erreichten«, sagt Raiu. »2010 haben sie offenbar den Code geändert, sodass sich Stuxnet nicht mehr nur via USB-Sticks verbreiten ließ, sondern sich selbst von Computer zu Computer über das Netzwerk fortbewegte«, sagt Raiu. Andere sagen, es habe sich dabei um einen Fehler gehandelt, weil zwei verschiedene Gruppen an Stuxnet arbeiteten und beim Zusammenfügen der beiden Teile versehentlich ein Mechanismus entstanden sei, der für die massive Verbreitung sorgte. »Stuxnet ist ausgebrochen und hat sich über die ganze Welt ausgebreitet«, sagt Raiu. Ein Umstand, der schließlich auch zur Entdeckung führte.

Cyberwar

Verantwortliche aus den USA oder Israel haben bis heute nicht offen über ihre Cyberwaffe gesprochen, deshalb lassen sich solche Fragen nicht klären. Der erste Journalist, der von anonymen Quellen bestätigt bekam, dass die USA gemeinsam mit Israel hinter Stuxnet stecken, war David Sanger, der dann im Juni 2012 in der *New York Times*[31] darüber berichtete. Eine offizielle Bestätigung gibt es bis heute nicht. Nur im Hintergrundgespräch am Belfer Center der Harvard Kennedy School sagte ein hochrangiger Vertreter des US-Militärs im Herbst 2019 mir gegenüber, dass »wohl kaum noch jemand ernsthaft bestreitet, dass wir das waren«. Doch auch er darf nicht namentlich zitiert werden.

Gewiss ist: Stuxnet hat eine neue Ära eröffnet: »Welcome to cyberwar«, endet der Blogpost von Ralph Langner[32]. Und Frank Rieger prophezeit: »Stuxnet wird wohl als erste offensichtlich von einem Nationalstaat eingesetzte Cyberwaffe in die Geschichte eingehen.« Dabei bleibt es freilich nicht: Wie immer, rufen neue Waffen Nachahmer auf den Plan. Wie die Geschichte zeigt, sollten verschiedene Angriffe anderer staatlicher Akteure folgen – unter anderem auf das ukrainische Stromnetz, wie wir bereits gesehen haben. Und ganz aktuell spielt im russischen Angriffskrieg auf die Ukraine der Cyberwar neben brutalen physischen Angriffen eine große Rolle – viele sprechen hier von hybrider Kriegsführung.

War die Verbreitung des Stuxnet-Virus also eine leichtsinnige Aktion ohne Weitsicht? Die Bewertungen dieses Angriffs gehen weit auseinander: In verschiedenen Hintergrundgesprächen haben mich mit der Angelegenheit vertraute Personen unter anderem auf

---

31   https://www.nytimes.com/2012/06/01/world/middleeast/obama-ordered-wave-of-cyberattacks-against-iran.html

32   https://www.langner.com/2010/09/stuxnet-logbook-sep-16-2010-1200-hours-mesz/

die mögliche Alternative hingewiesen: ein Luftangriff, der Menschenleben gekostet hätte. Israel habe immer wieder mit militärischen Schlägen gedroht, sollte sich nicht schnell etwas bewegen – das sagen Quellen, die nicht genannt werden wollen. Ist ein nahezu chirurgischer Angriff, der nur ganz gezielt die Zentrifugen einer gezielt ausgewählten Anlage schädigt, nicht die bessere Alternative? Das ist umstritten. Denn wie sich im Falle vieler folgender Vorfälle zeigt: Erstens geben sich nicht alle Angreifer:innen die Mühe oder sind überhaupt in der Lage dazu, eine Cyberwaffe mit der Präzision von Stuxnet zu entwickeln. Und zweitens nehmen manche durchaus Kollateralschäden bis hin zu lebensbedrohlichen Situationen in Kauf – wie Russland mit seinen Angriffen auf die ukrainische Stromversorgung einige Jahre später.

Damit könnte dieses Kapitel zu Ende sein. Für Costin Raiu ist es das aber nicht. Er fragt sich, was im Hintergrund geschieht, was die Sicherheitscommunity übersieht. Schließlich hat die Geschichte auch eines gezeigt: Stuxnet war viel länger in der Welt, als die gesamte Branche zunächst vermutete. Im Juli 2010 erschien es, als sei Stuxnet plötzlich aufgetaucht. Aber mit der Zeit zeigte sich, dass 2010 keinesfalls das Geburtsjahr des ausgefeilten Virus war, sondern vermutlich nur das Jahr, in dem seine Erschaffer:innen nervös wurden, weil sich im Iran zu wenig bewegte. »Die erste Version war vermutlich von 2004 oder 2005«, sagt Raiu.

Das muss nicht heißen, dass der Virus in den gesamten fünf Jahren bis 2010 verbreitet wurde –, aber er wurde zu dieser Zeit entwickelt. Und vermutlich war er einige Jahre unterwegs, ohne entdeckt zu werden. Was übersehen wir noch? Das fragt sich Raiu im Herbst 2010, als sich viele Kolleg:innen bereits neuen Herausforderungen zugewendet haben. »Wie kann es sein, dass wir so eine ausgefeilte Schadsoftware gefunden haben und nichts Vergleichbares weit und breit?« Er ist nicht bereit, schon zur Geschichtsschreibung überzugehen. »Es ist wie bei einem berühmten

Architekten«, erklärt er, »der baut doch auch nicht plötzlich einen berühmten Palast.« Wo waren die möglicherweise kleineren Gebäude, wo die Übungsstücke? Wo sind sie, die Zeugnisse die Geschichte von Stuxnet? Raiu gräbt weiter.

Mitten in diese Suche hinein platzt Ende November 2010 die Nachricht, dass ein iranischer Nuklearwissenschaftler ermordet wurde, als eine Autobombe in Teheran unter seinem Auto explodierte, ein zweiter Forscher überlebte nahezu zeitgleich nur knapp einen Anschlag. Da wird es Raiu etwas mulmig zumute. Hängt das mit den Vorgängen um Stuxnet zusammen? Wurde hier jemand nervös, weil die Cyberwaffe allein das iranische Atomprogramm doch nicht so stark aufhielt wie erhofft?

Als Raiu am Tag nach dem Anschlag von der Arbeit nach Hause kommt, findet er einen Würfel auf seinem Tisch. Es ist ein sogenannter Entscheidungswürfel, ein Gag, mit dem sich Unentschlossene eine Entscheidung erwürfeln können. Auf einer Seite steht beispielsweise »Frag den Chef«, auf einer anderen »Mach's morgen«. Der Würfel liegt auf dem Wohnzimmertisch mit einer Seite nach oben, auf der steht: »Mach eine Pause.« Raiu erkennt den Würfel sofort: Er ist aus dem Büro. Nur: Wie kommt er in sein Wohnzimmer? Der Sicherheitsforscher fragt seine Frau: »Hast du den hierhergelegt?« Aber sie schüttelt nur den Kopf.

»Der Würfel hatte sich vom Büro hierher teleportiert«, sagt er heute – wohl wissend, wie absurd das klingt. Ist er sicher, dass er ihn nicht versehentlich mal mitgenommen hat? »Ja«, sagt er, »ganz sicher.« Raiu hat nächtelang darüber nachgedacht und ihm ist klar: Es muss sich um eine Drohung handeln. »Sie war auf meine Arbeit an Stuxnet bezogen.« Ein Unbekannter muss nicht nur unbemerkt ins Büro eingebrochen sein, sondern auch in sein Wohnzimmer. Er hat Raiu gezeigt, dass er weiß, wo er wohnt. Ist Raiu mit seinem Verdacht zur Polizei gegangen? »Na ja, du kannst doch schlecht sagen: bei mir tauchen plötzlich Würfel auf«, sagt er und lacht. Raiu ist klar, dass ihn niemand schützen kann.

Er beschließt, eine Pause einzulegen. Mit Freude widmet er sich im Frühling und Sommer 2011 harmloseren Problemen der Kaspersky-Kund:innen: klassische Viren üblicher Krimineller. Doch Raius Pause sollte nicht allzu lange währen. Denn er sollte recht behalten: So wie ein Architekt nicht einen Palast entwirft, ohne zuvor an anderen Projekten gearbeitet zu haben, so zeigte sich schon wenige Monate später, dass auch Stuxnet nicht aus dem Nichts kam.

Kapitel 2.3

Sie sind überall

Mit Beginn des Cyberwars haben sich staatliche Spione in unseren Infrastrukturen breitgemacht. Dort sind sie bis heute.

Jener 1. September 2011 fängt harmlos an, wenn auch etwas ungemütlich: Boldisar Bencsath hat einen Berg Arbeit vor sich und ist eigentlich in Urlaubsstimmung. Er schaut sehnsüchtig aus dem Fenster seines Büros an der Technischen Universität Budapest hinaus auf einen herrlichen Spätsommertag. Aber das Herbstsemester beginnt in wenigen Tagen. Bencsath unterrichtet Informatik und muss noch einiges vorbereiten. Nur wo anfangen?

Das Klingeln des Telefons reißt ihn aus seinen Gedanken. »Ich glaube, wir sind gehackt worden. Es ist dringend, kannst du vorbeikommen?« Bencsath hält es durchaus für möglich, dass das Problem nicht ein Hack, sondern die überbordende Paranoia seines Bekannten ist. Denn so kennt er ihn: immer ein wenig übervorsichtig. Bencsath hat einige Jahre zuvor schon einmal für dessen Unternehmen gearbeitet. Netlock ist eine Zertifikatsagentur und hat Bencsath damals als sogenannten Pen-Tester engagiert. In dieser Rolle sollte er die Systeme der Agentur auf Sicherheitslücken überprüfen. »Sie haben mir damals permanent über die Schulter geschaut«, erinnert sich Bencsath: »Sie waren sehr misstrauisch.«

Vielleicht zu Recht, fragt er sich nun, als er schnell seine Sachen packt, seinen Kollegen vom Laboratory of Cryptography and System Security (CrySyS) sagt, er habe einen wichtigen vertraulichen Termin, und sich auf den Weg macht zu der Agentur, die eine seltsame Datei auf einem ihrer Computer entdeckt hat. Schließ-

137

lich sind Agenturen wie Netlock entscheidende Akteure, wenn es um die Sicherheit im Internet geht. Ihre Rolle ist es, Software-Zertifikate zu erstellen, mit denen Behörden und Unternehmen ihre Software mit einem kryptografischen Schlüssel eindeutig signieren. Dadurch können andere Nutzer:innen beziehungsweise deren Computer die Software verifizieren und sichergehen, dass die Programme tatsächlich aus der Quelle stammen, aus der sie vorgeben zu stammen.

Sollte nun tatsächlich jemand die Zertifikatsagentur angegriffen haben und womöglich sogar Zertifikate verändert oder geklaut haben? Oder sich gar selbst welche erstellt haben, die damit nicht mehr von den Originalzertifikaten zu unterscheiden wären? Damit würden die entsprechenden Dateien unbemerkt auf jedem Computer landen, kein Antivirenprogramm würde sie erkennen.

Je länger Bencsath auf seinem Weg darüber nachdenkt, umso nervöser wird er. Schließlich war etwas Ähnliches bei Stuxnet geschehen, dessen verschiedene Versionen unter anderem mit gültigen Zertifikaten taiwanesischer Unternehmen signiert waren. Dabei handelte es sich dann zwar nicht um Zertifikatsagenturen, sondern um Kunden solcher Agenturen, deren Zertifikate gestohlen worden waren. Und es ließ sich nie endgültig klären, wie die Unbekannten an die Zertifikate gekommen waren. Manche hatten gar angenommen, dass jemand persönlich in die Unternehmen eingebrochen sein musste. Aber Stuxnet hatte gezeigt, wie potente Angreifer:innen auch eine vermeintliche Bastion der Sicherheit im Netz umgehen können.

Als Bencsath bei Netlock ankommt, führt ihn sein Bekannter direkt zu seinem Computer und zeigt ihm die Datei, die ihm aufgefallen ist. Sie ist um fünf Uhr morgens angeblich von ihm selbst erstellt worden. Aber er selbst hatte um diese Zeit noch geschlafen. Und noch etwas ist alarmierend: Der Bekannte von Bencsath hat an der Datei Ähnlichkeiten mit Stuxnet entdeckt. Bencsath wiegelt ab. Vielleicht wollten sich die Angreifer:innen tarnen oder andere verwirren. Nun gleich an so etwas Drastisches wie Stuxnet zu denken, kommt ihm maßlos übertrieben vor. Noch.

Doch was der ungarische Hochschullehrer an diesem Tag durch Zufall entdeckt und über Wochen erforscht, ist der Beginn einer neuen Normalität: staatliche Spionage in großem Stil im Cyberspace. Heute findet sich Spionagesoftware verschiedener Staaten vermutlich in allen größeren Infrastrukturen. Heute gibt es einen Markt, eine eigene Industrie, die Geheimdienste unterstützt und ihnen – teils für Millionenbeträge – Sicherheitslücken verkauft. Die Anbieter bauen bequem zu nutzende Tools für ihre Kundschaft auf, um diese Sicherheitslücken systematisch und bequem ausnutzen zu können. Sie sind Feinde der Sicherheit, denn mit ihren Aktivitäten machen sie den digitalen Raum unsicher. Dieser Trend gipfelt vorläufig in Phänomenen wie der israelischen NSO Group, deren Spähsoftware Pegasus im Frühjahr 2021 auf Hunderten Geräten von Menschenrechtler:innen, Journalist:innen und vielen anderen gefunden wurde.

Bencsath ist damals einer der Ersten, der eine ausgefeilte staatliche Spionageoperation aufdeckt. Deshalb begleiten wir ihn auf seinem Weg in diese neue Normalität: In ausführlichen Interviews hat der Hochschullehrer mit mir die Geschichte rekonstruiert, die sein Leben verändert hat und die an diesem denkwürdigen Tag im September 2011 beginnt, an dem er eigentlich nur eine Vorlesung vorbereiten will.

Im Büro der Agentur lädt Bencsath erst einmal die verdächtige Datei herunter. Dann prüft er, ob sie noch auf anderen Computern vorhanden ist, und versucht, die Systeme der Agentur so gut es geht zu säubern. »Schließlich sollte die Arbeit weitergehen können«, sagt er. Ein paar Computer mehr sind infiziert, aber auf den meisten der Geräte findet sich nichts. Trotzdem will der Sicherheitsforscher lieber genau wissen, was ihm hier in die Hände gefallen ist. Als sich Bencsath schließlich in die Dateien vergräbt, findet er eine IP-Adresse aus Indien, mit der der betroffene Computer seines Bekannten kommunizierte. Dort sitzen also vermutlich die Angreifer:innen, denkt er sich – zumindest wird der Angriff von dort gesteuert. Eine IP-Adresse ist eine wertvolle Information, endlich hat er etwas, wonach er suchen kann. Nun wird er gleich mehr wissen über die rätselhafte Datei. Er googelt schließlich nach der IP-Adresse. »Aber da war nichts, einfach nichts – es gab keinerlei Informationen darüber.« Das ist höchst ungewöhnlich.

Bencsath weiß nicht, ob ihn das beruhigen oder alarmieren soll. Einerseits scheint nicht viel passiert zu sein. Andererseits war es jemandem gelungen, in eine gut gesicherte Agentur einzudringen, die allein aufgrund ihrer zentralen Stellung in der Vertrauenskette alles dafür tut, so etwas auf keinen Fall zuzulassen: Natürlich hielten die IT-Verantwortlichen der Agentur alle Systeme auf dem aktuellen Stand, installierten stets die aktuellen Updates sofort und nutzten spezielle Software, die nicht nur die bekannten Computerviren entdeckt, sondern auch andere Unregelmäßigkeiten erkennt, die auf Eindringlinge hinweisen können.

War es nun ein gutes oder ein schlechtes Zeichen, dass die IP-Adresse aus Indien offenbar völlig unbekannt war? Dass noch niemand auf den Server aufmerksam geworden war, der hier als zentrale Steuerung diente, als sogenannter Command-and-Control-Server? Bencsath schwant, dass das eigentlich nur eine schlechte Nachricht sein kann. Sollte die Zertifikatsagentur eines der ersten Opfer eines neuen unbekannten Angreifers sein? Bencsath nimmt die Dateien – bereinigt um Interna – schließlich mit in sein Büro, um sie weiter zu untersuchen.

Der Sicherheitsforscher weiß zu diesem Zeitpunkt noch nicht, dass diese Dateien auf einem externen Datenträger sein bislang eher geruhsames Leben aufwirbeln werden. Dass ihn schon bald Mitarbeiter von US-Geheimdiensten ansprechen werden und dass er Anrufe auf seinem Handy vorfinden wird von Telefonnummern, die es gar nicht gibt – was er merkt, als er versucht zurückzurufen. Bencsath hat mit gezielten Angriffen bis dahin nichts zu tun gehabt. Er kennt sich zwar mit Software und mit Malware aus, doch er ist kein klassischer Virenjäger.

Er fragt sich zweifelnd: Ist das Ganze nicht eine Nummer zu groß für ihn? Andererseits hat ihn sein Freund von Netlock zu strengster Geheimhaltung verpflichtet. Er darf mit keinem darüber sprechen. Schließlich ist die Sicherheit der Agentur ein wichtiges Verkaufsargument. Wer würde einer gehackten Zertifikatsagentur noch vertrauen? Nachdem sich Bencsath recht sicher ist, dass der Angriff gestoppt und die entsprechenden Maschinen gereinigt sind, stimmt er seinem Bekannten von Netlock zu: Es sollte möglichst wenig Mitwissende geben.

Seltsame Parallelen

Zunächst untersucht Bencsath eine auffällige Datei, deren Name mit den Buchstaben »DQ« beginnt. Was tut sie? Die Datei scheint sehr neu zu sein, und ihr Inhalt ist verschlüsselt. »Ich konnte nichts erkennen, alles schien Müll zu sein.« Doch als Bencsath ein paar Eingaben auf seinem Computer macht, verändert sich diese Datei: Sie wächst auf einmal. Das Rätsel ist schnell gelöst: Es ist ein Keylogger, ein Programm also, das seine Opfer ausspioniert: Es protokolliert alles, was diese mit ihrer Tastatur tippen, und schickt es an den mysteriösen Server in Indien.

Das gleiche Spiel wiederholt sich: Bencsath sucht im Internet, ob dieser spezielle Keylogger schon irgendwo bekannt ist –, aber wieder: nichts. Was hat das zu bedeuten? Bencsath schiebt es auf seine eigene Unerfahrenheit. »Damals gab es fast keine gezielten Angriffe, deshalb kam ich nicht auf die Idee, wie gezielt das war«, sagt er. Außer Stuxnet hat er noch nie von einem derartig maßgeschneiderten Angriff auf ein konkretes Ziel gehört. »Heute würde ich freilich annehmen, dass es sich um eine Zero-Day-Lücke handelt«, sagt er – also eine noch unbekannte Sicherheitslücke, die jemand ausnützt. Aber damals war diese Art von Angriff noch nicht so verbreitet. Von daher schrillt die Alarmglocke in seinem Hinterkopf viel zu leise, als dass sie sich durchsetzen könnte. Zumindest zunächst.

Doch dann gräbt er tiefer, und plötzlich kommt es ihm so vor, als ähnele der Angriff Stuxnet: Die Schadsoftware ist ebenfalls mit einem gültigen Zertifikat aus Taiwan signiert –, wenn auch von einem anderen Unternehmen. Selbst das Datum der Signatur ist auffällig: August 2009. Ungefähr zeitgleich war Stuxnet erstmals aufgetaucht –, wenn er auch erst später bemerkt wurde.

Schließlich entdecken Bencsath und seine Kollegen einen Treiber, der ähnlich ist wie die, welche Stuxnet verwendete. Das kommt ihm alles surreal vor. »Wir machten manchmal Witze darüber, dass es sich bestimmt um Stuxnet handelt«, erinnert er sich heute und lacht dabei. Das war zu absurd, das konnte nicht sein. Erst als er eines Tages den Code der beiden Treiber maschinell miteinander vergleicht – den von Stuxnet und den der seltsamen Schadsoftware, die bei Netlock aufgetaucht war –, gefriert ihm das Blut in den Adern: Sie sind nahezu identisch. Lediglich das Zertifikat, mit dem sie signiert sind, ist ein anderes. Und die Funktion der Schadsoftware ist so unterschiedlich wie nur möglich: Während Stuxnet sehr gezielt die Steuerungssoftware der Urananreicherungsanlage in Natanz angriff, schien der neue rätselhafte Virus keine Payload zu haben, also kein Angriffswerkzeug: Dieser Virus schien lediglich die Nutzereingaben auszuspionieren. Hätte die Agentur nicht so feinmaschige Erkennungsmechanismen und wäre Bencsaths Bekannter nicht so misstrauisch gewesen, dann wäre die unbekannte Datei vielleicht nie entdeckt worden. Denn sie störte eigentlich nicht und war ziemlich gut versteckt. Aber wieso versteckt man etwas so gut, wenn es gar keine wirkliche Funktion hat? Wenn es nichts verändert?

Bencsath ist inzwischen überzeugt, dass etwas Größeres dahintersteckt. Er untersucht den Vorfall parallel zu seiner eigentlichen Arbeit, immer wieder unterbrochen durch wissenschaftliche Konferenzen und seine Lehrverpflichtung an der Universität – und ihm wird klar, dass das so nicht weitergehen kann: »Wir durften keine Zeit mehr verlieren.« Denn die Hinweise verdichten sich, dass der Angriff womöglich tatsächlich aus derselben Quelle wie Stuxnet kommt. Bencsath überzeugt seinen Bekannten von Netlock, dass es dringend angezeigt sei, sich an erfahrene Sicherheitsunternehmen zu wenden, beispielsweise Symantec. Denn obwohl er keine persönliche Verbindung zu diesem Unternehmen hat, scheint ihm das die geeignete Anlaufadresse zu sein – schließlich hatte Symantec auch viel zu Stuxnet publiziert. Sein Freund stimmt zu, unter der Bedingung, dass im Falle einer Veröffentlichung nicht nur Netlock, sondern auch das Crysys Lab selbst nicht genannt wird – aus Sorge, dass es sonst ein naheliegender Schritt ist, Netlock als das Opfer zu identifizieren.

Bencsath gibt sich und seinem Team noch zehn Tage Zeit, um alle Ähnlichkeiten zu Stuxnet zusammenzutragen und zu protokollieren. Er ist nervös. Wie soll er die Größen der Cybersecurity-Szene ansprechen? Einige haben sich im Fall von Stuxnet einen Namen gemacht, sie sind richtig berühmt. Würden sie ihn überhaupt ernst nehmen? Kaum jemand kannte damals das Crysys Lab. Und die bekannten Forscher:innen bekamen sicherlich viele E-Mails mit Spekulationen: Stuxnet ist noch nicht lange her – und allen ist klar, dass so ein Angreifer nicht plötzlich verschwindet. Bencsath und seine Kollegen nennen den neuen Virus schließlich »Duqu« nach jenen Dateien, die die Schadsoftware erstellt und die alle mit DQ beginnen, und wenden sich am 14. Oktober 2011 mit einem 60-seitigen Report an Symantec.

Als ich den Symantec-Forscher Liam O'Murchu auf die E-Mail von Bencsath anspreche, lacht er. Na klar, erinnere er sich an das Schreiben dieses Mannes mit dem fremd klingenden Namen, der in gebrochenem Englisch und sehr schüchtern darum bat, sich die beigefügte Analyse anzusehen. Glücklicherweise erweckte Benc-saths E-Mail O'Murchus Aufmerksamkeit, denn Benscaths Sorge war nicht unbegründet, dass seine Botschaft untergehen könnte: Damals gab es einen wahrhaften Stuxnet-Verfolgungswahn. In O'Murchus Postfach landeten unzählige E-Mails von Menschen, die dachten, sie hätten neue Spuren von Stuxnet entdeckt. Sie lagen immer daneben. »Aber Bencsath hatte recht, wir konnten alles bestätigen, was er gefunden hatte«, sagt O'Murchu mir im Gespräch.

Am 18. Oktober 2011 veröffentlicht Symantec den Bericht von Bencsath und seinen Kollegen anonym sowie einen eigenen Be-richt.[33] Symantec bestätigt darin den Verdacht: dass sich vermut-lich dieselbe staatliche Hackinggruppe hinter Duqu und Stuxnet verbirgt. Teile von Duqu seien »fast identisch mit Stuxnet, haben aber einen völlig anderen Zweck«, so die Forscher in ihrem Be-richt: Spionage. Sie vermuten, dass Duqu der Vorläufer für einen »zukünftigen Stuxnet-ähnlichen Angriff« ist.

Für O'Murchu, einen gebürtigen Iren, der für Symantec in den USA arbeitet, kommt die neue Entwicklung zur Unzeit. Eigent-lich sei er froh gewesen, sich nach der aufregenden Phase um Stuxnet wieder »normalen« Dingen zuwenden zu können, sagt er mir im Gespräch. »Wir dachten, das war es jetzt, die Angrei-fer werden sich zurückziehen, weil wir sie enttarnt hatten.« Er sei gerade wieder angekommen gewesen in seinem »eigentlichen Leben«, als die E-Mail von Bencsath kam. Die Erkenntnis, dass die gleichen Akteure weiterhin aktiv sind und dass es weitere ähnliche Angriffe gibt und augenscheinlich ein eigenes Spionagewerkzeug, schlägt ein wie der Blitz. »Wir konnten es gar nicht glauben, dass die einfach weitermachen, als wäre nichts gewesen.«

---

33 https://www.usenix.org/system/files/conference/leet12/leet12-final11.pdf

Kein Ende in Sicht

Costin Raiu weiß noch genau, wo er war, als er das erste Mal von der neuen Schadsoftware namens Duqu hörte –, denn das ist ein Ereignis, das der Kaspersky-Sicherheitsforscher nach seinen Stuxnet-Recherchen nie vergessen wird: Er war in Peking. »Ich war früh aufgestanden, und als ich in China landete, hatte ich endlos viele Nachrichten auf meinem Handy.« Der Kaspersky-Forscher lädt sich schnell die Dateien herunter, die Symantec für Kolleg:innen aus der Branche zur Verfügung gestellt hat, um sie sich auf seinem nächsten Flug auf dem Weg zu einer Konferenz in Hongkong genauer ansehen zu können. Kaum gelandet ist ihm eines klar: In Duqu steckt mehr, als Symantec bisher entdeckt hat.

Raiu sieht schnell: Duqu ist kein Wurm, der sich selbst verbreitet wie Stuxnet, sondern ein Trojaner, der Computer sehr gezielt infiziert, »wieder unglaublich ausgefeilt«. Zudem findet er viele sehr starke Ähnlichkeiten mit Stuxnet. Doch als er den Code genauer untersucht, ist er sprachlos: Er findet Spuren, die eindeutig belegen, dass Duqus Code deutlich älter ist als der von Stuxnet. »Dieses Spionagewerkzeug war womöglich schon seit Jahren unterwegs.« Raiu ist einerseits alarmiert, aber er fühlt sich auch bestätigt. Hatte er nicht gleich gesagt, dass ein Angriff wie Stuxnet nicht aus dem Nichts kommen kann? Dass es einen Vorläufer gegeben haben muss? War Duqu also das erste Haus des berühmten Architekten, nach dem er seit der Entdeckung von Stuxnet suchte? »Diese Geschichte zeigte, dass es weitere Meisterstücke gibt«, sagt Raiu heute. Und wirklich: Auch Duqu sollte nicht der Ursprung dieser Art von Spionagecode sein.

Anders als Stuxnet verbreitet sich Duqu allerdings nur sehr gezielt, wie die Sicherheitsforscher:innen herausfinden, lediglich auf konkrete Anweisung der Angreifer:innen. Nur wenn diese manuell entsprechende Kommandos vom Kontrollserver an die Schadsoftware auf einem Computer senden, infiziert Duqu weitere Computer im Netzwerk. Auffällig ist auch die geringe Zahl der Opfer, die offenbar handverlesen waren: Die Sicherheitsbranche entdeckt trotz intensiver Suche nur insgesamt zwischen 30 und 40 infizierte Computer – darunter unter anderem militärische Ziele und Industriezulieferer mit einer interessanten Verteilung über die Welt: in Frankreich, den Niederlanden, der Schweiz, Österreich, dem Vereinigten Königreich sowie drei weiteren ungenannten europäischen Ländern, der Ukraine, Indien, Sudan, Vietnam und Indonesien.

Duqu verwendete eine starke Verschlüsselung. Zudem sehen Raiu und seine Kollegen anhand einiger Spuren auf den Computern der Opfer, dass die Angreifer hinter Duqu besonders an AutoCAD-Dateien in Zusammenhang mit industriellen Kontrollsystemen interessiert sind. AutoCAD ist eine Software, mit der üblicherweise Konstruktionspläne von Bauwerken erstellt werden, aber auch industrielle Anlagen werden oft mit ihr entworfen und dokumentiert – und manchmal auch die Architektur von Computernetzwerken. »Wir denken, sie haben Duqu genutzt, um für Stuxnet zu spionieren«, sagt Raiu. Schließlich mussten für den raffinierten Angriff von Stuxnet auf das Kontrollsystem in Natanz vorab viele Informationen gesammelt werden. Raiu und seine Kollegen finden in Logdateien der Kontrollserver schließlich nicht nur Hinweise darauf, dass dieselbe Gruppe unter anderem bereits im November 2009 auf einen Server in Deutschland zugegriffen hat – also zwei Jahre, bevor Duqu entdeckt wurde. Eine genauere Analyse des Angriffsmechanismus von Code auf einem Computer im Sudan zeigt zudem, dass dieser bereits im August 2007 bearbeitet wurde.

Außerdem nutzte Duqu eine Zero-Day-Lücke, die den Spionen weitgehende Rechte auf den angegriffenen Computern einräumt. Das lässt damals die Forscher:innen aufhorchen, denn ähnliche Angriffsversuche haben in der Vergangenheit meist dazu geführt, dass Computer abstürzen und die Angriffe entweder nicht funktionieren oder zumindest entdeckt werden. Es ist also an sich kein neues Angriffsmuster, aber es ist auffällig perfekt.

Und Duqu verfügt über weitere raffinierte Mechanismen: So kommuniziert die Schadsoftware nicht nur mit einer Vielzahl verschiedener Kontrollserver weltweit, sondern löscht sich nach 36 Tagen selbst – so kann sie im Nachhinein kaum mehr entdeckt werden. Raiu und seine Kollegen finden allerdings heraus, dass die Angreifer:innen einen Fehler gemacht haben: Einige der temporären Dateien auf den Computern werden nicht automatisch gelöscht, sodass auch im Nachhinein rekonstruiert werden kann, ob ein Gerät schon einmal infiziert war. Trotzdem werden nie mehr als ein paar Dutzend Opfer gefunden.

Es dauert nicht lange nach dem Symantec-Bericht, bis jemand die Spur zu Bencsath aufnimmt. Plötzlich entdeckt der ungarische Hochschullehrer eine Häufung von Zugriffen auf seine Webseite, ausgehend von IP-Adressen, die US-Behörden zugeordnet werden. Er wird auf Konferenzen von US-Geheimdienstmitarbeitern angesprochen. Und während er in einer Videokonferenz mit einer US-Behörde über Duqu spricht, klingelt plötzlich sein Handy. Die Nummer beginnt mit +1 337 – eine Zahlenfolge, die ihm wohlbekannt ist: Es ist eine Art Szene-Slang, mit dem sich Hacker:innen selbst als »Elite« bezeichnen. 1337 sieht aus wie LEET – ein Teil des Wortes »elite«. Doch als er die Nummer später zurückruft, stellt sich heraus, dass sie nicht vergeben ist. Bencsath vermutet, dass es der Versuch seiner Gesprächspartner war, seine Identität zu verifizieren. Sie riefen an in der Hoffnung, das Handyklingeln im Hintergrund der Videokonferenz zu hören. »Damals war nicht klar, wem man vertrauen kann oder wer überhaupt wer ist.«

Später, im Januar 2012, hält er einen Vortrag auf einer Sicherheitskonferenz in Cancún, die von Kaserpsky veranstaltet wird. Die Veranstalter nehmen die Vorträge auf, doch als sie diese schließlich später auf einen Server hochladen wollen, fehlen genau zwei Aufnahmen, erinnert sich Bencsath: »Jemand hatte die Aufnahmen von meinem und Raius Vortrag gestohlen.«

Bencsath spielt seine Rolle gerne herunter, aber es ist kein Wunder, dass er im Fokus der Geheimdienste steht: Hätte er den Code nicht so ausdauernd analysiert und schließlich beschlossen, erfahrene Kollegen zu informieren, wäre Duqu womöglich nie entdeckt worden. Es war ein Fehler der Angreifer:innen, jene ungarische Zertifikatsagentur anzugreifen, deren Sicherheitsmechanismen einfach zu gut waren. Angesichts der handverlesenen Angriffsziele, der vielen verteilten Kontrollserver, der gestohlenen Zertifikate und des Löschmechanismus ist klar: Hier hat sich jemand sehr viel Mühe gegeben, unter dem Radar zu bleiben und im Versteckten zu operieren. Und das hat einige Jahre unentdeckt geklappt.

Sollte Duqu tatsächlich seit 2007 in der Welt sein? Kaspersky-Forscher Costin Raiu hält das für möglich. Und mehr noch: Er vermutet, dass sich weitere, möglicherweise verwandte Versionen Duqus, die nie gefunden wurden, auf den Computern gezielt ausgewählter Opfer befinden oder befanden. Kaspersky und andere Sicherheitsunternehmen entdecken schließlich infolge einer gezielten Suche nach ähnlicher Schadsoftware unter anderem drei weitere Treiber – also gleich dreimal eine Software, die eine Schnittstelle zu einem Gerät bildet – mit signifikanten Ähnlichkeiten zu denen von Stuxnet und Duqu. Zwei davon hatten Unbekannte auf die Plattform »VirusTotal« hochgeladen. Auch dieser Vorgang ist ein Mysterium: Wer war das und wie kam sie dorthin?

Dazu muss man wissen, dass nicht nur Privatpersonen und Unternehmen ihre Dateien auf die Plattform VirusTotal hochladen, um zu erfahren, ob sich darin womöglich ein Angriff verbirgt (s. Kapitel 1.1). Ähnlich verfahren häufig auch Sicherheitsforscher:innen, wenn sie wissen wollen, was sie vor sich haben. Und selbst Angreifer:innen testen dort bisweilen ihre

Werkzeuge: Werden diese von Antivirenprogrammen entdeckt? Letztlich ist VirusTotal ein einziger Kreislauf: Denn wer einen Beitrag bezahlt, kann wiederum das herunterladen, was andere hochgeladen haben. Das tun manche Sicherheitsunternehmen in der Hoffnung, Schadsoftware zu finden, die bisher noch keiner entdeckt hat – sei es, weil Angreifer:innen sie selbst zu Testzwecken hochgeladen haben oder das ahnungslose Opfer den Code einer noch unbekannten Malware, einer Zero-Day-Lücke. Eine solche Schadsoftware auf diese Art zu finden, ist allerdings ein großes Glück und kommt selten vor. Schließlich werden auf VirusTotal täglich riesige Mengen an Daten hochgeladen. Die Suche nach neuer, noch unbekannter Schadsoftware ähnelt der Suche nach Gold in zähem, schwerem Schlamm. Manche Sicherheitsunternehmen investieren trotzdem einiges an Zeit in diese »Suche auf gut Glück.«

Im Fall Duqu suchen sie allerdings nach bereits bekannter Malware und stellen überrascht fest, dass offenbar jemand schon einmal mit Duqu zu tun gehabt hatte – oder die Angreifer selbst hatten ihr Tool auf VirusTotal getestet. Die Gefahr, dabei entdeckt zu werden, ist schließlich nicht allzu groß, weil jeden Tag viele Tausende Dateien auf VirusTotal landen. Treiber eins und Treiber zwei finden sich dort.

Den dritten Treiber hatten Forscher:innen des slowakischen Sicherheitsunternehmens ESET tatsächlich schon im Juli 2010 gefunden – nur hatten sie die Bedeutung der Malware nicht erkannt. Damals war das untergegangen, weil alle dachten, es handle sich um Stuxnet. Aber der Treiber war auf keinem der mit Stuxnet infizierten Rechner gefunden worden. Bis heute ist unklar, ob es sich nicht um einen dritten ähnlichen Angriff handelt: Der Treiber scheint ebenfalls zu etwas anderem zu gehören, das zwar ähnlich wie Stuxnet oder Duqu ist, aber nicht identisch. Die dazugehörige Schadsoftware ist bis heute nicht aufgetaucht. Raiu vermutet, dass die dahinterstehenden staatlichen Hacker:innen der gleichen Gruppe angehören, aber verschiedene Teams gebildet haben, die dann jeweils Stuxnet, Duqu und mögliche weitere Versionen verantworteten.

»Als ich das gesehen habe, war mir klar: das hört nicht auf«, sagt Raiu, »das werden wir die nächsten zehn bis 20 Jahre sehen, bis jemand das Problem der Sicherheit gelöst hat.« Er macht nur eine kurze Pause und ergänzt: »Was natürlich nicht möglich ist.« Duqu, so viel ist jedenfalls klar, trug die gleiche Handschrift wie Stuxnet – und wieso sollte ein derart talentierter und erfolgreicher Architekt sein Wirken einstellen?

Ähnlich ergeht es Symantec-Forscher O'Murchu, als er feststellt, dass sich die Akteure hinter Stuxnet nicht davon einschüchtern lassen, dass sie unter Beobachtung der weltweiten Sicherheitscommunity stehen. »Uns wurde klar, dass diese Operationen für manche Länder extrem wichtig sind und dass wir das nicht stoppen werden, nur weil wir es offenlegen.« Letztlich ist es ein Wettlauf: Die Angreifer:innen sind immer einen Schritt voraus und profitieren von ihren Spionagetools, bis sie entdeckt werden. Und wer weiß, was die Sicherheitsforschung übersieht, warnt O'Murchu. »Wir haben von Duqu bis heute nur Teile gefunden.«

Gegenschlag

Raiu sollte recht behalten mit seiner Prognose, dass das nicht aufhören wird. Genau genommen folgen die Schreckensnachrichten in einem recht stabilen Rhythmus. Im April 2012 macht Raiu Urlaub mit seiner Frau und seiner einjährigen Tochter. »Wir sind in die Berge gefahren und haben Entspannung gesucht.« Doch als das Telefon klingelt, ist es mit der Entspannung vorbei. Sein Chef ist am Telefon. Es gebe einen neuen Virus, der die Daten der Kaspersky-Kunden lösche: »Du musst das stoppen.« Diesmal sind viele Computer im Iran betroffen, deren Daten auf mysteriöse Weise, aber in rasendem Tempo, gelöscht werden – unter anderem beim iranischen Ölministerium und der Iranian National Oil Company, einem staatlichen Unternehmen.

Aber Raiu ist ein gebranntes Kind. Er denkt wieder an die unheimlichen Besucher seines Vortrags über Stuxnet, an den Würfel auf seinem Wohnzimmertisch und die nahezu zeitgleichen Mordanschläge auf iranische Atomwissenschaftler. »Das kann gefährlich sein«, sagt er: »Ich will, dass unsere Rechtsabteilung das freigibt. Nur für den Fall, dass nachher jemand Bomben auf mein Haus wirft.« Wenn Raiu davon heute erzählt, lacht er, aber man kann sich die damalige Angst gut vorstellen. Raius kleine Familie war durchaus verwundbar.

Und Raiu hat eines gelernt in den vergangenen Jahren, seit er auf seltsame Weise immer weiter weg kam von der schnöden Kriminalität, von Banking-Trojanern oder digitaler Erpressung, die ihn zu Beginn seiner Karriere mehr beschäftigt hatten: die Geheimdienste, mit denen er sich neuerdings unfreiwillig anlegt, verstehen keinen Spaß – und können gefährlich werden. Zudem beschäftigt ihn eine Frage angesichts des erneuten Angriffs, der eine ziemliche Wucht zu haben scheint: »Was ist, wenn es etwas Legitimes ist?«

Etwas Legitimes? Raiu war in den vergangenen Monaten klar geworden, dass er es neuerdings viel mit staatlichen Akteuren zu tun hat. Die USA oder Israel beispielsweise, die sich hinter Stuxnet und damit wohl auch hinter Duqu verbergen. Aber kann es nicht sein, dass die jeweiligen Staaten, deren Viren er jagt und deren Angriffe er damit unwirksam macht, möglicherweise legitime Interessen verfolgen? Vielleicht wollen sie mit ihren aufwendigen Cyberwaffen Terroristen oder andere Bösewichte stoppen? Ist es überhaupt angebracht, deren Operationen zu verhindern? Wer war er denn, dies einfach zu tun, nur weil er die Fähigkeiten und das Wissen dafür hat?

»Erst kürzlich gab es eine Diskussion, weil Google eine westliche Spionage-Operation in Bezug auf Terroristen zerstörte«, sagt er. »Man könnte sagen: Das ist sinnvolle Malware, die solltet ihr lassen.« Worauf Raiu anspielt: Im Oktober 2020 hat ein Google-Sicherheitsteam eine ausgefeilte Spionageattacke entdeckt und öffentlich gemacht – doch anscheinend gab es hitzige interne Diskussionen vor der Veröffentlichung, als herauskam, dass die Spionageoperation die einer verbündeten Nation der USA war. Um welche Nation es sich handelt, verrät Google nicht.

In der Diskussion zeichnet sich ein eindeutiges Bild ab: Manche Sicherheitsunternehmen veröffentlichen die Angriffe ihres eigenen Staats nicht. Andere warnen die eigenen und verbündete Geheimdienste, wenn sie deren Angriffe entdeckt haben, und geben ihnen eine gewisse Zeit aufzuräumen, bevor sie die entdeckte Schwachstelle publik machen. Wiederum andere haben eine Abmachung, die Angriffe nicht öffentlich zu machen, wenn sowohl das Sicherheitsteam als auch der Geheimdienst als »befreundet« gelten – zum Beispiel, wenn ihre Länder Mitglieder der »Five Eyes«-Geheimdienstallianz sind. Diese Allianz setzt sich aus den Vereinigten Staaten, dem Vereinigten Königreich, Kanada, Australien und Neuseeland zusammen, die miteinander kooperieren.[34]

Für einige Mitglieder der Sicherheitsteams von Google sind solche Entscheidungen sicher nicht leicht, denn sie haben zuvor für westliche Geheimdienste gearbeitet. In dieser Rolle haben manche von ihnen für die betreffenden Regierungen digitale Angriffe entwickelt und ausgeführt. Sie haben die Seiten gewechselt – oder auch nicht? Was ist, wenn diese Interessen auf einmal kollidieren?

Google hat in dem von Raiu untersuchten Fall darauf verzichtet, die staatliche Hackinggruppe öffentlich zu identifizieren und

---

34 Die Kooperation startete im Zweiten Weltkrieg und ist festgehalten im UKUSA-Agreement: https://web.archive.org/web/20130613044129/http://www.nsa.gov/public_info/declass/ukusa.shtml

auch einige technische Details in der Veröffentlichung weggelassen. Solche Schwachstellen generell zu veröffentlichen, sei aber wichtig, betonte eine Sprecherin gegenüber dem Magazin *MIT Technology Review*: Das erhöhe die Sicherheit aller.[35]

Was Raiu erst im zweiten Atemzug verrät: In dieser Situation 2012 hat er sich längst entschieden. Auch er findet, dass offene Sicherheitslücken gefährlich sind. »Malware muss erkannt werden.« Doch das will er damals im April 2012 von seinem Unternehmen bestätigt sehen. »Ich wollte wissen, ob wir da wirklich auf einer Linie sind, dass jede Malware entdeckt und gestoppt werden muss.«

Er möchte nicht über sinnvolle Schadsoftware diskutieren, denn die gibt es aus seiner Sicht nicht. Letztlich sei es Sache jener Geheimdienste, die nach ihrer Definition »legitime Malware« entwickeln und von Sicherheitsforscher:innen erwischt werden, darin besser zu werden. »Wenn du geschnappt wirst, dann bist du zu schlecht gewesen. Das ist nicht unser Problem.« Alles andere münde in ein gesellschaftliches Problem: »Wir müssen alle Malware stoppen, denn sie kann auch von anderen genutzt werden und großen Schaden anrichten.« Es wird nur wenige Jahre dauern, bis sich zeigt, wie recht er hat: 2017 verbreitet sich »Wannacry« rasend schnell – ein verheerender Computerwurm, der nur auf Basis einer Cyberwaffe der NSA so erfolgreich ist (siehe Kapitel 3.2).

Doch zurück in Raius Urlaubsdomizil, wo der mit der Nachricht überfallen worden ist, dass ein neuer Virus Daten von Kaspersky-Kunden löscht: Die Rechtsabteilung von Kaspersky bestätigt Raiu schließlich, dass man hinter ihm stehe und dass es richtig sei, den neuen Virus zu untersuchen und die Kaspersky-Kundschaft vor ihm zu schützen. So macht sich Raiu auf Entdeckungsreise

---

35 https://www.technologyreview.com/2021/03/26/1021318/google-security-shut-down-counter-terrorist-us-ally/

und findet einen Virus, den Kaspersky schließlich »Flame« tauft nach einem Teil des Codes (zeitgleich untersuchen auch Bencsath sowie das US-Unternehmen Symantec den neuen Virus und taufen ihn SkyWiper[36] und Flamer[37]).

Schnell stellt Raiu fest, dass es nicht einfach werden wird. »Flame war super verbreitet«, sagt er. Menschen in Regierungs- und anderen hochrangigen Positionen in Europa sind betroffen. Raiu entdeckt Flame auch auf einem Computer »im Mittleren Osten« – genauer möchte er es nicht sagen – der einer Forschungs- organisation gehörte, die wohl für viele der neuen mächtigen Hackinggruppen interessant ist. »Wir haben diesen Computer *The magnet of Threats* genannt«, sagt Raiu, der Magnet der Bedrohungen, denn er hatte eine ganze Reihe ausgefeilter Cyberwaffen eingesammelt. »Er war von sieben verschiedenen APT-Gruppen infiziert«, sagt er mit Bewunderung in der Stimme.

Mit der Abkürzung APT – Advanced Persistant Threat Actors – meint die Sicherheitsforschung Gruppen, die fortgeschrittene, ausgefeilte digitale Angriffe entwerfen und ein gewisses Durchhaltevermögen beweisen. Dahinter verbergen sich zwar meistens staatliche Dienste – vor allem weil diese die meisten Ressourcen haben –, aber die Branche der Sicherheitsforschung hat sich darauf geeinigt, sie nicht Nationen, sondern Gruppen zuzuordnen, die sie durchnummerieren oder anderweitig mit Namen versehen. So wird eine Hackinggruppe des russischen Geheimdienstes GRU beispielsweise »Fancy Bear« oder »APT28« genannt, eine nordkoreanische staatliche Gruppe etwa »APT38« oder auch »Lazarus-Gruppe« (Sie wird hier im Buch noch eine Rolle spielen).

---

36 https://www.crysys.hu/publications/files/technical-reports/skywiper/skywiper.pdf

37 http://www.symantec.com/connect/blogs/flamer-highly-sophisticated-and-discreet-threat-targets-middle-east

Spuren von sieben dieser potenten, mutmaßlich staatlichen Gruppen auf einem Gerät zu finden, ist mehr als ungewöhnlich. Und diese sieben verschiedenen staatlichen Dienste wussten voneinander, berichtet Raiu, »da bin ich sicher«, sie passten sogar auf, sich nicht gegenseitig zu behindern. »Sie haben ihre eigenen Antivirenprogramme gebaut, um sich gegenseitig zu warnen, wenn sie auf der gleichen Maschine waren.« Welche Staaten das im Detail waren, will Raiu nicht sagen. Wie viele Sicherheitsunternehmen weigert sich Kaspersky, Angriffe einem konkreten Staat zuzuordnen. »Jedenfalls sprechen sie verschiedene Sprachen.«

Heute sind sich Fachleute weitgehend einig, dass sich auch hinter Flame eine Kooperation israelischer und US-amerikanischer staatlicher Hackinggruppen verbirgt.[38] Raiu sagt gerne: »Ich habe das von Leuten gehört« oder »andere haben mir gesagt«, und möglicherweise ist das eine Formulierung, die er sich angewöhnt hat, seit er gemerkt hat, wie eng seine persönliche Sicherheit mit seiner Arbeit verknüpft ist. »Ich habe gelesen, dass Flame auf Geräten des französischen Präsidenten gefunden wurde«, sagt er beispielsweise. Vielleicht hat ihm auch die Rechtsabteilung von Kaspersky zur Verwendung solcher Floskeln geraten, schließlich bestand er auf deren Freigabe, bevor er aus seinem Urlaub in den rumänischen Bergen zurückkreiste und die Arbeit an der seltsamen neuen Malware aufnahm.

---

38 https://www.washingtonpost.com/world/national-security/us-israel-developed-computer-virus-to-slow-iranian-nuclear-efforts-officials-say/2012/06/19/gJQA6xBPoV_story.html

Gott-Modus

Mit der Zeit entdeckt Raiu, dass auch Flame deutlich älter ist als Stuxnet und teilweise die gleichen Sicherheitslücken ausnutzt, und dass die Software ebenfalls nicht nur sehr ausgefeilt ist, sondern einen speziellen Zweck hat: »Sie war für Massenüberwachung gestaltet.« Flame zieht E-Mails und Dokumente von den angegriffenen Computern ab und sendet sie an die Angreifer:innen. Insbesondere scheinen sich diese allerdings – ähnlich wie im Falle von Duqu – für Auto-CAD-Dokumente zu interessieren. Außerdem hat die Malware eine besonders ausgefuchste Gabe: Sie durchsucht die infizierten Computer nach PDF- sowie nach Textdokumenten, erstellt kurze Exzerpte und schickt lediglich diese zurück an den Kommandoserver. Dort werden sie vermutlich händisch von den staatlichen Spionen hinter Flame gesichtet und ausgewertet. So können diese entscheiden, welche Dokumente sie ganz haben wollen. Zudem können sie die Malware konfigurieren entsprechend der Datenart, die sie an einem bestimmten Ziel suchen.

Flame ist sogar in der Lage, sogenannte Air Gaps zu überwinden. Air Gap meint eine physische Lücke zwischen einem besonders schützenswerten Gerät und dem Internet. Angesichts der zunehmenden Überwachung und Sensibilisierung für staatliche Angriffe nach Stuxnet haben Unternehmen verstärkt begonnen, darauf zu achten, dass Computer mit sensiblen Daten oder Steuerungssoftware nicht mit dem Internet verbunden sind. Flame überwindet die neu entstandenen Sicherheitshürden via USB-Sticks: Gelangt ein infizierter Stick in ein vom Internet getrenntes Gerät, legt Flame auf dem Stick eine versteckte Datei an und speichert ausgespähte Informationen dort. Wird der Stick später mit einem Gerät genutzt, das eine Internetverbindung hat, schickt die Schadsoftware die Daten an einen der mehr als 100 Kontrollserver in aller Welt. Die Schadsoftware sucht außerdem per Bluetooth nach Audiogeräten im Umfeld der infizierten Computer mit dem Ziel, mit ihrer Hilfe den Raum abzuhören.

Wer auch immer Flame erschaffen hat, hat alles zusammengefügt, was das perfekte Massenüberwachungstool braucht, inklusive eines Features, das Sicherheitsforscher:innen als »God-Mode« – Gott-Modus – bezeichneten: Die Malware tarnte sich als Windows-Update. Was viele technisch für kaum möglich gehalten haben, geschieht mit Flame das erste Mal. Man habe den Menschen über Jahre eingebläut, Windows stets aktuell zu halten, schreiben die Kaspersky-Forscher einige Jahre später in einer Analyse[39]. Es sei nicht nur technisch ausgefeilt, den Update-Mechanismus auszunutzen, sondern auch sozial: »Sie haben das Vertrauen ausgenutzt, das die Menschen in Updates haben.« Die Forscher:innen kommen Jahre später nach der Analyse vieler weiterer staatlicher Cyberwaffen zu dem Schluss: »Flame ist nach wie vor eine der komplexesten, überraschendsten und innovativsten Malware-Kampagnen, die wir je gesehen haben.«

Wer mit Liam O'Murchu von Symantec heute über die frühe Phase der Spionagesoftware spricht, spürt, wie schnell die neue Normalität Einzug gehalten hat. Nach Duqu und Flame tauchte »Gauss« auf: Wieder eine Malware, die Ähnlichkeiten mit Stuxnet und Duqu hat und die Bankkund:innen vor allem im Iran ausspäht. An dieser Stelle des Interviews stockt O'Murchu und kratzt sich am Kopf, um zu überlegen, was als Nächstes kam. Während Stuxnet, Duqu und Flame noch herausstechen, verschwimmen die folgenden Angriffe in seinem Kopf in einer Wolke, so viele Spionageangriffe gab es damals. »Oh stimmt, dann kam Regin«, ruft O'Murchu schließlich aus. Regin ist vor allem auch aus europäischer Perspektive interessant.

Als O'Murchu und seine Kolleg:innen von Symantec den Virus 2013 gleichzeitig mit Kaspersky entdecken, ahnen sie nicht, dass sie später eine offizielle Bestätigung bekommen werden und damit quasi erstmals bei einem staatlichen Angriff eindeutig belegen

---

39 https://securelist.com/lessons-learned-from-flame-three-years-later/70149/

können, wer dahinter steckte.«Wir sahen Regin an interessanten Orten«, sagt O'Murchu – nämlich unter anderem in Telefonnetzen der EU:»Mit Regin konnte man alle Telefonanrufe abhören, die in die EU hineingingen.« Unter anderem die belgische Telefongesellschaft Belgacom sei befallen gewesen: Zu deren Kunden gehören beispielsweise die EU-Kommission, der Europarat und das Europäische Parlament.

Als er Regin entdeckt, spürt der irische Forscher ein ihm wohlbekanntes Kribbeln, das ihn seit der Stuxnet-Recherche begleitet und das ihn immer dann ereilt, wenn er eine besonders ausgefeilte Schadsoftware vor sich hat.»Regin war rätselhaft, man konnte nicht auf den ersten Blick sehen, was er tat.« Für ihn ein Zeichen, dass es sich nicht um gewöhnliche Kriminelle handelt, die den Virus erschaffen haben. Aber auch auf den zweiten Blick verrät der Virus wenig über seine Natur, selbst auf den dritten nicht. Regin war mehrmals verschlüsselt:»Er war in viele Schichten verpackt wie eine russische Puppe.«

Regin endgültig zu entpacken und zu sehen, was sich wirklich dahinter verbirgt, stellt sich als große Herausforderung heraus. Nach der ersten Schicht merkt O'Murchu, dass er wieder ein verschlüsseltes Paket vor sich hat. Um es zu entschlüsseln, braucht er mehr Informationen von einem angegriffenen Computer. Auch diese findet er schließlich, er packt weiter aus – und stößt wieder an eine Grenze.»Das war schwierig, denn wir brauchten immer neue Informationen, die sich womöglich irgendwo in den Netzwerken der Opfer befanden, aber die waren häufig schon gelöscht.« Schließlich haben die betroffenen Unternehmen – unter anderem Fluggesellschaften und Telefonanbieter – genug damit zu tun, nach der ersten Analyse ihre Systeme wieder zum Laufen zu bekommen, und haben ihre Computer meist schon neu formatiert, wenn die Sicherheitsforscher:innen von Symantec und Kaspersky merken, dass noch ein Puzzleteil fehlt. Die konkurrierenden Sicherheitsunternehmen verfeindeter Länder – den USA und Russland – müssen schließlich sogar eng zusammenarbeiten, um das Rätsel zu lösen.»Es war wie ein Puzzle, von dem jeder nur ein Stück hat – und nur wenn sich alle Beteiligten zusammentun, ergibt sich das ganze Bild«, erklärt O'Murchu.

Der Sicherheitsforscher sieht schließlich, dass sich der Virus tief in der Architektur der Netzwerke vergräbt.»Er hatte sogar ein Kernel-Modul«, erklärt O'Murchu,»das ist sehr schwierig, das können nur Profis.« Dieses spezielle Modul führt dazu, dass sich Regin noch besser verstecken konnte. Die ganze Architektur scheint darauf ausgelegt zu sein, unter dem Radar zu bleiben.»Sie haben etwas Wichtiges versteckt.« Nur was?

Kanzlerinnen-Virus

Regin wurde offenbar gezielt verwendet, um deutsche und EU-Politiker:innen auszuspionieren. So entdeckt Costin Raiu eines Tages, dass auch ein Computer in Deutschland mit Regin infiziert ist.»Wir konnten nicht genau sehen, wo der Computer stand, denn die Spuren waren nicht eindeutig«, erinnert er sich,»aber wir dachten: Wir müssen diese Person doch warnen!« Erst durch die Zusammenarbeit mit diversen Ermittlungsbehörden habe er das Opfer gefunden: Eine hochrangige Mitarbeiterin von Angela Merkel. War die deutsche Kanzlerin gezielt ausspioniert worden?

Außerdem sei der Virus in internen Netzen von Hotels und Fluggesellschaften nachgewiesen worden, erinnert sich O'Murchu – immer zu Zeiten und an Orten, an denen hochrangige Treffen wie EU-Gipfel stattfanden:»Wir konnten beispielsweise sehen, dass ein Gipfel in einer bestimmten Stadt stattfand und gleichzeitig die zehn größten Hotels in der Nähe beobachtet wurden.«

Doch dann geschieht etwas Merkwürdiges: Regin verschwindet. Die Spione stellen ihre Arbeit ein.»Ich vermute, sie haben gemerkt, dass wir ihnen auf der Spur sind und sich zurückgezogen«, sagt O'Murchu. Die Sicherheitsforschung hätte nie das ganze Geheimnis geknackt. Doch dann bekommen sie unerwartet Hilfe: von Edward Snowden.

Der ehemalige NSA-Mitarbeiter flieht 2013 aus den USA und gibt zahlreiche Dokumente der NSA an Medien weiter – unter anderem die Beschreibung von Angriffswerkzeugen, einen ganzen Katalog interessanter »Späh-Produkte« sowie den Quellcode von einigen digitalen Waffen. Darunter befindet sich auch ein Keylogger namens QWERTY, dessen Code der *Spiegel* schließlich veröffentlicht.[40] Als O'Murchu und seine Kollegen von Symantec sowie Kaspersky ihn mit Schadsoftware aus ihren Archiven verglichen, stellten sie verblüfft fest, dass es sich um einen Teil der Regin-Malware handelte. »Das war das erste Mal, dass wir externe Informationen mit unseren Funden verknüpfen konnten«, sagt O'Murchu. Nun war es eindeutig: Mithilfe von Regin hat die NSA gemeinsam mit dem britischen Geheimdienst unter anderem Politiker und Forschungseinrichtungen aus Europa ausspioniert.

Bei den Snowden-Enthüllungen findet sich ein weiteres interessantes Detail, das zu Regin passt: ein Tool, das den E-Mail-Verkehr zwischen großen Hotels und Büros von Personen aus der Politik sowie der Diplomatie überwacht und den britischen Geheimdienst GCHQ darauf hinweist, wenn hochrangige Persönlichkeiten ein Hotelzimmer buchen. Das Programm namens »Royal Concierge Programme« diente als Grundlage, um dann neue Überwachungsmaßnahmen einzuleiten. Der *Spiegel* zitiert ein Dokument, in dem die technische Abteilung der NSA für Royal Concierge wirbt: Das Wissen darüber, welche Personen in welchen Hotels übernachten werden, biete dem GCHQ eine ganze Palette von nachrichtendienstlichen Möglichkeiten wie das Abhören des Zimmertelefons und des Faxgeräts sowie die Überwachung von Computern, die an das Hotelnetz angeschlossen sind. In den Dokumenten wird auch eine Eliteeinheit erwähnt, die über eine Reihe von »Spezialtech-

---

40 https://www.spiegel.de/netzwelt/netzpolitik/nsa-trojaner-kaspersky-enttarnt-regin-a-1015222.html

nologien« verfüge, um »Kommunikationslücken zu überbrücken«, die sich durch konventionelle Zugänge nicht schließen lassen.[41]

Aber nicht nur Politik und Diplomatie werden umfassend ausspioniert. Wie interessant auch die Arbeit der Sicherheitsforschung für Geheimdienste ist, bekommt Costin Raiu im April 2015 zu spüren, ein paar Tage vor seinem 37. Geburtstag. Ein Kollege schreibt ihm eine Textnachricht auf dem Messenger Threema, spät am Abend, Raiu will gerade ins Bett gehen. »Wir haben einen Virus im Unternehmen gefunden, sehr ausgefeilt.« Aber Raiu denkt, es handele sich um einen Aprilscherz. »In Russland ist der ganze April ein Monat der Scherze«, erklärt er mir. »Ich glaube das nicht«, denkt er sich und schaltet sein Telefon aus.

Doch als der Kaspersky-Forscher am nächsten Morgen um sieben Uhr zum ersten Kaffee seinen Computer hochfährt, sieht er, dass der Kollege schon online ist. »Da wurde mir klar, dass etwas nicht stimmen kann: Er ist sonst erst ab 12 Uhr wach.«

»Bist du krank?«, schreibt er ihm. »Nein, ich arbeite an dem Ding«, schreibt der zurück, »das war kein Witz, wir sind infiziert.« Als Raiu sich den Fall genauer anschaut, sieht er, dass sich die Angreifer:innen gezielt einen einzelnen Computer des Unternehmens ausgesucht haben: »Das war kein Zufall, sie hatten ein ganz klares Interesse.« Denn auf diesem Computer arbeitete Kaspersky gerade an der neuesten Erfindung des Unternehmens: einem Tool namens KATA, Kaspersky Anti Targeted Attack Platform, das insbesondere die ausgefeilten Angriffe von staatlichen Akteuren erkennen soll. »Die Angreifer wollten wohl wissen, wie unser Tool funktioniert und wie es ihre eigenen Spionage-Operationen beeinträchtigt«, sagt Raiu. Der Kollege hat nach der Nachtschicht schon weitergehende Erkenntnisse: Die Schadsoftware ist nahezu identisch mit Duqu. Die Forscher:innen nennen den Angriff »Duqu 2.0«.

---

41 https://www.spiegel.de/international/europe/gchq-monitors-hotel-reservations-to-track-diplomats-a-933914.html

Auch Liam O'Murchu vom US-Unternehmen Symantec bestätigt die Einordnung:»Wir haben den Angriff analysiert, er war gezielt auf Kaspersky zugeschnitten.«Duqu 2 sei bei keinem einzigen anderen Opfer gefunden worden. Auch er findet es naheliegend, dass sich Geheimdienste für die Arbeit der Sicherheitsunternehmen interessieren.»Sie wollen wissen, ob wir ihnen auf der Spur sind, um eventuell schnell noch aufzuräumen.« Möglicherweise wollen sie zudem ihre Angriffe entsprechend verändern, sodass die Kaspersky-Software sie nicht aufspüren kann.

Costin Raiu sieht einen weiteren Trend, der wohl eine Reaktion von Geheimdiensten auf die Arbeit seines Unternehmens ist: Es gebe immer mehr Schadsoftware, die im ersten Schritt analysiere, ob ein Kaspersky-Produkt auf einem Rechner installiert ist – und die, wenn das der Fall ist, nicht weiter aktiv wird.»Dadurch bekommen wir immer weniger Samples.« Die Angreifer:innen schützen ihre Cyberwaffen auf diese Weise vor Entdeckung – schließlich sind die ausgefeilten Viren aufwendig zu entwickeln und nahezu wertlos, sobald sie von den Sicherheitsunternehmen entdeckt werden.

Wer hat Kaspersky angegriffen? Raiu weigert sich, die Angriffe einem Land zuzuordnen.»Wir betreiben keine Attribution«, sagt er,»wir haben dafür nicht die Mittel.« Mit den Mitteln meint er die der Geheimdienste, die sich neben den rein digitalen Spuren auch auf Spione und andere Quellen stützen können. Nur dann, so die Perspektive der meisten Sicherheitsforscher:innen, lasse sich eindeutig nachweisen, wer sich hinter einem Angriff verberge. Digitale Spuren lassen sich verwischen und verfälschen. Immer wieder werden bewusst falsche Fährten gelegt.

Im Fall von Regin gibt es aber dankenswerterweise die indirekte Hilfe der NSA selbst, deren Leaks eindeutig auf Regin hinweisen. Auch Stuxnet lässt sich inzwischen recht eindeutig den USA und Israel zuordnen, sodass sich die von Code und Methode sehr ähnlichen Angriffe wie Flame und Duqu ebenfalls mit hoher Wahrscheinlichkeit auf Israel und die USA zurückführen lassen.

Suchmaschine für Spione

Für den ungarischen Hochschullehrer Boldisar Bencsath gibt es ein weiteres Aha-Erlebnis, als er im Jahr 2017 Dokumente analysiert, die eine rätselhafte Gruppe namens »Shadow Brokers« der NSA entwendet und schließlich veröffentlicht hat. Über die Shadow Brokers und die Folgen ihrer Leaks gibt es ein eigenes Kapitel im folgenden Teil (Kapitel 3.2), denn diese Leaks halfen nicht nur Sicherheitsforscher:innen wie Bencsath, sondern vor allem Kriminellen – schließlich enthielten sie auch einige potente Cyberwaffen, die schon bald Unheil anrichten sollten.

Bencsath findet in den Leaks von NSA-Cyberwaffen ein Modul mit dem Namen »Territorial Dispute«. Als er es genauer untersucht, stellt er fest, dass es sich um eine professionelle Suchmaschine handelt, mit der der US-Dienst nach anderen staatlichen Diensten suchen kann, so sie ein Computersystem geentert haben. »Sobald ein NSA-Spion einen Computer angreift, kann er mithilfe des Tools herausfinden, ob dieser Computer bereits von anderen APTs angegriffen worden ist«, erklärt Bencsath.

Und offenbar hatte die NSA ein gut ausgestattetes Verzeichnis anderer staatlicher Akteure: Bencsath findet 45 Hacking-Kampagnen, die in Territorial Dispute fein säuberlich durchnummeriert sind. »Wenn sie dann herausfanden, dass der Computer bereits von einer feindlichen Gruppe angegriffen wurde, konnten sie entscheiden, ob sie sich zurückziehen oder die andere Gruppe entfernen wollten«, erklärt er. Das Tool bot bei manchen Gruppen auch die Option an, ganz gezielt bestimmte Dateien zu suchen und herunterzuladen. Wurden hier andere staatliche Akteure in Echtzeit ausgespäht, wenn sie das Pech hatten, zeitgleich mit dem US-Dienst auf einem Gerät zu landen?

Das Tool sendet so Informationen, Optionen und Aufforderungen an die Mitarbeiter:innen der NSA, die den Angriff steuern, beispielsweise angesichts fremder Schadsoftware »Wollen Sie diese Dateien haben?«, oder im Falle bestimmter anderer

Hackinggruppen auch: »Unbekannt – bitte ziehen Sie sich zurück« oder »Folgen Sie den Anweisungen Ihres Vorgesetzten«.[42] Bencsath gelingt es, einige der Akteure im Verzeichnis zu identifizieren, beispielsweise Nummer 8: »Dahinter verbirgt sich Stuxnet.« Das Tool kann aber auch sehen, ob der Computer Produkte von Antiviren-Herstellern nutzt: Bencsath zeigt beispielsweise eine Warnung vor einem Treiber von Symantec, die dem NSA-Spion mit vielen Ausrufezeichen angezeigt wurde.

Das alles zeigt, wie normal Cyberspionage in den Jahren nach Stuxnet geworden ist. Mit Duqu ist wieder eine neue Ära angebrochen, die die Welt verändert. Es handelt sich schließlich um die erste staatliche dedizierte Spionagesoftware. »Wir hatten so etwas noch nie zuvor gesehen«, erinnert sich O'Murchu, »es hatte einfach noch keine staatliche Cyberspionage gegeben.« Doch es sei schnell klar gewesen, dass sich hinter Duqu eine Regierung verberge. Das habe das Weltbild der Community auf den Kopf gestellt. »Bis dahin war klar: Wenn eine Software etwas tut, was sie nicht soll, dann ist sie böse.« Doch nun sah alles danach aus, als wenn die US-Regierung hinter solchen Angriffen stecke. O'Murchu ist gebürtiger Ire, aber er arbeitet in den USA. War es richtig, die geheimen Cyberoperationen des eigenen Landes zu torpedieren? O'Murchu findet schon: »Eigentlich ist es ganz einfach: Unsere Aufgabe ist es, unsere Kunden zu schützen.« Das heißt im Gegenzug, im Zweifel auch staatliche Operationen des eigenen Landes aufzudecken. Trotzdem sagt er: »Seither ist die Welt viel komplizierter.«

Der deutsche Sicherheitsforscher Manuel Atug, Sprecher der unabhängigen AG KRITIS zum Schutz kritischer Infrastrukturen, geht davon aus, dass sich heute staatliche Akteure wie Geheimdienste und Militärs verschiedener Länder auch in den kritischen

---

42 https://www.youtube.com/watch?v=ZzQ5-oVHDDE

Infrastrukturen Europas bewegen und diese ausspionieren. Sie dort zu finden, ist nicht einfach:»Staatliche Akteure haben das Ziel, lange unentdeckt zu bleiben und spionieren zu können«, sagt er. Im Zuge des russischen Angriffskriegs auf die Ukraine und Putins Drohungen gegenüber westlichen Ländern ist diese Diskussion wieder in den Vordergrund gerückt – denn von den »Schläfern« in unseren Systemen geht natürlich eine Gefahr aus, vor allem in Kriegszeiten.

Hybride Kriegsführung bedeutet aktuell, beide Welten für Angriffe zu nutzen – die digitale ebenso wie die analoge Welt. Dabei spielen digitale Angriffe insbesondere auch im Vorfeld eines Krieges eine wichtige Rolle, betont Atug:»Der Zweck hybrider Kriegsführung ist es, im Vorfeld eines militärischen Eindringens beispielsweise die Kommunikation des Gegners mit digitalen Attacken lahmzulegen oder den Energiesektor anzugreifen, damit der Gegner schon vor dem Einmarsch geschwächt ist.« Solche Angriffe benötigen eine lange Vorbereitungszeit, und das spiele sich vor allem auch in Friedenszeiten ab:»Cyberspionage findet die ganze Zeit statt.« Aus seiner Sicht sollte das verboten sein – für alle weltweit. »Es ist eine ernsthafte Bedrohung für die Zivilbevölkerung, ein erhebliches Risiko für die Aufrechterhaltung kritischer Infrastrukturen.«

Wie die Geschichte der großen staatlichen Spionageoperationen erahnen lässt, wird es nicht einfacher werden, sie in Zukunft zu entdecken und entsprechende Angriffe zu verhindern. Wie können wir uns also schützen? Hier laufen alle Tipps für Einzelne ins Leere. Die beschriebenen Spionage-Operationen treffen Unternehmen mit den besten Sicherheitsvorkehrungen, sie sind perfekt getarnt. Hier gibt es nur eine Lösung, die Atug ja auch schon andeutet: So etwas muss durch Regulierung gelöst werden.

Nutzen Sie Ihre demokratischen Rechte und Pflichten und treten Sie dafür ein, dass staatliche Cyberspionage und entsprechende Angriffe insbesondere auf kritische Infrastrukturen weltweit geächtet werden. Denn Sie selbst oder einzelne Unternehmen können konkret wenig dagegen tun. Schon die frühen ausgefeilten Angriffe rund um Duqu wurden nur durch Zufall entdeckt – oft, weil die Angreifer:innen einen Fehler gemacht haben. Wir können uns nicht auf diese Fehler verlassen. Was alles wissen wir nicht?

Im folgenden Kapitel werden wir konkret sehen, wie sich Geheimdienste (in diesem Fall der russische) nach einem verheerenden Angriff unbemerkt in Systemen einrichten, um für mögliche spätere Angriffe bereits einen Fuß in der Tür zu haben. Wer findet, das klingt wie eine Verschwörungstheorie, erfährt in diesem Kapitel auch, dass russische Staatshacker:innen über Jahre unbemerkt in deutschen kritischen Infrastrukturen spionierten – was erst im Sommer 2022 entdeckt wurde.

Teil 3
Der Cyberwar gerät außer Kontrolle

Wie im physischen Krieg sind auch beim Einsatz von
Cyberwaffen Menschenleben in Gefahr. Insbesondere wenn
sie skrupellosen Regimes in die Hände fallen.

Kapitel 3.1

Milliardenschwerer Kollateralschaden

Der teuerste Cyberangriff der Geschichte legt Logistikfirmen, Pharmaunternehmen und Banken lahm

Im Frühling 2017 blüht Kiew auf. Die Stadt ist ein Moloch mit ihren mehr als drei Millionen Einwohnern, ständigem Stau und einem langen dunklen Winter. Aber der Frühling bringt neuen Schwung, und als Vladimir Malezhik am 27. Juni ins Büro in den historisch bedeutenden Stadtteil Chokolivka fährt, ist er guter Dinge. Auch wenn erst Dienstag ist, steht ein langes Wochenende bevor: Morgen ist Constitution Day, der Tag der Verfassung, ein wichtiger Feiertag in der Ukraine. Viele nutzen ihn, um das Wochenende zu verlängern oder gar die ganze Woche. Die halbe Stadt scheint schon im Urlaub zu sein, und auch Malezhik freut sich auf den freien Tag. Der 38-jährige Unternehmer hat einige Jahre harter Arbeit hinter sich: Seit sieben Jahren betreibt er nun sein eigenes Unternehmen, Oblako, einen Cloud-Service-Provider. »Wir machen das Leben unserer Kunden leichter«, sagt er bei meinem Besuch im Dezember 2021 in Kiew: »Sie sollen sich nicht um Sicherheit kümmern müssen, sondern ihrer eigentlichen Arbeit nachgehen.«

Doch an diesem Tag im Juni 2017 macht ihm ein massiver Cyberangriff einen Strich durch die Rechnung. Malezhik hat damals rund 300 Kund:innen: Meist kleinere Geschäfte wie Online-Shops, aber er arbeitet auch mit einigen größeren Unternehmen zusammen, die einen Teil ihres Geschäfts in die Cloud auslagern. Als Malezhik schließlich im Büro ankommt, lacht ihn der im Kalender rot angestrichene morgige Feiertag an – und bei den ersten Anrufen von Kund:innen mit IT-Problemen ahnt er nicht, dass nichts werden wird aus seinem langen Wochenende. Schließlich sind Sicherheitsprobleme ganz normal. »Es verging kein Tag ohne«, sagt er heute an einem grauen Wintertag in Kiew und schaut aus dem Fenster auf ein ebenso graues Industriegebiet. »Immer wieder klickt jemand auf eine Phishing-E-Mail, und alles ist verschlüsselt.« Malezhik hilft seiner Kundschaft dann mit seinem Back-up-Service.

»Das alles ließ sich gut lösen«, erinnert sich der Internetunternehmer, »Cybersecurity war damals nicht das Hauptproblem.« Doch das ändert sich genau an diesem Tag. Vom 27. Juni 2017 an ist nichts mehr, wie es vorher war. Immer mehr Menschen rufen ihn direkt an und beklagen sich darüber, dass ihre Systeme verschlüsselt seien. »Irgendwann rief der Tech-Support bei mir an und fragte, ob wir Probleme haben – ist unsere Infrastruktur kaputt?« Malezhik schaut sich alles gründlich an, kann keinen Fehler finden und beginnt zu googeln, aber auch da: Es posten zwar viele über ähnliche Probleme wie plötzlich verschlüsselte Systeme, aber die Ursache scheint unklar zu sein. »Wir sahen nur die Symptome.«

Der 27. Juni 2017 markiert den Tag der größten Cyberoperation gegen die Ukraine, die das öffentliche Leben kurzzeitig lahmlegt. Dabei ist es kein Zufall, dass dieser Angriff am Tag vor dem wichtigsten staatlichen Feiertag der Ukraine stattfindet: Ausgefeilte Angriffe werden oft entsprechend geplant, denn ein Feiertag bremst die Gegenmaßnahmen aus. Ein typischer Startzeitpunkt für einen Angriff ist aus dem gleichen Grund der Freitagabend – Sie werden in diesem Buch einige Beispiele dafür finden –, und manchmal spielen Angreifer:innen ihre Strategie sogar über mehrere Zeitzonen und Religionen, um verschiedene Feiertage auszunutzen (wie die Gruppe Lazarus des nordkoreanischen Geheimdienstes beim Bangladesch Bank Heist, s. Kapitel 3.2).

Doch der Angriff mit dem sich schnell ausbreitenden Computerwurm NotPetya, der Maschinen nicht nur verschlüsselt, sondern deren Daten komplett löscht, beschränkte sich nicht auf ein Land, sondern verbreitete sich schnell weltweit. Deutschland gilt als das Land, das nach der Ukraine mit acht Prozent aller Infektionen am zweithäufigsten betroffen war.[43] Einige westliche Firmen überstanden den Angriff nur knapp – er gilt als der weltweit verheerendste Cyberangriff: Tom Bossert, Sicherheitsberater des damaligen US-Präsidenten Donald Trump, schätzte den Gesamtschaden auf mehr als zehn Milliarden US-Dollar.[44] Allein das Pharmaunternehmen Merck erlitt einen Verlust von mehr als 870 Millionen US-Dollar, FedEx verlor 400 Millionen US-Dollar, der französische Industriekonzern Saint-Gobain 384 Millionen und der Logistikdienstleister Maersk 300 Millionen. Und in wenigen Fällen ist sich die Sicherheitsforschung so einig wie hier, wer dahintersteckte: Russland, genau genommen eine Elite-Gruppe des russischen Geheimdienstes GRU, die Sicherheitsforscher:innen als »Sandworm« bezeichnen (s. Kapitel 2.1).

Auch im aktuellen russischen Angriffskrieg auf die Ukraine ist diese Gruppe aktiv: Unter anderem wird ihr eine umfangreiche Löschattacke auf viele ukrainische Unternehmen zu Kriegsbeginn zugeordnet sowie ein Cyberangriff auf ein ukrainisches Energieunternehmen im Mai 2022, der glücklicherweise rechtzeitig entdeckt wurde, bevor er Schaden anrichtete.[45]

Auch bei dem Angriff im Juni 2017 liegt die Verbindung zu Russland nahe. »Unsere Regierung hatte kurz zuvor Sanktionen ausgesprochen gegen unzählige IT-Unternehmen aus Russland«, erinnert sich Malezhik. Und am gleichen Morgen war ein Oberst des ukrainischen Militärgeheimdienstes durch eine Autobombe ermordet worden – mitten in Kiew. Fachleute vermuten einen

43 https://www.bbc.com/news/technology-40428967
44 https://cyberdefensereview.army.mil/CDR-Content/Articles/Article-View/Article/2420098/why-the-law-of-armed-conflict-loac-must-be-expanded-to-cover-vital-civilian-data/
45 https://www.cyberscoop.com/microsoft-ties-january-ukraine-attack-to-notorious-sandworm-group/

Zusammenhang zu den Auseinandersetzungen im Südosten der Ukraine, wo Russland damals in den besetzten Gebieten die Separatisten unterstützt. In den Monaten zuvor sind unter anderem ein Journalist und ein Politiker, die die gewalttätigen Übergriffe im Donbass kritisiert hatten,[46] bei ähnlichen Anschlägen ums Leben gekommen. Die Ukraine bezeichnet die Vorgänge schon damals als »hybriden Krieg«: Eine Mischung aus physischen und digitalen Attacken, die spätestens mit der Annexion der Krim 2014 begonnen haben[47].

Das bevorstehende lange Wochenende beschäftigt auch den ukrainischen Sicherheitsforscher Oleksii Yasinskyi an diesem Morgen auf dem Weg ins Büro der Kiewer Sicherheitsfirma Information Systems Security Partners ISSP. Er will Zeit mit der Familie verbringen. Er denkt an seinen Sohn, dem er das Programmieren beigebracht hat. Dessen jugendliche Begeisterung erinnert ihn an seine eigene Kindheit, als er die Welt des Programmierens entdeckte. »Das ist magisch, du gibst ein paar Befehle ein, und etwas passiert«, sagt er, »als wärst du ein Zauberer.« Allerdings, schränkt er ein, gibt es im Ukrainischen zwei verschiedene Worte für Zauberer – eines bezeichnet einen guten Zauberer, eines einen bösen. Als Yasinskyi an diesem schönen Frühlingsmorgen ins Büro fährt, kann er nicht ahnen, dass er es an diesem Tag mit dem bösen Zauberer zu tun haben wird. Eigentlich deutet alles auf ein paar wunderbare Tage hin: die Frühlingssonne, der bevorstehende Feiertag, ein langes Wochenende. Das Büro ist dünn besetzt, die beiden Chefs sind im Urlaub, und auch einige andere Kollegen haben die Gelegenheit für einen Kurzurlaub genutzt. Nur noch dieser eine Arbeitstag liegt vor ihm.

Der beginnt wie viele. Ein paar Kund:innen rufen an, aber alles bewegt sich im üblichen Rahmen. Doch dann hört er, wie die

---

46   https://www.bbc.com/news/world-europe-40420339
47   https://www.reuters.com/article/idUSKBN19M39P

Sicherheitsabteilung einige Tische weiter mit einem größeren Kunden telefoniert, der gerade einen Service von ISSP testweise nutzt: Er lässt sein Netzwerk in Echtzeit überwachen. Das Security Operation Center von ISSP ist deshalb mit dem Netzwerk des Kunden verbunden, als das System Alarm schlägt: verschlüsselte Dateien! »Die Kollegen haben sofort angerufen«, erinnert sich Yasinskyi, »doch noch während des Anrufs wurde das ganze System verschlüsselt. Es dauerte nur 40 Sekunden.«

Während seine Angestellten versuchen zu retten, was zu retten ist, sitzt ISSP-Mitgründer Oleh Derevianko unfreiwillig in einem Restaurant auf der halben Strecke in ein Dorf in der Nähe seiner Heimatstadt, 300 Kilometer von Kiew entfernt. Er wollte das lange Wochenende mit seinen Kindern bei seinen Eltern verbringen. Aber weit ist er nicht gekommen – sein Telefon klingelt ununterbrochen, kaum hat er die Stadtgrenze überschritten. Also beschließt er, eine Pause einzulegen und die Anliegen seiner Bekannten und Kolleg:innen zu klären.

Als ihm die ISSP-Sicherheitsabteilung von dem großen Unternehmen berichtet, dessen gesamte Infrastruktur in weniger als einer Minute komplett verschlüsselt wurde, wird er nervös. Bis dahin hat er die Anrufe zwar für eine ungewöhnliche Häufung, aber doch für eine eher übliche Entwicklung gehalten. »Normalerweise bekomme ich immer wieder solche Anrufe«, sagt er im Interview in Kiew im Dezember 2021. Auch als der Geschäftsführer eines großen Telekommunikationsunternehmens anruft, das für die staatliche Ukrainische Sparbank arbeitet, und fragt, ob es Probleme gebe, denn deren Computer seien verschlüsselt, winkt er zunächst innerlich ab. Es ist eben wie bei einer Ärztin, deren Bekannte gerne mal anrufen, wenn sie sich ihre Symptome nicht erklären können. Doch der Geschäftsführer, mit dem er beruflich gut bekannt ist, lässt nicht locker: »Könnt ihr uns bitte helfen«, fleht er, »wir können nicht mehr arbeiten.«

Paralyse

Also ruft Derevianko den Leiter seines Sicherheitslabors Yasinskyi an. »Geh bitte mal in die Zentrale der Oschadbank«, sagt er, »da scheint etwas nicht zu stimmen.« Als Yasinskyi kurze Zeit später dort ankommt, erkennt er die Bank nicht wieder. Das Personal einer der größten Banken der Ukraine befindet sich wie in einem Schockzustand. Er wird in einen Raum geführt, in dem einige IT-Mitarbeiter:innen fieberhaft neue Laptops auspacken. In einer Ecke stapeln sich die Laptops, mit denen die Angestellten der Bank bis zu diesem Morgen gearbeitet haben – bis zeitgleich auf allen Bildschirmen eine Nachricht auftauchte, schwarz-rot: »Ups, ihre Dateien sind verschlüsselt.« Die Oschadbank hat mit ihren 6000 Filialen eines der größten Filialnetze in der Ukraine, Millionen Menschen verlassen sich auf sie.

Die IT-Abteilung der Bank haben gar nicht erst versucht, das Erpressungsgeld zu bezahlen. Dafür ist keine Zeit, wenn die zweitgrößte Bank des Landes wie paralysiert ist. Sie haben einfach alle verschlüsselten Laptops eingesammelt und sind ausgeschwärmt, um in den umliegenden Technikgeschäften so viele Laptops wie möglich zu kaufen. Wie weitsichtig das war, wird sich im Laufe des Tages zeigen: Fachleute schätzen, dass bei dem Angriff NotPetya zehn Prozent aller Computer der gesamten Ukraine für immer verschlüsselt wurden. Viele große Unternehmen sind betroffen, zentrale Infrastrukturen – mehrere Banken, zwei Flughäfen, die staatliche Eisenbahngesellschaft, sogar Tschernobyl. Bald sind Laptops und Computer Mangelware. Viele Unternehmen brauchen Wochen, um ihre zerstörte Infrastruktur wiederherzustellen.

In den sozialen Medien häufen sich Berichte und Fotos von Unternehmen, die ihre Angestellten warnen, auf keinen Fall Computer hochzufahren. »Das Netzwerk ist down, schalten Sie NICHT Ihre Computer an, entfernen Sie alle Laptops von den Dockingstationen und lassen Sie sie ausgeschaltet«, steht etwa auf einem handgemalten Schild[48] vor der Zentrale der weltweit tätigen deutschen Anwaltskanzlei DLA Piper. In Rot ist hinzugefügt: »Keine Ausnahmen!«

Yasinskyi kopiert sich die Logdateien aus den Systemen der Oschadbank und schaut sich diese Protokolle der Vorgänge in den Systemen der Bank sowie die Analyse des Schadcodes von Kolleg:innen im Büro genauer an. Etwas Seltsames sei ihm recht früh aufgefallen, erinnert er sich heute: »Das war ein betrügerischer Virus« –, denn er war als Ransomware verkleidet: Der Bildschirm der Betroffenen zeigte eine Lösegeldforderung an. Wer bezahlt, so die Botschaft, bekommt seine Daten zurück. Aber das war nur ein Trick, um die Opfer auf die falsche Fährte zu locken und die Gegenmaßnahmen auszubremsen. »Die Dateien waren nicht auf eine Art verschlüsselt, dass man sie mit einem Entschlüsselungscode wieder retten konnte«, sagt Yasinskyi. Um die Betroffenen weiter in die Irre zu führen, haben die Angreifer:innen zudem einige Teile einer damals sehr aktiven Schadsoftware in den Code kopiert: Petya ist ein Verschlüsselungstrojaner, der damals häufig von Kriminellen genutzt wird. »Deshalb dachten alle zuerst, dass es sich um Petya handelt«, sagt Yasinskyi, »so kam der Name zustande: Wir sagten dann: ›It is NOT Petya.‹« Seither heißt der Virus NotPetya.

Am Abend dieses Tages haben Yasinskyi und seine Kolleg:innen ein klareres Bild vor Augen: Bei NotPetya handelt sich um einen Computerwurm, der sich rasend schnell ausbreitet, und es ist keine Ransomware – also kein Programm, dessen Verschlüsselung wieder aufgehoben werden kann. Jemand spielt hier zudem ein Versteckspiel: Vieles, was zunächst scheinbar eindeutig ist, stellt sich als Irrtum heraus. Noch ist unklar, woher der Wurm kommt und wie er die Computer fast im ganzen Land innerhalb von wenigen Stunden infiziert hat.

---

48 https://twitter.com/ericgeller/status/879738598244835328

Yasinskyi sieht, dass sich die Schadsoftware irgendwie die Anmeldedaten des Administrations-Accounts aneignet – und damit lässt sie sich innerhalb eines Netzwerkes, dessen Teile alle miteinander verbunden sind, nicht mehr aufhalten. Denn diese Accounts sind schließlich die mit den umfassendsten Rechten im Unternehmen: Durch sie kann der Wurm alle anderen Accounts übernehmen, alle Passwörter auslesen und sich bis in die Winkel eines Systems ausbreiten, was er in atemberaubender Geschwindigkeit tut. Fest steht: Die Folgen sind verheerend. ISSP habe den Angriff am nächsten Morgen als »massive, koordinierte Cyberinvasion« bezeichnet, berichtet Derevianko. Außerdem weist er in diesen Tagen ununterbrochen Journalist:innen darauf hin, dass sie den Angriff nicht als Ransomware-Attacke bezeichnen sollen, weil das die Öffentlichkeit in die Irre führe.

Doch dass sich die Systeme nicht entschlüsseln lassen, sondern die darauf gespeicherten Daten für immer verloren sind, ist nur eines von vielen beunruhigenden Dingen, die Yasinskyi und andere Sicherheitsforscher:innen im Laufe der nächsten Wochen und Monate herausfinden werden.

Recht schnell erkennen Sicherheitsforscher:innen auf aller Welt, dass NotPetya durch zwei potente, bereits bekannte Werkzeuge vorangetrieben wird. Eines von beiden ist eine Cyberwaffe, die der NSA erst kurz zuvor abhandengekommen ist: Eine rätselhafte Gruppe namens Shadow Brokers hat sie wenige Monate zuvor entwendet und schließlich frei ins Internet gestellt (siehe Kapitel 3.2). Die NSA-Waffe »EternalBlue« nutzt eine Schwachstelle in einem bestimmten Windows-Protokoll aus, die es Angreifer:innen ermöglicht, aus der Ferne ihren eigenen Code auf jedem Rechner auszuführen, der noch kein Sicherheitsupdate installiert hat. Windows hat zwar bereits ein Update bereitgestellt, aber es gibt zu dem Zeitpunkt unzählige angreifbare Computer auf aller Welt, die es noch nicht installiert haben.

Doch die Angreifer:innen hatten einen weiteren genialen Einfall, wie EternalBlue auch für fast alle anderen Computer auf der Welt gefährlich werden kann: Sie kombinieren diesen »digitalen Generalschlüssel« mit einer älteren Erfindung, einer Hackingsoftware namens Mimikatz. Der französische Sicherheitsforscher Benjamin Delpy hatte Mimikatz bereits 2011 veröffentlicht, um eine gefährliche Praxis von Windows zu demonstrieren: die Passwörter der Nutzer:innen im Arbeitsspeicher des Computers zu belassen. Delpy hatte Microsoft mehrmals erfolglos auf das Problem aufmerksam gemacht und gehofft, dass die Verantwortlichen angesichts seiner Veröffentlichung reagieren würden. Doch dies geschah nicht: Das Unternehmen sagte lediglich, dass dieser Mechanismus schließlich nur ausgenutzt werden könne, wenn sich Kriminelle bereits in einen Computer eingenistet haben. Sie empfahlen lapidar, dass Nutzer:innen ihre Computer eben schützen müssten.[49] Bis heute nutzen Sicherheitsforscher:innen ebenso wie Kriminelle das Programm Mimikatz gleichermaßen gerne, um Passwörter aus dem Arbeitsspeicher zu holen und sich mit diesen in andere Computer zu hacken, die mit denselben Anmeldedaten zugänglich sind.

In Netzwerken mit Computern, die von mehreren Menschen abwechselnd genutzt werden, kann ein automatisierter Angriff auf diese Weise sogar von einem Rechner zum nächsten springen. EternalBlue und Mimikatz zusammen bilden eine gefährliche Kombination, denn so konnte NotPetya mittels EternalBlue erst Computer infizieren, die noch nicht gepatcht sind, und dann die Passwörter von diesen Computern abgreifen, um auch die gepatchten Computer des Netzwerks anzugreifen. EternalBlue half also NotPetya, über einen Umweg auch jene Computer zu erreichen, die bereits ein Sicherheitsupdate hatten, da deren Zugangsdaten in Netzwerken auch auf anderen, nicht mit einer aktuellen Programmversion versehenen Computern zu finden waren.

Damit bricht NotPetya einige Rekorde: sowohl den der sich am schnellsten verbreitenden Malware als auch den der verhee-

---

49 https://www.wired.com/story/how-mimikatz-became-go-to-hacker-tool/

rendsten. »Die Attacke war so vernichtend, sie hat quasi jede Infrastruktur der Ukraine zerstört«, sagt Yasinskyi. Das spüren die ISSP-Expert:innen am eigenen Leib: Derevianko verlässt an diesem 27. Juni 2017 nach einigen Stunden das Restaurant, in dem er eigentlich nicht sein wollte, und beschließt, den restlichen Weg zu seinen Eltern zurückzulegen. Als er zu tanken versucht, sieht er, dass das Zahlungssystem der Tankstelle ausgefallen ist. »Nur Barzahlung« steht auf einem Schild –, aber er hat kein Geld bei sich. Er fragt sich bang: Reicht der Tankinhalt noch für den Weg bis in sein Heimatdorf? Zu dieser Zeit bilden sich schon lange Schlangen vor den wenigen Geldautomaten in Kiew, die noch funktionieren. Viele der Apparate zeigen Meldungen an wie die einer privaten Bank, deren Foto im Internet die Runde macht:[50] »Aus technischen Gründen keine Auszahlungen möglich.«

Man kann sich vorstellen, dass in so einer Situation nicht viel fehlt, um eine Panik ausbrechen zu lassen. Knappes Bargeld, ein zusammengebrochener Zahlungsverkehr, der auch viele Supermärkte lahmlegt, leere Tanks, die Angst, womöglich im Ernstfall nicht an dringend benötigte Medikamente zu kommen: das birgt Sprengkraft. In der Tat wird es in diesen Tagen im Juni 2017 eng mit der gesundheitlichen Versorgung im Land. Die damalige ukrainische Gesundheitsministerin Ulana Suprun beschreibt damals gegenüber der BBC, dass sich ihr Büro um 30 Jahre zurückversetzt fühle.[51] »Wir arbeiten wieder mit Stift und Papier« – und erst dabei wird ihr klar, wie abhängig viele Prozesse heute von Computern sind, denn vieles ist auf einmal kaum mehr möglich. Wie schnell das gefährlich werden kann, zeigt das Beispiel der Medikamentenausgabe, die vom Ministerium verwaltet wird: Wenn den Krankenhäusern in den 24 Regionen der Ukraine wichtige Medikamente für ihre Patienten ausgehen, kümmert sich das Ministerium normalerweise um

---

50 https://twitter.com/golub/status/879761278381813760
51 https://www.bbc.com/future/article/20170704-the-day-a-mysterious-cyber-attack-crippled-ukraine

Nachschub, indem es diese entweder aus seinem eigenen Lager ausliefert oder aus anderen Regionen ordert, die sie vorrätig haben. Dieses Verzeichnis wird natürlich digital geführt – und ist mit Beginn der NotPetya-Attacke nicht mehr erreichbar.

Sie müsse nun stets alle 24 Regionen anrufen, um zu erfahren, ob ein Medikament dort vorrätig ist, berichtet Suprun verzweifelt. »Die Ukrainer können auch keine medizinischen Dokumente erhalten, weil unser internes System nicht mehr funktioniert.« Sie könne nicht einmal wissen, ob und welche Krankenhäuser infolge der Attacke ausgefallen seien, »weil diese uns nicht erreichen können«.

Auch der Cloud-Unternehmer Malezhik sieht in diesen Tagen unzählige verschlüsselte Computer. Zehn bis 20 Prozent seiner Kundschaft ist von NotPetya betroffen. Meist geschieht es in Sekundenschnelle, und selbst jene geistesgegenwärtigen Zeitgenoss:innen, die sofort ihr gesamtes Equipment vom Internet trennen, sind meist zu spät dran. Gegen Mittag ruft er den befreundeten CEO eines großen Unternehmens an.

»Wie gehts?«

»Frag nicht«, antwortet der nur. Das gesamte Unternehmen sei verschlüsselt, vor allem auch das Active Directory – quasi die Kommandozentrale eines jeden Unternehmens. Ohne Zugriff darauf ist es kaum möglich, ein neues Netzwerk aufzubauen. Was das bedeutet, zeigt eine Geschichte besonders gut: die des Beinah-Untergangs des weltgrößten Logistikdienstleisters, dessen Netze NotPetya ebenfalls verschlüsselte.

Sieben Minuten

Im Juni 2017 erleben die Verantwortlichen der Firma Maersk ihre dunkelsten Stunden. Das Unternehmen hat knapp 80 000 Mitarbeiter:innen weltweit und betreibt 74 Hafenterminals verteilt um den Globus. Mehr als 750 Containerschiffe und Tausende

LKWs bringen in seinem Auftrag alle erdenklichen Güter von A nach B. 300 Häfen werden angefahren und 12 Millionen Container jedes Jahr in jeden Winkel der Erde transportiert.[52] »Wir bewegen 20 Prozent der weltweiten Handelsgüter«, sagt Andy Powell, Chief Information Security Officer bei Maersk im Interview mit mir, »und 33 Prozent aller Bananen.« Der für die Sicherheit von Informationen und Informationstechnologie in seinem Unternehmen verantwortliche Powell zeigt mir ein Foto eines dieser Containerschiffe, um die Dimensionen klar zu machen. »Mehr als 19 000 Container passen auf ein Schiff«, sagt er. Die Container darauf wirken auf dem Foto im Vergleich zum riesigen Frachter klein wie Streichholzschachteln.

Einer der 74 Häfen, die Maersk betreibt, ist in Odessa, dem ukrainischen Ort am Schwarzen Meer. Das ist allerdings den wenigsten Mitarbeiter:innen in der dänischen Konzernzentrale bewusst, die sich am 27. Juni 2017 in langen Schlangen am IT-Servicedesk sammeln, weil nichts mehr funktioniert. Denn so wie in vielen ukrainischen Unternehmen zeigen auch bei Maersk viele Computer gleichzeitig – kaum hochgefahren – schwarze Bildschirme. Auf ihnen erscheint entweder eine Ransomware-Forderung oder die Anzeige »Repairing File System C«. »In sieben Minuten war unser gesamtes Netzwerk paralysiert«, sagt Powell. Sieben Minuten, und der Logistikgigant ist in die Knie gezwungen. Nicht anders ergeht es dem ukrainischen Vizepremierminister Pavlo Rozenko, der ein Foto von seinem Bildschirm macht und den Spruch darauf auf Twitter postet[53]: Auch die Computer vieler Regierungsstellen sind von NotPetya betroffen.

Doch noch beeindruckender als die Schlangen der ratlosen Maersk-Mitarbeiter:innen in der Konzernzentrale mit ihren Laptops unter dem Arm sind die Schlangen dicker 40-Tonner vor den Hafentoren der Welt: Die Tore der 74 Maersk-Hafen öff-

52 https://www.maersk.com/transportation-services/ocean-transport
53 https://twitter.com/RozenkoPavlo/status/879677026256510976

nen sich an diesem 27. Juni nicht, denn die gesamte Container-Trackingsoftware ist von NotPetya betroffen. Alle Daten sind gelöscht. Niemand weiß, was in den Containern der Schiffe ist, die sich nun beginnen, in den Häfen zu stauen, oder auf welches der Frachtschiffe die Container von den unzähligen Lastwagen verladen werden müssen, die sich am Hafen stauen. Nur eines ist klar: Mit jeder Stunde, die vergeht, verdirbt kühlpflichtige Ware, werden teure Medikamente unbrauchbar – und steigen die Kosten, weil dringend benötigte Bauteile für Maschinen auf den Baustellen und Waren in den Unternehmen in aller Welt nicht ankommen. Es habe keine Lösung gegeben für das wachsende Chaos, erklärt mir Powell, die Frachter steckten fest: »Für diese riesigen Frachtschiffe hat man keine analoge Papierliste.« Alles wurde digital geregelt. Und das gespeicherte Verzeichnis war nicht mehr greifbar.

Man kann sich das vorstellen wie auf einem Flughafen: Wer nicht den richtigen QR-Code auf dem Boardingpass hat, für den öffnet sich auch die Schranke am Gate nicht. Wenn aber die Software nicht funktioniert, die das Gate steuert, dann geht die Schranke gar nicht mehr auf. Und weil auch die Mitarbeiter:innen am Gate nicht wissen, welche Passagier:innen in welches Flugzeug dürfen, wird einfach niemand mehr durchgelassen. »Wir hatten natürlich digitale Back-ups«, erklärt Powell. Doch schnell zeigt sich, dass diese wertlos sind: »Die waren alle auch verschlüsselt.« Alles war miteinander vernetzt, und so konnte sich NotPetya in einer rasenden Geschwindigkeit über alle internen Systeme ausbreiten. »Wir waren nicht auf den Angriff eines staatlichen Täters vorbereitet«, sagt Powell, »aber das waren die wenigsten.«

So wächst der Stau vor den Hafentoren genauso wie der Ärger der Fahrer:innen, die keinerlei Informationen bekommen. Von Maersk ist an diesem Tag lange nichts zu hören. Vermutlich lässt sich nicht einmal nachvollziehen, welche Transporte des Unternehmens aktuell überhaupt unterwegs sind und vor welchem Hafentor wer feststeckt. Der Konzern hat nämlich noch etwas sehr viel Wichtigeres verloren als den Zugang zur Container-Trackingsoftware: sein Active Directory, oder auch Domain Controller, das Zentrum des Computernetzwerks. »Das war unser Herz«, sagt Andy Powell, »der Domain Controller ist wie das zentrale Telefonbuch deines Netzwerkes – ohne ihn hast du keine Chance zu wissen, wer wo sitzt und wie du ihn erreichen kannst.«

Das fällt im Chaos der ersten Stunden zunächst nicht auf, denn es sind überhaupt keine Daten mehr zugänglich und auch die Infrastruktur funktioniert nicht. Die Telefone sind ausgefallen, die Beschäftigten können sich nur noch über private Smartphones, private E-Mail-Adressen oder WhatsApp-Nachrichten verständigen –, aber das hilft nicht viel, denn die relevanten Informationen sind nicht zugänglich. Sie können trotzdem nicht arbeiten. Der gesamte Konzern ist nicht mehr erreichbar, Telefone klingeln ins Leere.

Der US-Journalist Andy Greenberg hat basierend auf anonymen Hintergrundgesprächen mit Maersk-Beschäftigten dieses Chaos im Magazin Wired[54] beeindruckend beschrieben: von Angestellten, die zur Arbeit kommen und ohne Zugang zu Computern nichts tun können, nach Hause geschickt werden und tagelang nichts mehr hören bis hin zum versuchten Wiederaufbau der Computersysteme in einem provisorischen Recovery Center in Maidenhead, einer Stadt westlich von London. Tage nachdem NotPetya seine Zerstörungsreise um die Welt angetreten ist und Maersk lahmgelegt hat, werden dorthin 400 Maersk-Angestellte aus aller Welt einbestellt: Zwei Büroetagen sind dem Wiederaufbau gewidmet, zusätzlich zu den 400 Maersk-Leuten kommen 200 Externe der Beratungsgesellschaft Deloitte, die ebenfalls beim Wiederaufbau helfen sollen. In den Räumen sieht es aus, als wohnten manche dort seit Beginn der Attacke, sie haben ihre Schlafsäcke unter den Schreibtischen ausgerollt, beschreiben Greenbergs anonyme Quellen.

---

54 https://www.wired.com/story/notpetya-cyberattack-ukraine-russia-code-crashed-the-world/

Das Bild, das sich den Maersk-Angestellten in der Konzernzentrale Anfang Juli 2017 bietet, gleicht dem, das Yasinskyi am ersten Tag der Attacke bei der Oschadbank in Kiew vorfand – nur potenziert: In den Ecken stapeln sich die verschlüsselten und ausrangierten Laptops, auf Tischen liegen Berge von neuen, in Windeseile in jedem erdenklichen Elektrogeschäft der Stadt gekauften Laptops. Die alten auch nur anzuschalten ist strengstens verboten – die Angst ist zu groß, dass sich irgendein Teil der Schadsoftware darauf befindet und alles erneut infiziert.

Die IT-Expert:innen von Maersk helfen vor Ort, die entsprechenden Back-ups zu finden und auf die neuen Computer aufzuspielen. Denn glücklicherweise sind doch noch Back-ups aufgetaucht, die zwar nicht ganz aktuell sind, sondern einige Tage alt, die aber besser sind als nichts. Die IT-Fachleute gehen davon aus, dass diese Back-ups nicht infiziert sind – eine Gewissheit, an der die Sicherheitsforscher:innen noch kräftig rütteln werden. Doch in diesem Moment ist etwas anderes sehr viel besorgniserregender, denn nach einer verzweifelten Suche wird klar: Dass das Back-up des sogenannten Domain Controllers fehlt, kommt einer Katastrophe gleich.

Für jedes Unternehmen wäre es ein riesiges Problem, plötzlich ohne Domain Controller dazustehen. Im Falle eines riesigen, internationalen Logistikdienstleisters wird aber so richtig plastisch, dass dies das Ende des Unternehmens bedeuten kann: Ohne dieses zentrale Verzeichnis lässt sich auf absehbare Zeit keine neue Kommunikation aufbauen, ohne Domain Controller werden unzählige Container zu einer Blackbox, die man zwar öffnen kann, um zu sehen, was darin ist –, aber das sagt noch lange nichts darüber aus, wo der Container hinsoll oder woher er kommt.

Den 400 Beschäftigten im provisorischen Wiederaufbaucamp wird klar: Ohne den Domain Controller können sie nichts wiederaufbauen. Die Back-ups der einzelnen Server ergeben nur Sinn, wenn sie wieder in die Gesamtstruktur des Unternehmens eingegliedert werden können. Dabei habe man eigentlich alles getan, damit genau dies nicht passiert, erklärt mir Powell: Es gab rund 150 Kopien des Domain Controllers – eine aufwendige, dezentrale Back-up-Strategie. Diese 150 Kopien aktualisierten sich gegenseitig, sodass ein einzelner genügt hätte, um die anderen zu ersetzen. Aber genau diese Strategie wird Maersk zum Verhängnis, denn sie beinhaltet einen Denkfehler, der für NotPetya genau die Lücke öffnet: Da sie alle miteinander verbunden sind, kann sich der Computerwurm auch unter ihnen rasend schnell verbreiten und alle verschlüsseln.

Nach einer tagelangen weltweiten Suche meldet sich schließlich ein Maersk-Büro aus einer abgelegenen Region in Ghana: Dort war am Tag der Attacke der Strom ausgefallen. Bisher seien die Computer nicht wieder mit dem Internet verbunden worden – und eine der 150 Kopien des Domain Controllers befindet sich darauf. Die Internetverbindung ist schlecht, sodass die Krisenakteure beschließen, nicht tagelang zu warten, bis der Domain Controller seine Reise digital angetreten hat, sondern ihn per Dateiträger und persönlich zu transportieren. Jetzt darf nichts mehr schiefgehen. An dieser Datei im ländlichen Ghana hängt buchstäblich das Überleben des Konzerns. Die Angestellten aus Ghana würden ihn nur zu gern sofort nach Großbritannien bringen – nur hat leider keiner von ihnen ein gültiges Visum. So muss ein Mitarbeiter aus London nach Nigeria fliegen, um den wertvollen Datenträger wie einen Staffelstab zu übernehmen und postwendend zurückfliegen.

»Es hat neun Tage gedauert, bis wir unseren Domain Controller wieder einsetzen konnten«, sagt Powell. Diese neun Tagen über war unklar, was in den Containern ist, Lieferungen bleiben liegen – und man weiß nicht einmal wo. Erst zwei Wochen nach der Attacke habe man das Geschäft wieder auf- und Buchungen für Lieferungen wieder angenommen, so Powell. Allerdings – teilweise per WhatsApp. Nach vier Wochen seien alle Laptops wiederhergestellt gewesen, berichtet Powell. Doch der ein oder andere Container sei erst nach drei Wochen wieder aufgetaucht.

Die WhatsApp-Gruppen hingegen, die Mitarbeiter:innen aus der Not heraus gebildet haben, um überhaupt kommunizieren zu können, die gebe es teilweise bis heute. »Sie zeigten uns, wie der Konzern wirklich arbeitet«, sagt er: wer wirklich miteinander spricht. Ein Teil des Unternehmens sei auf Basis ihrer Struktur wiederaufgebaut worden.

Powell selbst kam erst direkt nach dem Vorfall zu Maersk – und das sei eine Luxusposition. Denn die Wahrscheinlichkeit ist hoch, dass ein Konzern, der einmal durch ein solches Tal gegangen ist, Cybersecurity künftig ernst nimmt. »Ich konnte ein komplett neues System aufbauen, ganz von vorne.« Während Kolleg:innen in anderen Unternehmen stets betteln müssten, um genügend Mittel für eine sinnvolle Sicherheitsarchitektur zu erhalten, bekomme er, was er brauche. Manchmal, nur manchmal, frage einer seiner Vorgesetzten, ob man nicht doch auch mit weniger Ausgaben für Sicherheit klarkommen könne. »Dann erinnere ich ihn daran, dass die Bedrohungen nicht verschwinden«, sagt er. Und dann ist die Diskussion zu seinen Gunsten entschieden.

Das Erste, was Powell in die neue Struktur des Netzwerks einpflanzt, sind digitale Grenzen: Wenn künftig eine Schadsoftware anfängt, sich im Netz auszubreiten, kommt sie nicht in alle Bereiche. Das Netz ist segmentiert. »So wie man Feuerschneisen im Wald baut, sodass das Feuer nicht den ganzen Wald erreicht.« Seine zweite wichtige Forderung betrifft externe Geschäftskooperationen: »Wir müssen die Hintertür ernst nehmen. Damals hatten wir unsere Eingangstür gut gesichert, aber die Täter kamen durch die Hintertür« – nämlich durch einen Dienstleister. Seither prüft Maersk sorgfältig jede externe Software, die Zugriff auf Daten des Unternehmens hat.

NotPetya hatte sich durch eine Steuersoftware verbreitet, die in der Ukraine so gut wie alle nutzen: MeDoc. Wer in der Ukraine

Geschäfte betreibt, muss dort auch eine Steuererklärung abgeben. Ähnlich wie in Deutschland gibt es dafür ein offizielles Portal – ein Pendent zu Elster –, das nicht besonders nutzerfreundlich ist. Anders als in Deutschland gibt es hauptsächlich eine privatwirtschaftliche Alternative, nämlich MeDoc. Was im Nachhinein auf der Hand liegt, war 2017 noch nicht so sehr im Zentrum der Aufmerksamkeit: Wer diese Steuersoftware hackt, kann damit die gesamte Wirtschaft angreifen. Das war offenbar zumindest den Angreifer:innen klar, die eine Hintertür in die Software einbauten und ihren Virus mit einem legitimen Update von MeDoc verteilten.

»Solche Supply-Chain-Attacken werden zunehmen«, prognostiziert Powell. Mit dem Begriff Supply-Chain-Attacke oder auch Lieferkettenattacke bezeichnet man einen Angriff, der an einer schlecht geschützten Stelle einer Lieferkette ansetzt und darüber ein gesamtes Netz attackieren kann. Die SolarWinds-Attacke im Herbst 2020 ist ein Beispiel dafür: Zehntausende Kund:innen der Softwareplattform Orion des Unternehmens SolarWinds waren von einem Angriff betroffen, der sich ebenfalls durch ein Update ausbreitete. Kriminelle haben gelernt, wie effizient sich Schadsoftware auf diese Weise verbreiten lässt.

Der Internetausfall in Ghana hat Maersk gerettet. »So hatten wir zum Glück eine lokale Kopie«, sagt Powell. Doch in der zunehmend vernetzten Welt gehört so etwas bald der Vergangenheit an. »Heute werden immer mehr Daten in der Cloud gespeichert«, sagt er – ein lohnenswertes Ziel für Angriffe. Wäre der Domain Controller ebenfalls in der Cloud und dadurch mit dem Netz verbunden gewesen, wäre Maersk womöglich verloren gewesen, sinniert Powell: »Wenn ich der russische Geheimdienst wäre, würde ich die Cloud angreifen.«

Digitale Schläfer

Doch so glücklich Maersk im Sommer 2017 über seine Rettung ist und das unverhofft erhaltene Back-up – die Geschichte ist hier noch nicht zu Ende. Denn einer lässt nicht locker und sollte in den folgenden Monaten noch einiges Besorgniserregende entdecken: ISSP-Mitarbeiter Oleksii Yasinskyi schaut gerne hinter die Kulissen. Nichts ist, wie es scheint, das könnte sein Motto sein.

Yasinskyi ist neun Jahre alt, als er das Programmieren für sich entdeckt. Zwei imaginäre Kosmonauten haben es ihm angetan, Korschunow und Perepelkin. Die beiden Figuren aus einer ukrainischen Zeitschrift sitzen auf dem Mond fest – und die eifrigen jugendlichen Leser:innen der 1980er-Jahre sollen ihnen helfen, zurück zur Erde zu kommen in einem alten Mondflugzeug, das nur für den Flug entlang der Mondoberfläche konzipiert ist und das noch dazu nur wenig Treibstoff im Tank hat. »Das war die erste Cybergeschichte«, schwärmt Yasinskyi noch heute. Allein mit dem Taschenrechner hilft er als Kind den beiden heimlich nachts, die Bettdecke über dem Kopf. »Es klingt seltsam, aber ich habe mit dem Taschenrechner programmieren gelernt«, sagt er und grinst. Die Anleitung dazu scheint ihm damals völlig kryptisch, jene Spalten voller rätselhafter Zeichen und Symbole auf den vergilbten Seiten des Magazins, die er jahrelang wie seinen Augapfel hütet. »Sie sahen für mich aus wie abgerissene Seiten aus einem Zauberbuch.«

Es ist der erste Schritt zu seiner heutigen Erkenntnis: Wer an einem Ende des Planeten etwas tut, kann damit in einer digitalisierten Welt am anderen Ende etwas ausrichten. »Schon damals erkannte ich, dass dies der Schlüssel zu einer völlig anderen Welt war«, sagt er, »oder besser gesagt, zu anderen Welten, die ich selbst erschaffen konnte.«

Als Yasinskyi schließlich die erste »richtige« Programmiersprache lernt – Basic – und als nächsten Schritt den Code eines Computerspiels auseinandernimmt, um zu verstehen, was genau dahintersteckt, packt ihn eine Leidenschaft, die ihn bis heute nicht losgelassen hat: Er erinnert sich noch lebhaft an den Moment, in dem es ihm gelungen ist, nur wenige Bytes zu ändern und damit seiner Spielfigur unendlich viele Patronen zu geben. »Da habe ich die Macht der Umkehrung der Programmierung verstanden.« Reverse Engineering wird diese Kunst heute genannt, und sie ist nicht einfach, da es gilt, aus dem Code beispielsweise einer Schadsoftware den ursprünglichen Code zu rekonstruieren. Denn Maschinencode ist ein anderer als der Code, den Menschen schreiben. »Viren zu sezieren«, sagt Yasinskyi, sei das, was ihn seither antreibt: »Es ist so faszinierend, dem auf den Grund zu gehen, was die Autoren von Schadsoftware so sorgfältig verbergen.« Das Gewirr aus unglaublich komplizierten Codezeilen zu entwirren und in verständliche Befehle zu sortieren, ist freilich nur der erste Schritt. Der nächste sei, ein Gegenmittel zu entwickeln »oder zumindest ein Werkzeug, um Spuren der Anwesenheit von Viren zu entdecken«.

Das tut Yasinskyi, seit er denken kann – und seither trifft er immer wieder auf eine Gruppe, die die hohe Kunst des Versteckens in kompliziertem Code-Gewirr besonders gut versteht: Sandworm. Denn kaum hat Yasinskyi nach einigen Jahren in der IT-Sicherheitsabteilung beim damals größten ukrainischen Telefonprovider Kyivstar seine Traumstelle als Chief Information Security Officer beim riesigen Medienunternehmen Starlight Media mit seinen sechs Fernsehsendern und zahlreichen anderen Medienmarken angetreten, geht es los mit den Angriffen der Elitegruppe des russischen Geheimdienstes.

»2014 wurde die Ukraine der Spielplatz für russische Cyberangriffe«, sagt er. Wobei Truppenübungsplatz vielleicht der bessere Begriff ist. Während der Präsidentschaftswahlen in der Ukraine 2014 dringen Angreifer:innen in das System der Zentralen Wahlkommission ein, löschen viele Daten und versuchen, noch vor Ende der Wahl falsche Ergebnisse zu verbreiten. Es ist eine bekannte Strategie, die Fachleute auch rund um die US-Wahlen 2016 beobachten: der Versuch, Misstrauen zu säen durch gefälschte Hinweise auf vermeintlichen Wahlbetrug oder andere

Unregelmäßigkeiten. Auch im Vorfeld der US-Wahlen 2020 gab es Einflussversuche mutmaßlich russischer Staatshacker unter anderem in den sozialen Medien, die mit falschen Nachrichten wohl Verwirrung stiften und damit die Demokratie schwächen sollten.

Im Jahr darauf, 2015, verschaffen sich Eindringlinge Zugang zu den internen Systemen des Medienunternehmens Starlight Media, übernehmen den YouTube-Kanal und veröffentlichen den Werbeclip eines Kandidaten der Kommunalwahlen. »Wir haben das sofort gestoppt, das Video war nur wenige Sekunden online«, erinnert sich Yasinskyi, der damals bei Starlight Media arbeitet und in diesem Zug eine massive Infektion des Unternehmens mit der Schadsoftware BlackEnergy feststellt. Auch diese wird später dem russischen Geheimdienst zugeordnet. Die Täter:innen versuchten dabei, all ihre Spuren sowie die Daten auf den Systemen des Medienunternehmens zu löschen, scheiterten aber aus unklaren Gründen. So kann Yasinskyi den Angriff genauer analysieren und herausfinden, dass die Eindringlinge schon seit mindestens sechs Monaten in den Systemen aktiv waren.

Auch den BlackEnergy-Angriff auf die ukrainische Stromversorgung untersucht Yasinskyi zusammen mit seinen Kolleg:innen von Starlight Media (siehe Kapitel 2.1). Dann wechselt er 2016 als Leiter des Cyberlabors zum IT-Sicherheitsunternehmen ISSP. Doch wo immer er arbeitet, er nutzt die Fähigkeiten seiner Kindheit, kniet sich so zum Beispiel tief in den Code der weit ausgefeilteren Industroyer-Angriffe 2016 auf die Stromversorger – und wer weiß, vielleicht wäre die Welt ohne die beiden Mondreisenden aus den 1980er-Jahren um einige zentrale Erkenntnisse über die verheerende NotPetya-Attacke ärmer.

Denn mit der gleichen jugendlichen Leidenschaft, mit der Yasinskyi einst als Kind die beiden Mondreisenden zur Erde zurückgeleitet hat, beschäftigt er sich nämlich im Juni 2017 mit NotPetya – und als die meisten anderen bereits wieder zur Tagesordnung übergegangen sind, macht er beunruhigende Entdeckungen. Denn eine Tatsache, die zunächst als glückliche Fügung erschienen war, sollte sich als fatal herausstellen.

Zunächst sind alle erleichtert, dass von den meisten Unternehmen nicht alle Computer verschlüsselt worden sind – einige Geräte sind meist verschont worden. »Man kann sein Netzwerk viel leichter aufbauen, wenn noch etwas davon vorhanden ist«, erklärt Yasinskyi. Und das nutzten die Unternehmen dankbar. So wie Maersk beispielsweise dringend seinen Domain Controller brauchte, um überhaupt etwas mit den anderen Back-ups anfangen zu können, ergeht es vielen ukrainischen Unternehmen. Alle atmen auf, wenn irgendetwas den Angriff unbeschadet überstanden hat, ein Server, ein Computer – irgendein Gerät, auf dem die Systematik des Netzes sichtbar bleibt. Das ist immerhin eine Basis für den Wiederaufbau. Aber irgendwann fragt sich Yasinskyi, wieso eine solch auffällige Systematik besteht. Von den meisten Unternehmen sind etwa 90 Prozent der Computer verschlüsselt worden, aber zehn Prozent nicht. Welche Eigenschaft haben jene Geräte gemein, die verschont geblieben sind? Sie waren meist ebenfalls Teil des Netzwerks, der Wurm hätte sie erreichen können und müssen. Was hat NotPetya daran gehindert, diese Geräte zu infizieren?

Die Antwort liegt in einer anderen nur vordergründig erfreulichen Entdeckung, die tatsächlich zunächst hilft, die Infektionswelle einzudämmen: Der israelische Sicherheitsforscher Amit Serper findet noch am Abend des 27. Juni nach einigen Stunden der Analyse des NotPetya-Codes eine simple Regel darin nach dem Muster: »Wenn auf einem Computer folgende Datei vorhanden ist, dann verschlüssle ihn nicht.«[55] NotPetya suchte nach einer Datei namens »perfc« – und wenn sich diese bereits auf einem Computer befand, verschonte NotPetya ihn. Die Infektion blieb dann folgenlos.

---

55 https://twitter.com/0xAmit/status/879768194545836032

Für Serper ist klar: Würde einfach jeder Computer der Welt mit einer Datei mit diesem Namen ausgestattet werden, wäre der gefährliche Virus schnell besiegt. »Impfung« nennt er diesen Trick, den er sofort per Twitter und über andere Netzwerke bekannt macht – und er findet einige Verbreitung. Es funktioniert tatsächlich! Allerdings – wie bei einer medizinischen Impfung auch – nicht nachträglich. Nur wer die Datei vor dem Angriff auf seinem Computer hatte, ist geschützt. Und ebenfalls wie bei einer medizinischen Impfung gibt es die Herausforderung, die Datei schnell genug an alle zu verteilen und die Menschen von dem Vorteil der Impfung zu überzeugen.

Doch es sollte sich herausstellen, dass bereits jemand bei der Verbreitung der Impfung geholfen hatte. Als sich Yasinskyi Tage später einige der zehn Prozent der nicht verschlüsselten Geräte genauer ansieht und auf deren Festplatten nach Spuren von Not-Petya sucht, macht er eine unheimliche Entdeckung: Jedes von ihnen hatte die »Impfung« bereits aufgespielt. Nur sicherheitshalber fragt er bei den betroffenen Unternehmen nach, doch alle verneinen: Sie selbst hatten nach dem Angriff keine Datei gespeichert. Yasinskyi dämmert: Die Impfung ist Teil des Angriffs. Sie ist von den Angreifer:innen selbst aufgespielt worden. »Die Geräte waren alle infiziert – es waren nur nicht alle verschlüsselt!« So wie auch Menschen einen Virus in ihrem Körper tragen können, ohne zu erkranken, war es auch bei den Computern: weil jemand ihr Immunsystem vorher ein wenig unterstützt hatte.

Nur: Welches Interesse sollten die Angreifer:innen daran haben, einige Geräte aktiv vor einer Verschlüsselung zu schützen? Die Antwort ist erstaunlich banal – man muss nur darauf kommen. »Sie konnten so im System bleiben«, sagt Yasinskyi. Hätte NotPetya hingegen alle Geräte eines Unternehmens verschlüsselt, hätten die betroffenen Unternehmen diese komplett ersetzt – und damit eventuelle weitere Hintertüren, die die Eindringlinge eingebaut hatten, mitsamt ihrer restlichen Infrastruktur auf den Müll geworfen. Wenn sie hingegen dafür sorgten, dass einige wenige

Geräte erhalten blieben, konnten sie selbst sich mittels gut versteckter Hintertüren im System einnisten und sich später durch das Unternehmensnetzwerk auch wieder auf andere Geräte ausbreiten.

Solche »Sleeper Agents«, wie Yasinskyi sie nennt, hat er schon öfter gesehen: Hacker:innen versuchen, auch nach einer erfolgreichen Attacke unentdeckt im System zu bleiben, als unauffälliger Schläfer. Sie nutzen Dateien, die zunächst unscheinbar wirken, und wollen damit einen Fuß in der Tür behalten für Spionage oder künftige Attacken. Er erinnert sich, dass er nach den Industroyer-Angriffen auf die Elektrizitätswerke im Dezember 2016 auch in deren Software nach langem Suchen entsprechende Dateien fand, die Schadsoftware enthielten: »Sie haben Notizbuch-Apps ersetzt durch schadhafte eigene Notepads«, also jene kleinen Notizprogramme, die sich auf fast allen Geräten finden. »Das ist unauffällig, denn man geht davon aus, dass .txt-Dateien keine Schadsoftware enthalten können.«

Meistens allerdings sei es aussichtslos, diese unauffälligen kleinen Dateien im Wust eines Computersystems zu finden. Die Strategie ist in der Regel erfolgreich, sagt Yasinskyi: »Die Wahrheit ist: Du bekommst einen Angreifer nicht los in deinem System.« Und freilich hat die Sandworm-Gruppe, die nach Ansicht der meisten Fachleute hinter diesen Angriffen in der Ukraine steckt, ein großes Interesse daran, weitere Informationen über die Ukraine zu sammeln und auf neue Attacken vorbereitet zu sein.

Zeitbombe

Und genau das scheint Sandworm seit Jahren zu machen, wie Yasinskyi bei seinen weiteren Recherchen feststellt. Im schlichten Konferenzraum von ISSP in Kiew projiziert er im Dezember 2021 eine eng bedruckte Infografik auf den Beamer, um das deutlich zu machen: darauf finden sich unzählige Cyberattacken, unter anderem jene von 2015 und 2016 auf ukrainische Energieversorger, jene auf Starlight Media 2015, diverse Attacken auf Ministerien wie das Finanzministerium in Kiew. Und darunter sind in leuchtend roten Feldern einige Attacken von 2017 aufgelistet, NotPetya ist natürlich dabei. Zwischen ihnen sind Felder mit durchnummerierten »MeDoc-Backdoors« – also die Hintertüren, die Angreifer:innen in die Updates der ukrainischen Steuersoftware eingebaut hatten – die erste vom April 2017. Yasinskyis Verdacht ist erschreckend: Bereits im April hatte die Gruppe des russischen Geheimdiensts die Updates der Steuersoftware manipuliert und Angriffe auf diesem Weg verbreitet. »Hier kann man sehen, dass sie ihre Hintertür überarbeitet haben und direkt danach wieder einen neuen Angriff vorbereiten«, zeigt er. Der letzte Angriff in der Reihe ist NotPetya.

Yasinskyi ist überzeugt, dass das Hauptziel von NotPetya nicht die Zerstörung, sondern die Verschleierung der eigenen Spuren war. »Es war eine riesige Löschaktion.« Schließlich zeigt seine Analyse, dass die Angreifer:innen zumindest einige Monate Zeit hatten, sich in den Systemen umzusehen. Und in manchen Systemen waren sie möglicherweise noch länger – schließlich gibt es die Angriffe der Gruppe seit 2014. Mit NotPetya wurden große Teile der angegriffenen Infrastruktur zerstört – und damit vermutlich auch frühere Spuren der Gruppe.

Doch wenn die Eindringlinge bereits seit einigen Monaten dank der Hintertür in der Steuersoftware MeDoc in den Systemen der Unternehmen unterwegs waren, ist die Wahrscheinlichkeit hoch, dass ihre in unauffälligen Dateien versteckten Schläfer mitsamt der Back-ups in die neu aufgebauten Netzwerke wanderten. Das freilich haben die Unternehmen damals noch nicht wissen können – Yasinskyi entdeckte diese Zusammenhänge erst Monate nach den Attacken.

Ist es im Nachhinein plausibel, dass Maersk und einige andere große internationale Unternehmen lediglich Kollateralschäden waren und NotPetya eigentlich ausschließlich auf die Ukraine gemünzt war? Yasinskyi glaubt das nicht. »Die Angreifer wussten, wo sie sich befinden.« Sie hatten Zeit, sich umzuschauen, die Daten der Unternehmen zu analysieren und sicherlich auch, sie zu kopieren: »Sie haben nicht aus Versehen internationale Unternehmen angegriffen.« Hätten sie diese verschonen wollen, wäre es ein Leichtes gewesen, die »Impfung« aufzuspielen, so wie sie es bei einigen anderen Systemen ja schließlich taten. Aber sie ließen den Angriff laufen. »Vielleicht war es eine Machtdemonstration«, sagt Yasinskyi. Eine Warnung: Schaut, was wir anrichten können, wenn wir nur wollen.

Doch womöglich gab es NotPetya überhaupt nur deshalb, weil keiner auf Anton Cherepanov gehört hat. Der Forscher der slowakischen Sicherheitsfirma ESET hatte schon lange vorher vor der gefährlichen Hintertür gewarnt.

Im Mai 2017 entdeckt Cherepanov die Hintertür in der Me-Doc-Software, durch die damals eine andere Malware verbreitet wird: XData, wie er sie tauft. In seinem Blogpost vom 23. Mai 2017[56] nennt er den Namen MeDoc nicht – er habe das Unternehmen schützen wollen, das ja nur Opfer war, sagt er heute. Er schreibt allerdings, »die Ransomware scheint über ein ukrainisches System zur Automatisierung von Dokumenten verbreitet worden zu sein, das in der Buchhaltung weit verbreitet ist«. Noch sei die Infektionsrate gering, doch er vermutet im Blogpost eine Verbreitung »in Verbindung mit einem bösartigen Software-Update«. Vorsichtig schränkt er aber ein, es sei »noch zu früh, um dies mit absoluter Sicherheit zu sagen«.

Als Cherepanov das im Mai 2017 feststellt, kontaktiert er Me-Doc. »Aber die sagten nur, das stimme nicht«, berichtet er im Interview mit mir. MeDoc unternimmt nichts, die Hintertür bleibt geöffnet. Als Ende Juni schließlich ein großer Teil der ESET-

---

56 https://www.welivesecurity.com/2017/05/23/xdata-ransomware-making-rounds-amid-global-wannacryptor-scare/

Kundschaft in der Ukraine Opfer von NotPetya wird, gräbt Cherepanov die MeDoc-Updates des vergangenen halben Jahres wieder aus dem Archiv aus und analysiert sie im Detail. »Ich konnte sehen, dass sowohl im April als auch im Mai und im Juni Schadsoftware mit dem Update verbreitet wurde«, sagt er heute. Obwohl er in seinem Blogpost kein Unternehmen namentlich nennt, erhält er Drohungen (deren Ursprung er nicht nennen möchte): Seine Verdächtigungen seien falsch, man werde ihn verklagen.

Dennoch hätte die Öffentlichkeit lange vor NotPetya von der gefährlichen Hintertür wissen können. Ein ukrainischer Journalist erwähnt MeDoc namentlich in seinem Artikel vom 24. Mai 2017[57] über die ESET-Recherchen und konfrontiert MeDoc auch mit dem Verdacht, dass unbekannte Angreifer:innen ihre Schadsoftware über ein Update verbreiten. MeDoc sagt gegenüber der Zeitung aber, dass die Ausbreitung des Virus direkt nach dem Software-Update ein Zufall sei. Ein Sprecher versicherte, der Code sei »sicher« und auch von »großen Antivirenunternehmen« geprüft.

Wie sich herausstellen sollte, war das leider falsch. Die Analyse von Yasinskyi im Zuge von NotPetya zeigt, dass die Sandworm-Gruppe des russischen Geheimdienstes damals bereits seit einigen Monaten Hintertüren in MeDoc-Updates ausnutzte. Das freilich wurde erst nach dem NotPetya-Angriff öffentlich bekannt. Auch ESET-Forscher Cherepanov hat nachträglich analysiert, dass erste vergleichbare Malware bereits im Dezember 2016 in der Ukraine unterwegs war: »Wir haben schon damals etwas gesehen, das wir als frühe Version von NotPetya bezeichnen würden.« Es habe allerdings nur genau ein Opfer gegeben: ein ukrainisches Unternehmen, das Kunde von ESET war und dessen Daten plötzlich gelöscht waren.

---

57 https://ain.ua/ru/2017/05/24/vse-pro-xdata-poka/

Erst im Oktober 2018 veröffentlicht Cherepanov allerdings seine Ergebnisse:[58] Er nennt die Schadsoftware, die ESET im Dezember 2016 bei dem einen Kunden gefunden hatte »Grey Energy«, ein Nachfolger von BlackEnergy – jener Attacke, die hinter den Blackouts in der Ukraine im Dezember 2015 und dem Angriff auf das Medienunternehmen Starlight Media steht. Die ESET-Forscher schreiben in ihrem Bericht von deutlichen Code-Ähnlichkeiten und einer ähnlichen Vorgehensweise. Doch im Gegensatz zu BlackEnergy habe sich der Nachfolger darauf spezialisiert, mögliche Opfer auszuspionieren. Die Schadsoftware habe Screenshots gemacht und Zugangsdaten abgezogen. »Grey Energy wurde dann aktualisiert und unter anderem um die NSA-Schwachstelle ergänzt«, sagt Cherepanov: »So wurde daraus NotPetya.«

Auch Yasinskyi ordnet NotPetya als die letzte Attacke in einer langen Reihe ein. Wieso ist seither nichts mehr passiert, frage ich Yasinskyi im Dezember 2021. Damals kann noch niemand wissen, dass ein paar Monate später der brutale russische Angriffskrieg startet, in dessen Zuge auch Sandworm wieder aktiv wird. Yasinskyi sagt das im Dezember voraus: Die Angreifer:innen seien sicher noch in den Systemen – »und wer weiß, was sie da gerade vorbereiten«. Heute wissen wir es: Anfang April 2022 entdecken ukrainische Behörden einen Cyberangriff, der wieder auf die Steuerung von Umspannwerken abzielt und zudem Computer und Server von Energieunternehmen befallen hat. Der Blackout kann diesmal verhindert werden.[59] Aber es zeigt sich, dass die russischen Staatshacker noch immer aktiv sind und ihre Fähigkeiten auch im Angriffskrieg gegen die Ukraine einsetzen. Yasinskyi macht eine weitere Prognose, die Gruppe des

---

58 https://www.welivesecurity.com/wp-content/uploads/2018/10/ESET_GreyEnergy.pdf
59 https://www.nzz.ch/technologie/die-ukraine-hat-einen-russischen-cyberangriff-abgewehrt-er-sollte-das-stromnetz-lahmlegen-ld.1679239

russischen Geheimdienstes betreffend: »Sie haben viel gelernt«, sagt er im Dezember 2021, »jetzt sind sie weitergezogen – vermutlich auch in andere Länder.« Genau davor warnen Fachleute seit Beginn des russischen Angriffskriegs: Westliche Infrastrukturen sind gefährdet und können Angriffsziel werden im hybriden Krieg.

Kurz vor Erscheinen dieses Buchs wird öffentlich bekannt, dass sich tatsächlich russische Staatshacker intensiv in deutschen Energieunternehmen umgeschaut haben: Konkret hatten sie über Jahre offenbar wohl mehr als 150 Unternehmen im Visier – vor allem aus dem Bereich der Strom- und Wasserversorgung. Nach Informationen des Bayerischen Rundfunks und des WDR ließ sich sogar einer der Täter namentlich einem Agenten des Geheimdienst FSB zuordnen.[60] Unter anderem in die Netze der EnBW konnten die russischen Angreifer eindringen. Dafür hatten sie offenbar Spear-Phishing-E-Mails mit einem Anhang mit dem Titel: »Bewertung des langfristigen Investitionsbedarfs der dezentralen e.on-Stromnetze« verschickt, die arglose Angestellte angeklickt hatten. Offenbar wurden die Angreifer gestoppt, bevor sie Schaden anrichten konnten – vermutlich noch in der ersten Phase des Angriffs, in der vor allem Zugänge vorbereitet und Organisationen ausspioniert werden. Wolfgang Wien, der Vizepräsident des Bundesnachrichtendienstes hatte kurz zuvor – Ende Juni 2022 – auf einer Cybersicherheitskonferenz in Potsdam gewarnt: »Uns muss bewusst sein: Russland ist in unseren Netzen.«[61] Doch nach wie vor werden solche Warnungen oft als Verschwörungstheorien oder unrealistisch abgetan. Das ist gefährlich.

---

60   https://www.tagesschau.de/investigativ/br-recherche/stromnetz-hacker-russland-101.html

61   https://www.rnd.de/politik/strack-zimmerman-fordert-eindeutige-befehlskette-fuer-verteidigung-gegen-cyberangriffe-AYALT5YDORE5XDPLCX4XRP72T4.html

Wie wichtig es ist, auf solche Warnungen zu hören, zeigen die Forschungen von Anton Cherepanov. Denn er war auf der richtigen Spur. Wäre sein Blogpost ernst genommen worden, wäre ein weltweiter Schaden von zehn Milliarden US-Dollar verhindert worden. Der Artikel des ukrainischen Journalisten über Cherepanovs Erkenntnisse über das erste Opfer der neuen Schadsoftware, die über Updates des Steuerprogramms verbreitet worden war, endet mit dem Satz: »Wir möchten daran erinnern, dass dies nicht der erste Angriff auf ukrainische Unternehmen ist.« Nicht nur das: Es ist erst der Anfang. Damals war noch genau ein Monat Zeit, bevor die verheerende Cyberattacke NotPetya einen Milliardenschaden anrichtete.

Aber Anton Cherepanov fand mit seiner Analyse kein Gehör. Womöglich auch, weil die Welt bereits mit einem anderen Angriff zu kämpfen hatte, der Krankenhäuser, Züge und Flughäfen lahmlegte und die Menschen in Angst und Schrecken versetzte: WannaCry. Auch dieser Virus hat seinen Ursprung in einem Datenleak der NSA.

Kapitel 3.2

Gefährliche Synergien

Nordkorea nutzt eine Sicherheitslücke der NSA aus:
Ein Crashkurs für die westliche Welt über die Gefahr
von Cyberwaffen

Als der Neurologe Krishna Chinthapalli am 12. Mai 2017 nachmittags aus seiner Sprechstunde am National Hospital for Neurology and Neurosurgery in London kommt und sich auf einen entspannten Feierabend freut, wundert er sich über die vielen Nachrichten und Anrufversuche auf seinem Mobiltelefon. »Funktionieren eure Systeme?«, fragen ihn Kolleg:innen aus anderen Krankenhäusern in unzähligen Textnachrichten. Er recherchiert und stellt fest, dass genau das geschehen ist, was er kurz zuvor vorhergesagt hatte: Eine massive Ransomware-Attacke hat die Krankenhäuser in Großbritannien überzogen.

Zwischen all den Nachrichten findet er auch eine Anfrage der BBC: Man müsse dringend mit ihm sprechen. Woher habe er gewusst, dass das geschehen würde? Was sei nun zu tun? Chinthapalli erschrickt selbst ein wenig über seine offenbar hellseherischen Fähigkeiten: Sein Artikel im *British Medical Journal* ist genau zwei Tage vorher erschienen.[62] Darin beschreibt er einige kleinere Cyberangriffe auf Krankenhäuser, die sich zu dieser Zeit bereits ereignet haben, und erklärt das damals für viele noch unbekannte Geschäftsmodell von Ransomware-Gruppen: Diese gelangen über Schwachstellen in die Netze der Einrichtungen, verschlüsseln deren Daten und fordern Geld, um diese wieder zu entschlüs-

---

62 https://www.bmj.com/content/357/bmj.j2214

seln. Chinthapalli hatte sich einige dieser Angriffe genauer angesehen, er hatte gesehen, wie erste Krankenhäuser Patienten wegschicken mussten und wie sie schließlich tatsächlich viel Geld bezahlten, um wieder arbeitsfähig zu sein. »Wir sollten vorbereitet sein«, endet sein Artikel, der am 10. Mai erschienen ist: »In diesem Jahr werden ziemlich sicher mehr Krankenhäuser durch Ransomware lahmgelegt werden.«

Zwei Tage später zieht ein zerstörerischer Computerwurm um die Erde und verschlüsselt zahlreiche Computer: WannaCry wird er schon kurz darauf genannt, von »I wanna cry«, sinngemäß: »Ich will weinen.« Nur leider hilft Weinen nicht – und auch das Lösegeld, das manche in der verzweifelten Hoffnung bezahlen, wieder an ihre Daten zu kommen, wird nicht helfen. Das zeigen die folgenden Stunden: ein Crashkurs für die westliche Welt über die Gefahr staatlicher Cyberwaffen.

WannaCry kommt zu seinem Namen, weil die Verschlüsselungs-Schadsoftware selbst »WannaCrypt« heißt. Im Verschlüsseln ist sie ziemlich erfolgreich: Der 12. Mai ist ein Freitag, und schon am Wochenende sind mindestens 200 000 Computer in 150 Ländern verschlüsselt,[63] darunter auch die der Deutschen Bahn:[64] Fahrgäste sehen anstatt der Fahrpläne und Zuganzeigen am Gleis lediglich die rote Bildschirmanzeige mit der Überschrift: »Oops, your files have been encrypted«. Man solle sich nicht bemühen, schreibt die unbekannte Gruppe weiter, die Dateien ließen sich ohne ihre Hilfe nicht entschlüsseln. Sie fordert ein Lösegeld von 300 Dollar in Bitcoin – allerdings nur, wenn innerhalb von drei Tagen gezahlt werde. Danach verdopple sich die Forderung – und wer nach mehr als sechs Tagen nicht bezahle, werde seine Daten nie wieder entschlüsseln können.

---

63 https://web.archive.org/web/20170515024912/http://www.cnbc.
   com/2017/05/14/cyber-attack-hits-200000-in-at-least-150-countries-europol.
   html
64 https://twitter.com/DB_Presse/status/863234856481951744

Ein Drittel aller staatlichen Krankenhäuser in Großbritannien ist betroffen. Aufgrund von 19 000 ausgefallenen Behandlungsterminen entsteht ein Schaden von 92 Millionen Pfund.[65] Chinthapalli hat im Interview mit mir den Freitagnachmittag rekonstruiert, der in die Geschichte eingehen wird als der Start einer massiven Cyberattacke, die die Verwundbarkeit des Gesundheitssystems spürbar werden lässt. Und die zeigt, wie gefährlich staatliche Cyberwaffen sind.

Als Chintapalli nach seiner Sprechstunde die Berichte vieler atemloser Kollegen hört, die verzweifelt versuchen, Laborergebnisse von wichtigen Untersuchungen ihrer Patient:innen zu bekommen, als er mitbekommt, dass Krankenhäuser Patient:innen abweisen müssen, weil sie ohne Computer kaum herausbekommen können, was diesen fehlt oder wie der Stand der Behandlung ist, kommt ihm das sehr bekannt vor aus seiner Recherche für den Artikel, mit dem er genau das eigentlich verhindern wollte: Er wollte seine Branche aufrütteln und dafür sorgen, dass sich seine Kolleg:innen mit dem Thema beschäftigen. Dass ihnen klar wird, wie groß die Gefahr ist, damit sie ihre Arbeitgeber nötigen, in eine sichere IT-Infrastruktur zu investieren. Aber dafür ist es nun zu spät.

Der Neurologe hat dafür vorangegangene Angriffe auf andere Krankenhäuser analysiert. »Wenn du schwerkranke Patienten hast, oder wenn dein Patient gerade auf dem OP-Tisch liegt und du kommst nicht an die Röntgen- oder MRT-Bilder oder vorherige Diagnosen, ist das ein riesiges Problem.« Operationen müssen abgesagt werden, andere Termine verschoben –, »aber wenn es Patienten richtig schlecht geht, dann drängt die Zeit«. Ihm wird klar, dass Krankenhäuser interessante Ziele für Angreifer:innen sind, weil sie besonders offen dafür sind, ein Lösegeld zu bezahlen. »Sie sind kritischer als viele andere kritische Infrastrukturen.«

---

65 https://www.nationalhealthexecutive.com/articles/wannacry-cyber-attack-cost-nhs-ps92m-after-19000-appointments-were-cancelled

Chinthapalli beobachtete in den Jahren vor WannaCry, wie Ransomware-Gruppen immer wieder erfolgreich waren bei Krankenhäusern und wie sie ihr Geschäftsmodell weiter ausbauten. »Die Kriminellen haben einen immer besseren Service geboten«, erklärt er: »Sie sorgten dafür, dass die Opfer ihnen vertrauten.« Denn sonst hätten sie kein Lösegeld gezahlt. Das setzt sich bis heute fort: Manche Ransomware-Gruppen bieten Hotlines an, um Betroffenen zu helfen, die nicht wissen, wie sie beispielsweise mit Bitcoin bezahlen können. Andere bieten Rabatt oder verhandeln eine längere Zahlungsfrist mit den Opfern.

Die neueste Entwicklung im Bereich der Ransomware macht Chinthapalli besonders nachdenklich: Inzwischen ist es die Regel, dass Kriminelle nicht mehr nur Daten verschlüsseln und ein Lösegeld fordern. Sollte ein Unternehmen nicht bezahlen, drohen sie damit, die Daten zu veröffentlichen. Geschehen ist dies im Oktober 2020 in Finnland, als Kriminellen alle Daten einer Psychotherapie-Datenbank in die Hände fielen – darunter auch viele Protokolle psychotherapeutischer Behandlungen. Insgesamt 40 000 Patient:innen waren betroffen. Die Angreifer:innen veröffentlichten die Daten, nachdem ihre Geldforderungen ignoriert wurden, sodass die Probleme und Nöte vieler Menschen öffentlich im Internet standen, darunter jene hochrangiger Politiker:innen und anderer Prominenter.[66]

Krankenhäuser sind zudem leichte Opfer, weil ihre IT-Systeme oft nicht auf dem aktuellen Stand sind. Denn das sei kompliziert, erklärt Chinthapalli: »Die Laborergebnisse für Bluttests kommen auf einem System an, die MRT-Bilder auf einem anderen, die Patientendokumente auf einem dritten und so weiter. Und dann gibt es noch je eine Software für die Buchhaltung, die Terminkoordination und die Verwaltung.« Viele dieser Systeme – vor allem jene, die Daten aus medizinischen Geräten verwalten – beruhten

---

66 https://www.faz.net/aktuell/feuilleton/debatten/finnland-hackerangriff-auf-psychotherapeutische-krankenakten-17022624.html?

auf proprietärer Software der jeweiligen Anbieter. Also auf Software, die nicht offen einsehbar und durch Rechte der Unternehmen geschützt ist. »Viele dieser Programme laufen nur auf älteren Betriebssystemversionen«, sagt Chinthapalli. Sie hinkten dem Windows-Update-Zeitplan hinterher. »Und Krankenhäuser verschieben die Aktualisierung zusätzlich, weil dann vieles erst mal nicht mehr stabil läuft.«

Das hat gravierende Folgen: Als WannaCry, zuschlägt, läuft ein Großteil der Systeme in den Krankenhäusern noch auf Windows XP, erklärt der Neurologe. »Das war 16 Jahre vorher auf den Markt gekommen – und niemand hat darüber gesprochen, dass wir auf derart veralteten Systemen arbeiteten.« WannaCry basiert auf einer Sicherheitslücke, die Microsoft zwar kurz zuvor geschlossen hat –, doch Windows XP wurde schon seit Jahren nicht mehr unterstützt. Rechner, auf denen das veraltete Betriebssystem noch installiert ist, erhalten schlicht keine Updates und sind damit anfällig für entsprechende Angriffe.

Die spannendste Frage in diesen Tagen im Mai 2017 ist: Wer sind die Angreifer:innen und wie haben sie diese Sicherheitslücke für sich nutzen können? Sicherheitsforscher:innen finden bei der Analyse recht eindeutige Hinweise darauf, dass wohl Hacker:innen im Auftrag der nordkoreanischen Regierung hinter dem Angriff stecken. Nordkorea? Das Land ist nicht gerade für technologischen Fortschritt bekannt, es leidet unter einer Diktatur und in der Folge unter Handelsembargos und einer schwachen Wirtschaft. Wie kann ein solches Land, in dem es an allem fehlt, einen Cyberangriff planen und ausführen, der das Leben in vielen westlichen Ländern massiv beeinträchtigt und einen riesigen Schaden anrichtet?

Im Laufe dieses Kapitels wird sich zeigen, dass der Cyberwar bisherige scheinbar feststehende Machtgefüge verändert. Staaten wie Nordkorea werden zur unberechenbaren Gefahr aus der Ferne, die einen großen Einfluss auf Infrastrukturen der westlichen Welt haben können. In diesem Fall wurde das verstärkt durch ein unglückliches Ereignis: den Verlust einer Cyberwaffe der amerikanischen National Security Agency (NSA).

Cyberwaffen-Auktion

Es fängt alles ein knappes Jahr vorher an – auf ziemlich rätselhafte Weise: Am 13. August 2016 tauchen eine Reihe von Tweets und Blogposts auf verschiedenen Websites wie GitHub, Tumblr und Reddit auf, die Verfasser nennen sich Shadow Brokers.[67] Die Botschaft der Gruppe ist in einem lapidaren Stil noch dazu in gebrochenem Englisch geschrieben, aber umso erschreckender: »We follow Equation Group traffic. We find Equation Group source range. We hack Equation Group.« Hatten tatsächlich Unbekannte die NSA gehackt? »Equation Group« ist der Name, den die IT-Sicherheitscommunity den Elitehacker:innen der NSA gegeben hat.

»Wir haben viele Cyberwaffen der Equation Group gefunden«, fährt die rätselhafte Gruppe namens Shadow Brokers in seltsamem Englisch fort: »You see pictures. We give you some Equation Group files free, you see. This is good proof no? You enjoy!!!«[68] Niemand kennt die Gruppe, aber die Sicherheitsszene ist alarmiert. Schließlich behaupten die Fremden nicht nur, eines der besten nationalstaatlichen Hackerteams ihrerseits gehackt zu haben, sondern schicken auch gleich Belege mit – einige Dateien, bei denen Sicherheitsforscher:innen schnell feststellen, dass sie vermutlich tatsächlich aus dem Arsenal der NSA kommen. Der Rest werde meistbietend versteigert, kündigt die Gruppe an und veröffentlicht eine Bitcoin-Adresse. Außerdem einen Screenshot, auf dem die zu versteigernden Inhalte in Form verschiedener Da-

---

67 https://www.riskbasedsecurity.com/2016/08/15/the-shadow-brokers-lifting-the-shadows-of-the-nsas-equation-group/
68 https://thehackernews.com/2016/08/nsa-hacking-tools.html

teiordner zu sehen sind – darauf die Namen einiger Cyberwaffen der NSA, die bereits aus einem geleakten Spionagekatalog der NSA bekannt sind.[69] Der Katalog, der dem Magazin *Der Spiegel* im Dezember 2013 zugespielt wurde, listet zig verschiedene Spionageattacken auf Computer und Handys auf, die von den Betroffenen offenbar nicht bemerkt werden. Die Angriffe laufen via Funk und Bluetooth, über manipulierte Hardware ebenso wie über Datenverbindungen; es gibt Angriffe auf Bildschirme, Tastatur, via USA-Sticks, WLAN, Mobilfunk oder Raumüberwachung.[70] Der Katalog zeichnet für jeden Angriff einen Preis aus. Ein manipuliertes Monitorkabel etwa, das es den Spionen »erlaubt zu sehen, was auf dem anvisierten Monitor angezeigt wird«, kostet 30 Dollar, eine »aktive GSM Basisstation«, die es erlaubt, einen Handy-Funkmasten zu simulieren und den Mobilfunkverkehr auszuwerten, gibt es für 40 000 Dollar. Eine als normaler USB-Stecker getarnte Computerwanze, die unbemerkt über eine Funkverbindung Daten senden und empfangen kann, kostet im Fünfzigerpack über eine Million Dollar, so der *Spiegel*-Bericht.[71] Auch an einer sogenannten Zero-Day-Lücke für das erste iPhone hatte die NSA damals offenbar gearbeitet.

Dieser Katalog ist bereits von 2008, und die Tools, die damals angeboten wurden, sind selbst für die heutige Zeit beeindruckend. Seither ist viel passiert – und man kann wohl davon ausgehen, dass die talentierten Hacker:innen der NSA nicht geschla-

---

69 https://techcrunch.com/2016/08/16/everything-you-need-to-know-about-the-nsa-hack-but-were-afraid-to-google/

70 In seiner Biografie »Permanent Record« beschreibt Snowden, wie er Videoaufnahmen von einem Mann auswertete, der mit seinem Sohn auf dem Schoß vor seinem Computer saß. Die NSA schaute dabei durch dessen eigene Laptop-Kamera zu und speicherte die Szene in ihrem riesigen Pool an Überwachungsdaten. Für Snowden war dieser intime Einblick in das Leben einer unschuldigen Familie ein Schlüsselereignis, das ihn zum Aussteigen bewegte.

71 https://www.spiegel.de/netzwelt/netzpolitik/interaktive-grafik-hier-sitzen-die-spaeh-werkzeuge-der-nsa-a-941030.html

fen haben, sondern permanent auf der Suche nach Schwachstellen und Lücken in Computersystemen sind, die noch keiner zuvor gefunden hat. Aber Sicherheitslücken aufzuspüren und für den eigenen Gebrauch vorzuhalten, anstatt sie den verantwortlichen Unternehmen zu melden, kann schiefgehen. Denn es schwächt die Sicherheit aller und kann sich im Zweifel sogar gegen den Entdecker selbst richten. WannaCry ist ein Musterbeispiel dafür.

Der französische Sicherheitsforscher Matt Suiche hört von dem Tweet der Shadow Brokers, als er gerade mit seiner Freundin auf dem Weg nach London ist, um Urlaub zu machen. Aber er kann es nicht lassen, sich die Leaks genauer anzuschauen. »Mir war sofort klar: Wow, das ist relevant«, sagt er im Interview. Schnell stellt er über diese Sicherheitslücken fest: »Sie waren echt, es waren echte Cyberwaffen der NSA!« Unter anderem befinden sich in den Beispieldaten funktionierende Angriffe, um Firewalls verschiedener Firmen zu durchbrechen, darunter eine von Cisco – selbst solche, die mit der aktuellsten Software ausgestattet sind. Es sind Zero-Day-Lücken für die es noch keine Patches gibt!

Diese Entdeckung sorgt für viele Diskussionen unter IT-Fachleuten. Zero-Days sind selten und extrem teuer. »Die große Frage war: Wer steht hinter der Gruppe?«, erinnert sich Suiche, verbunden mit der Frage: »Und was kommt als Nächstes?« Sollten die Shadow Brokers wirklich Cyberwaffen im großen Stil entwendet haben? Noch gibt es die Hoffnung, dass die Gruppe nicht mehr in der Hand hat als die Beispieldaten. Vielleicht waren diese durch einen anderen dummen Zufall in deren Hände geraten, rätseln manche. Vielleicht waren die Spione der NSA bei einem Angriff erwischt worden und der Angegriffene kam so an die Waffen –, weil sie zufällig auf seinen Systemen lagen?

Unternehmen, deren Software von den Schwachstellen in den ersten Leaks betroffen ist, bestätigen schließlich, dass es sich um unbekannte Sicherheitslücken handelt und dass es durch diese möglich ist, Computer anzugreifen, selbst wenn diese alle aktuellen Sicherheitsupdates haben. Hektisch werden die Sicherheitslücken gestopft und Updates verschickt –, aber das hilft nichts gegen das, was noch kommt.

Die Versteigerung läuft allerdings erst mal schleppend. Offenbar traut niemand der Gruppe so recht, sodass nach einer Woche nicht einmal 1000 Dollar in Bitcoin zusammenkommen. Es folgen wochenlang weitere Leaks, im Oktober 2016 veröffentlicht die Gruppe eine Liste mit IP-Adressen, also jenen Zahlenfolgen, die ein konkretes Gerät im Internet markieren. Suiche zählt 352 IP-Adressen von angeblichen Zielen der NSA aus 49 Ländern in China, Iran, aber auch in Europa. Im Dezember gibt die Gruppe das Konzept der Auktion auf und bietet einzelne Cyberwaffen für Preise zwischen 10 und 100 Bitcoin an. Am 8. Januar 2017 kündigen die Shadow Brokers in einer Art Saison-Schlussverkauf »Windows-Warez for sale« an – auf der Liste sind mehrere SMB-Schwachstellen. SMB bedeutet Server Message Block, also ein Kommunikationsprotokoll, das es ermöglicht, in lokalen Netzwerken Daten zwischen einem Client und einem Server zu übertragen – etwa um einen Drucker zu benutzen oder auf Dateien zugreifen zu können.

Diese Liste mit SMB-Schwachstellen ist vermutlich der erste Hinweis auf die Cyberwaffe EternalBlue der NSA, die der WannaCry-Attacke später einen massiven Boost verpassen wird. Doch das ist damals noch nicht absehbar – zunächst scheint sich das Problem von selbst zu lösen, denn offenbar will niemand die Cyberwaffen von der mysteriösen Gruppe kaufen. Am 12. Januar 2017 verabschieden sich die Shadow Brokers mit einer empörten »farewell message«, und in dieser Abschiedsbotschaft wird deutlich: Sie tun dies, weil sie offenbar nicht genügend Geld für ihre Angebote bekommen haben. »Dann wurde es erst mal still um die Shadow Brokers«, sagt Suiche.

Im Februar 2016 schließlich patcht Microsoft eine Lücke in einem SMB, aber niemand sieht einen Zusammenhang zur vorangegangenen Versteigerung. »Wir alle dachten, das hängt damit zusammen, dass ein Sicherheitsforscher eine Lücke gemeldet hatte«, erinnert sich Suiche. Doch vielleicht hat die NSA erkannt, dass es an der Zeit ist, Microsoft angesichts der anhaltenden Leaks der Shadow Brokers zu warnen: Als die Gruppe im April 2017 jedenfalls plötzlich wieder auftaucht und beinahe schon trotzig große Teile ihrer Beute kostenlos veröffentlicht, ist eine der kritischsten Schwachstellen schon gepatcht: nämlich EternalBlue. Microsoft hat erst kurz zuvor ein Sicherheitsupdate herausgegeben, das diese Lücke schließt –, aber nicht für alle Windows-Versionen, denn manche wurden schon nicht mehr unterstützt.

Wie sich herausstellen wird, befand sich diese Schwachstelle bereits seit vier Jahren im Waffenarsenal der NSA – und niemand außer der Behörde selbst wusste von ihrer Existenz. Sie funktionierte für alle Windows-Versionen von XP bis zum damals aktuellen Windows 2012.[72] Als die Shadow Brokers im April 2017 EternalBlue der Welt zur Verfügung stellen, ist die Lücke für aktuellere Versionen gestopft – nicht aber für alle Computer mit dem Betriebssystem Windows XP. Und davon gibt es viele, wie sich zeigen sollte.

WannaCry

Die Reaktionen sollten nicht lange auf sich warten lassen: Exakt einen Monat später tritt Wannacry seine zerstörerische Reise um die Welt an. »Plötzlich fanden sich diese ganzen Fotos der Ransomware-Bildschirme auf Twitter«, erinnert sich Suiche. Unter deutschen Twitter-Nutzer:innen häufen sich vor allem die Bilder

---

72 https://arstechnica.com/information-technology/2017/04/nsa-leaking-shadow-brokers-just-dumped-its-most-damaging-release-yet/

von Bahnanzeigen, in Frankreich trifft es Renault, in Spanien die Telefonica, in den USA FedEx und viele mehr. »Alle waren sehr besorgt«, erinnert sich Suiche. Der Sicherheitsforscher schafft es über seine Kontakte, ein Sample der Schadsoftware zu bekommen, und er beginnt, es zu analysieren. Anders als andere Angriffe ist Ransomware relativ einfach zu analysieren, erklärt er: »Da wird wenig verschleiert, meistens steht es sehr direkt im Code, was sie macht.« Sofort sieht er, dass WannaCry die Sicherheitslücke EternalBlue für die Weiterverbreitung nutzt – die geklaute Cyberwaffe der NSA.

Als er die Schadsoftware mit anderen Angriffen vergleicht, entdeckt er deutliche Ähnlichkeiten zu einer anderen Attacke, die Sicherheitsforscher:innen der sogenannten Lazarus-Gruppe zugeordnet haben, der bekannten staatlichen Hackinggruppe aus Nordkorea.[73] Vieles spricht dafür, dass hinter WannaCry ebenfalls Lazarus (und damit Nordkorea) steckt. Das wird schließlich von mehreren Sicherheitsunternehmen bestätigt, darunter Kaspersky und Symantec.

Matt Suiche ist gleichzeitig fasziniert und geschockt von den Aktivitäten der Shadow Brokers. Wer verbirgt sich dahinter? Wer schafft es, die weltbesten Staatshacker zu hacken? Er weiß, dass die NSA mit vielen externen Unternehmen zusammenarbeitet: »Vielleicht hat die NSA ein Insider-Problem?«, fragt er sich. Am 27. August 2017 durchsucht das FBI in der Tat die Wohnung eines Mitarbeiters einer dieser Vertragspartner, Harold T. Martin, und findet offenbar Terabytes an Dokumenten der vergangenen 20 Jahre auf seinem heimischen Computer. Das ist freilich nicht besonders professionell. Aber ist er einer der Männer hinter der Gruppe? Das erscheint wenig wahrscheinlich, vor allem weil die Shadow Brokers auch danach nicht aufhören, ihre kryptischen Nachrichten zu senden. Und würde ein einfacher Vertragsmitarbeiter tatsächlich Zugriff auf die besten Waffen des Dienstes haben?

---

73 https://www.comae.com/posts/wannacry-links-to-lazarus-group/

Das kryptische Englisch: Deutet das nicht vielmehr darauf hin, dass es gerade keine US-Amerikaner sind? »Nein, das ist fake«, meint Suiche: »Wir reden hier über jemanden sehr Schlaues, der diese Dokumente lesen und verstehen kann – so jemand kann definitiv richtig Englisch.« Es habe weitere Durchsuchungen bei Vertragsmitarbeitern gegeben, aber Suiche ist unentschlossen, was er davon halten soll. »Die USA hat natürlich sofort auf Russland gezeigt. Ich glaube eigentlich bis heute, dass es eher ein Insider war.«

Suiche analysiert alles, was er über die Gruppe in die Hände bekommen kann, und kündigt schließlich einen Vortrag auf der Black-Hat-Konferenz an, einer der größten Konferenzen der Computersicherheitsszene. Doch plötzlich beginnen die Shadow Brokers, ihn öffentlich per Twitter anzusprechen. Im April 2017 richten sie sich direkt an ihn mit einer Nachricht, die durchaus als Drohung verstanden werden kann. Kurz zuvor hat die Gruppe den ehemaligen NSA-Mitarbeiter Jake Williams als solchen geoutet. Williams hatte bis dahin ein unauffälliges Leben geführt und die Offenbarung, dass er für die NSA tätig war, bringt für ihn einige Probleme mit sich. Bis dato hatten nur sehr wenige Menschen gewusst, dass er einst für die NSA gearbeitet hatte – aus Sicherheitsgründen. Schließlich war er nicht irgendein NSA-Mitarbeiter, sondern Teil deren Elitehacking-Einheit.

Neben Suiche war Williams einer der Ersten, die sich intensiv mit den Shadow Brokers beschäftigten und auch einer der Ersten, die in ihren Analysen immer wieder den russischen Geheimdienst hinter der Gruppe vermuteten.[74][75] »@MalwareJake, you having a big mouth for former Equation Group member«, schreiben die Shadow Brokers im April 2017 und sprechen Jake Williams direkt mit seinem Twitter-Handle, also seinem Nutzernamen für Twit-

74 http://malwarejake.blogspot.com/2017/04/russia-crosses-rubicon-with-newest.html
75 https://twitter.com/MalwareJake/status/880028287090794496

ter, an. Die Gruppe würde normalerweise keine NSA-Mitglieder outen, schreiben sie, aber sie müssten wohl eine Ausnahme machen – offenbar befinden sie, Williams schreibe zu viel über sie. Williams[76] ist schockiert und beginnt daraufhin, Reisen in bestimmte Länder abzusagen, aus Angst, von den Behörden vor Ort verhaftet zu werden. Schließlich schreibe die USA russische Staatshacker zur Fahndung aus und mache kein Geheimnis daraus, diese auch zu verhaften, sobald sie Russland verlassen und ein Land besuchen, das mit den USA ein Auslieferungsabkommen hat. Ähnlich erging es bereits iranischen und chinesischen Staatshackern. Williams hatte diese Praxis schon zuvor verurteilt, weil es Einzelne bedrohe.[77] Nun aber ist er selbst betroffen, und mit ihm Matt Suiche. »Keep talking shit, @msuiche, you are next«[78], ergänzen die Shadow Brokers, «Rede weiter Scheiße, @msuiche, du bist der Nächste«. Obwohl Suiche aufgrund seiner französischen Staatsbürgerschaft freilich kein NSA-Mitarbeiter sein kann, fühlt er sich bedroht.

Im Mai schreiben die Shadow Brokers dann auf Twitter scherzhaft über Suiche: »He looks like such a fun guy«. Ist die Wendung »Er sieht eigentlich wie ein lustiger Typ aus« eine Drohung oder ein Versuch der Annäherung? Suiche schwankt zwischen Faszination und Angst. »Einerseits war es cool zu sehen, dass meine Arbeit sichtbar ist«, sagt er, andererseits wurde ihm klar, dass er sich dadurch in Gefahr bringen könnte. Schließlich wusste niemand, wer hinter den Shadow Brokers stand und wie gefährlich diese werden konnten.

Als schließlich sein geplanter Vortrag im Juli 2017 naht, schreibt ihn die Gruppe wieder auf Twitter an: »Hello Matt Suiche, The Shadow Brokers is sorry TheShadow Brokers is missing you at

---

76 https://twitter.com/MalwareJake/status/854691150720061440

77 http://malwarejake.blogspot.com/2016/03/doj-indictments-of-foreign-hackers-are.html

78 https://www.emptywheel.net/2017/04/19/the-doxing-of-equation-group-hackers-raises-questions-about-the-legal-role-of-nation-state-hackers/

theblackhats or maybe not«[79] –, aber er verstehe doch sicher, dass sie nicht nach Las Vegas reisen könnten zu seinem Vortrag, schließlich seien die Verfolgungsbehörden keine »friendly fans of TSB. Maybe someday, Dude?« – »Vielleicht ein andermal, Kollege?«

Suiche bekommt es mit der Angst. Mit einem flauen Gefühl reist er zur Konferenz, aber niemand spricht ihn an. Auch nicht die Geheimdienste, mit denen er schon fest gerechnet hatte. Er kauft sich sogar ein altes Nokia-Handy und nutzt es anstatt eines Smartphones, um sicher zu sein, dass er nicht überwacht werden kann. »Es war eine verrückte Geschichte, weil mindestens ein staatlicher Akteur involviert war – die NSA. Vielleicht aber auch die Russen.«

Was, wenn ihm jemand eine Falle stellt? Als er einige Zeit später zu einem Vortrag nach Russland reist, wird ihm trotz eines gültigen Visums die Einreise verwehrt – angeblich, weil sein zweiter Vorname auf dem Visum fehle. Suiche machen diese Vorfälle nervös: »Ich habe gesehen, was mit Snowden passiert ist, ich wollte mein Leben nicht ruinieren, ich war nicht bereit, nach Hongkong zu fliehen. Was ist, wenn mir jemand vorwirft, ein Doppelagent zu sein? Ich hatte Angst, dass sie mich als Sündenbock nehmen.« Suiche taucht für einige Zeit ab. Erst mir gegenüber spricht er im Interview erstmals wieder offen über die Geschichte und sagt: »Das war alles so unberechenbar damals.« Auch die Verhaftung eines beliebten Kollegen aus der Sicherheitsforschung habe ihm Angst gemacht, offenbart Suiche: Es geht um Marcus Hutchins.

---

79 https://www.cyberscoop.com/matthieu-suiche-shadow-brokers-comae-technologies/

Kill Switch

Auch Marcus Hutchins hat am 12. Mai 2017 – dem Tag, an dem Wannacry losbricht – eigentlich Urlaub. Aber er kann es nicht lassen, beim Frühstück schnell die üblichen Internetseiten zu überprüfen, auf denen er sich täglich über die aktuellen Cyberbedrohungen in Großbritannien informiert. Der britische Sicherheitsforscher beschäftigt sich seit seiner Kindheit mit Computern, und 2017 hat sich der 22-jährige talentierte Hacker bereits einen Namen gemacht, insbesondere als Botnetz-Jäger. Für seinen britischen Arbeitgeber Kryptos Logic verfolgt er Botnetze aller Art – zu dieser Zeit unter anderem Emotet, ein Botnetz, das die Welt lange beschäftigen und massiven Schaden anrichten sollte. Emotet wurde erst 2021 in einer konzertierten Aktion des FBI mit Europol übernommen und gestoppt –, nur um im Frühling 2022 erneut aufzutauchen und Rechner zu verschlüsseln.[80]

Zurück ins Jahr 2017. Beim Frühstück stößt Hutchins am 12. Mai auf Meldungen über eine mysteriöse Software namens »WannaCrypt«, die offenbar in hohem Tempo viele Systeme verschlüsselt. Erst denkt er, es sei eine der üblichen Ransomware-Attacken Krimineller, die er damals häufig sieht. Doch dann fällt ihm etwas Besonderes auf, erinnert er sich im Interview mit mir: »Das war die erste wurmfähige Ransomware«, also die erste Verschlüsselungssoftware, die sich selbst weiterverbreitet. »Da ahnte ich schon: WannaCry war von einem staatlich finanzierten Hacker erstellt worden.«

An diesem Morgen ist zwar noch offen, wer dahintersteckt, aber Hutchins wird schnell klar, dass die Attacke ähnliche Angriffe in den Schatten stellt. Er besorgt sich ein Sample des Virus und beginnt, die Schadsoftware zu analysieren. Dabei fällt ihm auf, dass WannaCry einen infizierten Computer zunächst dazu bringt, eine bestimmte Webseite im Internet aufzusuchen. Deren

---

80 https://threatpost.com/emotet-back-new-tricks/179410/

Name ist allerdings kryptisch, eine lange und wirre Folge aus Zahlen und Buchstaben. Im Code versteckt war ein Befehl: Sollte diese Domain registriert und eine Webseite unter dieser Internetadresse erreichbar sein, deaktiviere WannaCry sich selbst. Der Virus verschlüsselte den betroffenen Computer dann nicht und verbreitete sich auch nicht weiter. Hutchins denkt sich, dass das eine Art »Not-Stopp« für die Angreifer:innen selbst sein könnte, falls der Wurm beispielsweise deren eigene Systeme befällt, ein sogenannter »Kill Switch«, wie er sagt.

Als Hutchins nachsehen will, was es mit der Domain auf sich hat, stellt er erstaunt fest, dass diese nicht registriert ist. Also registriert er sie für knapp zehn Dollar selbst – und stoppt damit die WannaCry-Epidemie: Infizierte Systeme suchen nach seiner Domain, finden heraus, dass sie registriert ist, und stoppen die Infektion. Nun kann Hutchins zusehen, wie Computer aus aller Welt auf seine Domain zugreifen – und spätestens da wird ihm die Dimension bewusst: Es sind unendlich viele. Dabei sind es nur jene, die nach der Registrierung infiziert werden. Das gesamte Ausmaß der Zerstörung muss viel größer sein. »Die Geschwindigkeit und das Ausmaß waren überraschend«, erinnert er sich an diese Zeit, in der er atemlos an seinem eigenen Computer zusehen kann, wie sich WannaCry verbreitet. Und dann erkennt er das Geheimnis hinter der schnellen Ausbreitung: EternalBlue, die Cyberwaffe der NSA, die kurz zuvor von den Shadow Brokers veröffentlicht worden war.[81]

Die Systeme von Kryptos Logic kommen allerdings schnell an ihre Grenzen bei dem vielen Internetverkehr, den das sogenannte Sinkhole erzeugt – eine Falle für den Virus, die Hutchins angelegt hat, indem er die Domain registrierte. Hutchins freut sich im gleichen Maß darüber, dass er die Infektionen stoppen konnte, wie er gestresst versucht, die Systeme aufrechtzuerhalten. Er schläft kaum noch, der Druck ist enorm: Wenn er einen

---

81 https://twitter.com/MalwareTechBlog/status/863054290360946688

Serverausfall verpasst, kann WannaCry wieder Fahrt aufnehmen. Die Kosten sind unvorstellbar hoch. Und er warnt, dass dies keine Dauerlösung sein kann, denn für die Angreifer:innen ist es ein Leichtes, den Code zu verändern und eine neue Domain einzufügen.[82] Was er befürchtet hat, geschieht tatsächlich – kurze Zeit später entdecken Sicherheitsforscher neue Varianten des Codes.

Und es kommt ein Stressfaktor hinzu: Schnell spricht sich herum, dass ein 22-Jähriger »das Internet gerettet« hat. Hutchins ist überfordert von der öffentlichen Aufmerksamkeit. Er hat so lange wie möglich versucht, anonym zu bleiben. Er hat nie unter seinem echten Namen, sondern lediglich als »MalwareTech« gebloggt und getwittert. Doch jetzt ist er ein Star, plötzlich hat er unendlich viele Presseanfragen, und die ersten Boulevardmedien haben seinen wahren Namen herausgefunden. Das stresst den 22-Jährigen, der zu diesem Zeitpunkt noch bei seinen Eltern wohnt, einer britischen Krankenschwester und einem Sozialarbeiter aus Jamaika. Sein Büro ist sein Jugendzimmer in Devon, einer ländlichen Grafschaft im Südwesten Englands. Hutchins beschließt, nur ein einziges Interview zu geben: der Nachrichtenagentur *Associated Press*. »Ich bin kein Held, ich bin nur jemand, der sein bisschen dazugibt, um Botnetze zu stoppen«, sagt er.[83]

Hutchins ist bis heute eher zurückhaltend und hat sich für diese Recherche lediglich auf ein schriftliches Interview eingelassen. Wie kommt es dazu, dass ein 22-Jähriger das Internet retten kann? Woher hat er die Fähigkeiten? Auf meine Fragen antwortet er knapp: Er habe sich eben schon immer für Computer interessiert. »Ich habe mit zwölf angefangen zu programmieren.« Kolleg:innen bezeichnen ihn als einen der besten Analysten von Schadsoftware.

---

82 https://www.malwaretech.com/2017/05/how-to-accidentally-stop-a-global-cyber-attacks.html

83 https://apnews.com/article/dc60584d4b214f0fa6eb9ef88fdf46a7

Doch damals, nach seiner Heldentat 2017, wird er erst einmal festgenommen. Als Marcus Hutchins im August 2017 nach der renommierten Security-Konferenz DefCon in Las Vegas vom FBI verhaftet wird, sind viele aus der IT-Sicherheits-Community überzeugt, dass es etwas mit seiner Rolle im Fall WannaCry zu tun hat. Zwar ist noch immer unklar, wer hinter den mysteriösen Shadow Brokers steckt, doch in Kombination mit WannaCry sind inzwischen mindestens drei staatliche Akteure in der Diskussion: die NSA, der die Cyberwaffe geklaut wurde, russische Geheimdienste, von denen viele annehmen, dass sie Teil der Shadow Brokers sind oder zumindest gute Verbindungen zu ihnen haben, sowie Nordkorea. Will nun also jemand Marcus Hutchins zum Schweigen bringen? Ist er zu unbequem geworden?

Wie sich schließlich herausstellt, hat Hutchins seine Fähigkeiten nicht immer für das Gute eingesetzt: Als Jugendlicher und junger Erwachsener hat er sich mit Kriminellen eingelassen und Botnetze für diese gebaut. Diesen Teil seiner Biografie kannte bis dato noch keiner –, aber nun ist ihm das FBI auf die Schliche gekommen. Er verbringt nur ein paar Nächte in Untersuchungshaft und wird schließlich gegen eine Kaution auf freien Fuß gesetzt, muss aber in den USA bleiben, zeitweise unter Hausarrest. Nach zwei Jahren entscheidet ein Richter, dass er damit seine Strafe verbüßt hat. Der Richter betont, wie wichtig junge talentierte Sicherheitsforscher wie Hutchins seien, um Schaden von der Gesellschaft abzuwenden.

Doch Hutchins Entdeckung wird bis heute diskutiert: Welche Rolle spielt der sogenannte Kill Switch? Viele vermuten, dass die Angreifer:innen den Mechanismus eingebaut haben, um WannaCry stoppen zu können, falls der Wurm die eigenen Systeme lahmlegt oder sich zu sehr im eigenen Land ausbreitet. Aber es gibt auch andere Stimmen.

Righard Zwienenberg ist am 12. Mai 2017 zusammen mit etwa 150 Mitgliedern der Gruppe »Caro« in Krakau, um sich über die aktuellen Cyberbedrohungen auszutauschen. Caro ist eine eingeschworene Gruppe von Sicherheitsforscher:innen aus aller Welt, die einen intensiven Austausch über Unternehmensgrenzen hinweg pflegen und sich jenseits jedes Konkurrenzdenkens regelmäßig zu kleinen Konferenzen treffen und über aktuelle Themen sprechen.

Zwienenberg, der bei der slowakischen Sicherheitsfirma ESET arbeitet und in Den Haag lebt, steht auf der Konferenzbühne, als er sieht, wie plötzlich alle seine Kolleg:innen nahezu zeitgleich wie ferngesteuert ihre Mobiltelefone aus den Taschen holen und eifrig darauf herumtippen. Manche beginnen zu telefonieren und verlassen den Saal. Der holländische Sicherheitsforscher schaut schließlich selbst im Internet nach, was geschehen ist, und erfährt von der rätselhaften Cyberattacke WannaCry. »Die Security-Szene war versammelt, als die Welt auseinandergebrochen ist«, sagt er heute. Man habe das eigentliche Konferenzprogramm sofort fallen lassen. »Jeder wollte den Vorfall analysieren.« Gemeinsam schauen sich die Forscher:innen schließlich Samples an, also Auszüge des Schadcodes – »Die waren leicht zu bekommen, es gab ja unendlich viele infizierte Systeme«. Sie sehen, dass der Wurm den sogenannten »SMB exploit« ausnutzt, und sind erstaunt, als sie erfahren, wie alt die Sicherheitslücke ist: »Die Lücke gab es schon ewig lange, aber keiner kannte sie.«

Und dann muss noch etwas raus. Offenbar finden sich besonders viele kreative Leute in der Caro-Gruppe. Abends, als alles gesagt ist, entsteht eine einzigartige Improvisation. Es finden sich plötzlich einige Gruppenmitglieder auf einer Bühne in einem Keller wieder und erschaffen ihn spontan: den »Ransomware-Blues«. »Mit den Texten kriegst du wirklich einen Eindruck von dem, was passiert ist«, schwärmt Zwienenberg, als ich ihn im Herbst 2021 in Den Haag besuche. Bis heute kann jede:r auf YouTube hören: »So while the best of the industry is here, the whole fucking incident is burning down for that SMB shit.« – «Während sich die Besten der Sicherheitsindustrie versammeln, brennt ein verdammtes Ereignis alles nieder: Das verdanken wir nur dem SMB-Mist.«

Auf Marc Hutchins ist Zwienenberg aber nicht gut zu sprechen. Ihm ist die Sache mit dem »Not-Knopf«, den der junge britische Forscher entdeckt haben will, nicht geheuer: »Das war kein Kill Switch, das war eine Maßnahme gegen Sicherheitsforscher«, sagt er. Denn wenn er oder seine Kolleg:innen Schadsoftware testen, dann lassen sie diese in einer geschützten Umgebung laufen – sie wird gewissermaßen eingesperrt. Diese virtuellen Umgebungen (auch Sandbox genannt) verhindern, dass eine sich selbst verbreitende Malware den Computer real infiziert, auf dem sie getestet wird. Wenn diese Malware dann versucht, eine bestimmte Domain zu erreichen, wird ihr vorgegaukelt, dass es diese Domain gebe – um zu sehen, was die Schadsoftware dann macht[84]. In diesem Fall führte der Kill-Switch-Mechanismus dazu, dass sich WannaCry in entsprechenden virtuellen Umgebungen nicht wie andere Viren verbreitete, weil diese dem Computer suggerierten, es gebe diese Domain. Der Mechanismus sorgt also dafür, dass die Malware schwerer analysiert werden kann. »Die Angreifer wussten, wie wir arbeiten«, sagt Zwienenberg: »Wer weiß, wer ihnen geholfen hat.«

Vielleicht haben sie aber auch keine Hilfe gebraucht, schließlich stecken die begabten Staatshacker:innen Nordkoreas hinter dem Angriff – und die haben schon mehrmals bewiesen, dass sie zu ausgefeilten Angriffen fähig sind.

Nordkorea goes Hollywood

Als Nordkorea im Jahr 2014 Sony Pictures angreift, den Konzern erpresst und unter anderem alle E-Mails des Unternehmens veröffentlicht, wird einer größeren Öffentlichkeit erstmals klar, wie sich hier Machtverhältnisse verändern. Der Vorfall führt in der

---

84 https://www.darkreading.com/threat-intelligence/wannacry-s-kill-switch-may-have-been-a-sandbox-evasion-tool

Folge zu diplomatischen Verwicklungen, denn unter anderem weiß die Öffentlichkeit seither, dass Sony Pictures damalige Präsidentin Amy Pascal rassistische Witze über Barack Obama gemacht hat,[85] welch frauenfeindliches Bild Teile der Führungsetage von Sony Pictures haben, dass Hollywood-Schauspielerinnen deutlich weniger verdienen als ihre männlichen Kollegen und vieles mehr. Mehrere Schauspieler:innen werden in den internen E-Mails beleidigt, unter anderem bezeichnete Filmproduzent Scott Rudin ausgerechnet Angelina Jolie als »eine wenig talentierte, verzogene Göre«, und der afroamerikanische Comedian Kevin Hart wird in einer anderen E-Mail als »Hure« bezeichnet.

Ein Blick in die Sony-E-Mails, die bis heute öffentlich zugänglich sind,[86] lohnt sich: Sie werden in die Geschichte eingehen als einzigartige Datenquelle über die wenig gesunde Kultur des Unternehmens. Ärgerlich ist das freilich auch für die ganz normalen Angestellten des Konzerns, deren E-Mails ebenso geleakt wurden. Sie führen vielleicht nicht zu diplomatischen Verwerfungen, wohl aber zu persönlichen. So lässt sich darin sicher auch der ein oder andere Ehekrach, Seitensprung und manches sonstige Geheimnis finden.

Nebenbei zeigt sich, dass Sony Pictures offenbar wenig Sicherheitsbewusstsein hat und E-Mail-Postfächer quasi als Dateiablage genutzt werden: In den E-Mails finden sich auch jede Menge vertrauliche Dokumente der Buchhaltung und der Personalabteilung.

Sollten Sie zu einer ähnlichen Spezies gehören, machen Sie sich klar, wie unsicher E-Mails sind. Es gibt sehr viel sicherere Orte als Ihr Postfach. Beispielsweise Ihre Festplatte – oder für heiklere Daten externe Festplatten, die nicht mit dem Internet verbunden sind. Außerdem empfiehlt es sich, heikle Daten grundsätzlich zu verschlüsseln.

---

85 https://www.theguardian.com/film/2014/dec/12/shonda-rhimes-leaked-email-sony-racist

86 https://wikileaks.org/sony/emails/

Doch so ärgerlich die veröffentlichten E-Mails für die Betroffenen sein mögen, der Angriff beinhaltet freilich mehr. Er zeigt bilderbuchmäßig, wie ein Weltkonzern einen scheinbar unterentwickelten Staat und dessen Wut und destruktive Energie unterschätzt und am Ende als Verlierer dasteht – auf allen Ebenen.

Angefangen hat alles 2014 mit der Ankündigung einer Hollywood-Komödie über Nordkoreas Diktator Kim Jong Un, in der zwei Fernsehreporter von der CIA den Auftrag erhalten, Kim umzubringen.[87] Der nordkoreanische Staatschef wird im Film nicht nur als Witzfigur dargestellt, sondern am Ende tatsächlich umgebracht. Das hat offenbar Nordkoreas Wut erregt.

Am 24.11.2014 um neun Uhr Ortszeit erscheint plötzlich auf allen Bildschirmen von Sony Pictures Entertainment in Los Angeles ein Skelett, es scheint sich förmlich aus dem Bildschirm zu lehnen, blickt in einer drohenden Geste auf den Betrachter: »Hacked by the guardians of peace«, steht darüber, also »Gehackt von den Friedenswächtern«. »Wir haben euch bereits gewarnt«, steht darunter, »und das ist erst der Anfang«. Die Hackinggruppe kündigt an, »alle internen Daten, inklusive aller Geheimnisse« zu veröffentlichen, würden ihre Forderungen nicht erfüllt. Weltweit taucht in den folgenden Stunden und Minuten auf den Bildschirmen von Sony Pictures plötzlich genau diese Warnung auf. Die Infektion verbreitet sich rasend schnell, und nach einer Stunde ist die Hälfte des weltweiten Sony-Netzwerks ausgelöscht. Die Angreifer nutzen einen speziellen Löschalgorithmus, der die Daten auf sieben verschiedene Arten überschreibt.

Offenbar reagiert der Konzern nicht auf die Forderungen – die mutmaßlich beinhalten, den Film zurückzuziehen –, sodass die Angreifer:innen nach und nach interne Dokumente veröffentlichen, darunter unfertige Drehbücher, besagte E-Mails mit rassistischen Beleidigungen Obamas, Gehaltslisten und mehr als 47 000

---

87   https://www.netflix.com/de-en/title/70305895

Sozialversicherungsnummern. Fünf Sony-Filme, von denen vier zuvor nicht öffentlich gezeigt wurden, erscheinen auf Piraterie-Websites zum kostenlosen Download. Als der geplante Erscheinungstermin der Komödie über Nordkoreas Diktator mit dem Titel »The interview« – »Das Interview« näher rückt, drohen die Angreifer:innen schließlich mit terroristischen Angriffen auf einzelne Kinos. Sony zieht den Film daraufhin zurück, bis Präsident Obama persönlich eingreift und davor warnt, Nordkorea über die Meinungsfreiheit in den USA bestimmen zu lassen – so weit dürfe es nicht kommen.[88] Der Film wird schließlich in einigen wenigen ausgewählten Kinos gezeigt.

Wer die Rolle der nordkoreanischen Staatshacker einschätzen will, sollte mit Seongsu Park sprechen. Der Sicherheitsforscher aus Südkorea arbeitet seit zehn Jahren in der Sicherheitsindustrie – und beobachtet seither zwangsläufig auch die nordkoreanischen Staatshacker:innen, die vor allem Südkorea immer wieder angreifen. Nach Stationen bei einer lokalen Sicherheitsfirma hat er im Korea-Büro der US-Sicherheitsfirma FireEye gearbeitet, bevor er ins Threat Intelligence Team von Kaspersky wechselte, wo er das einzige der 40 Teammitglieder ist, das Koreanisch kann.

Lazarus, wie die nordkoreanischen Staatshacker:innen in Sicherheitskreisen genannt werden, ist schließlich einer der wenigen koreanischsprachigen Akteure, und auch wenn sich die Sprache selten in der Malware selbst findet, so doch in den E-Mails, mittels derer Lazarus seine Schadsoftware verbreitet. »Deren Hauptziel ist nach wie vor die koreanische Regierung«, sagt Park. Und obwohl die Gruppe versucht, ihre Herkunft zu verbergen, gelinge es ihr meist nicht ganz.

Der Angriff auf Sony Pictures ist ein Wendepunkt in der Geschichte von Lazarus: »Es war das erste Mal, dass sie ein Unterneh-

---

88 https://www.vox.com/2015/1/20/18089084/sony-hack-north-korea

men angegriffen haben«, erklärt Park. Erst damit sei die mächtige gefährliche Gruppe ins Bewusstsein der weltweiten Öffentlichkeit gerückt. »Die Welt war erstaunt, dass es Lazarus gelungen ist, fast ein ganzes Unternehmen zu löschen«, erinnert er sich. Das Chaos, das im Unternehmen danach ausgebrochen sei, habe viele nachhaltig schockiert.

Aber selbst Park, der die Gruppe schon einige Zeit beobachtete, ist überrascht, als er den Angriff analysiert. Zuerst denkt er, es seien gewöhnliche Kriminelle am Werk –, aber nach einer genauen Analyse der Schadsoftware kann er mit hoher Sicherheit bestätigen, dass es sich um Lazarus handelt. Er erkennt eindeutig ihre Handschrift im Code. Lazarus habe etwa zwei Jahre zuvor eine ganz ähnliche Taktik angewendet, als die Gruppe mit der sogenannten Dark-Soul-Attacke Regierungsinstitutionen, Medien und Banken in Südkorea angriff.

Als Park die beiden Angriffe vergleicht, fällt ihm jedoch ein massiver Fortschritt auf: »Sie hatten sich total verbessert!« Die Schadsoftware hat mehrere Komponenten, jede davon einzigartig zugeschnitten auf eine Funktionalität – eine Komponente ist darauf spezialisiert, die Schadsoftware zu verbreiten, eine andere löscht die Daten des Opfers. Als Park anfing, die Gruppe zu beobachten, dachte er noch, es werde ein leichter Job, die Angriffe seien nicht besonders ausgefeilt, berichtet der südkoreanische Forscher. Aber dann seien mit der Zeit immer neue Features und Funktionen hinzugekommen: »Heute ist ihre Malware total anders. Sie haben riesige Ressourcen, ihre Fähigkeiten sind beeindruckend.«

Der perfekte Bankraub

Nur zwei Jahre später plant Lazarus den perfekten Bankraub. Eine Milliarde Dollar will die Gruppe von der Staatsbank in Bangladesch erbeuten. Das klappt nicht ganz – am Ende bleiben ihnen umgerechnet rund 80 Millionen Dollar. Die Attacke ist ausgeklügelt komponiert, nicht nur in Sachen Schadsoftware, sondern auch in Sachen Timing. Die Gruppe spielt den Angriff über drei Zeitzonen stets so, dass in der entscheidenden Zeitzone gerade Nacht, Feiertag oder Wochenende ist und ihre Aktivitäten deshalb nicht bemerkt werden. Und die Staatshacker:innen sind bestens vorbereitet: Wie sich später herausstellt, waren sie bereits ein Jahr vorher in die Systeme der Bank eingedrungen, im Januar 2015, mittels einer Phishing-E-Mail[89]: Sie schien von einem Bewerber zu stammen, doch in dessen angehängtem Lebenslauf befand sich ein Virus. Durch den gelangten die Angreifer:innen in die Systeme.

»Sie haben ihr Opfer über lange Zeit beobachtet«, sagt Park, »wer ist der wichtigste Mitarbeiter, wie schicken sie Geld zu einer anderen Bank und so weiter.« Über ein ganzes Jahr verfolgten sie als stille Eindringlinge, wie die Bank das SWIFT-Protokoll nutzte, also standardisierte Dateiformate zum sicheren Austausch zwischen Finanzinstituten, um das möglichst authentisch nachzustellen. Park erinnert sich noch, wie überrascht er über diese schlaue Strategie war: »Das war so ausgefeilt, sie hatten komplett verstanden, wie SWIFT funktioniert, die haben das gesamte Protokoll zunächst analysiert.« Dann entwickelten sie eine genau auf den Anwendungsfall zugeschnittene Schadsoftware.

Der Angriff startet schließlich am 4. Februar 2016, einem Donnerstag, um 20 Uhr Ortszeit in Dhaka. In Bangladesch ist bereits Wochenende – das dort freitags beginnt. Donnerstagabends um

89 https://www.bbc.com/news/stories-57520169

acht Uhr ist selbst in der Hauptstadt die Bank leer, lediglich ein Mitarbeiter ist noch vor Ort: Er überwacht unter anderem einen Drucker, der Überweisungen über das SWIFT-System zu Kontrollzwecken ausdruckt. Doch die Angreifer:innen haben den Drucker manipuliert – er druckt plötzlich nur noch leere Seiten. Der Mitarbeiter hält das für ein technisches Problem, und so sieht niemand, als die Eindringlinge anfangen, den gesamten Vorrat der Bank an US-Dollar bei der US Federal Reserve Bank in New York in mehreren Transaktionen auf verschiedene Konten in Manila zu überweisen. Sie nutzen dafür einen Mitarbeiterzugang in die Bank und imitieren die dortigen Beschäftigten. Sie hacken also nicht das SWIFT-Protokoll selbst, sondern lediglich den Onlineverkehr der Bankangestellten, die einen Zugang dazu haben. In New York, dem Sitz der US Federal Reserve Bank, ist es Nacht: Auch hier bemerkt zunächst niemand die auffälligen Kontobewegungen. Und als am nächsten Morgen schließlich ein Mitarbeiter misstrauisch wird und in Dhaka nachfragen will, erreicht er dort niemanden. Schließlich ist dort schon Wochenende.

Als in Dhaka wiederum tags drauf – am Sonntag, dem ersten Arbeitstag der Woche – die vielen Kontaktversuche der US-Bank auffallen, ist in den USA Wochenende. Und als die Verantwortlichen der Bangladesh Bank noch einen Tag später schließlich in New York durchkommen, ist ein Teil des Geldes bereits in Manila –, wo am Montag, dem 8. April, der erste Tag des Neujahrsfests nach dem Mondkalender gefeiert wird, das »Lunar New Year«-Fest, ein hoher Feiertag. Zur entscheidenden Zeit ist also dort wiederum niemand erreichbar – die Angreifer:innen haben Zeit geschunden, das Geld über das dortige Wochenende abzuheben und durch einen komplexen Prozess unter anderem in philippinischen Casinos zu waschen und verschwinden zu lassen. 81 Millionen Dollar kommen auf diese Weise abhanden – der Rest wird lediglich durch Zufälle gestoppt.

Für einen Geheimdienst ist es freilich ungewöhnlich, einen Bankraub zu begehen. »Andere staatliche Akteure stehlen üblicherweise kein Geld, denn sie sind gut genug ausgestattet«, sagt Park. Nordkorea hingegen ist eines der ärmsten Länder der Welt, zusätzlich gebeutelt durch Sanktionen. Die Lazarus-Gruppe ist in vielerlei Hinsicht anders als andere.

Auch 2018 beobachtet Park, wie die Gruppe Angriffe ausführt, wie sie üblicherweise eher Kriminellen zugeordnet werden: Sie greifen mittelgroße Unternehmen auf der ganzen Welt mit Ransomware an, klauen Kundendatenbanken, um ihre Schadsoftware noch besser verschicken zu können, und erpressen Unternehmen mit der Ankündigung, deren Daten zu veröffentlichen. »Sie tun alles, um an Geld zu kommen«, sagt Park. Und letztlich zahlen sich die Investitionen in die Hackingfähigkeiten aus: Mit der Bangladesh Bank Heist hat die Gruppe schließlich viel Geld gemacht. Park beobachtet zudem einen Wissensaustausch mit staatlichen Hackinggruppen in China und Russland.

Seit WannaCry entwickelt sich die Gruppe unaufhörlich weiter. Neuerdings beobachtet Park, dass Lazarus Verteidigungsunternehmen und Regierungsinstitutionen anderer Länder attackiert: »Sie wollen militärische Erkenntnisse und diplomatische Informationen stehlen«, sagt er. »Sie haben jetzt endgültig verstanden, dass sie große Vorteile haben können durch Cyberangriffe. Sie werden nie aufhören.« Als logische Folge des Strebens nach immer besseren Angriffen sieht Park auch neueste Versuche von Lazarus, Sicherheitsforscher:innen selbst anzugreifen – vermutlich auf der Suche nach Sicherheitslücken. Schließlich war das Ausnützen so einer Lücke das Erfolgsrezept von WannaCry.

Im Vergleich zur Sony-Attacke und dem abenteuerlichen Bankraub in Bangladesch hatte WannaCry allerdings eine neue Qualität: Durch lahmgelegte Krankenhäuser waren Menschenleben in Gefahr. Möglicherweise war das nicht beabsichtigt. Andere Staatshacker:innen hingegen sind zur gleichen Zeit dabei, gezielt Katastrophen herbeizuführen, die Menschen töten können.

Kapitel 3.3

»Da hat es in meinem Kopf Klick gemacht«

Triton ist der erste Angriff auf eine Industrieanlage,
der gezielt Menschenleben gefährdet

Naser Aldossary denkt unweigerlich an seine Frau und sein Baby am anderen Ende seines Heimatlandes Saudi-Arabien, als ihm mitten auf dem Gelände einer riesigen petrochemischen Fabrik klar wird, dass er in Lebensgefahr ist. Die Fabrik ist so groß wie ein ganzer Stadtteil. Der Experte für industrielle IT-Sicherheit ist, so weit das Auge reicht, umgeben von hochhausgroßen Kesseln und Tanks. Über seinem Kopf flirren dicke Rohre in der Sonne, zwischen den Anlagen fahren LKWs im gelben Staub der Wüste, um ihn herum brummt es. Das Unternehmen stellt jährlich 140 Millionen Barrel Erdöl und fünf Millionen Tonnen petrochemischer Produkte her. Es ist einer der größten Produzenten jener petrochemischen Verbindungen, die sich in fast allem befinden, was uns umgibt, von Kunststoffen über Teppiche und Kleidung bis hin zu Körperpflegeprodukten und Shampoos. »Ich wusste, dass bei der Produktion giftige Stoffe entstehen, das hat man uns in unzähligen Sicherheitsschulungen eingebläut«, sagt Aldossary. Jener Tag im Sommer 2017 hat sich ihm ins Gedächtnis eingebrannt. Eine Sicherheitsanlage ist ausgefallen – und er soll herausfinden, wieso. Mit der Antwort wird er Geschichte schreiben.

Das ahnt er noch nicht, als er sich durch die an diesem Tag angefallenen Daten wühlt. Als er endlich die Datei findet, die er gesucht hat, bereut es Aldossary sofort. Er wünscht, es gebe sie nicht. Denn in diesem Moment bestätigt sich seine schlimmste

Befürchtung: Eine Cyberattacke hat die Sicherheitsmechanismen der Anlage deaktiviert, und damit sind alle in der näheren Umgebung möglicherweise in Lebensgefahr. »Es war ein Schock, ich fragte mich, ob ich hier wieder lebend herauskomme und wieso ich das eigentlich mache.« Seine kleine Tochter ist vier Monate zuvor geboren worden, und auch unabhängig davon ist der Sommer 2017 eine atemlose Zeit im Leben des Sicherheitsforschers. Parallel zu seiner Arbeit im Bereich der industriellen Sicherheit bei dem saudi-arabischen Unternehmen arbeitet er gerade an seinem Masterabschluss in Cybersecurity am Georgia Institute of Technology in den USA. Ein Projekt an der Uni drängt, und Aldossary hat die ganze Nacht an einer Präsentation gearbeitet, die er von seinem Zuhause in Dhahran an der Ostküste des Königreichs aus per Videokonferenz halten will. Der Anruf seines Chefs am 17. August 2017 morgens um acht Uhr hat ihm gerade noch gefehlt. »Du musst sofort kommen, bring Gepäck für drei bis vier Tage mit.«

Aldossary arbeitet zu diesem Zeitpunkt seit drei Jahren im Bereich der Sicherheit industrieller Kontrollsysteme für das weltweit führende Öl- und Gasunternehmen. Er darf den Namen seines damaligen Arbeitgebers nicht nennen, aber der hat durchaus Erfahrung mit Cyberangriffen. Aldossary selbst hat das erste Spezialteam für die Sicherheit industrieller Kontrollsysteme im Königreich mit aufgebaut. Seine Koffer stehen schon gepackt in der Ecke, denn es gibt immer mal wieder solche Notfalleinsätze. Wenn die großen Industrieanlagen des Landes – allen voran die erdölverarbeitende Industrie – wegen eines Cyberangriffs stillstehen, geht es schnell um riesige Summen. In seiner Funktion als Sicherheitsanalyst hat er schon viel gesehen. Der Anruf seines Chefs bereitet ihm Bauchschmerzen. Was ist geschehen?

Als er mit seinem Koffer kurz darauf im Büro ankommt und sein Team trifft, erfährt er beim Briefing, dass ein Sicherheitssystem einer petrochemischen Fabrik am anderen Ende des Landes ausgefallen ist. Noch ist offenbar unklar, ob es sich überhaupt um einen Angriff handelt – bisher habe es eher nach einer technischen Störung ausgesehen. Ein anderes Team seines Unternehmens ist bereits vor Ort, eine Art schnelle Eingreiftruppe für technische Probleme. Aber die Kolleg:innen werden nicht richtig schlau aus den Vorgängen. Das System fällt immer wieder aus. Zudem sei an einem Freitagabend zwei Wochen zuvor ein Update aufgespielt worden, das sich keiner so richtig erklären könne. »Vielleicht ist es besser, wenn das Cybersecurity-Team kommt und sich das anschaut«, so lautete die Einschätzung, erinnert sich Aldossary: »Niemand hätte zu diesem Zeitpunkt gedacht, dass sich das zu einem so riesigen Ding entwickeln würde.«

Im Prinzip ist zunächst alles wie gewohnt: Aldossarys Team wird zu diesem Zeitpunkt im Schnitt vier bis fünf Mal pro Monat zu solchen Einsätzen gerufen, und tatsächlich finden sie oft Spuren von Eindringlingen in den Computersystemen industrieller Anlagen – meist aber keine, die sich besonders gut auskennen. Fast immer scheint es kein gezielter Angriff zu sein, sondern eher ein Zufallsbefall mit Schadsoftware, die sich über das Internet verbreitet. »Es war bis dahin immer ein Virus ›von der Stange‹, der oft über unsichere Systeme von Zulieferern übertragen wurde, es war eigentlich immer einfach und schnell zu lösen«, erklärt mir Aldossary im Interview. Dennoch habe sich das Team stets fortgebildet, um auch ausgefeilte Angriffe zu erkennen, und ein System entwickelt, wie in solchen Fällen vorzugehen ist. »Wir wollten im Training bleiben und bereit sein für den Notfall.«

Das ist zur damaligen Zeit nicht abwegig: Iran und Saudi-Arabien bekämpfen sich schon länger gegenseitig mit Cyberangriffen. Der vorläufige Höhepunkt war die Attacke auf das staatseigene Unternehmen Saudi-Aramco im August 2012, die weltgrößte Erdölfördergesellschaft mit Sitz in Dharan. Ein Computervirus namens Shamoon zerstörte dabei innerhalb eines Tages mehr als 30 000 Computer, indem er deren Daten löschte und überschrieb. Als die Mitarbeiter versuchten, die Computer wieder zu starten, zeigten diese lediglich eine brennende US-Flagge an. Der ehemalige US-Verteidigungsminister Leon Panetta bezeichnete die Attacke damals als den wahrscheinlich zerstörerischsten Cyberangriff der Geschichte auf ein Privatunternehmen.

Die Anlage ging zunächst für zehn Tage offline, doch als das Unternehmen nach 14 Tagen ankündigte, dass alle Systeme wieder laufen, veröffentlichten die Eindringlinge Screenshots mit aktuellen internen Passwörtern und zeigten so, dass sie noch immer in den Systemen der Anlage waren. Auch ein Journalist leakte ein Foto, auf dem zwei Wochen nach der Ankündigung, es laufe alles wieder, noch immer lange Schlangen von Tanklastwagen zu sehen waren, die aufgrund der ausgefallenen Software nicht beladen werden konnten.[90] Saudi-Aramco blieb Monate offline und begann schließlich verzweifelt, seine Erdölprodukte innerhalb Saudi-Arabiens zu verschenken, damit die Wirtschaft nicht völlig zusammenbrach – schließlich ließen sich ohne Computer auch keine Rechnungen schreiben und keine Aufträge planen. Erst nach fünf Monaten – nachdem die IT-Abteilung den Weltmarkt an Festplatten leer gekauft und fast alle im ganzen Unternehmen ausgetauscht hatte – war das System neu aufgebaut.[91]

Der Angriff auf Saudi-Aramco und der Virus Shamoon wird staatlichen iranischen Hackern zugeschrieben. Und es sollte nicht ganz aufhören – 2018 fanden Sicherheitsforscher:innen Varianten von Shamoon in verschiedenen Industrieanlagen im Mittleren Osten und Europa.[92] Und im Juli 2021 erpressten Angreifer:innen Saudi-Aramco und drohten mit der Veröffentlichung interner Daten, die sie wohl beim Angriff auf einen Geschäftspartner abgegriffen hatten.

---

90 https://commons.wikimedia.org/wiki/File:Petrol_truck_shipments_halted_during_Shamoon_attacks_on_1_September_2012.png
91 https://money.cnn.com/2015/08/05/technology/aramco-hack/index.html
92 https://www.mcafee.com/blogs/other-blogs/mcafee-labs/shamoon-attackers-employ-new-tool-kit-to-wipe-infected-systems/

Gefahr im Verzug

Aldossary und seine vier Kollegen sitzen schon wenige Stunden nach dem morgendlichen Anruf in einem Flugzeug an die Westküste, um zur betroffenen Anlage zu gelangen, deren Namen Aldossary nicht nennen darf. Auch an ihr ist Saudi-Aramco beteiligt, es ist ein Joint Venture zweier Unternehmen. Der Sicherheitsexperte ist völlig übermüdet nach der durchwachten Nacht, und nun hat auch noch der Flieger Verspätung. Das Team landet morgens um zwei Uhr und steigt direkt in einen Mietwagen – weitere Stunden auf der Straße folgen. Frühmorgens kommen sie schließlich an der petrochemischen Fabrik an und fahren durch das große Einlasstor. Doch in dem Moment, als die Sicherheitsbeamten vor Ort die Anmeldedaten der Sicherheitsforscher in das Computersystem eingeben, fällt dieses aus. »Wir haben noch Witze gemacht, dass die Angreifer das System überwachen und verhindern, dass wir reinkommen«, sagt Aldossary.

Die Kontrolle dauert länger, aber schließlich werden sie hineingelassen. »Wir haben uns sofort in Gruppen aufgeteilt und versucht, eine Timeline zu erstellen«, erinnert sich Aldossary. Das Team will die Vorgänge so schnell wie möglich in eine zeitliche Reihenfolge bringen, denn das hilft einzuschätzen, wie ernsthaft der Vorfall ist. Was ist die Ursache des Ausfalls des Sicherheitssystems? Schließlich geht es auch darum, das System zielstrebig wieder an den Start zu bringen.

Schnell ist klar: Diesmal ist es kein Virus »von der Stange«. Aldossary geht trotzdem nicht gleich vom Schlimmsten aus. Etwas anderes ist seiner Erfahrung nach sehr viel wahrscheinlicher: Ein Mitarbeiter hat einen Fehler gemacht. Die Arbeit mit den Sicherheitssystemen kann nervenaufreibend und umständlich sein. Das Werk arbeitet mit dem Produkt Triconex des französischen Unternehmens Schneider Electric SE, eines der Marktführer in diesem Bereich. Solche Sicherheitssysteme berechnen aus vielen Daten in einer Anlage, wann möglicherweise ein Notfall besteht. Sie können Warnungen und Alarme aussenden, sie können die Anlage im Extremfall aber auch abschalten, bevor es zu einer Katastrophe kommt. Wenn die Ingenieur:innen bestimmte Einstellungen ändern, kann es zu Warnungen kommen. Immer mal wieder hat Aldossary gesehen, dass die Angestellten eines Unternehmens einfach Warnungen von Sicherheitssystemen ignoriert hatten, weil sie versuchten, eine übliche Vorgehensweise zu umgehen, weil sie in einer Sackgasse endete. Das waren meist keine gefährlichen Situationen. Davon geht er zunächst auch hier aus. »Sicher hat ein Ingenieur versucht, etwas am System zu ändern, und dafür keine offizielle Berechtigung gehabt«, sagt Aldossary in einer ersten Besprechung des Teams vor Ort. Jemand könnte in Eile gewesen sein, weil etwas nicht funktionierte, aber die Arbeit weitergehen musste. Das sieht er häufig bei seinen Besuchen in solchen Anlagen: »Für den offiziellen Weg braucht man oft viele Unterschriften, das dauert manchen zu lange.« Doch dann kann es geschehen, dass eine Software wie Triconex dem einen Riegel vorschiebt. Dafür sind diese Produkte schließlich gemacht.[93]

Aldossary und seine Kollegen schwärmen aus, interviewen alle, die mit den entsprechenden Programmen zu tun haben, und kopieren die sogenannten Logdateien der verschiedenen betroffenen Systeme, um sie auszuwerten: Das sind Protokolle über alle Aktivitäten mit den jeweiligen Programmen. »Jeder hatte seinen eigenen ›Oh no‹-Moment«, erinnert sich Aldossary: der Moment also, in dem klar wird, dass die Situation weit bedrohlicher ist als gedacht. Aldossarys »Oh no«-Moment« ist der, als er auf einem Computer einen Dateiordner mit dem Namen »HP« findet und darin eine dynamische Programmbibliothek in der Programmiersprache Python, also eine Sammlung von Unterprogrammen in

---

93 https://www.se.com/ww/en/work/products/industrial-automation-control/
    triconex-safety-systems/

dieser Sprache. Aldossary kennt diese Art industrieller Kontrollanlagen so gut wie seine Westentasche und erkennt sofort, dass hier etwas überhaupt nicht stimmt: »Diese Systeme nutzen nie Python, das ergibt überhaupt keinen Sinn, und wieso sollte ein Ordner HP heißen?« Natürlich denkt er an Hewlett Packard, deren Drucker und andere Produkte gemeinhin diese Abkürzung verwendet.

Nur der Vollständigkeit halber fragt er einen Mitarbeiter: »Habt ihr einen HP-Drucker hier?«, wohl wissend, dass es wenig Unwahrscheinlicheres gibt in einem solchen industriellen Kontrollraum. Die Antwort lautet: »Nein.«

»Da hat es in meinem Kopf Klick gemacht«, erinnert er sich: »Das ist eine Anlage im Live-Betrieb, deren Sicherheitsmechanismen von Angreifern sabotiert werden. Hier werden giftige Stoffe verarbeitet. Ich bin in Lebensgefahr. Ich habe ein kleines Kind zu Hause, ich sollte das hier sofort abbrechen!« Er könnte schon jetzt in einer Wolke aus giftigen Gasen stehen und es nicht wissen, schießt es Aldossary durch den Kopf. Aber er kann jetzt nicht gehen. Schließlich sind mit ihm viele Menschen in Gefahr – und sie alle hängen davon ab, dass er jetzt funktioniert, dass er nicht aufgibt. Also sucht er weiter.

Die Angreifer:innen haben viele der Logdateien gelöscht, um Spuren zu verwischen. Aldossary gelingt es, einige davon wiederherzustellen. »Eine Logdatei sagte aus, dass ein Programm namens Trilog.exe gestartet worden sei«, erinnert er sich: »Das war die Schadsoftware.« Diese war in Python kompiliert, sie war also von der Programmiersprache Python in Maschinencode übersetzt worden – und zwar auf dem System vor Ort. So etwas ist ein deutlicher Hinweis auf einen Angriff. »Normalerweise konfiguriert man die Sicherheitssysteme mit dem Triconex System selbst.«

Zusammen mit einem Kollegen identifiziert Aldossary schließlich den Computer, der die Konfigurationsänderungen an die Triconex-Steuergeräte von Schneider Electric geschickt hat. Die beiden Experten kopieren alle Daten des Computers und nehmen diese mit, um sie zu analysieren. Im Laufe der kommenden Wochen rekonstruiert Aldossary, was genau geschehen ist. Die Sicherheitsforscher:innen nennen den Angriff »Triton«.

Eine Unstimmigkeit treibt Aldossary um. »Wir konnten den Vorfall bis zum 31. Juli zurückverfolgen«, aber irgendwie schien auch vorher schon einmal etwas geschehen zu sein. »Wir haben schließlich gefragt: Gab es schon mal einen ähnlichen Vorfall? Die Antwort lautete: ›Ja.‹« Aldossary ist perplex: Wieso hat ihm das bisher keiner gesagt? Vielleicht weil es eher Teil einer unrühmlichen Geschichte ist.

Schon im Juni – zwei Monate zuvor – war eines der Systeme ausgefallen: Es sollte die Anlage herunterfahren, wenn entweder die Rückgewinnungseinheit für Schwefel oder das Brenner-Managementsystem einen gefährlichen Zustand feststellte. Ausgerechnet die Rückgewinnungseinheit für Schwefel war betroffen? Aldossary ist alarmiert. Messen Sensoren beispielsweise eine zu hohe Konzentration von Hydrogensulfit in der Atemluft, wird im Sicherheitssystem ein Alarm ausgelöst, der die Anlage schließlich herunterfährt. Aldossary weiß, dass Hydrogensulfit bei der Arbeit in der Anlage anfällt und dass der Stoff extrem giftig und zudem leicht brennbar ist. Eine zu hohe Konzentration kann für die Beschäftigten tödlich sein und zudem zu gefährlichen Explosionen führen, die auch das Umfeld der Fabrik gefährden würden.

Zunächst wird der Vorfall durchaus ernst genommen. Die Mitarbeiter:innen der petrochemischen Anlage sind sich bewusst, dass ein ausgefallenes Notfallsystem bedeutet, dass die Anlage möglicherweise in einem unsicheren Zustand ist. Deshalb rufen die Verantwortlichen nach den ersten eigenen Lösungsversuchen Ingenieure von Schneider Electric an und bitten sie, zu kommen und vor Ort nachzusehen, was geschehen ist, und das Sicherheitssystem wieder in Betrieb zu nehmen. Diese finden den Fehler nicht, schaffen es aber, das System wieder in einen Zustand zu versetzen, in dem es scheinbar funktioniert. Die Anlage wird schließlich wieder hochgefahren. Verschiedene mit dem Fall vertraute Sicherheitsforscher:innen werden später den Verdacht äußern, dass Schneider Electric mit dem Vorfall offenbar überfordert war und nicht wusste, auf welche Anzeichen das Unternehmen achten sollte. Denn eines ist sicher: Die Angreifer:innen waren zu diesem Zeitpunkt bereits im System, das zeigt die spätere IT-Forensik, sie wurden nur nicht gefunden, weil keiner genau hinsah.

Kontrollverlust

Doch am 7. August um 19.43 Uhr kann keiner mehr wegschauen: Diesmal sind es sechs der Triconex-Steuergeräte, die ihren Dienst verweigern. Die Anlage fährt automatisch herunter und zwingt die Ingenieure vor Ort, sich das Problem genauer anzusehen. Als die Mitarbeiter:innen im Kontrollraum versuchen nachzuvollziehen, was geschehen ist, sehen sie, dass die Geräte offenbar ein Update bekommen haben: Ihre Konfiguration wurde geändert. An einem Freitagabend? Das kann nicht sein. Es wäre nicht nur ein extrem ungewöhnlicher Zeitpunkt, es waren auch keine Änderungen geplant. Kann es sein, dass jemand von außen die Systeme beeinflusst?

Die technischen Systeme sind aus gutem Grund normalerweise nicht mit dem Internet verbunden –, denn genau so ein Eingriff von außen soll verhindert werden. Wenn ein Update aufgespielt oder die Konfiguration geändert werden soll, muss jemand vor Ort direkt am physischen Gerät einen Schlüssel in eine bestimmte Position bewegen. Erst dann ist das Gerät mit den Computern im Kontrollraum verbunden. Wie kann also jemand von außen Änderungen einspielen, ohne dazu autorisiert zu sein? Dafür müsste er Kompliz:innen im Werk (gehabt) haben.

Wie Aldossary und seine Kollegen schließlich herausfinden, ist die Komplizin die menschliche Bequemlichkeit: Die Steuergeräte sind nicht nur digital, sondern auch physisch davor geschützt, nicht autorisierte Softwareänderungen zu erhalten. Wer eine Änderung aufspielen will, braucht einen realen Schlüssel, mit dem sich vor Ort in der Anlage der Modus des Geräts ändern lässt: beispielsweise vom Normalbetrieb in den sogenannten »Programm«-Status. Nur dann sind die Geräte mit dem Computer verbunden, auf dem die Änderungen eingegeben werden.

Aber jemand hat zweifellos den Schlüssel bei den sechs betroffenen Geräten in der Stellung gelassen, die diese mit der IT-Infrastruktur verbinden – vermutlich nicht aus böser Absicht, sondern aus Bequemlichkeit: Schließlich sind die Steuerungsgeräte und der Kontrollraum mit der Steuerung räumlich ein ganzes Stück voneinander entfernt. Wer Änderungen vornehmen will, muss also zu den Maschinen gehen, den Schlüssel umstellen und sich zurück an den Computer im Kontrollraum begeben, um die entsprechenden Änderungen digital aufzuspielen. Und dann sollte er oder sie eigentlich wieder zurück zu den Maschinen gehen, um den Schlüssel in einen Modus zu bewegen, in dem keine Änderungen mehr aufgespielt werden können. Das war offenbar vielen zu aufwendig.

Aldossary ist schockiert angesichts der Protokolldateien: »Überall stand: ›Alarm‹. Es waren so viele Alarme im Code.« Als er sieht, wie viele Warnmeldungen ignoriert wurden, fragt er sich, ob sich eine solche Anlage überhaupt sicher gestalten lässt, wenn die Menschen versuchen, die automatischen Sicherheitssysteme zu umgehen. »Direkt vor dem Cyberangriff hat das System Warnmeldungen an die Verantwortlichen geschickt«, sagt er: »Es warnte wieder und wieder: ›Der Schlüssel der Steuergeräte steht auf dem Programmiermodus‹.« Diese Meldungen wiederholen sich alle paar Minuten, solange der Schlüssel nicht wieder von Hand in eine sichere Position gestellt wird.

Die Menschen vor Ort aber haben das Problem mit den nervigen Warnmeldungen auf ihre Art gelöst: Sie haben diese einfach auf »stumm« geschaltet. Und auch als die Angreifer:innen an jenem verhängnisvollen Freitagabend im August ihre nicht autorisierten Änderungen aufspielten, gab es Alarme – mehrmals, weil sie es mehrmals versuchten. »Trilog.exe ist kein Tool, das von selbst funktioniert, es musste von den Angreifern manuell gestartet werden«, sagt Aldossary. Jede Änderung ruft einen Alarm hervor. Doch alle Alarme wurden überhört.

Die Alarme waren nicht die einzigen Warnungen, die es zu dieser Zeit vor kritischen Vorfällen in Industrieanlagen gab. Auch wenn die Szene der Sicherheitsforscher:innen, die sich auf sogenannte OT – Operational Technology – spezialisiert hatten, noch klein war, wurden sie nicht müde zu betonen, wie gefährdet industrielle Anlagen sind. Wie es der Zufall will, findet eine der beeindruckendsten öffentlichen Demonstrationen dieser Gefahr exakt zur selben Zeit statt, in der sich die Angreifer:innen bereits unerkannt Zugang zu den Systemen der Anlage in Saudi-Arabien geschaffen haben – nur am anderen Ende der Welt.

Mahnerin

»Evil Bubbles« heißt der Vortrag von Marina Krotofil, die sich für ihre Demonstration auf der Bühne der Black-Hat-Konferenz in Las Vegas extra Teile von einer Industrieanlage besorgt hat. Die Ingenieurin und Sicherheitsforscherin, die wir bereits aus Kapitel 2.1 kennen, hat sich jahrelang in die Tiefen der Funktionsweisen chemischer Anlagen hineingearbeitet. Sie hat unzählige Angriffe auf simulierte Anlagen konstruiert und monatelang Teile gesammelt, um eine eigene kleine Anlage aufbauen zu können. Ihr Vortrag auf der Black-Hat-Konferenz am 26. Juli 2017 ist der vorläufige Höhepunkt ihrer Arbeit. Sie will ihre Kolleg:innen für solche Angriffe auf Industrieanlagen sensibilisieren, denn seit sie sich intensiv mit ihnen beschäftigt hat, weiß sie: Diese Anlagen sind angreifbar. Täter:innen können einen massiven Schaden aus der Ferne anrichten.

»Wir werden heute Dinge zerstören«, kündigt sie an, während auf der anderen Seite der Bühne ein Mann mit schwarzer Kapuze und dunkler Sonnenbrille Platz nimmt, ein echter Klischee-Hacker. »Wir werden lernen, wie wir einen physischen Angriff digital übermitteln können«, fährt Krotofil fort. Das ist ihre wichtigste Botschaft: Cyberangriffe können nicht nur Digitales zerstören, sondern auch Dinge in der realen Welt. Mit gefährlichen Folgen.

Insbesondere Chemiefabriken mit ihren Reaktoren, in denen chemische Reaktionen stattfinden, sind aus ihrer Sicht gefährdet. Und gefährlich: Wenn hier etwas schiefgeht, sind Menschenleben in Gefahr. Die Vorgänge in Saudi-Arabien, von denen sie noch nichts weiß, sollten ihr recht geben: Dass es dringend mehr Expertise in der Sicherheitsforschung für Cyberangriffe auf Industrieanlagen braucht, zeigt auch der erfolglose Besuch der Ingenieure von Schneider Electric im Sommer 2017. Schließlich waren die Angreifer:innen damals schon in die Anlage eingedrungen, aber offenbar wusste niemand, wo man hinschauen musste.

Warum aber der große Versuchsaufbau? Nach ihrem letzten Vortrag hätten sich Kollegen beschwert, berichtet Krotofil: Sie würde ja immer nur mit Simulationen arbeiten, nie mit echten Bauteilen — wie wolle sie sicher sein, dass so ein Angriff real tatsächlich möglich sei? »Deshalb habe ich diesmal ein echtes Anlagenteil besorgt«, berichtet sie stolz. Auch wenn es nicht einfach gewesen sei, es in die USA zu transportieren, teuer war es obendrein: Ganze 50 000 Dollar hat die Konstruktion aus einer Pumpe, einiger Ventile und Sensoren und einer Steuereinheit sie gekostet — ihr damaliger Arbeitgeber Honeywell hat das Experiment zum Glück gesponsert.

Auf der Bühne zeigt Krotofil, wie durch die Pumpe eine Flüssigkeit fließt, sie demonstriert Ventile, Sensoren und die Steuerungseinheit. Nun wird sie durch einen digitalen Angriff dafür sorgen, dass in der Flüssigkeit Gasbläschen entstehen und die Pumpe schließlich deshalb kaputtgeht. Dafür wird sie — dank des Zugriffs des Hackers auf die Steuerung — den Druck zunächst stärker absenken, sodass winzige, zerstörerische Gasbläschen entstehen. »Die Pumpe vibriert schließlich, es gibt mechanischen Druck auf das Metall – alles an der Pumpe kann kaputtgehen«, sagt sie.

Dann geht es los. »Mister Hacker wird jetzt die Hohlraumbildung verursachen«, sagt sie geheimnisvoll. Die Kamera schwenkt auf den Bildschirm des Manns mit der schwarzen Kapuze, über den klein gedruckt die Werte der Sensoren laufen. Das sind nicht die üblichen Zahlen und Zeichen, die das Publikum der Konferenz kennt, kein Computercode. »Was bedeutet das? Was ist die Einheit dieser Zahlen?«, fragt Krotofil: »Das muss man als Angreifer erst mal verstehen.« So ein Angriff ist aufwendig und verlangt spezielle Fähigkeiten.

Sie weist den Hacker an, den Durchfluss zu verringern und damit den Druck zu senken: »Jetzt haben wir schöne Bläschen wie im Sekt. Das ist meine Payload.« Das ist also die Nutzlast ihres Angriffs. Andere übersetzen den Begriff Payload im Bereich der IT-Sicherheit auch mit Sprengsatz, was in diesem Fall besonders gut passt: Wenn der Hacker so weitermacht, sprengt er die Pumpe. Allerdings muss er auch Kontrolle über die sogenannte Feedback-Schleife haben: Denn sobald das Steuerungsgerät merkt, dass der Druck abfällt, wird es gegensteuern und damit den Angriff stoppen. »Der Angreifer muss also den Prozess selbst manipulieren – die Steuerung –, und er muss verhindern, dass das Kontrollsystem Rückmeldung darüber bekommt«, erklärt Krotofil. Und er muss angesichts der vielen kleinen Zahlen auf dem Bildschirm ohne Einheit wissen, worum es sich handelt – ganz ohne die Maschine tatsächlich vor sich zu sehen. Er agiert blind, deshalb muss er sich besonders gut auskennen.

Krotofil stoppt die Attacke, bevor die Pumpe platzt, und fragt: »Wird es diese Attacken bald im großen Stil geben?« Sie schüttelt den Kopf: Das seien sehr zielgerichtete Angriffe, »Boutique Attacken«, wie sie das nennt, also maßgefertigte Angriffsverfahren, nicht massentauglich. Angreifer:innen müssen sich lange in der

Anlage aufhalten und Informationen sammeln. Das sei nur etwas für extrem gut ausgestattete staatliche Gruppen, so ihre Einschätzung: »Diese Art von Attacken führt außerdem zu einem unkalkulierbaren Kollateralschaden, so etwas will man sicher nicht.«

Krotofils Demonstration ist die Puppenhaus-Variante dessen, was sich parallel in Saudi-Arabien abspielt. In der realen petrochemischen Anlage gibt es unendlich viele Rohre, Leitungen, Pumpen, Chemie-Reaktoren – allesamt mit Sensoren und Steuerungskreisläufen ausgestattet. Es gibt unzählige Stellen, an denen bösartige Hacker:innen angreifen könnten, und es genügt, einen der Kontrollkreisläufe zu manipulieren, einen Sensor oder eine Pumpe aus dem Takt zu bringen, um das ganze System zu destabilisieren.

Marina Krotofil schwört auf ihre Intuition, die Energie bösartiger Hacker:innen betreffend, die sie stets zuverlässig zu noch unentdeckten Schwachstellen geführt hat. Doch als sie wenige Monate später den Angriff auf die Anlage in Saudi-Arabien in tage- und nächtelanger Arbeit seziert, wird ihr schlecht. »Ich habe fünf Monate kaum geschlafen«, sagt sie. Vor ihr breitet sich das Bild einer Skrupellosigkeit aus, wie sie sie sich nie hätte ausmalen können: »Hier hat jemand bewusst Menschenleben gefährdet.«

Wie ein Geologe gräbt sich parallel auch Aldossary durch die vielen Schichten des Materials und sieht schließlich, dass sich in der Tat jemand von außen – aus dem Internet – eingeklinkt hat auf einen Computer in der sogenannten »Demilitarisierten Zone« (DMZ). Eine Demilitarisierte Zone ist ein speziell abgeschirmter Teil des Computernetzwerks, eine Art Puffer zwischen dem externen und dem internen Netz. Eigentlich sollte eine DMZ unter anderem durch starke Firewalls dafür sorgen, dass Externe nicht auf das interne Netz zugreifen können. Sie soll eigentlich genau vor dem schützen, was in Saudi-Arabien passiert ist: Dass jemand von außen auf das interne Netz zugreifen und Schadsoftware an einem der technischen Arbeitsplätze platzieren kann.

Doch als sich die unbekannte Hackinggruppe erst einmal eingenistet hat, findet sie durch automatisierte Anfragen an die Computersysteme heraus, welche der Triconex-Steuerungsgeräte sich im Programmiermodus befinden. Sie können also quasi wie durch ein Schlüsselloch spicken und sehen, welcher der Schlüssel an der Maschine auf »An« gestellt ist – und dann den verbundenen Rechner gezielt angreifen.

Aldossary findet schließlich heraus, dass die Gruppe offenbar über ein kooperierendes Unternehmen in die Netze der Anlage kam. »In deren Netzwerk waren viele Angreifer, es war völlig unklar, ob diese zusammengehören.« Doch Aldossary kann nachvollziehen, wie sich die Gruppe Schritt für Schritt innerhalb der Netzwerke fortbewegt und schließlich Zugriff auf die Steuergeräte bekommen hat. Dann entdeckt er auch noch Spuren des Programms Mimikatz im System: Die Software nutzt einen Windows-Mechanismus aus, der Passwörter zwischenspeichert, und wird häufig von Hacker:innen verwendet, um sich innerhalb eines Systems fortzubewegen und sich mehr und mehr Rechte zu verschaffen bis hin zu Administratorrechten.

Wie sich später herausstellt, hatte das Unternehmen in Saudi-Arabien an jenem Freitagabend Anfang August 2017, also zwei Wochen bevor es das Cybersecurity-Team von Aldossary um Hilfe bat, durchaus deutliche Hinweise auf einen Cyberangriff: Nachdem klar war, dass die Sicherheitssysteme offenbar ein nicht autorisiertes Update erhalten hatten, schauten die Verantwortlichen im Kontrollraum, welcher Computer für die unerwarteten Konfigurationsänderungen verantwortlich war, und erschraken: Sie fanden eine offene Session eines Programms vor, das es ermöglicht, aus der Ferne auf einen Computer zuzugreifen. Sie hatten die Eindringlinge auf frischer Tat ertappt: Offenbar hatten sie es nicht einmal mehr geschafft, die Sitzung zu beenden.

Zu diesem Schluss kommt später auch Marina Krotofil, die den Schadcode schließlich als Mitarbeiterin des US-Sicherheitsunternehmens FireEye untersucht. Allerdings kann sie den Code nicht direkt vom Arbeitsplatzrechner kopieren – obwohl Aldossary und seine Kollegen ihn nicht entfernt haben. Aldossary hat den Verantwortlichen in der Anlage lediglich gesagt, dass sie den betroffenen Rechner zunächst einfach vom Internet trennen sollen. »Aber der Code war plötzlich weg«, erinnert sich Aldossary. »Die Täter waren noch immer im System.« Schon wieder verschwindet ein Täter unbemerkt.

Bekannter Unbekannter

FireEye soll aufräumen und die Anlage wieder in einen sicheren Zustand versetzen. Das Unternehmen hat Marina Krotofil gerade als neue Mitarbeiterin gewonnen – und es ist klar, dass sie die Richtige ist, um den Angriff zu analysieren. »Ich konnte sehen, dass die Gruppe ertappt worden war, sie waren nervös, das zeigt sich im Code«, sagt Krotofil. In den kommenden Monaten wird sie vor allem einen der Hacker:innen durch den Code begleiten: Sie ist recht sicher, dass sie verschiedene Personen der Gruppe unterscheiden kann durch typische Verhaltensmuster in der Programmierung. Am Ende sei vor allem einer aktiv gewesen, berichtet sie. Sie spricht von ihm in der männlichen Form – auch wenn freilich nie endgültig sicher sein kann, wer sich dahinter verbirgt.

Der unbekannte Angreifer wird zu Krotofils Phantom-Mitbewohner: Sie steht mit ihm auf, sie geht mit ihm ins Bett. »Ich konnte sehen, wie es ihm ging«, erinnert sie sich. Seine Tagesform spiegelte sich im Code und in den Logdateien: Diese zeigen jeden Versuch, jeden Schritt, den der Täter tut. Wenn sich die Misserfolge häufen, sieht sie frustrierte Versuche weiterzukommen, schlampigen Code, schnell dahin geschriebenen, dann wieder besser durchdachte Zeilen. »Ich konnte sehen, ob er gut oder schlecht drauf war, wach oder müde – und wann er schlief.« 300 000 Logfiles später kennt sie den Täter so gut, als habe er ihr monatelang am Tisch gegenübergesessen. Und er geht ihr nicht mehr aus dem Kopf. Wer tut so etwas? Wer schreibt einen Code, wissend, dass dessen Einsatz möglicherweise Menschenleben kosten wird? Einen Code, der darauf ausgelegt ist, den letzten Schutzwall zu brechen, den die Arbeiter:innen der Fabrik zwischen sich und extrem giftigen Stoffen haben? »Manchmal hoffte ich, dass dieser Mensch, der da sitzt und den Code schreibt, vielleicht dachte, es sei nur eine Übung.«

Andererseits: Wer betreibt so einen Aufwand, ohne den realen Einsatz einzuplanen? Sicherheitsforscher:innen zeigen schließlich, dass sich verschiedene Eindringlinge bereits seit 2014 in den IT-Systemen der Anlage befanden, sich dort nach und nach ausbreiteten – und vor allem lernten, welche Hard- und Software die Anlage nutzt. Das Protokoll, die »Sprache« jener Triconex-Sicherheitssysteme ist nicht öffentlich verfügbar. Vermutlich haben die Täter:innen sie in mühevoller Kleinarbeit rekonstruiert aus dem, was sie als Maschinencode bei ihren Streifzügen durch die Netze des Systems fanden. Schließlich müssen sie sich selbst das Triconex-System besorgt haben, um ihre Malware zu testen. Auch das sieht Krotofil in ihrer Analyse: Die Schadsoftware wurde erst kurz vor ihrem Einsatz aufgespielt. Sie musste bereits fertig gewesen und getestet worden sein. »Das muss Jahre in Anspruch genommen haben.«

Und sie sieht noch etwas: Der Stil der Angreifer verändert sich. »Es waren mehrere Personen beteiligt.« Sie kann sogar verschiedene Teams unterscheiden: Einige, die sich damit auskennen, in informationstechnische Anlagen einzudringen, und andere, die sich mit Operational Technology auskennen, also der cyberphysischen Welt, der Welt der Reaktoren, der Sensoren. Ihre Art zu agieren ist unterschiedlich. Krotofil versucht, die Spuren der Täter:innen in der Chronologie des Angriffs auszuwerten und ihn bestmöglich nachzuempfinden.

Am Ende hat sie es vor allem mit jenem Täter zu tun, dessen Handschrift sie über die Zeit gut kennengelernt hat: Er ist letztlich dafür verantwortlich, den Angriff zu starten. Der Code ist fertig, er muss ausgiebig getestet sein, alles ist bereit. Doch einer muss den Trigger ziehen – und das ist nicht so einfach, wie sich zeigt. Krotofil sieht, wie der Täter im Sommer 2017 verzweifelt immer wieder versucht, die neuen Befehle aufzuspielen, aber irgendetwas klappt nicht.

Dann ist er plötzlich weg. Das muss mit dem Zeitpunkt Anfang August zusammenfallen, als die Verantwortlichen die offene, aus der Ferne gesteuerte Computersitzung bemerkt haben. Er ist ertappt davongerannt, ohne sich noch einmal umzudrehen. Das sieht Krotofil auch an liegen gebliebenen Teilen von Code – so als ob jemand in Eile aufbricht und seine Jacke liegen lässt. »Er war in Panik.«

Wieso haben die Angreifer:innen in der petrochemischen Anlage in Saudi-Arabien ihr Werk nicht vollendet? Wieso ist es ihnen nicht gelungen, beispielsweise eine Explosion herbeizuführen – so wie vermutlich geplant? Aldossary ist überzeugt, dass sie nicht gut genug waren. Anhand der Daten kann er nachvollziehen, wie sie immer wieder versuchten, die Software auf der Steuerung zu aktualisieren –, doch offenbar funktionierte etwas nicht. »Das Steuerungsgerät hatte unzählige angefangene und abgebrochene Downloads.«

Wie kann es sein, dass jemand einerseits einen so ausgefeilten Angriff entwirft, viel Geld und Aufwand investiert, sich teure Steuerungsgeräte besorgt, um daran zu üben – und dann so kläglich versagt? »Das Ziel war vermutlich nicht nur, die Sicherheitssysteme außer Kraft zu setzen«, sagt Aldossary. Das ist lediglich der erste Schritt, um danach einen zerstörerischen Angriff zu entwickeln – der dann nicht von den Sicherheitsmechanismen gestoppt wird. So wie bei Krotofils Demonstration: In einer Anlage gibt es Sensoren, die entsprechende Werte an das Sicherheitssystem weiterleiten. Beispielsweise: »Achtung, hier ist es zu heiß.« Bevor die Pumpe kaputtgeht, weil zu viel Gas entsteht, hätte das System die Anlage abgeschaltet. Deshalb manipulieren solche Angreifer:innen zuerst das Sicherheitssystem, bevor sie den eigentlichen Angriff starten.

Aufrüsten

Das Unternehmen FireEye hat den Angriff gemäß einiger Spuren im Code inzwischen Russland zugeordnet, nachdem es unter anderem eine IP-Adresse gefunden hat, von der aus der Angriff gesteuert wurde. Sie gehört zum Forschungsinstitut für Chemie und Mechanik in Moskau, einer staatlichen Organisation, die sich unter anderem auch mit kritischen Infrastrukturen und industrieller Sicherheit beschäftigt. FireEye betont aber, dass man keine konkreten Beweise gefunden habe, die eindeutig belegten, dass das Institut Triton entwickelt hat.[94] Auch Aldossary vermutet zunächst den russischen Geheimdienst hinter der Attacke. In der späteren Analyse kommen ihm aber Zweifel an der Zuordnung: Obwohl es unzählige Spuren im Code gibt, die auf russische Angreifer hindeuten, und ein Teil des Angriffs durchaus ausgefeilt ist, ist er nicht überzeugt: »Wenn jemand so schlau ist, dass er in der Lage ist, einen solchen ausgefeilten Angriff zu entwerfen, wieso würde er dann so oft versuchen, den Angriff zum Laufen zu kriegen, und nicht merken, was das Problem ist?« Seine Antwort: Die Gruppe hat gewechselt. »Ich denke, die Russen haben den Angriff entwickelt und ihn dann verkauft«, sagt Aldossary. Seine Vermutung: an eine staatliche iranische Gruppe. Der Iran habe es schon seit Jahren auf die Ölindustrie in Saudi-Arabien abgesehen.

Krotofil hält diese Spekulation für falsch. »Wir haben keine Belege dafür gefunden, dass der Angriff von einer iranischen Gruppe gesteuert wurde.« Sie habe zwar durchaus gesehen, dass verschie-

---

94 https://www.mandiant.com/resources/triton-attribution-russian-government-owned-lab-most-likely-built-tools

dene Gruppen aktiv waren – es seien sogar iranische Gruppen in den Systemen gewesen, aber inaktiv – und auch ihr sind die Schwierigkeiten des Angreifers am Ende aufgefallen. »Er hat den Code auf dem Gerät immer wieder verändert und versucht, Fehler zu finden«, sagt sie. Das sei normal, und nicht unbedingt ein Zeichen für fehlendes Wissen. »Wenn wir über ein eingebettetes System wie eine Sicherheitssteuerung sprechen, können so viele Dinge schiefgehen«, sagt sie. Ein computergesteuertes System sei unberechenbar wie ein pubertierender Teenager, nicht immer ergeben die Dinge einen Sinn. »Selbst wenn man alle Ratgeber gelesen und mit Psychologen gesprochen hat und glaubt, alles richtig zu machen, kann es noch immer sein, dass der Teenager anders reagiert als gedacht.« Die panischen Versuche des Angreifers am Ende, sein Werk zum Laufen zu bringen, haben sie neugierig gemacht. Sie hat selbst getestet, ob das Programm funktioniert, das er versuchte aufzuspielen. »Es hat funktioniert. Es war gut.«

Doch was wirklich besorgniserregend ist: Wenn es den Eindringlingen offenbar möglich ist, sich mehrere Jahre unentdeckt in den Systemen einer solchen Anlage einzunisten: Können wir wissen, wo sie als Nächstes zuschlagen? Vielleicht sitzen sie schon im Chemiewerk um die Ecke? Kurz schien es so, als stünde die Welt unmittelbar vor der nächsten Katastrophe: Das US-Sicherheitsunternehmen Dragos vermeldete 2018, die Gruppe hinter Triton dabei beobachtet zu haben, wie sie Anlagen in den USA und Europa ins Visier nahm und versuchte, über Anbieter industrieller Kontrollsysteme Zugriff auf die Netzwerke von Anlagen zu bekommen.[95] Das sei »mit Abstand die gefährlichste öffentlich bekannte Bedrohungsaktivität«, so Dragos, da Triton Menschenleben bewusst in Gefahr bringe.

Wie groß ist also die Gefahr, die von solchen Angriffen tatsächlich ausgeht? Müssen wir jederzeit damit rechnen, dass

---

95 https://www.dragos.com/threat/xenotime/

Hacker:innen Explosionen in Kraftwerken auslösen? Marina Krotofil ist von der Dragos-Ankündigung nicht ganz so alarmiert: »Das ist völlig normal, alle Angreifer scannen das Internet immerzu.« Jedes Unternehmen sehe diese Versuche auf seinen Servern. Sie selbst hat viele solcher Versuche der Triton-Gruppe in Europa gesehen. Das sage aber nichts darüber aus, welche Anlagen sie tatsächlich angreifen werden oder wo sie bereits weitergekommen sind. »Die Triton-Gruppe sucht möglicherweise schon neue Ziele«, sagt sie. Vielleicht versuchen sie, einzelne Anlagen anzugreifen, vielleicht kommen sie sogar ein Stück weit, bewegen sich lateral durch Systeme und arbeiten daran, immer mehr Rechte zu bekommen – die üblichen ersten Schritte eines Angriffs. »Aber das heißt nicht, dass sie es schaffen, sich bis durch die Demilitarisierte Zone zu bewegen und die Kontrollsysteme zu erreichen«, sagt Krotofil: »Denn das ist ein sehr langer, sehr aufwendiger Weg ohne Garantie auf Erfolg.« Wer es wirklich versucht und entsprechende Mittel und Kapazitäten hat, der hat aber Chancen, es zu schaffen. Triton sieht sie von daher als ein beunruhigendes Zeichen: Das sei eine bewusste und weitreichende Entscheidung Russlands, in den Cyberwar zu investieren.

Krotofil hat über die Jahre gelernt, diese Vorgänge auch aus einer militärischen Perspektive zu betrachten, und es lohnt sich, ihr zu folgen, um die aktuelle Situation besser zu verstehen. Sie sagt, viele Nationen bauten gerade ihre Kapazitäten für digitale Angriffe aus – so wie auch in der analogen Kriegsführung Waffen und Kapazitäten bereitgehalten werden. »Aber es gibt viele Faktoren, die eine Rolle spielen bei der Entscheidung, ob und wann diese Waffen eingesetzt werden.«

Auch analoge Militäroperationen seien in der Theorie einfacher als in der Praxis, weil in einem Krieg Unvorhergesehenes geschieht – so wie bei der Triton-Gruppe, die an irgendeinem Faktor in der Realität scheiterte, den die Hacker:innen nicht bedacht hatten. »Jeder militärische Konflikt ist also wahrscheinlich und unwahrscheinlich zugleich, und er kann mit gleicher Wahrscheinlichkeit erfolgreich sein oder scheitern«, sagt Krotofil. Die Tatsache, dass Russland in derart komplexe Angriffe wie Triton investiere, sei aber auf jeden Fall sehr beunruhigend.

Blaupause

Als Marina Krotofil ihre vorläufige Analyse abgeschlossen hat, schreibt sie zusammen mit ihren Kollegen von FireEye einen Blogpost, den sie am 14. Dezember 2017 veröffentlicht.[96] Die Sicherheitsforscherin kommt in ihrer Analyse zu dem Schluss, dass das Vorgehen der Täter:innen auf »maximalen physischen Schaden« abzielte und lediglich wegen eines Fehlers gestoppt wurde – der nur auffiel, weil die Anlage herunterfuhr und die Verantwortlichen so gezwungen waren, aktiv zu werden.

Danach ist Krotofil mehr als urlaubsreif, sie braucht dringend ein paar ruhige Tage – zum Glück steht Weihnachten vor der Tür. Sie muss die Gedanken an ihren virtuellen Mitbewohner wieder loswerden, die bange Frage, ob dieser wusste, dass er Menschenleben gefährdet und was er überhaupt für ein Mensch ist.

Doch aus ruhigen Weihnachtstagen wird nichts. Am ersten Tag ihres Weihnachtsurlaubs – Krotofil bekommt die Augen noch nicht richtig auf und hat gerade den ersten Kaffee in der Hand – hört ihr Smartphone nicht mehr auf zu piepen. Ihr Arbeits-Chat explodiert regelrecht. Sie öffnet ihn schnell und sieht, was geschehen ist: Jemand hat den Triton-Schadcode auf VirusTotal (s. Kapitel 1.2) hochgeladen, schreibt ihr ein Kollege. Krotofil weiß, was das bedeutet: »Jetzt kann ihn jeder kopieren!« Schließlich erhalten zahlreiche VirusTotal-Kund:innen Zugang auf das, was hochgeladen wurde. Das sind ebenso Sicherheitsforscher:innen wie

---

96 https://www.mandiant.com/resources/attackers-deploy-new-ics-attack-framework-triton

kriminelle oder staatliche Gruppen, die auf diese Weise als Erste erfahren, welche Schadsoftware wo aktiv ist, und dabei womöglich sogar bisher unbekannte Angriffswerkzeuge entdecken. Krotofil ist alarmiert. »Jetzt ist eine Vorlage für einen solchen Angriff für jeden zugänglich! Andere können nach dieser Vorlage ähnliche Angriffe entwickeln.«

Später erfährt sie, dass offenbar Schneider Electric selbst den Code hochgeladen hat. »Nach unserem Blogpost wurden sie überschüttet mit Anfragen von Sicherheitsforschern, die ein Sample sehen wollten«, erinnert sie sich. Offenbar schien das Hochladen der Weg des geringsten Widerstands zu sein. »Aber das sollte man nie tun«, erklärt Krotofil. Es ist schließlich etwas anderes, wenn Privatpersonen Dateien hochladen, die einen bereits bekannten Virus enthalten, als wenn ein Unternehmen Software eines ausgefeilten Angriffs auf industrielle Systeme hochlädt, auf die bis dato niemand Zugriff hatte, außer die beteiligten Sicherheitsforscher:innen.

Da draußen sind nun also Täter:innen, die das Wissen und die Kapazitäten haben, um komplexe Angriffe auf Industrieanlagen umzusetzen. Außerdem müssen wir mit der Erkenntnis leben lernen, dass sich Angreifer:innen jahrelang unerkannt in den Systemen kritischer Infrastrukturen aufhalten konnten. In den Versuchen verschiedener offenbar staatlich gesteuerter Gruppen, Lücken für den nächsten Angriff zu finden, sieht Krotofil durchaus eine große Gefahr – auch wenn diese nicht sofort eintreten muss.

Wer es aber schafft, sich längere Zeit unerkannt in industriellen Systemen zu bewegen, bleibt eine unberechenbare Bedrohung für die Zukunft. Und auch wenn die Industrie auf Vorfälle wie den in Saudi-Arabien reagiert und die Sicherheit ausbaut, ist die Sicherheitsforscherin skeptisch. Es gebe nach wie vor Luft nach oben, was die Sicherheit betrifft, »Industrieunternehmen bleiben deshalb weiterhin erreichbare Ziele«. In Kombination mit einer öffentlich zugänglichen Blaupause für solche Angriffe ist das keine besonders gute Nachricht.

Teil 4

Perspektivwechsel für mehr Sicherheit

Erfolgreiche Angriffe nutzen systematisch menschliche und technische Schwächen aus. Nur wer diese Mechanismen versteht, kann sich konsequent schützen.

Kapitel 4.1

Meisterin der Manipulation

Wieso wir Menschen digital angreifbar sind

Die Einbrecherin hat sich gut verkleidet. Sie ist als Businesstrainerin in die Zentrale einer Bank in Hamburg gekommen, und sie will einen Workshop geben über die Zukunft der Bank, über Innovationen und wie man in Zeiten des Wandels mithalten kann. Das jedenfalls ist ihre Geschichte. Die Dame hat viel spannendes Material dabei, das sieht man schon an der vollen Handtasche über der Schulter und dem Stapel Ordner und Schulungsunterlagen, den die zierliche Frau unter dem anderen Arm hat. Sie hat sichtlich Mühe, den Papierberg unter Kontrolle zu halten. Ob das gut geht? Wer sie so sieht, in diesem Flur mit den vielen dunklen Türen, hofft wahrscheinlich, dass sie es nicht mehr weit hat zum Konferenzraum. Denn der Stapel unter ihrem Arm kann jederzeit ins Wanken geraten. Die andere Hand hat sie sich offenbar verletzt, jedenfalls trägt sie einen dicken Verband um ihr Handgelenk.

Die Dame steuert zielstrebig auf eine der Türen zu. Sie ist verschlossen, auf Brusthöhe befindet sich ein Fingerabdrucksensor. Sie hält den Daumen der verletzten Hand davor. Ein lauter Warnton ertönt. »Böööp.« Die Tür öffnet sich nicht. Ein Security-Mitarbeiter am anderen Ende des Ganges dreht sich um. Die Dame beginnt zu fluchen. Der Security-Mitarbeiter wird nervös und geht schon auf sie zu. Die Frau versucht es wieder und wieder, aber sie entringt dem Gerät weiterhin nur das laute »Böööp«. Die Tür bleibt zu. Als der Security-Mitarbeiter sie erreicht, schimpft sie laut: »Das funktioniert nicht, das hat gestern

schon nicht funktioniert, und es funktioniert heute wieder nicht!«
Der Sicherheitsmann bittet sie, den anderen Daumen zu probieren. »Der wurde gar nicht gescannt«, kreischt sie – probiert es aber trotzdem. »Böööp.«

»Drücken Sie fester«, schlägt der Mann vor.

»Böööp.« Nichts hilft.

Schließlich packt der Mann die verletzte Hand der Dame und drückt den Daumen mit mehr Kraft auf den Sensor. Die Frau schreit laut auf: »Au, au, das tut weh!« – und da wird es dem Mann zu viel. Er öffnet die Tür mit seinem Fingerabdruck, hält sie der ungehaltenen Trainerin auf und geht dann zügig zurück auf seinen Posten. Die Einbrecherin ist drin. Und mit ihr der USB-Stick mit Schadsoftware, den sie gleich in einen gut geschützten Computer stecken wird.

Jenny Radcliffe erinnert sich noch gut an diese Situation vor einigen Jahren in einer deutschen Großbank in Hamburg und schildert sie lebendig im Gespräch. »Es war dem Mann sehr unangenehm, er wollte, dass ich so schnell wie möglich aufhöre herumzuschreien«, sagt sie und lacht. Offenbar erschien es ihm unter diesen Umständen das Richtige, so zu handeln, auch wenn er eigentlich keine Türen für andere öffnen darf. »Er wusste nicht, wer ich bin, aber ich sehe harmlos aus, und er wollte die Situation beenden.« Die Tür zu öffnen war der naheliegendste Weg, das zu erreichen. Und das war Radcliffes Kalkül.

Radcliffe ist professionelle Einbrecherin, wenn auch nicht von der kriminellen Sorte. Sie nennt sich »The people hacker« und bricht unter anderem in Gebäude ein, um deren Sicherheitssysteme zu testen. Meist nicht mit typischen Einbruchswerkzeugen oder roher Gewalt, auch wenn sie stets einige Dietriche mit sich führt. Sondern indem sie Menschen überzeugt, etwas für sie zu tun – wie den Sicherheitsmann, der ihr die Tür öffnete. Oder indem sie Lücken findet in der Vorstellung, die Unternehmen sich von Sicherheit machen. Social Engineering lautet der Fachbegriff für ihre Tätigkeit; sinngemäß: »soziale Manipulation«.

Nachdem lange Zeit vor allem Kriminelle Social Engineering betrieben haben, wächst in der IT-Sicherheitsbranche seit einigen Jahren das Bewusstsein dafür, dass der Blick auf das eigene Feld nicht allein technisch ausfallen darf. Denn dann gerät ein entscheidender Faktor in Vergessenheit, der den Angreifer:innen viele Türen öffnet: der Faktor Mensch. Schließlich beginnen die meisten Hackerangriffe mit einer Spielart des Social Engineerings – beispielsweise, wenn eine E-Mail eintrudelt, deren einziger Zweck es ist, jemanden dazu zu bringen, entweder einen Link oder einen Anhang anzuklicken und sich damit Schadsoftware einzufangen.

Manche Angreifer:innen rufen ihre Opfer an und überzeugen sie, ihnen ihre Zugangsdaten und ihre Passwörter zu verraten. Manche Opfer haben sich gar mit telefonischer »Beratung« selbst einen Virus auf ihrem Computer installiert oder den Fremden Fernzugriff auf den eigenen Computer gegeben (beispielsweise mit dem Programm TeamViewer, das es ihnen erlaubt, aus der Ferne über das Internet auf den Computer des Opfers zuzugreifen), sodass diese Schadsoftware installieren können. Für Kriminelle ist es viel einfacher, jemanden auf diese Weise anzugreifen, als komplizierte automatische Angriffe zu entwickeln, die ganz ohne das Zutun des Opfers funktionieren. »Social Engineering spielt bei 70 bis 90 Prozent der Hackerangriffe eine zentrale Rolle«, sagt die Sicherheitsforscherin Christina Lekati.

Für die Angreifer:innen lohnt es sich, hier Energie zu investieren: Scheitert dieser Schritt, scheitert der ganze Angriff. Wer die Schadsoftware nicht anklickt oder seine Zugangsdaten nicht verrät, trägt in der Regel keinen Schaden davon.[97] Trotzdem klicken immer wieder sogar jene Menschen auf entsprechende Anhänge

---

97 Es gibt natürlich auch Angriffe, für die keine Nutzeraktion nötig ist – aber das sind in der Regel entweder das Erraten schlechter Passwörter oder aufwendigere Angriffe – die große Masse setzt auf die Kooperation des Opfers

oder geben Informationen preis, die es eigentlich besser wissen müssten. Weil die Vorgehensweise des Täters oder der Täterin offenbar etwas in ihnen anspricht, das ihr kritisches Denken und ihr Misstrauen in den Hintergrund treten lässt.

Was genau ist das? Wie kommt es, dass wir in manchen Situationen Dinge tun wider besseres Wissen, gerade so, als wenn dieses Wissen nicht zugänglich ist?

Mit diesem Thema beschäftigt sich der Berufszweig des Social Engineering innerhalb der IT-Sicherheit, der genau diese Fähigkeiten analysiert und trainiert: die Lücken auszunutzen, die sich aufgrund der menschlichen Psyche öffnen. Ebenso wie es Penetrationstests rein technischer Natur gibt, also Versuche, in Systeme durch Sicherheitslücken einzudringen, gibt es auch Kombinationen: Es werden nicht nur Computer gehackt, sondern auch Menschen. Beispielsweise der Security-Mann, dem Jenny Radcliffe in der Bank in Hamburg begegnete und der eigentlich die Anweisung hatte, keiner fremden Person je eine Tür zu öffnen. Der Fingerabdrucksensor war schließlich die Garantie dafür, dass nur jene Personen in das Gebäude gelangen, deren Berechtigung vorher gewissenhaft überprüft worden ist.

Jenny Radcliffe erinnert sich noch genau daran, wie es sich in der Bank anfühle: »Alles war sehr edel, die Menschen waren ruhig und zurückhaltend, und es roch nach Geld.« Das sind die Situationen, in denen ihr ihre Intuition sagt, was zu tun ist. »Ich wusste nicht sicher, ob diese Zurückhaltung eine deutsche Qualität ist«, oder ob das ein Vorurteil ist, erinnert sie sich an den Impuls, laut und ausfallend zu werden, »aber ich wusste, dass es in einer teuren Bank auf jeden Fall funktioniert.« Vorbereitet hatte sie lediglich die verletzte Hand – die freilich in Wirklichkeit nicht verletzt war – sowie die Berge Papier, die sie mit sich herumschleppte und die in Wirklichkeit keine Schulungsunterlagen waren. »Ich dachte, ich brauche etwas, das es den Menschen leicht macht, mir Türen aufzuhalten.« Sie habe zwar nicht gewusst, dass die Türen mit einem Fingerabdrucksensor ausgestattet sein würden, berichtet sie im Interview, sie sei sich aber sicher gewesen, dass es nicht einfach sein würde, sie zu öffnen. Schließlich hatte das Management der Bank sie gebeten, die Sicherheit zu überprüfen, weil es fand, die Bank habe schon sehr gute Maßnahmen getroffen. Offenbar hatte es aber die Macht des Social Engineering unterschätzt.

Radcliffe hat eine meisterhafte Intuition dafür, was Menschen dazu bringt, Dinge zu tun, die sie eigentlich nicht tun wollen – und meist auch nicht dürfen. »Meine Fähigkeit ist, Situationen anders zu sehen als die meisten Menschen«, sagt sie. Sie denkt in Lücken. »Was ist mit dem Fenster? Dem Keller? Dem Hintereingang?« Sie nimmt selten den Vordereingang, denn der ist meistens am besten geschützt. Aber die Lücken werden oft übersehen.

Für den Besuch in der Hamburger Bank hatte sie wenig Vorbereitungszeit: Erst am Vorabend hatte ein Mitarbeiter eines Sicherheitsunternehmens sie angesprochen, das die Bank in Sicherheitsfragen berät. Radcliffe war in Hamburg, um einen Workshop in Verhandlungsführung zu geben. Auch in solchen Vortragssituationen vermittelt sie einige ihrer Fähigkeiten, die sie in ihrem Beruf als Menschen-Hackerin braucht: »Es geht immer darum herauszubekommen, was jemandem wirklich wichtig ist«, sagt sie, »seine Werte, nicht das, was er sagt, sondern das, was ihm wirklich wichtig ist.« Erst wer das weiß, kann einen Menschen richtig einschätzen – und erkennen, wann er schwach wird. Welche Optionen hat mein Gegenüber und was sind sie ihm jeweils wert? Das ist die Grundfrage, die sich Verhandlungsparteien zunächst stellen, um dann die Situation entsprechend zu beeinflussen und für sich das Beste herauszuholen.

Das alles hat sie den Teilnehmer:innen ihres Workshops über den Tag hinweg erzählt und vermittelt, als jemand sie im Anschluss abfängt und sie bittet, in die Bank einzudringen –, wenn sie doch »sowieso gerade schon hier« sei. Der Job ist aus ihrer Sicht einfach und viel zu gut bezahlt, um ihn abzulehnen. Sie soll einen USB-Stick in einen Computer in einem bestimmten Büro stecken. Sie weiß nicht, was auf dem Stick ist, vermutlich eine Art Demo-Computervirus, mit dem das Sicherheitsunternehmen den Zugriff auf die Computer der Bank bekommt und belegen kann, dass diese angreifbar ist.

Normalerweise bereitet sich Radcliffe ausführlich und gewissenhaft vor – so wie es auch eine echte Angreiferin tun würde, wenn die Beute attraktiv genug ist. Es ist genau das, was die Verteidiger:innen solcher Systeme oft unterschätzen: Die Energie und Ausdauer Krimineller, Lücken zu finden. Doch diese zahlt sich oft aus, es ist eine einfache Marktlogik: Wenn sich mit einem ausgefeilten Angriff viel Geld verdienen lässt, dann lohnt es sich auch, in die Vorbereitung zu investieren.

Kultur und Klischees

Wenn der Auftrag sie in ein anderes Land führt, beschäftigt sich Radcliffe zunächst mit kulturellen Stereotypen. »In Deutschland beispielsweise halten sich die Menschen sehr zuverlässig an Regeln, vor allem bei der Arbeit«, erklärt sie. Das könnten freilich auch Klischees sein, deshalb prüft sie kulturelle Stereotype sehr genau. In Deutschland eine Szene zu machen, funktioniere oft gut. »In Spanien oder Italien würde das vielleicht nicht so gut wirken«, sagt sie. Dort geht es ohnehin häufig lauter zu als beispielsweise in Deutschland. Freilich seien Menschen trotzdem verschieden, und nicht immer treffen Stereotype wirklich zu. »Aber ich stelle eine wohlbegründete Vermutung an, und wenn sie sich als wahr herausstellt, arbeite ich damit.«

Dann zoomt Radcliffe das Zielobjekt näher heran: Nach der Kultur des Landes widmet sie sich der Kultur des Unternehmens und dessen Struktur. »Es ist wie ein Trichter: Erst das Land, dann die Branche, dann der Ort, das Unternehmen, bis ich bei Teams und Einzelpersonen lande.« Ähnlich strukturiert sie ihre Recherche: erst betrachtet sie etwas aus der Ferne, dann kommt sie immer näher. Vieles lässt sich über die sozialen Medien in Erfahrung bringen. Wer kennt wen, wie ist die Stimmung, was sind aktuelle Themen im Unternehmen? Der nächste Schritt findet bereits vor Ort statt: Manche Firmengebäude beobachtet sie tage- und nächtelang von außen, auch an Wochenenden. Das ist der anstrengendste Part. Schließlich darf sie nicht auffallen, gleichzeitig ist es kräftezehrend. Aber es ist wichtig: »Das gibt mir ein Gefühl dafür, wie die Menschen drauf sind, was sie zur Arbeit tragen, wie der Rhythmus ist, wo sie essen.« Schließlich folgt sie den Menschen unauffällig in die Restaurants zum Mittagstisch, recherchiert nahegelegene Cafés und Bars und hält sich dort auf, setzt sich an den Nebentisch, lauscht den Gesprächen. »Freitagnachmittags ab 17 Uhr in der Bar, die am nächsten am Unternehmen ist, gibt es die besten Informationen.« Da sind die Mitarbeiter:innen entspannt, sie plaudern über alles Mögliche, lästern auch mal über den Chef und die neuesten Projekte.

»Ich schaue nach Dingen wie: Wer ist respektiert, über wen beschwert man sich, sind sie glücklich, wie werden Mitarbeiter bestraft«, erklärt sie: »Ich schaue, wie das Herz des Unternehmens schlägt.« Das alles sind Informationen, die sie verwenden kann, die etwas über mögliche Einfallstore und Schwächen verraten – ebenso wie über gute Ausreden für sie selbst, wenn sie vor Ort gefragt wird, was sie denn dort zu suchen habe. Denn der nächste Schritt ist die Recherche vor Ort selbst. Sie habe zwar immer eine Geschichte, wieso sie sich im Unternehmen aufhalte, sagt sie, beispielsweise: Sie vermesse den Boden für einen neuen Teppich oder repariere die Kaffeemaschine. »Aber am wichtigsten ist Flexibilität, du musst bereit sein, diese Geschichte wegzuwerfen.« Denn manchmal passiert etwas, das die Geschichte unglaubwürdig oder unpassend macht. Ein schnelles Gehirn, das auf Kommando neue Geschichten ausspuckt, und eine gute Intuition dafür, was passt, sind neben dem Wissen um menschliche Schwächen die wichtigsten Eigenschaften eines Social Engineers.

Menschen, die sich an Vorgaben des Managements halten als

Teil der Unternehmenskultur – das klingt erst mal so, als wenn es einem Unternehmen helfen würde, Sicherheit in dieser Weise umzusetzen. Aber für Radcliffe ist es meist eine gute Nachricht, wenn in einem Unternehmen eine gewisse Obrigkeitshörigkeit herrscht.

Zwei-Millionen-Zaun

Einmal bittet das Management einer großen Firma sie, dort die Sicherheit zu überprüfen – man habe schließlich gerade zwei Millionen Pfund in einen modernen, hochsicheren Zaun um das Gelände investiert sowie in besonders einbruchsichere Türen. Es scheint sich mehr um eine Wette zu handeln, denn das Unternehmen lässt sie schon im Vorfeld wissen: »Bei uns kommen Sie hundertprozentig nicht rein.« So etwas spornt Radcliffe an – und prompt findet sie eine entscheidende Schwachstelle bei ihren Recherchen: Die Beschäftigten sind extrem obrigkeitshörig. »Sie taten alles, was die Geschäftsführung anordnete.«

In den kommenden Tagen belagert sie die Fabrik unauffällig zusammen mit einem Kollegen. Sie sieht, dass das Unternehmen seinen Angestellten einen kostenlosen Service anbietet: Sie können ihre Fahrzeuge während der Arbeitszeit auf dem Parkplatz des Firmengeländes warten und reparieren lassen. Da reift ein Plan in ihrem Kopf.

Radcliffe besorgt sich ein Luftgewehr, pirscht sich eines Tages an eine nicht beobachtete Stelle des Zauns heran und zerschießt die Windschutzscheibe eines Firmenwagens von außen. Dann mietet sie einen Lieferwagen und lässt ein magnetisches Schild mit der Aufschrift »Auto Reparatur« drucken, erfindet zusätzlich den Namen und das Logo einer fiktiven Autowerkstatt, auch das kommt auf das Schild. Ihr Kollege verkleidet sich mit einem ölverschmierten Kittel als Automechaniker, sie selbst versteckt sich im Laderaum, und sie fahren zum Haupttor des Unternehmens.

»Hallo, ich komme, um das Auto dort hinten zu reparieren«, sagt ihr Kollege an der Schranke, zeigt auf das Fahrzeug mit der zerschossenen Scheibe – und ist verblüfft, als die Wachleute die Schranke ohne eine weitere Nachfrage öffnen. Der zwei Millionen Pfund teure Zaun ist damit schon mal hinfällig. Auf dem Parkplatz angekommen, schlüpft Radcliffe aus ihrem Versteck und zündet ihre zweite Bombe: Ein einfacher Zettel mit der Aufschrift: »Bitte diese Türe nicht schließen«, darüber der Briefkopf des Unternehmens, das Logo, und darunter Stempel und Unterschrift des Personalchefs. Sie geht zu einem Seiteneingang, klebt den Zettel mit Tesafilm an die Tür – und wartet in einiger Entfernung. »Es dauerte nicht lange, da kamen Mitarbeiter aus der Tür, sahen den Zettel und ließen die Tür offen stehen«, erinnert sie sich heute und lacht schelmisch.

Radcliffe schafft es an diesem Tag, an verschiedenen Stellen im Unternehmen Schadsoftware zu platzieren, unter anderem sogenannte Keylogger, die jeden Tastendruck an einem Computer protokollieren und die gesammelten Daten an die Angreifer schicken. »Für das Unternehmen war das sehr gefährlich«, sagt sie. Zum Glück gehen die Daten nicht wirklich an Kriminelle, sondern nur an Radcliffe selbst. Als sie einige Tage später ihre Erkenntnisse dem Management präsentiert, sei einer der Manager ganz bleich geworden, berichtet sie: »Er stöhnte und sagte nur: Zwei Millionen, und das alles für nichts.« Immer wenn sie diese Geschichte erzählt, seien alle ganz begeistert –, weil sie so einfach ist. »Aber es war nicht einfach, du musst genau wissen, was bei welchem Unternehmen funktioniert.«

Und es gibt weitere Hürden: Denn wer in ein Unternehmen hineinkommt, hat erst den halben Weg zurückgelegt, warnt Radcliffe vor voreiligen Schlüssen. »Wieder herauszukommen ist oft viel schwieriger – das vergessen viele.« Ihre Mission ist schließlich nicht erfüllt, bevor sie nicht auch unerkannt aus einem Gebäude wieder verschwunden ist. Radcliffe hat hier einen gewissen Ehrgeiz, auch wenn sie natürlich immer zur Sicherheit einen Brief ihres jeweiligen Auftraggebers bei sich hat, der allzu misstrauischen Wachleuten oder Polizist:innen erklärt, dass sie im Auftrag des Unternehmens unterwegs ist: Sicherheitsforscher:innen nennen sie spöttisch die »Get-Out-of-Jail-Free-Card«, wie sie aus dem Monopoly-Spiel bekannt ist: Du-kommst-aus-dem-Gefängnis-frei-Karte. Diese kann sie vorzeigen, wenn sie erwischt wird und sich nicht herausreden kann –, um sie davor zu bewahren, wie eine echte Kriminelle behandelt zu werden. Jeder legale Social Engineer trägt einen solchen Brief bei sich. Aber wer ihn vorzeigen muss, ist gescheitert. Das gefällt Radcliffe nicht. »Ich scheitere eigentlich nie«, sagt sie.

Hin und wieder glaubt ihr ein Mitarbeiter am Empfang nicht. Dann geht sie unter einem Vorwand wieder – und schickt einen Kollegen, der es nach dem nächsten Schichtwechsel erneut versucht. »Oft sagen sie Dinge weiter an die nächste Schicht wie: Da ist diese kleine Frau mit dem roten Pullover und dem Liverpooler Akzent – lasst die nicht rein, die ist verdächtig.« Ihr Kollege hingegen – männlich, groß, und mit einer ganz anderen Geschichte – kommt beim zweiten Versuch meistens durch und öffnet ihr dann die Hintertür. Aus einem ähnlichen Grund hat Radcliffe stets einen Wendepullover an: Damit kann sie schnell ihre Erscheinung ändern, und niemand kommt darauf, dass die »Frau mit dem roten Pullover« die gleiche ist, wie »die mit dem blauen Pullover«. Zusätzlich hat sie diverse verschiedenfarbige Halstücher dabei – um ihr Aussehen zu verändern oder um diese hier und da in Firmengebäuden liegen lassen zu können. Wenn jemand misstrauisch fragt, was sie denn hier zu suchen habe, sagt sie dann: »Ich habe mein Halstuch irgendwo liegen lassen – ach, da ist es ja.«

Einmal allerdings hilft nichts: Der Weg nach draußen ist versperrt. Radcliffe findet sich in einem Büro in Brüssel eingeschlossen, in dem sie gerade ihre USB-Sticks mit der Schadsoftware hinterlassen hat, als sie merkt, dass die Tür sich nicht wieder öffnen lässt. »Es war morgens um fünf, weit und breit war niemand, und ich hatte gedacht, dass sich Türen von innen immer öffnen lassen«, erinnert sie sich, »ich bekam Panik.« Der einzige Weg ist der durch das Fenster – im dritten Stock balanciert sie auf einem kleinen Absatz und tastet sich vor, bis sie auf eine Feuertreppe trifft. Auf dem Weg kommt sie an einem Fenster vorbei, hinter dem sechs Männer fieberhaft an etwas herumbasteln. »Sie sahen nicht aus, als wenn sie dort hingehörten, ich glaube, es waren echte Einbrecher«, sagt sie. Zum Glück bemerken sie sie nicht, und als sie die Feuertreppe erreicht hat, fahren im Hof schon die ersten Polizeiwagen vor. Auch von diesen lässt sie sich nicht erwischen, sondern geht schnell auf die andere Straßenseite. »Das war gerade rechtzeitig, ich hatte an dem Tag nämlich ein Training, das morgens um neun beginnen sollte«, sagt sie heute lachend.

Manchmal muss Jenny Radcliffe ihre Fähigkeiten zu ihrem eigenen Vorteil nutzen. Etwa wenn ihre Zeitplanung knapp ist und Sicherheitspersonal ausgerechnet dann misstrauisch wird, obwohl sie einen offiziellen Grund und entsprechende Nachweise für den Besuch hat. So wie an jenem Tag, an dem sie zu einem Vortrag über ihre Arbeit in den Tower of London eingeladen und spät dran ist. Ein Wachmann hält sie auf und will ihre Taschen durchsuchen. »Darin hatte ich zwölf falsche Ausweise, einige Dietriche, um Schlösser zu knacken, einen Hammer, ein Brecheisen, um Türen aufzuhebeln, und eine Rauchbombe«, erinnert sie sich. Das alles sind Utensilien für ihren Workshop, in dem sie Manager:innen zeigen will, mit welcher Kombination aus Mitteln sie einfach überall hineinkommt.

Aber eins ist klar: Sollte der Wachmann diese Dinge finden, würde es viele Fragen geben und trotz ihrer offiziellen Speaker-Einladung länger dauern. »Ich hatte einfach nicht die Zeit dafür.« Also öffnet sie ihre Wasserflasche, nimmt einen Schluck, gibt vor zu stolpern und übergießt den Wachmann mit Wasser –, um dann sofort hektisch ein Taschentuch herauszuholen, lautstark zu sagen, wie leid ihr das tut und dass sie alles wieder in Ordnung bringen werde, und dann beginnt sie, die Kleidung des Wachmanns mit dem Taschentuch abzuwischen. »Ich kam ihm immer näher, ich beugte mich über ihn – ihm wurde es sofort zu viel«, erinnert sie sich. »Er sagte nur: Nicht so schlimm, bitte gehen Sie einfach weiter.« Und drin war sie mit einer Tasche voller Einbruchswerkzeug.

Wieso braucht sie Rauchbomben für ihren Job? »Die sind gut, um abzulenken«, sagt sie. Kürzlich wollte sie beispielsweise, dass ein Security-Mann von seinem Posten kurz verschwand, und legte eine Rauchbombe in einen Mülleimer außen am Gebäude. Die wenigen Minuten, die der Mann abgelenkt war und den Brand löschte, nutzte sie, um einen Kollegen durch den Eingang zu schleusen.

Radcliffe muss kurz darauf erneut in den Tower of London, und beschließt, diesen Besuch für ein Experiment zu nutzen. Vielleicht lässt sich ja auf die alte Geschichte aufbauen? An diesem Tag ist ein anderer Wachmann im Einsatz. Sie rennt auf ihn zu und ruft: »Hahaha, so lustig, beim letzten Mal habe ich Ihren Kollegen mit Wasser übergossen, ich verspreche, ich werde diesmal aufpassen.«

Das hat zweierlei Funktion: Sie vermittelt ihm dabei, dass sie schon hier war und gewissermaßen zur Familie gehört. »Ich sehe einfach unschuldig aus, er hat mir nichts Böses zugetraut.« Und sie überfällt ihn mit einer überschwänglichen, emotionalen Art, die manchen Menschen unheimlich ist. Jedenfalls kommt sie erneut ohne Prüfung in den Tower. »Wir sind Menschen, und Emotionen lassen uns in solchen Momenten versagen«, erklärt sie.

Das Phishing-Prinzip

Radcliffe hat einige Methoden identifiziert, mit denen sie Menschen aus der Reserve locken kann – und die auch Kriminelle anwenden, wenn sie ihre Opfer überzeugen wollen, etwas zu tun, was der Zielperson schadet. Etwa einen E-Mail-Anhang mit Schadsoftware anzuklicken, eine Tür zu öffnen oder größere

Summen Geld herzugeben. Die Methoden: Erstens ein Gefühl von Dringlichkeit zu vermitteln, indem sie die Opfer drängen, schnell eine Entscheidung zu treffen. Zweitens gilt es, Emotionen zu erzeugen, und drittens einen »Call-to-Action« zu formulieren, also die Aufforderung, etwas zu tun. »Jede Phishing-E-Mail hat diese Kategorien. Wenn diese drei Dinge zusammenkommen, sollte man aufhorchen.« Wenn Ihnen also jemand eine E-Mail schreibt und Sie merken, dass Sie sich ärgern oder besorgt sind (etwa, weil dort steht, auf ihrem Bankkonto gingen seltsame Dinge vor sich, und womöglich habe sich ein Dieb bereichert), wenn Sie dazu aufgefordert werden, einen Anhang oder einen Link zu öffnen (etwa weil im Anhang ein Kontoauszug ist mit den auffälligen Überweisungen oder weil Sie sich einloggen sollen, um der Bank zu helfen, die verdächtigen Überweisungen zu identifizieren) und noch dazu eine Frist gesetzt wird – seien Sie besonders skeptisch. Rufen Sie besser den angeblichen Absender an – aber nicht unter der Nummer in der Signatur, sondern suchen Sie selbst die Nummer im Internet. Wichtig zu wissen: Es gibt natürlich auch Phishing-E-Mails, die nicht alle drei Merkmale aufweisen!

Radcliffe arbeitet außerdem mit menschlichen Vorurteilen und Verzerrungen der Wahrnehmung. Ihr Äußeres öffnet ihr viele Türen: »Ich werde einfach immer massiv unterschätzt«, sagt sie. Aber sie nutzt auch Vorurteile, denen Menschen ausgeliefert sind, die weniger privilegiert sind als sie. Einer ihrer Kollegen beispielsweise ist Afroamerikaner. »Er ist es immer, der kontrolliert oder aufgehalten wird«, sagt sie. Der Wassertrick im Tower of London hätte für ihn sicherlich nicht funktioniert. Immer mal wieder arbeiten sie zusammen – und sein Job ist es dabei meist, die Aufmerksamkeit von Polizei und Wachleuten auf sich zu ziehen und damit von Radcliffe abzulenken. »Das ist traurig und falsch«, sagt Radcliffe. Aber es lässt sich ausnutzen. Wenn er dabei ist, kommt sie ungeschoren durch Kontrollen. »Es ist wie mit der Rauchbombe, er bekommt alle Aufmerksamkeit. Und das ist eine wichtige Erkenntnis: Hinterfragen Sie Ihre Vorurteile!« Denn auch die führen zu vorschnellen, irrationalen Entscheidungen.

Nur: Was ist die Lösung? Sollten wir künftig allen prinzipiell misstrauen? »Nein, dann hätten die Bösen gewonnen«, sagt Radcliffe. Wichtig sei eine gewisse Vorsicht dabei, welche Informationen man über sich öffentlich teilt, beispielsweise in den sozialen Medien. »Überlegen Sie sich immer, was ein Krimineller mit diesem Wissen anfangen könnte.« Ihr eigener Job sei sehr viel einfacher geworden, seit es das Internet und die sozialen Medien gibt. Außerdem sei es wichtig, auf die entsprechenden »Red Flags« zu achten, also Erkennungsmerkmale typischer Social-Engineering-Angriffe: Drängt mich jemand, schnell eine Entscheidung zu treffen? Versucht jemand, Emotionen zu erzeugen? »Wenn jemand Sie bittet, etwas schnell zu tun, treten Sie innerlich einen Schritt zurück und überlegen Sie, ob es wirklich das Richtige ist.«

Aber woher kommt es eigentlich, dass wir Menschen so gutgläubig sind? Mich hat vor einiger Zeit ein Mann an einem Bahnhof angesprochen – in einem Redeschwall: Er brauche dringend Geld für ein Ticket, er habe seine Kreditkarte verloren, der Zug komme gleich, er müsse seine schwangere Frau im Krankenhaus besuchen, es sei die letzte Möglichkeit hinzukommen – das Ticket koste 30 Euro, er würde es mir zurücküberweisen. Als ich zögerte, zeigte er mir Fotos von seiner Frau und seinen beiden kleinen Kindern auf seinem Handy. »Sind sie nicht süß?«

Ich war bis zum Schluss unschlüssig, gab ihm aber schließlich das Geld –, obwohl ich wusste, dass das Ticket teurer sein müsste, und Zweifel an der Geschichte hatte. Ich bin in den gleichen Zug gestiegen, den er vorgab, erreichen zu müssen – und als wir abfuhren, sah ich, wie er draußen bereits die nächste Person ansprach. Jeder, der schon einmal auf einen entsprechenden Trick hereingefallen ist, fühlt sich hinterher naiv.

Warum sind wir so gutgläubig? Sind unsere Emotionen unsere Schwäche, weil sie unser kritisches Denken behindern? Christina Lekati will diese Antwort so nicht gelten lassen. »Das ist nicht nur unsere Schwäche, das ist auch unsere Stärke«, sagt die Psychologin und Social-Engineering-Expertin. Es sei ein beliebtes Narrativ heute, die menschliche Kooperations- und Hilfsbereitschaft als Schwäche zu bezeichnen. »Aber ich stimme dem nicht zu! Was ist unsere Schwäche gegenüber einem Messer? Der Fakt, dass wir kein Exoskelett haben.« Nur weil unsere Eigenarten ausgenutzt werden, sind sie noch lange keine Schwächen.

Lekati hat sich schon von klein auf für Cybersecurity interessiert, unter anderem, weil ihr Vater ein Sicherheitsunternehmen gegründet hatte. Sie lernte früh von ihm, in Computer und Netzwerke einzudringen. »Das hat mich fasziniert, das war wie Zauberei.« Ihr Vater vermittelte ihr auch die Grundlagen des Social Engineering. Da merkte Lekati, wie sehr der menschliche Faktor sie interessierte. »Ich wollte wissen, wieso wir so agieren, wie wir uns überzeugen lassen, etwas zu tun, und wie wir besser werden können.« Es gab damals kaum Literatur zu den psychologischen Aspekten des Social Engineering, aber Lekati war sicher, dass sie Zusammenhänge entdecken würde, sobald sie mehr über die menschliche Psyche wusste. Also studierte sie Psychologie – und lernte etwas darüber, wieso Kooperation unsere Stärke ist.

»Wir Menschen haben über die Jahre herausgefunden, dass es uns hilft zu überleben, wenn wir uns gegenseitig unterstützen und Gemeinschaften aufbauen. Wir sind soziale Wesen, das steckt in unseren Genen.« Es gebe einen unausgesprochenen gesellschaftlichen Vertrag, denn nur mit sozialer Kooperation seien menschliche Gemeinschaften überlebensfähig. »Diese sozialen Normen sind tief in unserem Gehirn verankert, sie führen zu automatischen Vorgängen«, erklärt Lekati: sogenannte »fixed action patterns«, also feste (angeborene) Handlungsmuster, die in bestimmten Situationen gewissermaßen automatisch unsere Reaktion bestimmen. »Wir können diese Muster bewusst hinterfragen«, sagt Lekati. Aber einfach ist es nicht, denn ausgefeilte Social-Engineering-Angriffe schaffen genau eine solche Situation, in der diese Automatismen anspringen. Es sind die Punkte, die Jenny Radcliffe aufzählt und die uns misstrauisch werden lassen sollten: Die Angreifer erzeugen ein Gefühl von Dringlichkeit und versuchen, Emotionen zu wecken.

Das spricht unser »schnelles Denken« an, jene Art, schnell und intuitiv Entscheidungen zu treffen, die der Psychologe Daniel Kahneman in seinem bekannten Buch *Schnelles Denken, langsames Denken* beschrieben hat – im Gegensatz zum langsamen, rationalen Denken. Wie Kahnemanns Begriffe schon suggerieren, ist diese automatische, intuitive Art der Entscheidungsfindung schnell und von daher hilfreich beispielsweise in Bedrohungsszenarien, in denen es auf jede Sekunde ankommt. Dieses Muster springt oft an, wenn wir emotional sind und unter Stress stehen. Dieses Denken hat vermutlich dazu geführt, dass der Wachmann in der Hamburger Bank Jenny Radcliffe die Tür geöffnet hat, obwohl er es nicht durfte, und dass der Mann im Tower of London sie schnell durchwinkte, als ihm die unheimliche Frau zu nahekam. Und dieses Denken hat unsere Vorfahren vermutlich vor dem Tiger gerettet.

Solche Automatismen sind schwer, rechtzeitig zu erkennen und zu stoppen, wenn sie ausgenutzt werden und sich gegen uns selbst richten – gerade aufgrund ihrer Natur, weil sie genau jenes Denken behindern, das wir bräuchten, um ihnen auf die Schliche zu kommen. In diesen Fällen machen wir das, was Menschen von uns verlangen, die nett zu uns sind oder die Autorität haben und »zur Gruppe gehören«. Eine verbreitete Social-Engineering-Attacke namens »CEO-Fraud« nutzt das beispielsweise aus: Die Angreifer:innen schreiben eine E-Mail beispielsweise an die Buchhalterin, die scheinbar vom Geschäftsführer kommt und in der dieser bittet, schnell eine Zahlung anzuweisen. »Sie haben das Gefühl, derjenige ist im gleichen Team, er ist keine Bedrohung oder ein Feind«, erklärt Lekati. Deshalb funktioniert diese Attacke erstaunlich gut, obwohl sie recht bekannt ist. Tausende Unternehmen sind schon darauf hereingefallen und haben so größere und kleinere Summen verloren. Hören Sie sich im Bekanntenkreis um, die Chance ist groß, dass Sie jemanden persönlich kennen, dem das schon passiert ist. »Sie können diese Angriffe sogar kennen und trotzdem darauf hereinfallen«, sagt Lekati.

Der erste Schritt, um zu bemerken, wenn man hereingelegt wird, ist, sich dieser Muster bewusst zu sein, betont die Psychologin: »Überlegen Sie kurz, wenn Sie jemand bittet, eine Entscheidung zu treffen, ob alles seine Richtigkeit hat.« Schließlich ist es ganz einfach, Anfragen des Chefs beispielsweise zu verifizieren: »Rufen Sie ihn an, überprüfen Sie, ob die E-Mail sicher von ihm kommt.« Gerade wenn jemand versucht, eine emotionale Atmosphäre zu erzeugen oder auf Eile dringt, ist es wichtig, das zu realisieren und kurz innezuhalten.

Spiegelneuronen

Ein weiterer Grund, der uns empfänglich macht für solche Angriffe, sind sogenannte Spiegelneuronen: Das sind Neuronen in unserem Gehirn, die dafür sorgen, dass wir uns unweigerlich vorstellen, wie sich unser Gegenüber gerade fühlt. Sie sind unter anderem für Empathie wichtig: »Wenn wir sehen, dass sich jemand verletzt und Schmerzen hat, dann fühlen wir auch Schmerzen, und wir wollen helfen«, erklärt Lekati. Diese Neuronen hindern uns auch daran, Kommunikation abrupt abzubrechen – sie machen uns nett und kooperativ. Wir wollen niemanden vor den Kopf stoßen, der uns gegenüber freundlich auftritt –, weil es uns selbst schmerzt.

Das war vermutlich der Mechanismus, der in meinem Kopf ansprang, als mich der fremde Mann am Bahnhof nach Geld für sein Zugticket fragte. »Wie würde es mir gehen, wenn die Geschichte wahr wäre, aber keiner glaubt mir?«, fragte ich mich unweigerlich. Ich hatte mich zunächst für einen inneren Kompromiss entschieden und ihm 20 Euro angeboten, anstatt der 30, nach denen er fragte. Doch er sagte, dann reiche es nicht für das Ticket und er müsse noch jemanden fragen und der Zug käme doch gleich. Also gab ich ihm die fehlenden zehn Euro auch noch.

»Das heißt ›social privilege escalation‹«, erklärt mir Lekati. Es ist der gleiche Begriff, den Sicherheitsforscher:innen dafür verwenden, wenn sich Hacker:innen in Computersystemen voranbewegen und langsam aber sicher immer mehr Zugriffsrechte ergattern: Privilege escalation. Das gibt es auch im sozialen Bereich: Die Angreifer:innen starten erst ein harmloses Gespräch, schaffen eine gute Atmosphäre – und fordern dann immer mehr. Es sei völlig normal, dass ich darauf hereingefallen sei, tröstet mich Lekati, und vor allem, dass ich dem Mann auch die fehlenden zehn Euro noch gegeben habe: weil es uns schwerfällt, eine Interaktion abzubrechen. Auf eine ähnliche, freilich brutalere Weise funktionieren sogenannte Romance Scams, also Betrügereien, bei denen (meist) Männer (meist) Frauen, in die sie vorgeben verliebt zu sein, erst um einen kleinen Gefallen bitten, eine überschaubare Summe Geld – meist verbunden mit einer dramatischen Geschichte (Emotionen!) –, um dann über die folgenden Tage und Wochen immer mehr zu fordern. Den Opfern ist es schier unmöglich aufzuhören, bevor sie nicht ihr ganzes Geld verloren haben.

»Und auch Spione arbeiten so«, erklärt Lekati, das nennt sich »covert interviewing«. Sie beginnen mit ihren Zielpersonen erst ein harmloses Gespräch, möglicherweise über gemeinsame Hobbys. »Dann wissen sie: Jetzt ist die Person im Antwortmodus« – in dem Moment fällt es ihr schwer, das Gespräch abzubrechen. Und dann kommen die wichtigen Fragen mit heikleren Antworten. Und dem Opfer fällt es schwer, das Gespräch zu beenden, selbst wenn sich irgendwo im Hinterkopf Zweifel anmelden.« »Wenn Sie mit einer Person interagieren, dann wollen Sie Konsistenz behalten«, sagt die Psychologin.

Während der fremde Mann am Hauptbahnhof auf mich einredete, war ich mir durchaus bewusst, dass es sich um eine Lüge handeln könnte. Zwischendrin lachte ich sogar und sagte: »Gute Geschichte!« Aber der Mann blieb ernst und lieferte immer neue »Beweise« für seine Geschichte. Da dachte ich mir: Aber was ist, wenn es stimmt? Wenn er wirklich eine schwangere Frau in Stuttgart im Krankenhaus hat, die ihn nun dringend braucht? Ich konnte es nicht überprüfen und dachte mir schließlich: »Selbst wenn die Geschichte gelogen ist, dann braucht er offenbar trotzdem Geld.« Ich war auch beeindruckt von der durchdachten und ausführlichen Geschichte, von den vorbereiteten Fotos von Kindern auf dem Smartphone, sodass ich mir schließlich sagte: Egal, im Zweifel bezahle ich ihn für die Show.

Genau das machen die Opfer der Spione auch, erzählt mir Lekati – und das ist einkalkuliert in deren Strategie: »Die Ausspionierten merken zwar irgendwann, dass es seltsam ist und dass es Fragen sind, die sie nicht beantworten sollten, aber es fällt ihnen schwer, das Gespräch abzubrechen – deshalb fangen sie an, es vor sich selbst zu rechtfertigen.« Es ist ja nicht so schlimm, damit kann doch niemand so richtig was anfangen. Es ist weniger gefährlich, als es scheint. Ist ja nur ein harmloses Gespräch. »Wir rechtfertigen es vor uns selbst, weil wir uns nicht schlecht fühlen wollen«, erklärt Lekati. Aber genau dieses Rechtfertigen wiederum verhindert, dass wir das Richtige tun: das Gespräch abbrechen.

Wir werden sehenden Auges hereingelegt, und wir wollen es auch nicht wirklich sehen. »Wir vermeiden den Schmerz, das ist der stärkste Mechanismus unseres Gehirns«, erklärt Lekati. Noch stärker als das Bedürfnis nach Befriedigung unserer Bedürfnisse und Wohlfühlen ist das Bedürfnis, Schmerz zu vermeiden. Deshalb hat unser Gehirn raffinierte Automatismen entwickelt, die uns vor Schmerz schützen sollen – und genau diese machen uns angreifbar. »In der Situation am Bahnhof haben Sie genau das gemacht«, erklärt Lekati, »Sie haben kurz abgewogen: Lebe ich besser mit dem Schmerz, den Mann abzuweisen, obwohl er eventuell tatsächlich in Not ist, oder mit dem Schmerz, das Geld los zu sein.« Und deshalb rechtfertigen wir das gleichzeitig vor uns selbst. »Nur wenn wir unsere Handlungen nicht die ganze Zeit selbst rechtfertigen, können wir die Konversation stoppen.«

Klarheit braucht Zeit

Aber was kann man dagegen tun? Wie sollten beispielsweise Unternehmen vorgehen, um Situationen zu vermeiden wie jene mit dem Zettel an der Tür, auf den Radcliffe die offiziell anmutende Anweisung geschrieben hat, die Tür offen zu lassen? Wollen Unternehmen nicht genau das, dass ihre Angestellten auf die Ansagen aus dem Management hören? »Gegen so etwas hilft nur ein klares Regelset im Vorfeld«, sagt Lekati, »und vor allem eine klare Ansage, auf welchem Weg Regeln verkündet werden« – nämlich nicht durch Zettel an Türen.

Ihr genereller Rat ist: »Vertrauen Sie nicht zu schnell.« Allein wer immer mal wieder darauf achtet, ob er oder sie gerade unter Druck gesetzt wird, ob jemand Emotionen erzeugt, trainiert diesen »Muskel« des kritischen Denkens. Gerade ausgefeiltere Attacken sind nur mit einem klaren Regelset zu verhindern gepaart mit einem intensiven Training, das dazu führt, dass die Opfer auch in stressigen Situationen und unter Druck auf dieses Wissen zugreifen können. Personen, die besonders heikle Informationen besitzen, müssen sich klarmachen, was davon sie niemandem mitteilen dürfen – auch nicht scheinbar vertrauten Menschen. »Es muss eine ganz eindeutige Klassifikation gelten, die immer gilt«, sagt Lekati. Auch dann, wenn jemand scheinbar harmlos ist oder es so wirkt, als könne man ihm diese oder jene Information anvertrauen.

Lekati kennt einen Fall, in dem sich eine Angreiferin mit einem falschen Social-Media-Profil wappnete, das sie als Fotografin ausgab, und über dieses Profil den Manager eines großen Unternehmens kontaktierte – zunächst, um sich über das gemeinsame Interesse Fotografieren auszutauschen. Die beiden pflegten schließlich einen intensiven Austausch, durch den die Angreiferin (die möglicherweise auch männlich war) nebenbei einige wichtige Informationen über ihr Opfer erfuhr. Eines Tages schickte die vermeintliche Fotografin dem Manager eine E-Mail mit einem Anhang. »Er hat ihn natürlich geöffnet«, sagt Lekati. Schließlich fühlte sich das Verhältnis der beiden zu diesem Zeitpunkt schon an wie eine Freundschaft. Doch der Anhang enthielt eine gefährliche Schadsoftware.

Wichtig ist auch, sich damit auseinanderzusetzen, dass so etwas passieren kann. »Am gefährlichsten ist es, wenn Sie denken: Das passiert mir nicht«, warnt Lekati (und überlegen Sie mal kurz: Genau das denken Sie gerade, oder?)

Ihr zweiter zentraler Rat: Zeitdruck vermeiden. Das ist das, was unseren Entscheidungsprozess am meisten kompromittiert. »Analytisches Denken und Klarheit brauchen Zeit«, warnt Lekati. »Wenn wir im Stress sind, dann verfallen wir in unser Reptiliengehirn«, also in das »schnelle Denken«, das Kahneman beschreibt. Es hat mit Angst und Stress zu tun, dann handeln wir instinktiv und leider oft irrational – und vergessen alle Regeln, auch die, mit wem wir welche Informationen teilen dürfen. »Wenn diese Art von Druck und Stress da ist, dann ist unser Gehirn damit überfordert.« Wir haben dann keine Kapazitäten, kritisch zu denken.

Gerade Emotionen bringen uns Menschen in ein Stadium, in dem wir irrational handeln. »Wenn man in einem Zustand der Angst ist, wollen wir raus«, sagt Lekati. In so einem Zustand hilft es nur, wenn zuvor genügend trainiert wurde und die Betroffenen wissen, wie sie eine solche Situation erkennen können. »Machen Sie sich klar: Oha, jetzt bin ich gerade total überfordert, und nehmen Sie sich Zeit.« Aber wenn die Emotionen schon zu stark sind gepaart mit Zeitdruck, dann haben Sie – »keine Chance«.

Wie vorsichtig jemand ist, wie starr die Regeln sind, die man sich selbst oder für eine Organisation definiert, das hängt auch vom Bedrohungsszenario ab, also von der Frage, welchen Bedrohungen jemand mutmaßlich ausgesetzt ist und wie viel schiefgehen kann, wenn ein Angreifer eine Lücke findet. Gerade Wachleute wie jener in der Hamburger Bank sollten auf allerlei Angriffe vorbereitet sein. »Ein gut trainierter Wachmann hätte diese Tricks durchschaut«, kommentiert Lekati daher Radcliffs Angriffe in Hamburg und in London. Aber die wenigsten Wachleute seien überhaupt darauf vorbereitet, auf Social Engineering zu reagieren. »Die meisten sind nur darauf trainiert, angsteinflößend auszusehen.« Das hilft aber nicht gegen moderne Angreifer:innen, die sich davon nicht abschrecken lassen, sondern nur die Lücke in der Fassade sehen.

Nachts im Zoo

Aber nicht nur potenzielle Opfer müssen trainieren – auch die Angreifer:innen üben sich in entsprechenden Vorgehensweisen. »Die wenigsten werden mit guten sozialen Skills geboren«, sagt Lekati. Kriminelle geben sich selbst gegenseitig Schulungen, sie tauschen sich über erfolgreiche Angriffsmethoden aus und kopieren die Vorgehensweise anderer. »Nicht alle wissen, wieso Social Engineering funktioniert, sie machen es nur anderen nach«, sagt Lekati.

Und vielen helfen die Umstände: Wer in einem Umfeld aufwächst, in dem kleinere »Gangstereien« zum Alltag gehören, wer ohne Tricksereien nicht über die Runden kommt, lernt schnell, die Lücken zu finden. Von daher kann es sein, dass Angreifer:innen einen Vorteil haben, die schon länger im Geschäft sind oder mit dem Denken, das Lücken im System sucht, schon lange vertraut sind. Die Verteidiger:innen der Sicherheit müssen sich ein entsprechendes Denken erst noch aneignen.

Letztlich basiert auch Radcliffes Expertise unter anderem darauf, dass sie im »richtigen« Umfeld aufwuchs: Sie wurde als Grundschülerin einmal von einer Nachbarin entführt und schließlich wieder freigelassen. Daraufhin beschloss ihre Mutter, dass es besser sei, wenn ihre größeren Cousins auf sie aufpassten. Die Kinder und Jugendlichen hatten ein seltsames Hobby entwickelt: in Gebäude und auf Gelände einzudringen, die ihnen verschlossen waren. Zunächst in leerstehende Gebäude, schließlich auch in bewohnte oder auch nachts in öffentliche Einrichtungen wie den örtlichen Zoo. Als Achtjährige verbrachte Radcliffe unter anderem eine Nacht im Zoo, lediglich bewaffnet mit einer kleinen Kindertaschenlampe. Sie erinnert sich noch lebhaft an den Schreck, als auf einmal ein Löwe laut neben ihr brüllte – nur getrennt durch den Zaun des Geheges. »Davon schrecke ich heute noch nachts auf.«

Als sie etwas größer waren, machten die Cousins ein Geschäft daraus und drangen gegen Geld in gut gesicherte Gebäude ein – im Auftrag der Besitzer oder von Wachfirmen, um deren Sicherheit zu überprüfen. Radcliffe kannte zwar damals das Wort Social Engineer nicht, aber sie war genau das für die Truppe: das unschuldig dreinblickende Mädchen, das mit seiner guten Intuition und seinem Talent, eine Rolle zu spielen, von unbedarften Menschen in Gebäude gelassen wurde – und das schließlich die Hintertür für ihre Cousins öffnete.

Radcliffe hat sich über die Jahre viel mit der Ethik ihres Jobs beschäftigt. »Ich muss die höchsten ethischen Standards haben von allen«, sagt sie, »ansonsten wäre ich eine Kriminelle.« Gelegenheiten bieten sich genug in ihrem Job. Ihre Kund:innen sind neben Unternehmen aller Größe auch Militäreinheiten, Regierungsstellen oder Prominente, die sich gut schützen wollen. Bei ihren Einsätzen findet sie immer wieder Geld, das sie natürlich nicht nimmt, und zwangsläufig erfährt sie viel Privates über das Leben der Stars, was keiner weiß – und was besser keiner wissen sollte. »Das ist verrückt und aufregend –, aber ich rede mit niemandem darüber.« Radcliffe ist auch deshalb gut in ihrem Beruf, weil sie ihn schon als Grundschülerin ausübte. Die Suche nach Lücken hat sich ihr tief ins Gehirn eingebrannt. »Ich habe mit acht Jahren angefangen, jetzt bin ich fast fünfzig«, sagt sie: Vierzig Jahre Erfahrung machen sie zu einer sehr guten Angreiferin.

Kapitel 4.2

Im Kopf der Kriminellen

Wie Unternehmen lernen können,
Sicherheit richtig zu denken

Als ich Thomas Fischer an einem Morgen im Sommer 2018 zum ersten Mal treffe und dabei begleite, wie er ein millionenschweres Familienunternehmen hackt und Zugang zu deren Geschäftsgeheimnissen bekommt, wird mir klar, dass es nur eine Frage des Aufwands ist: Wer Zeit und Energie investiert, kann Zugang zu allem finden, was einem Unternehmen lieb und teuer ist. Und noch etwas wird deutlich: wie heikel der Kompromiss zwischen Sicherheit und Bequemlichkeit ist, den wir alle eingegangen sind, anstatt tatsächlich sichere Systeme zu entwickeln – wir als Gesellschaft, die Unternehmen und jene Anbieter der Software, die wir nutzen. Um unser digitales Leben und Arbeiten wirklich sicher zu machen, müssten wir umdenken, und zwar in zweierlei Richtung: Wir müssen durch die Brille der Angreifer:innen schauen, und wir müssen die Nutzer:innen ernst nehmen. Beides werden wir in diesem Kapitel tun.

Zuerst schauen wir Thomas Fischer über die Schulter. Er arbeitet bei Code White, einer Ulmer IT-Sicherheitsfirma, die Unternehmen in deren Auftrag angreift, um die Sicherheit zu testen. Doch obwohl die Unternehmen Code White selbst beauftragen und davon überzeugt sind, alles Notwendige getan zu haben, um sich abzusichern, haben Fischer und seine Kolleg:innen nach eigener Auskunft noch jedes System geknackt. Sie lassen sich eigentlich nicht auf die Finger schauen. Für mich haben sie eine Ausnahme gemacht und vor meinen Augen eines der größten

Unternehmen Europas in dessen Auftrag gehackt und Daten im Wert von mehreren Millionen Euro erbeutet.

Alles scheint zunächst harmlos an diesem Vormittag. Fischer, 50 Jahre, hipper grauer Vollbart, Brille, sitzt vor zwei großen Bildschirmen in einem großzügigen Büro mit Start-up-Atmosphäre – ein Regal voller Müsliriegel, eine Kaffeemaschine mit allen erdenklichen Kaffeesorten und eine Besprechungsecke mit leuchtend grünen Polsterwürfeln – und ahnt nicht, dass er noch vor dem Mittagessen knapp Zehntausend Kundendaten gehackt haben wird: Namen, Adressen, Zugangsdaten und Passwörter.

Der gelernte Nachrichtentechniker hat einen Hang dazu, den Dingen genau nachzugehen, die ihm auffallen. Mit diesem Hang hat er sich bei seinem vorigen Arbeitgeber unbeliebt gemacht, einer Bank. Als er dort herausfand, dass die Zugangskarten zum Gebäude mit einem einfachen Trick digital kopierbar waren, und dies dem Chef der IT-Sicherheit bewies, indem er dessen Karte »klonte«, war der alles andere als dankbar. »Er hat eher die Nase gerümpft und sich geärgert«, erinnert sich Fischer. Schließlich hatte der IT-Chef damit Probleme, die er vorher nicht hatte: weil bis dahin niemand von der Sicherheitslücke gewusst hatte. Doch genau das ist die Gefahr.

Als Fischer von einem Freund von Code White hört, wechselt er kurzerhand mit Ende vierzig den Job. Hier wird sein Jagdtrieb gewürdigt – und Fischer hat sichtlich Vergnügen bei der Arbeit. »Es macht am meisten Spaß, wenn Kunden ein gutes Verteidigungssystem haben«, sagt er.

Auf seinen Bildschirmen sind unzählige Fenster geöffnet, die meisten vollgeschrieben in sehr kleiner Schrift, manche Schwarz auf Weiß und andere Weiß auf Schwarz, gemeinsam haben sie eines: Sie enthalten unzählige schier endlose Folgen aus Buchstaben, Zahlen, Sonderzeichen – ein Zeichensalat, mit dem Außenstehende rein gar nichts anfangen können.

Und trotzdem: Bei diesem fremden Blick auf den Bildschirm

seines Mitarbeiters mitten im Herzen seines Unternehmens Code White ist es Seniorchef Helmut Mahler unwohl zumute. Dem Recherchebesuch gingen lange Verhandlungen voraus. Es ist ein verschwiegenes Geschäft. Schließlich sorgt sich jenes große deutsche Unternehmen, dem sich Fischer gerade nähert, um seine IT-Sicherheit. Deshalb hat das Management Code White beauftragt, das eigene Unternehmen von außen anzugreifen – wie es Kriminelle machen würden.

Namen von Kunden müssen streng geheim bleiben. Die Angst ist groß, Angreifer:innen erst recht herauszufordern. Selbst intern nennen die Code-White-Angestellten die wahren Namen ihrer Kunden nicht. Jedes Unternehmen erhält einen Codenamen aus dem Star-Wars-Imperium: Fischer greift gerade »Bookie« an, so nennen sie das große deutsche Unternehmen intern. Das ist wichtig, damit zufällig Mithörende – beispielsweise beim Mittagessen im Restaurant –aus den Gesprächen nicht schlau werden.

Besser sei es, nicht damit zu prahlen, dass sich Code White dem Unternehmen angenommen haben, sagt Mahler. Schließlich gebe es immer welche, die besser sind und vielleicht weitere Schwachstellen finden. Man kann es den Angreifer:innen höchstens schwer machen und vor allem die »Kronjuwelen« gut schützen – jene Daten, deren Verlust die Existenz eines Unternehmens bedrohen könne. Alle hier in diesem hellen Büro zwischen den brummenden Rechnern haben es auf die Kronjuwelen abgesehen, unter anderem die von mehreren DAX-30-sowie einigen größeren amerikanischen Unternehmen. Es sind größtenteils junge Männer in diesem Großraumbüro, jeder vor mehreren Bildschirmen, vor manchen stehen zusätzlich Laptops. Tastenklappern, konzentrierte Blicke und ein gewisser Eifer beherrschen den Raum.

Einfallstore

Wie viele Recherchen beginnt auch die von Thomas Fischer mit einer Google-Suche. »Die wissen einfach viel«, sagt er und grinst. Wie ein echter Angreifer hat er außer dem Namen keinerlei interne Informationen über das Unternehmen, das er angreifen wird und von dem hier nur so viel verraten sei: Es handelt sich um eines der größten Unternehmen Europas, das weltweit aktiv ist und viel in Forschung und Entwicklung investiert. Fischer sucht mögliche Angriffspunkte: Welche Tochterunternehmen gibt es? Welche Niederlassungen im Ausland? Welche Technologien kommen auf den Webseiten zum Einsatz? Gibt es Zulieferer- oder Kundenportale, über die man auf interne Systeme zugreifen könnte?

Weil allein die Googelei zu viel über den Kunden verrät, bitten mich Helmut Mahler und Geschäftsführer David Elze vorerst ins Büro der Geschäftsleitung. Vom schwarzen Ledersofa aus könnte man direkt auf das Geburtshaus von Albert Einstein sehen – wäre es nicht im Krieg zerstört worden. Einstein hängt als Portrait-Gemälde am Eingang und wird stummer Zeuge all jener kalten Schweißausbrüche von Unternehmenslenker:innen, die nach einem sogenannten »Initial Assessment«, diesem ersten Angriff seitens des Sicherheitsunternehmens, ihre Kronjuwelen in fremden Händen sehen: die Liste aller Angestellten und deren Passwörter beispielsweise oder die Pläne für die neueste Entwicklung. Mahler berichtet, dass solche Runden immer wieder hier stattfinden. Die meisten Unternehmer:innen könnten sich nicht vorstellen, dass das gelingt – schließlich beauftragen sie Code White in der Regel nur dann, wenn sie selbst schon vieles getan haben für die IT-Sicherheit. Zumindest aus ihrer Sicht. Wenn Mahler und seine Kolleg:innen ihnen dann ihre streng geheimen Konstruktionspläne oder die Kalkulation für das neue Werk per Beamer an die Wand werfen, sind sie oft fassungslos. »Dann gibt es keine grundsätzliche Diskussion mehr darüber, dass weitere Maßnahmen notwendig sind«, berichtet Mahler.

Der Weg dorthin ist schwieriger. Noch ist die sogenannte »Compliancebasierte Sicherheit« weit verbreitet. Excel-Tabellen beispielsweise, auf denen IT-Verantwortliche abhaken, dass sie alle potenziellen Schwachstellen bedacht haben. Elze und Mahler kennen das zu gut aus ihrer Vergangenheit bei ihrem früheren gemeinsamen Arbeitgeber, einem großen deutschen Automobilkonzern. Dort haben Elze und sein Mitgründer Andreas Melzner, der Code White inzwischen verlassen hat, ebenfalls versucht, eine andere Perspektive auf die Sicherheit zu etablieren – nämlich die der bösartigen Angreifer:innen. Bei ihrem damaligen Chef Mahler stießen sie auf offene Ohren, und auch bei manch anderem Kollegen. Aber es gab noch zu viele Verfechter:innen aus der anderen Welt, in der es nur um jene Häkchen geht und in der die allzu offensive Suche nach Sicherheitslücken als lästig betrachtet wird – schließlich zieht sie Arbeit nach sich. Die gleiche Mentalität, die Thomas Fischer später zu CodeWhite getrieben hat, führte 2014 zur Gründung des Unternehmens.

Im Büro erklärt mir David Elze, was das Problem an jenen Tabellen und Listen ist, auf denen die IT-Abteilungen der Unternehmen oder externe Dienstleister abhaken, dass alle potenziellen Schwachstellen bedacht sind: Eine Haustür könne noch so gut gesichert sein – der Einbrecher nimmt das Kellerfenster daneben, das in der Liste nicht berücksichtigt ist. Vielleicht weil es bei jedem Haus an einer anderen Stelle ist oder weil es noch niemand als potenzielles Einfallstor wahrgenommen hat. Oder auch andersherum: eine Tür, die in einen leeren Raum ohne weiteren Ausgang führt, darf auch in manch hochgesichertem Unternehmen ungesichert sein.

Die üblichen Listen klassifizieren Schwachstellen in einer Weise, in der jeder Raum hinter einer Tür gleich betrachtet wird – in der jede Tür gleich behandelt wird. »Klassische Penetrationstests beschäftigen Unternehmen mit unzähligen unsinnigen Anforderungen und übersehen dafür gerne zentrale Schwachstellen«, erklärt Elze. Ein Kunde habe eine solche Excel-Liste mit 70 »Problemen«

gehabt – nach dem ersten Durchmarsch von Code White reduzierten sie diese auf zwölf, doch das waren die tatsächlich dringlichen. »Die findet man nur durch einen echten Angriff.« Allein zu wissen, was die zentralen Probleme sind und wie Angreifer:innen wirklich eindringen können, verschafft einem Unternehmen im Zweifelsfall einen Zeitvorteil. Vor allem findet man dabei auch alles, was auf einer dieser Excel-Listen bisher nicht vorkommt.

In der Zwischenzeit war Thomas Fischer erfolgreich mit seiner Spurensuche via Google und anderen Suchmaschinen, sodass ich ihm nun wieder über die Schulter schauen darf. Er hat ein mögliches »Kellerfenster« gefunden: Die Webseite des Online-Shops eines Tochterunternehmens des besagten Kunden in Südamerika. »Die sieht schon vom Layout her eher veraltet aus«, sagt er und grinst zufrieden: ein gutes Zeichen. Fischer sitzt vor seinen beiden klein beschriebenen Bildschirmen und sucht – immer noch teils mittels Google –, welche Dateitypen die Website verwendet. Er klickt alle Links der Seite an, sucht eine Eingabemaske, »eine Seite, die mit Parametern arbeitet, da können wir etwas manipulieren«, sagt er. Denn auf eine Eingabe von außen reagiert das Programm im Hintergrund – und zwar nicht immer so, wie es gedacht ist, das weiß er aus Erfahrung. Oft haben die Entwickler:innen etwas falsch implementiert. Fischer atmet hörbar durch die Zähne bei jeder Eingabemaske, die nicht seinen Kriterien entspricht, und probiert unzählige Möglichkeiten. Wer ihm zuschaut, bekommt den Eindruck, einen Zeitrafferfilm zu sehen.

Schließlich findet er, was er sucht: Eine Eingabemaske, die auf seine Eingaben in einer Weise reagiert, wie sie es nicht sollte. Sie gibt Informationen preis, die nicht nach außen dringen sollten. Fischer macht nun mit viel Ausdauer etwas, das so nicht vorgesehen ist: Er tauscht sich mit der Datenbank aus, die hinter der Website liegt, und entlockt ihr Daten.

Dank des Softwarefehlers kann Fischer der Datenbank mittels eines etwas aufwendigen Verfahrens Fragen stellen und diese antwortet in »richtig« und »falsch«: Ist der erste Buchstabe der zweiten Spalte ein »A«, fragt er als Erstes. Schon bei »C« hat er Erfolg: Ja, bestätigt die Datenbank, der erste Buchstabe ist ein C. Automatisiert probiert Fischer alle Buchstaben durch, »claves« puzzelt sich schließlich auf dem Bildschirm zusammen. Huch? Vielleicht Schlüssel? Die nächste Spalte heißt »usuario« – »ah Nutzer!«, Fischer, inzwischen rotwangig, gibt weitere Werte ein, stellt Fragen an die Datenbank – bis die Tabelle komplett im Klartext auf seinem Bildschirm erscheint: In der ersten Spalte stehen Nutzernamen, in der zweiten Passwörter, in einer dritten deren E-Mail-Adresse und schließlich deren komplette Wohnanschrift. Die Daten von knapp zehntausend Online-Kund:innen breiten sich vor ihm aus. Eine Katastrophe für ein Unternehmen. Ein Klacks für Fischer. »Das ist jetzt nicht die große Leistung«, sagt er, »das ist höchstens für Spammer interessant.«

Anders als es die Öffentlichkeit vermutet, sind solche Passwort-Hacks zwar ärgerlich für die Betroffenen und ein Schaden am öffentlichen Bild der Unternehmen – aber längst nicht das größte Problem. Viel teurer ist das Wissen, das durch Angriffe abfließt. Eigentlich ist es eine einfache Rechnung: Wenn ein Mittelständler wie Fischers aktueller Kunde Millionen in Forschung und Entwicklung investiert und sein Konkurrent ein paar Hunderttausend in einen guten Hacker, dann lohnt sich das. Viele solcher Datenklaus werden nicht einmal bemerkt – und wenn, dann nicht unbedingt öffentlich thematisiert.

Fischer fehlt jetzt noch das Administratoren-Passwort der südamerikanischen Webseite. Das ist nicht im Klartext in der Datenbank hinterlegt, sondern als sogenannter Hashwert. Es ist ein eindeutiger Wert, der auf das Passwort verweist. Die Eingabewerte einer Hashfunktion lassen sich lediglich durch Ausprobieren errechnen – aus dem Hashwert sollte sich also »eigentlich« das Passwort nicht errechnen lassen. Lediglich andersherum kann es gehen: Auf diese Weise erkennt das System, wenn jemand das richtige Passwort benutzt. Rückwärts geht es allerdings nur mit viel Rechenpower. »Da werfen wir wohl mal Brutalis an«, sagt

Fischer: Er geht zu einer Tür mit der Aufschrift »Finest Hacking«, durch deren Glasscheibe geheimnisvolles blaues Licht dringt. Dahinter ist also Brutalis. Der leistungsfähige Computer rechnet hinter einer Schallschutztür, weil er so laut ist, wenn er mit seinen acht hochmodernen Grafikkarten sogenannte kryptografische Algorithmen knackt. Es gibt schwache und starke kryptografische Algorithmen. Doch diesmal stöhnt Brutalis nur kurz auf – und spuckt das Passwort des Administrators aus.

Veraltete Systeme

Bei meinem nächsten Besuch zwei Wochen später hat »Brutalis« mehr zu tun. Fischer hat in der Zwischenzeit auch Mitarbeiter:innen-Daten von Bookie auf einem schlecht gesicherten Server gefunden. Diesmal hat er allerdings keine Passwörter erbeutet, sondern lediglich deren Hashwerte. Er hat Brutalis über Nacht 6200 solcher Passwort-Hashes zum Fraß vorgeworfen. Zwölf Stunden später spuckt der Großrechner 95 Prozent davon im Klartext aus. »Der Rest ist eine Frage der Zeit«, sagt Fischer: Hätte Brutalis ein paar mehr Tage gerechnet, hätte er auch die restlichen fünf Prozent entschlüsselt.

In den zwei Wochen zwischen meinen Besuchen hat sich Fischer wie ein Detektiv von allen Seiten an das große deutsche Unternehmen herangetastet. Der Weg über ein italienisches Tochterunternehmen ist schließlich der entscheidende Schritt, der ihm Zugang zu den Kronjuwelen gibt. Diverse Fehler und Schwachstellen erlauben ihm nach einer ähnlichen Fleißarbeit wie beim Online-Shop auf einen mit dem Internet verbundenen Server zuzugreifen, über den er schließlich sogar auf den Domain-Controller des Kunden Zugang bekommt, den zentralen Windows-Server: das Herz des Netzwerks. Hier wird geregelt, welche Mitarbeiter:innen welche Rechte haben und ihre Passwörter werden verwaltet. Im Domain-Controller mit dem sogenannten Active Directory – dem »Telefonbuch« des Netzwerks – liegt die gesamte IT-Sicherheitsarchitektur des Unternehmens sowie ein Verzeichnis aller Systeme, dazu jede Menge wichtige Information und vor allem viele Daten, mit denen Fischer weiterarbeiten kann, wie Login-Daten von Angestellten mit weitreichenden Rechten im internen System des Unternehmens.

Neben seiner Kreativität hilft Fischer bei seiner Arbeit, dass das Unternehmen Windows nutzt. Das Programm ist ein Kompromiss aus Sicherheit und Komfort: Das Admin-Passwort – also das Passwort der Person im Unternehmen, die die Macht über alle Berechtigungen der Mitarbeiter:innen hat – findet er im Klartext im Speicher des zentralen Computers. In Windows-Betriebssystemen sei das lange der Normalfall gewesen, sagt Fischer. Die Verantwortlichen müssen sich dann nicht ständig neu anmelden, wenn sie am System arbeiten. Bequemlichkeit geht in diesem Fall vor Sicherheit.

Auch Fischer nutzt das Programm Mimikatz, das schon öfter in diesem Buch vorkam: Ein speziell für dieses Windows-Problem entwickeltes Hacking-Programm, das bei Kriminellen ebenso wie bei Sicherheitsforscher:innen populär ist.

»Dazu kommt, dass viele Unternehmen veraltete Windows-Versionen nutzen«, sagt Fischer: Nicht alle Unternehmen aktualisieren ständig, weil das sehr aufwendig sei. »Sie überspringen in der Regel ein bis zwei Releases, denn danach geht erst mal nichts mehr.« Ein solches Update bringt unzählige Baustellen mit sich, weil dann oft andere angeschlossene Systeme nicht mehr funktionieren und neu konfiguriert werden müssen. Dazu kommen bei Bookie als einem produzierenden Unternehmen spezielle Maschinen, die zwar am internen Netzwerk hängen, aber von externen Firmen gewartet werden – es ist kaum möglich, deren Sicherheit zu überprüfen. »Ich will kein Sicherheitsverantwortlicher eines großen Unternehmens sein«, sagt Fischer, »es ist unglaublich schwierig, so ein Systemumfeld sicher zu kriegen.« Denn mit den veralteten Windows-Versionen sind Unternehmen zwangsläufig angreifbar über längst bekannte Sicherheitslücken, die auch Kriminelle kennen.

Wie lange es dauert, bis Unternehmen ihre Systeme selbst bei extrem gefährlichen Lücken mit den entsprechenden Sicherheitsupdates ausgerüstet haben, zeigt die Schwachstelle bei Microsoft Exchange Servern 2021. Für diese wurde zwar im April 2021 ein Sicherheitsupdate bereitgestellt – doch das Bundesamt für Sicherheit in der Informationstechnik BSI fand, nachdem es im Oktober eindringlich dazu aufgerufen hatte, Server dringend zu aktualisieren, bei einer automatischen Suche noch im Dezember 2021 12 000 verwundbare, öffentlich erreichbare Microsoft Exchange Server in Deutschland,[98] die Kriminelle auf die gleiche Art und Weise hätten finden und angreifen können. Sie hätten dadurch Kontrolle über das ganze Netzwerk der betroffenen Unternehmen bekommen können.

Die Redaktion der Computerzeitschrift *c't* hat ihrerseits einen Monat zuvor, im November 2021, die deutsche Verwaltung überprüft und zwanzig Behörden gefunden, deren Systeme öffentlich erreichbar und nicht aktualisiert waren[99] – trotz der Warnung des BSI –, darunter unter anderem ein Theater, eine Volkshochschule sowie mehrere Stadtverwaltungen und Landkreise. Obwohl die Redaktion die entsprechenden Stellen informierte, hatten vier Serverbetreiber zwei Monate später noch immer kein Update eingespielt: Die Systeme waren weiterhin verwundbar.[100]

Diese Ignoranz von Sicherheitswarnungen machen sich Kriminelle zunutze. Wie teuer es werden kann, Sicherheitsupdates zu verschieben und zu denken, »mich wird es schon nicht tref-

---

98 https://www.heise.de/news/Jetzt-patchen-CERT-Bund-stoesst-abermals-auf-tausende-angreifbare-Exchange-Server-6280957.html

99 https://www.heise.de/news/Verwundbare-Exchange-Server-der-oeffentlichen-Verwaltung-6320504.html

100 https://www.heise.de/news/Verwundbare-Exchange-Server-der-oeffentlichen-Verwaltung-6320504.html

fen«, zeigt der Blick über Thomas Fischers Schulter: Dank seines umfassenden Zugriffs auf den Domain Controller und zahlreicher weiterer Privilegien, die er sich selbst dadurch im Netzwerk einräumen kann, bekommt er schließlich Zugriff auf die Kronjuwelen des deutschen Unternehmens – also auf das, was es ausmacht: Er lädt Baupläne, Forschungsskizzen, Personallisten, aktuelle Rechnungen, Informationen über interne Kalkulationen und Kooperationen herunter und präsentiert sie einige Tage später einem entsetzten Unternehmenschef. Mit diesen Unterlagen könnten Konkurrenten das Unternehmen kopieren, sie könnten ohne eigenen Aufwand die Arbeit der Forschungs- und Entwicklungsabteilung nutzen und beispielsweise das gleiche Produkt früher und günstiger auf den Markt bringen. Das wäre ein enormer Schaden.

Nicht zuletzt könnten Angreifer:innen all die Daten von Angestellten und Geschäftspartner:innen nutzen, um Schadsoftware zu verbreiten – beispielsweise direkt von den E-Mail-Accounts der Betroffenen an Partnerunternehmen, was zudem einen großen Imageschaden nach sich ziehen würde. Und natürlich könnten sie mit dem Zugang auch das gesamte Netzwerk verschlüsseln, sodass Bookie handlungsunfähig wäre, und ein Lösegeld fordern. Jeder Tag, an dem die Maschinen stillstehen, kostet Millionen – entsprechend hoch ist so ein Lösegeld meist, und entsprechend hoch ist auch die Zahlungsbereitschaft. Doch wer bezahlt, stärkt kriminelle Geschäftsmodelle – und hat deshalb noch lange nicht alle Probleme vom Hals: Kriminelle veröffentlichen die erbeuteten Daten häufig auch trotz einer Lösegeldzahlung noch oder verkaufen sie im Darknet, sodass sie einem viel größeren Kreis an potenziellen Wettbewerbern und Kriminellen zur Verfügung stehen.

Konsequent dranbleiben

All das wird dem Bookie-Unternehmenschef klar während der Präsentation bei Code White. Er hat die Beschäftigten der IT-Abteilung mitgebracht, seine Leute werden ganz nervös: Sie fürchten um ihre Jobs. Das Management von Code White beruhigt sie: Das sei beim ersten Mal ganz normal, das passiere wirklich jedem. Glücklicherweise habe diese Schwachstellen bisher mutmaßlich nur Thomas Fischer ausgenutzt und keine Kriminellen. Jetzt habe das Unternehmen einen Vorsprung vor anderen, die weiterhin mit Excel-Listen arbeiteten, weil es wisse, auf welchen Wegen es angreifbar sei. Jetzt müssten sie nur noch aktiv werden.[101] Tun sie das? Wie reagieren die Verantwortlichen auf die Ergebnisse des Tests? Auch das behält Thomas Fischer im Auftrag des Managements im Auge. Einige Tage nach dem Gespräch steigt der White Hacker in Phase 2 ein: Er wird das Unternehmen nun regelmäßig unangekündigt angreifen und schauen, wie weit er noch kommt. Die IT-Abteilung des Kunden weiß das und versucht parallel, ihr System sicher zu bekommen.

Fischer sitzt jetzt wieder vor seinen beiden Bildschirmen mit der kleinen Schrift und zahlreichen offenen Fenstern und wiederholt zunächst das, was er bisher getan hat. Er puzzelt sich durch eine Vertriebsseite mit unsicherer Software und über verschiedene Server, arbeitet sich schließlich zum Domain-Controller vor, wo er sich mit dem gehackten Administrator-Passwort anmeldet: Ein Fenster öffnet sich, ein sogenannter Remote Desktop, also der Fernzugriff auf den Desktop eines fremden Computers. Dadurch kann Fischer sehen, was auf dem anderen Computer gerade gemacht wird und welche Programme dort geöffnet sind. Fischer sieht jetzt, was der Administrator bei Bookie gerade macht.

Er hat sich auf dessen Bildschirm gehackt, ähnlich wie es

---

101 Die Schilderung dieser Szene habe ich rekonstruiert aus den Berichten der Code-White-Interviewpartner – ich war nicht bei diesem Gespräch dabei.

manche IT-Dienstleister per Programmen wie »TeamViewer« machen, um Kund:innen zu helfen. Nur dass Fischers »Kunde« keine Ahnung davon hat, dass er gerade einen Eindringling auf seinem Bildschirm sitzen hat, der alles sehen kann, was er tut. Für diese Phase ist Fischer enttäuschend weit gekommen. »Sogar das Passwort funktioniert noch«, murmelt er frustriert. Hat das Unternehmen nichts gelernt aus dem ersten Schock?

Aber was ist das? Was macht der Administrator denn da? Thomas Fischer wird nervös. Der Remote-Desktop sieht beinahe genauso aus wie der andere Bildschirm von Fischer mit dem Hackingprogramm Mimikatz, das er nutzt, um Login-Daten aus dem Domain Controller zu extrahieren: Wieso nutzt der Administrator eines seriösen deutschen Unternehmens ein Hackingprogramm? Hier geht etwas nicht mit rechten Dingen zu. Sind nun doch Kriminelle auf die Lücken aufmerksam geworden, die nun ebenfalls die Zugangsdaten des Administrators erbeutet haben? Ist da etwa ein anderer Hacker am Werk? »Wer hat die Telefonnummer, wir müssen schnell anrufen!«, ruft Fischer.

Erst ist die Leitung belegt, was das Adrenalin bei CodeWhite weiter in die Höhe treibt, doch dann ergibt der Anruf: Alles in Ordnung! Der Bookie-Admin versucht gerade, die Strategie von Fischer nachzuvollziehen, er hackt sich in dem Augenblick quasi selbst. Er hat die Herausforderung angenommen. Für Thomas Fischer ist das der Moment, in dem der Spaß beginnt: Dieses Spiel, das damit offiziell eröffnet ist, erhöhe die Sicherheit massiv – und der Wettkampf stachelt die Beteiligten an.

Das Management von Bookie hat aus dieser Geschichte viel gelernt. Aber was lässt sich für jeden Einzelnen von uns für eine Lehre ziehen? Was Thomas Fischer viel geholfen hat, waren Passwörter einzelner Personen, die sich offenbar leicht erraten ließen – freilich mit maschineller Hilfe. Sicherlich haben nicht alle Kriminellen eine teure Maschine wie Brutalis in der Ecke stehen.

Doch gewiss gibt es einige, denn wie sich zeigt, lohnt sich die Investition in Rechenpower auch für Kriminelle –, weil die Beute mit der Fähigkeit wächst, an Passwörter heranzukommen.

Der Aufwand, ein Passwort mit brutaler Rechengewalt zu knacken, hängt stark von der Art und vor allem von der Länge des Passwortes ab. Kürzere Passwörter können auch mit weniger Aufwand und weniger potenten Maschinen erraten oder errechnet werden. Am einfachsten sind Passwörter, die aus realen Wörtern bestehen –, denn das Erste, was solche Angreifer:innen tun, ist eine sogenannte Wörterbuch-Attacke: Damit werden automatisiert existierende Wörter und bereits geleakte Passwörter durchprobiert. Dafür braucht es keinen besonders starken Rechner.

Zudem sind auch unbekannte Passwörter relativ einfach automatisiert zu berechnen, wenn sie aus wenigen Zeichen bestehen – einfach, weil die Anzahl möglicher Kombinationen mit jedem zusätzlichen Zeichen steigt. Wer sich schützen will, sollte also besser längere als kürzere Passwörter verwenden. Möglich sind beispielsweise ganze Sätze, die auch aus bekannten Wörtern bestehen dürfen. Wichtig ist natürlich zudem, nicht das gleiche Passwort für mehrere Dienste zu benutzen – insbesondere nicht für solche, die persönliche Daten oder andere wichtige Informationen schützen. Das BSI hat eine »Cyberfibel« herausgegeben, in der unter anderem Grundsätze für sicherere Passwörter beschrieben sind.[102]

Andererseits zeigen solche Ratschläge für Passwörter schon eine zentrale Schwachstelle aktueller IT-Sicherheit: Viele Dinge, die unsere digitale Infrastruktur sicher machen, sind für Menschen schwer umsetzbar. Lange und komplexe Passwörter können sich Menschen schlecht merken, schon gar nicht für jeden Dienst ein eigenes. Aufschreiben und sich selbst per E-Mail schicken ist ebenso tabu wie ein allzu offensichtliches System. So ent-

---

102 https://www.cyberfibel.de/digitale-kompetenzen/sichere-logins-nutzen/ einrichtung-sicherer-passwoerter/

decken große Unternehmen bei jeder Pentesting-Aktion, dass ein bedeutender Teil ihrer Angestellten Passwörter nach dem Schema »Herbst2022?« und »Frühling2023!« verwendet. Oft müssen Passwörter alle paar Monate geändert werden, und um sich diese überhaupt noch merken zu können, ist das eine naheliegende Vorgehensweise – und dank der Ziffern und des Sonderzeichens erfüllen sie in der Regel die Passwort-Policy. Nur sind diese Kombinationen denkbar einfach zu erraten und damit eigentlich wertlos.

Die Mär vom »Anwenderfehler«

Diese Anforderungen an unsere Kreativität, irgendwie trotzdem sichere und handhabbare Passwörter zu erfinden, kommen uns schon so normal vor, dass kaum jemand diese Praxis ernsthaft infrage stellt. Dabei sind Passwörter als Möglichkeit, sich zu authentifizieren, eine abstruse Idee – das wird klar, wenn man sich über längere Zeit intensiv mit dem Thema beschäftigt und merkt, dass die Sicherheitsforschung hier oft eine sehr einseitige Perspektive hat. So wie Angela Sasse, Professorin für Human-Centered Security an der Uni Bochum.

Angela Sasse forscht seit mehr als 20 Jahren im Themenbereich »Usable Security«, nutzbare Sicherheit. Sie beschäftigt sich mit der Frage, wie sich Sicherheit so gestalten lässt, dass sie zu menschlichen Bedürfnissen und Fähigkeiten passt. Passwörter schneiden denkbar schlecht ab. »In meiner ersten Studie hatten die Befragten zwischen 16 und 64 verschiedene Passwörter allein im Unternehmen«, sagt sie, »und privat Hunderte weitere.« Das ganze Konzept solle infrage gestellt werden, findet Sasse. Sie ist eine Pionierin in diesem Bereich – und sie stellt der Sicherheitsforschung kein gutes Zeugnis aus: Dort habe sich zwar die Erkenntnis durchgesetzt, dass der »Faktor Mensch« berücksichtigt werden müsse, »aber das Narrativ, dass der Mensch das größte Problem ist,

ist verheerend«, sagt sie. Bereits 1999 veröffentlichte sie einen einflussreichen und viel zitierten Artikel in der Informatik:»Users are not the enemy« – »Nutzer:innen sind nicht der Feind« – doch obwohl es oft zitiert wurde, hat Sasse nicht das Gefühl, dass sich die Perspektive auf die Nutzer:innen in der IT-Sicherheit geändert hat. Zu oft hört sie den Satz:»Der Mensch ist das größte Problem in der IT-Sicherheit.« Sie hat ihren Lehrstuhl bewusst »Human-Centered Security« genannt, auch wenn sie das Feld »Usable Security« mitbegründet hat, sagt sie, denn 90 Prozent der Veröffentlichungen der Usable-Security-Szene »hat die ›fix-the-user‹-Perspektive.« Deshalb wollte sie noch deutlicher machen, dass in ihrer Forschung die Menschen im Vordergrund stehen und Sicherheitsmaßnahmen, die für Menschen gut umsetzbar sind.

Andere Branchen haben laut Sasse schon eingesehen, wie fatal eine solche Sichtweise ist: Im Systemdesign habe man seine Perspektive geändert und sich an menschliche Bedürfnisse angepasst – aufgrund einer eigentlich naheliegenden Erkenntnis:»Wenn man etwas an Kunden verkaufen will, dann überlegt man sich vorher: Wenn die das nicht mögen, werden sie es nicht benutzen.« So denkt die Welt –, aber nicht die der IT-Sicherheit. Dort spielt es noch eine viel zu geringe Rolle, was die Betroffenen gerne benutzen wollen oder können, sagt Sasse – oder was sinnvoll ist: »Wenn die Sicherheitsleute bestimmen, dann sagen sie: ›Sicherheit ist wichtig, alles hört auf mein Kommando!‹« Wer sich kein komplexes alphanumerisches Passwort merken kann, fühlt sich vor diesem Hintergrund als Versager:in. Wer nicht versteht, wie sich kryptografische Prozesse rund um die automatische Validierung von E-Mails einrichten lassen, traut sich nicht zu fragen – aus Angst, blöd dazustehen.

Der Haken bei der IT-Sicherheit in Unternehmen ist: Die, die bezahlen, sind in diesem Fall selten die Betroffenen. Die Kundschaft der Sicherheitsfirmen besteht aus den Entscheider:innen der Unternehmen, und diese leiden am wenigsten selbst unter den Maßnahmen –, es sind vielmehr ihre Angestellten. Und gerade deshalb machen die Entscheider:innen einen entscheidenden Denkfehler, warnt Sasse: Sie übersehen die Kosten von Sicherheitsmaßnahmen, die nicht auf Menschen und die menschliche Bedienbarkeit optimiert sind.

Das Erste, was Sasse von ihren Studierenden einfordert, ist auszurechnen, was sie von den Nutzer:innen verlangen, wenn sie eine bestimmte Sicherheitsmaßnahme einrichten. »Das sind ganz einfache Verfahren aus der Ergonomie, aus der Mensch-Maschine-Interaktion«, sagt sie: Sie berechnen die Dauer, die eine Maßnahme braucht, und die mit ihr verbundene kognitive Arbeitslast. »Wenn die Authentifizierung länger braucht als die Primäraufgabe, ist Sicherheit so nicht machbar.«

In einer Studie kann Sasse so zeigen: Wenn man zusammenrechnet, wie lange es dauert, bis sich die Angestellten in einem Unternehmen an ein Passwort erinnern und es eingegeben haben –, weil sie beispielsweise ein Zwischenergebnis in ein Computersystem eingeben müssen –, wird klar, dass sie aus der Primäraufgabe herausgerissen sind. »Das ist verstecktes Multitasking«, warnt Sasse. Und bei Multitasking ist sich die Arbeits- ebenso wie die Hirnforschung einig: Es ist ineffektiv und kostet vor allem Zeit. Wer mehrere Dinge parallel macht, ist weniger produktiv als Menschen, die eine Aufgabe nach der anderen erledigen.

»Man muss auf diese Weise berechnen: Was kostet ein Sicherheitsmechanismus?«, sagt Sasse. Doch ihrer Erfahrung nach stellen die wenigsten Entscheider:innen solche Überlegungen an. Sie folgen dem Credo: »Sicherheit ist wichtig, alles hört auf mein Kommando«. Und dann verlangen sie einfach das, was die Sicherheitsforschung mit ihrer häufig einseitigen Perspektive verlangt – zum Beispiel alphanumerische Passwörter, für jedes Programm ein eigenes, alle drei Monate ein neues. Wirklich sicherer werden die Systeme allerdings erst, wenn Menschen die notwendigen Maßnahmen auch sicher umsetzen können.

Wäre dieser Mechanismus mehr Entscheider:innen und damit Geldgeber:innen klarer, wäre der Druck größer, Alternativen zu entwickeln. Was noch häufiger übersehen wird, sind Nebeneffekte, die eine Authentifizierung mittels Passwort mit sich bringt: »Die Menschen versuchen, Sicherheitsanforderungen zu umgehen, oder sie strukturieren ihren Arbeitsalltag um.« So beobachtet Sasse bei ihren Forschungen in manchen Unternehmen , dass Angestellte ihre Projekte nicht mehr nacheinander bearbeiteten, sondern in Paketen, damit sie sich nur einmal am Tag in einem System anmelden müssen, um ihre Ergebnisse hochzuladen. Sie sieht, wie sich dadurch Dinge verzögerten: Manche Projekte können nicht weiterbearbeitet werden, weil sie länger liegen blieben und erst später in den Onlinesystemen ankommen. Auch das verursacht Kosten, warnt Sasse. Aber diese werden zu selten gesehen.

Was Angela Sasse für völlig vergebens hält, sind die Anti-Phishing-Trainings, die derzeit viele Unternehmen buchen. »Es kann nicht effektiv sein, denn die Kriminellen ändern ihre Strategie ständig«, sagt sie: »Was du den Leuten beibringst, ist beim nächsten Angriff schon nicht mehr genug.« Dazu kommt, dass es immer Mitarbeiter:innen geben wird, die trotzdem auf eine Phishing-E-Mail hereinfallen – sei es, weil sie neu sind im Unternehmen und das Training nicht mitgemacht haben oder weil die E-Mail besser ist als die im Training – und es genügt im Zweifel, wenn eine Person sie anklickt, um die Kriminellen ins System zu lassen. Das Training verursache sogar einen großen Schaden, warnt Sasse: »Was hinterlässt das für ein Gefühl, wenn ich von meinem eigenen Unternehmen hereingelegt werde?« Das Vertrauen schwindet und damit auch die Kooperationsbereitschaft. Und die Verzweiflung bei jenen, die versuchen, alles richtig zu machen. »Wenn du 100 E-Mails am Tag beantworten musst, kannst du nicht bei jeder fünf Minuten überlegen, ob sie legitim ist.«

Ähnlich verhält es sich aus ihrer Sicht mit der Warnung davor, Makros in Office-Dokumenten nicht zu aktivieren, wenn ein Unternehmen jahrzehntelang Makros genutzt hat, oder keine E-Mail-Anhänge zu öffnen. »Eingebettete Routinen lassen sich nicht einfach durch eine Anweisung ändern«, sagt sie: »Wenn Geschäftsprozesse in den Firmen nicht ohne Anhänge oder eingebettete Links funktionieren, dann entwickelt sich bei den Menschen ein Automatismus.« Diesen abzustellen sei in etwa so aufwendig »wie einen Supertanker in voller Fahrt zu stoppen oder die Laufrichtung eines Elefanten zu ändern, wenn man auf ihm sitzt«.

Auch auf Tipps des BSI und dessen »Cyberfibel« gibt Sasse wenig – denn sie alle machen die Nutzer:innen aus ihrer Sicht nicht nur verantwortlich, sondern überfordern sie auch: »Das ist zu viel Sicherheitsexpertentum.« Aus Sasses Sicht darf die Verantwortung nicht auf den Menschen abgeschoben werden, sondern die Technik muss besser darin werden, Gefahren zu erkennen und vor ihnen zu schützen – oder sie gar nicht erst zu ermöglichen.

Die Zukunft der Sicherheit

Wohin die Reise gehen könnte, sieht man bei großen Unternehmen wie Amazon oder PayPal, die einerseits auf Sicherheit angewiesen sind und andererseits aber nur bequeme Sicherheitsmaßnahmen umsetzen können –, »weil sie Kunden verlieren, wenn es zu kompliziert wird«, sagt Angela Sasse. Sie selbst habe ihr Amazon-Passwort noch nie geändert – Amazon hat es nie verlangt. Als ich nachschaue, fällt mir auf, dass ich ebenfalls ein sehr altes, wenn nicht veraltetes Passwort für Amazon verwende. Gleichzeitig habe ich gesehen, wie Kriminelle systematisch Accounts auf Amazon hacken und teure Geräte an Komplizen verschicken, die diese dann weiterschicken. Wie kann es sein, dass mein unsicheres Passwort nicht gehackt wird?

Es ist eine Mischung aus Kalkulation – kleinere Schäden trägt Amazon, weil es günstiger ist als rigide Sicherheit, die Kund:innen kosten würde – und verhaltensbasierter Authentifizierung: Dafür nutzt Amazon ein System des maschinellen Lernens, das meine Gewohnheiten kennt, das weiß, was mich interessiert und was ich üblicherweise bestelle, und das Alarm schlägt, wenn eine Bestellung plötzlich völlig aus dem Rahmen fällt. »Wenn sie sehen, dass es eine übliche Bestellung von einem üblichen Gerät und aus der gewohnten Region ist, ist das wahrscheinlich legitim«, erklärt Sasse.

Im Zweifelsfall schickt Amazon eine E-Mail oder eine SMS mit einer Warnung oder verlangt die Eingabe eines Codes, der auf diesem Weg kommt. Tatsächlich passiert mir das nach einem Umzug, als ich meine Adresse und zudem die Bankverbindung ändere: Prompt schickt mir Amazon eine Textnachricht mit einem Eingabecode. So geschieht die Sicherheitsabfrage meist unauffällig im Hintergrund – allerdings auf Kosten der Privatsphäre. »Kontinuierliche Authentifizierung ist zwar effektiv, aber es sollte den Nutzenden klar sein, dass ihr Verhalten permanent beobachtet wird«, sagt Sasse. Die wenigsten Menschen machen sich allerdings klar, was Amazon beispielsweise alles über sie weiß. Und Amazon nutzt die Informationen freilich nicht nur für die Sicherheit, sondern auch, um Werbung zu personalisieren oder um Adressen und Erkenntnisse weiterzuverkaufen.

Damit diese verhaltensbasierte, kontinuierliche Authentifizierung ein Konzept für die Zukunft werden kann, wäre es wichtig, dass die Nutzer:innen den jeweiligen Unternehmen vertrauen könnten, dass die Daten für nichts anderes verwendet werden. »Die Erfahrung zeigt, dass das eben oft nicht der Fall ist«, sagt Sasse. »Wir haben viel Aufräumarbeit zu leisten, damit Sicherheit wirklich funktionieren kann.«

Als ich Thomas Fischer von Code White im Sommer 2022 erneut befrage, was sich verändert hat, seitdem er eines der größten Unternehmen Europas gehackt hat, antwortet er mir, dass es vor allem eines ist: Die Hacker von Code White nutzen nun mehr Social Engineering. Das heißt, sie überzeugen Menschen, E-Mail-Anhänge mit Schadsoftware anzuklicken, die sie selbst an die Angestellten ihrer Kunden schicken. Das wiegt die wenigen technischen Verbesserungen der vergangenen vier Jahre auf – bei Weitem. Fischer benutzt weiterhin die gleichen Hacking-programme, auf die auch Kriminelle Zugriff haben und die ihm beispielsweise zuverlässig dabei helfen, in manchen Windows-Systemen Passwörter aller Mitarbeitenden auszulesen. Nur wenige strukturelle Sicherheitslücken sind geschlossen – noch immer kämpfen Softwareanbieter und Unternehmen mit dem scheinbaren Widerspruch zwischen Sicherheit und Bequemlichkeit. Aber lässt sich dieser überhaupt grundlegend lösen?

Thomas Fischer und Angela Sasse sind nicht so weit voneinander entfernt, wie es vielleicht auf den ersten Blick erscheint. Denn auch Fischer geht es nicht darum, die Anforderungen an die Menschen weiter zu erhöhen, sondern darum, dass die Technik sicherer werden muss. Wenn Fischer seine Kolleg:innen bittet, eine Phishing-E-Mail zu schreiben, recherchieren diese und schneiden den Text exakt auf die Empfänger:innen zu. Besonders erfolgreich seien angebliche Bewerbungen mit Anhang –, »dann rufen wir freilich auch an und fragen nach, ob sie angekommen ist« – oder auch ein gefakter Schriftverkehr, der so wirkt, als sei er mehrmals zwischen dem angeblichen Absender und dem Chef des Opfers hin- und hergegangen, bevor er schließlich als »FW: Re: re: Wichtiger Hinweis« beim Opfer landet.

Dieses zielgerichtete Phishing nennt sich »Spear-Phishing« – und seitdem ich es selbst versucht habe und Ex-US-Präsident Obamas ehemaligem Cyberberater eine Spear-Phishing-E-Mail geschickt habe (wie im Vorwort beschrieben), weiß ich, wie wenig Rechercheaufwand es braucht, um ein paar Details über das Opfer zu finden, die helfen, eine E-Mail glaubhaft aussehen zu lassen. »Es gibt immer genügend Informationen im Internet«, sagt auch Fischer. Wer sicher sein will, sollte auf jeden Fall extrem vorsichtig sein mit E-Mails und wirklich nur Anhänge öffnen, wenn sichergestellt ist, dass die E-Mail von einem legitimen Absender kommt. Das schützt vor vielen kriminellen Angriffen.

Doch sobald ein Krimineller mehr Aufwand betreibt, wird es heikel. Fischer gibt ganz offen zu: Manche der Anhänge der E-Mails, die seine Kolleg:innen schreiben, würde er auch anklicken. Wenn Systeme wirklich sicherer werden sollen, davon ist er überzeugt, helfe nur, Ausreden zu verbannen, die den Menschen als »größte Schwachstelle« definieren, und sich endlich um gute, sichere Technik zu kümmern.

Kapitel 4.3

Die den Finger in die Wunde legt

Eine junge Hackerin treibt Behörden und Verwaltung vor sich her

Lilith Wittmann wird eine Sicherheitslücke finden, weil sie immer eine findet. Das ist meine einzige Prognose für unser Treffen im Frühling 2022 in einem Café in Berlin-Mitte. Ich habe die junge Sicherheitsforscherin bis dahin noch nie persönlich getroffen, aber der Zufall hat uns immer wieder zusammengeführt. Oder vielleicht auch das Thema, das sie bearbeitet und zu dem ich viel recherchiere: die Software der Verwaltung beziehungsweise Apps und Programme, die in verschiedener Form die Interaktion von Bürger:innen und Staat betreffen. Sei es Software, die Bürger:innen nutzen müssen, weil es die Politik vorgibt oder empfiehlt, oder weil sie die Interaktion mit der Politik oder mit staatlichen Stellen wie dem Bürgerbüro oder dem Gesundheitsamt erleichtert.

Bevor ich nach Berlin fahre, um Wittmann persönlich kennenzulernen, habe ich sie bereits dreimal interviewt. Einmal hatte sie gravierende Sicherheitslücken in der Luca-App zur Kontaktnachverfolgung in der Pandemie gefunden,[103] einmal war sie von der CDU angezeigt worden, nachdem sie eine Sicherheitslücke in deren Wahlkampf-App gefunden hatte,[104] und einmal hatte sie

---

103 https://www.zeit.de/digital/datenschutz/2021-03/luca-app-kontaktverfolgung-infektionsketten-corona-datenschutz

104 https://www.zeit.de/digital/datenschutz/2021-08/cdu-connect-app-it-sicherheit-lilith-wittmann-forscherin-klage

eine Sicherheitslücke in einem Videokonferenzsystem gefunden, das eigens für die Schulen in Bayern entwickelt worden war.[105]

Lilith Wittmann ist mit Mitte 20 zum Schreckgespenst vieler App-Entwickler:innen und Behörden geworden: Aus der Distanz scheint es so, als müsste sie nur einmal scharf hinschauen, um in fast jeder Anwendung ein Sicherheitsproblem zu finden. Die Digitalisierung der Verwaltung steht im Zentrum ihrer Aufmerksamkeit, nicht nur, weil es ihr Spaß macht, nach Denkfehlern und Schwachstellen zu suchen, sondern, weil sie ein Verantwortungsgefühl antreibt: Sie findet, dass ihre Fähigkeiten auch eine gewisse gesellschaftliche Verpflichtung mit sich bringen. Dabei arbeitet sie durchaus konstruktiv. Beispielsweise macht sie konzeptionelle Vorschläge, wie die Verwaltung besser digitalisiert werden könnte –, aber das Thema geht immer wieder unter. Denn aktuell läuft vieles schief.

Lilith Wittmann findet nahezu im Wochenrhythmus neue Sicherheitslücken. Die Netzaktivistin Anne Roth hat sie einmal als den »schwarzen Block der Verwaltungsdigitalisierung« bezeichnet – »weil sie genau das macht, was der schwarze Block auf Demonstrationen macht: laut schreien und so dafür sorgen, dass Themen ernst genommen werden, die wenig Beachtung bekommen«, sagt mir Anne Roth auf Nachfrage. Und das stimmt: Lilith Wittmann hat eine enorme Reichweite, sie ist allein dadurch laut. Wenn sie Sicherheitslücken findet, endet das meist in polarisierenden und gleichzeitig oft unterhaltsamen Beiträgen auf Twitter und in ihrem Blog.[106] Sie hat eine Gabe, die Dimension des jeweiligen Problems – von der Lücke in einer App bis zur Hierarchie in der Verwaltung – verständlich einzuordnen und Schwächen

105 https://www.spiegel.de/netzwelt/netzpolitik/unsichere-corona-software-start-ups-haben-andere-ziele-als-das-gemeinwohl-a-9cfadfe4-21a1-419f-9d2e-4fb96911840e
106 https://lilithwittmann.medium.com/

offenzulegen. Und sie lässt niemanden mit Ausreden davonkommen. Der »schwarze Block der Verwaltungsdigitalisierung« findet sich inzwischen als Selbstbeschreibung in ihrem Twitter-Profil.

Wer ihre Aktivitäten eine Zeit lang verfolgt, versteht den Begriff mit dem »schwarzen Block« immer besser: Das Thema Digitalisierung in der Verwaltung bekommt tatsächlich wenig Aufmerksamkeit –, trotz all der gravierenden Probleme, auf die die Sicherheitsforscherin immer wieder aufmerksam macht. Die Digitalisierung der Behörden und ihrer Instrumente ist für viele ein zu abstrakter Gedanke. Aber die Folgen betreffen uns alle. Im Idealfall wird die Digitalisierung unser Leben leichter machen, unsere Interaktion mit Behörden effizienter, die Verwaltung schlanker. Im Idealfall spart sie uns Aufwand und der Gesellschaft Geld, das für andere Dinge zur Verfügung steht.

Wenn die Digitalisierung der Verwaltung aber schlecht gemacht ist, verpufft die Wirkung entweder, bringt also keine Vorteile und kostet nur. Oder – noch schlimmer – sie macht uns digital angreifbarer, lässt unsere Daten in falsche Hände geraten und macht es Kriminellen und Spionen noch einfacher, uns zu schaden. Deshalb braucht das Thema in der Tat jetzt Aufmerksamkeit, und dafür sorgt Wittmann. Die Sicherheitsforscherin tritt dabei manchmal radikal und kompromisslos auf, sie nennt sich selbst in ihrem Twitterprofil »Krawallinfluencerin« –, was womöglich eine Reaktion ist auf das, was sie täglich sieht: Sicherheitsprobleme und oft eine gewisse Undankbarkeit gegenüber ihrer ehrenamtlichen Arbeit bis hin zu Ignoranz bei den Verantwortlichen.

»Oft wird Sicherheit auf den Nutzer oder die Nutzerin abgewälzt«, sagt sie in dem Café in Berlin-Mitte, »so nach dem Motto: Die müssen halt selbst aufpassen, was diese oder jene App mit ihren Daten macht.« So etwas ärgert sie, denn aus ihrer Sicht muss es andersherum sein – vor allem bei IT-Systemen der Verwaltung, bei denen Bürger:innen keine Wahl haben. Wer so etwas entwickelt, muss aus ihrer Sicht vorher überlegen, welchen Gefahren die Nutzenden durch die Systeme ausgesetzt werden, und sorgfältig abwägen, ob der Anwendungsfall dies wirklich rechtfertigt.

Lilith Wittmann bestellt Kuchen und Kakao und lehnt das WLAN-Passwort dankend ab, das uns die Bedienung zusammen mit dem Kuchen serviert. Hotspots nutzt sie aus Prinzip nicht, das ist ihr zu unsicher. Gerade in Berlin-Mitte ist die Dichte wichtiger Menschen mit wertvollen Informationen auf ihren digitalen Geräten vermutlich so hoch, dass Kriminelle es leicht haben, wenn sie versuchen, durch Fake-Hotspots Daten und Informationen abzugreifen. Hier – um die Ecke des Bundestags, nicht weit von der US-Botschaft – lohnt es sich schließlich. Wittmann nutzt lieber ihr Smartphone als Hotspot – und in diesem Zuge wechseln wir den Platz näher ans Fenster, als sich das Rädchen auf ihrem Laptop zu lange dreht. »Internet in Berlin«, sagt sie grinsend, »ist immer ein Problem.« Nicht nur, wenn Spione darauf zugreifen wollen.

»Also«, sagt sie zum Auftakt des Gesprächs, »ich habe da eine App auf meinem Handy gefunden. Die wollte ich schon länger mal analysieren.« Sie schlägt vor, das zusammen mit mir zu machen. Dann kann ich sehen, wie sie vorgeht, welche Dinge ihr Misstrauen wecken und auf welche Themen hin sie Anwendungen abklopft. Natürlich könne es sein, dass die App keine Sicherheitslücke hat, warnt sie. »Ich habe sie noch nicht weiter angeschaut.« Sie hat sogar vergessen, wie sie auf genau diese App kam und wieso sie auf ihrem Handy ist.

Der eine Grund ist vermutlich der Zweck der App: in diesem Fall ist das Thema »Identitätsmanagement«. Es ist eine App der Stadt Gelsenkirchen, die den Bürger:innen einen Service bietet: Diese können ihren Ausweis hinterlegen und verifizieren lassen, sodass sie sich künftig mit der App gegenüber verschiedenen Stellen ausweisen können – schließlich enthält sie behördlich überprüfte Daten. Wittmann ist misstrauisch gegenüber ID-Apps aller Art, unter anderem, weil sie bereits in einigen Lücken gefunden hat – zuletzt unter anderem in der offiziellen ID-Wallet-App der Bundesregierung.

Sicherheitslücken in Ausweis-Apps sind besonders problematisch, weil verifizierte Ausweisdaten deutlich heikler sind, wenn sie in falsche Hände geraten, als beispielsweise andere Zugangsdaten aller Art, die Hacker:innen ohnehin immerzu erbeuten – beispielsweise aus Online-Shops. Solche Zugangsdaten können Phantasienamen sein, sie enthalten nicht automatisch wahre Angaben über die Menschen dahinter, zudem lassen sie sich ändern. Unsere Identität hingegen gibt es nur ein Mal.

Die Gefahr der Gewöhnung

Unabhängig von möglichen Sicherheitslücken hält Wittmann die Idee an sich für falsch, das Vorzeigen des physischen Ausweises durch einen Klick zu ersetzen. »Wer seinen Ausweis analog vorzeigt, weiß, dass das etwas Besonderes ist«, sagt sie. Wenn die Menschen stattdessen ihren Ausweis automatisch teilen, vergessen sie das. »Wir würden kaum leichtfertig jedem Türsteher eine notariell beglaubigte Kopie unseres Ausweises übergeben.« Aber das sei das Äquivalent: »Wir geben einen sauberen, garantiert echten Datensatz weiter.«

Immer mehr Dienste und Unternehmen werden unsere Ausweisdaten haben wollen, wenn er erst einmal digital hinterlegt werden kann, prophezeit Wittmann. Denn wenn das Ausweisvorzeigen versteckt im Hintergrund geschieht, werden Online-Shops das einfach als einen der vielen Klicks hinzufügen, an die sich die Nutzer:innen sowieso schon gewöhnt haben. Das ist nicht abwegig: So wie heute alle auf »Zustimmen« klicken, wenn sie die Datenschutz- oder Cookie-Hinweise einer Webseite angezeigt bekommen, könnte es künftig mit den Ausweisdaten sein, die in einer App gespeichert sind. »Zalando und Co. werden das dann in Zukunft auch verlangen.«

Angepriesen wird der digitale Ausweis von der Politik und von Unternehmen aber als »Self-Sovereign Identity« (sinngemäß: selbstbestimmte Identität), ein Begriff, der suggeriert, dass Bürger:innen an Selbstbestimmung gewinnen, wenn sie ihren Ausweis digital teilen können. Aus Wittmanns Sicht ist genau das Gegenteil der Fall: »Du bist kein bisschen souverän, weil du eben nicht selbst entscheiden kannst, wann du wem deine Daten gibst.« Zumindest nicht bei den meisten Konzepten, die derzeit für die Umsetzung diskutiert werden.

Lilith Wittmann ist mit dem Internet aufgewachsen. Wenn Digital Natives wie sie davor warnen, manche Konzepte nicht zu digitalisieren, und darauf beharren, dass es wichtig sei, den Prozess an sich analog und haptisch zu halten, dann sollte die Generation Golf in den Behörden aufhorchen. Denn dann gibt es womöglich tatsächlich gute Gründe – zumindest lohnt es sich tatsächlich, sich mit Wittmanns Argumenten auseinanderzusetzen. Schließlich gibt es die Möglichkeit bereits, sich elektronisch auszuweisen. »Wir haben die eID seit zehn Jahren«, sagt Wittmann. Das ist die Onlinefunktion des herkömmlichen Personalausweises. Nur: Die wird kaum genutzt.

Manch einer erinnert sich vielleicht dunkel, dass im Bürgerbüro beim Beantragen oder Verlängern des Personalausweises ein entsprechender Hinweis erteilt wird. Danach hört man lange nichts mehr davon, bis man einen Behördengang zu erledigen hat – beispielsweise die Ummeldung nach einem Umzug. »Sie können Ihren Wohnsitz einfach und bequem online ummelden«, steht beispielsweise auf den Seiten des Bürgerbüros Stuttgart.[107] Doch wer das mit dem »einfach und bequem« zu wörtlich nimmt, wird möglicherweise enttäuscht. Denn es braucht nicht nur ein »Servicekonto Baden-Württemberg« dafür, sondern auch den elektronischen Personalausweis. Und um den zu nutzen, werden eine PIN, ein bestimmtes Kartenlesegerät und eine App benötigt. Spätestens an diesem Punkt entscheiden die meisten, dass

---

107 https://www.stuttgart.de/vv/leistungen/wohnsitz-ummelden-innerhalb-von-stuttgart.php

es vermutlich doch einfacher ist, sich in die Schlange im Bürgerbüro einzureihen.

Die Online-Ausweisfunktion werde kaum genutzt –, weil sie nicht wirklich beworben wird und weil sie mit unnötigen Hürden verbunden ist, meint Wittmann. Für Unternehmen sei es teuer, die Funktion einzubinden, die es Bürger:innen erlaubt, die eID zu nutzen. Und für Bürger:innen sei unklar, wie sie funktioniert und was sie tun müssen, um den elektronischen Personalausweis nutzen zu können. »Dabei ist die eID gut und sicher«, sagt sie. Die seit zehn Jahren bestehende Lösung sei von zahlreichen unabhängigen Sicherheitsforscher:innen geprüft worden, es handle sich um eine »solide, gut funktionierende Technologie«. Nur die Nutzbarkeit müsse verbessert werden. Wichtig ist ihr dabei auch, dass die Bürger:innen bei der eID jedes Mal ihren Ausweis vor ihr Smartphone halten müssen, wenn sie diese Funktion nutzen. »Damit ist klar: Sie zeigen gerade ihren Ausweis.« Sie findet es falsch, diesen Prozess im Hintergrund verschwinden zu lassen. Aber das ist genau das, was die neuen Lösungen verschiedenster Art anstreben.

In den folgenden Stunden wird Wittmann mir im Café demonstrieren, wie gefährlich genau diese Gewöhnung ist, vor der sie warnt – insbesondere, wenn Entwickler:innen nicht bedenken, dass Kriminelle ein solches System anders nutzen als vorgesehen. Wittmann öffnet die App. »BürgerID GE« heißt sie, ein weißes App-Icon, darauf ein stilisiertes Smartphone mit dem grünen Schriftzug »ID« darin. Neben der generellen Sorge, dass diese Art von Apps die Bürger:innen immer weniger souverän über ihre Daten sein lassen, ist es Wittmanns Bauchgefühl, das ihr sagt, wo sie hingucken soll.

Prominentestes Beispiel in Wittmanns Sammlung ist vermutlich die »Luca-App«, die während der Corona-Pandemie die Kontaktnachverfolgung in Restaurants sichern sollte – und die Wittmann als eine der Ersten kritisch untersuchte – aufgrund ihres Bauchgefühls. Sie fand prompt unter anderem Probleme mit der Verschlüsselung der persönlichen Daten, außerdem zeigte sie, wie Angreifer:innen genau das umgehen können, was die App versprach zu lösen: eine Person gegenüber dem Gesundheitsamt zu identifizieren.[108] Daraufhin schauten viele andere Sicherheitsforscher:innen ebenfalls genauer hin und fanden zahlreiche weitere Lücken[109] und Probleme[110] in der App, deren Nutzung in einigen Bundesländern sogar in den Verordnungen zum Infektionsschutzgesetz festgeschrieben wurde – vielen Bürger:innen blieb also nichts anderes übrig, als ihre persönlichen Daten einer schlecht gesicherten App anzuvertrauen. Schließlich gab es sogar einen offenen Brief Hunderter renommierter Sicherheitsforscher:innen[111] an die Politik, die vor der »Luca-App« warnten. Aber die Behörden schlugen die Warnungen in den Wind.

Den Höhepunkt stellt eine Sicherheitslücke dar, über die Angreifer:innen sich gar in die Gesundheitsämter hätten einhacken und diese beispielsweise mit Verschlüsselungsangriffen hätten lahmlegen können.[112] Ein Horrorszenario in einer Pandemie. Hinweise auf die Schwachstellen der »Luca-App« wurden von der Betreiberfirma neXenio so lange ignoriert, bis Sicherheitsforscher:innen den Angriff in einem Testsystem vorführten.[113] Erst dann versuchten die Verantwortlichen, die Sicherheitslücke bei der Luca-App zu schließen. Heute wird

108 https://www.zeit.de/digital/datenschutz/2021-03/luca-app-kontaktverfolgung-infektionsketten-corona-datenschutz
109 https://www.zeit.de/digital/datenschutz/2021-04/luca-app-luecke-software-datenschutz-corona-kontaktverfolgung
110 https://www.zeit.de/digital/datenschutz/2021-03/corona-app-luca-kontaktverfolgung-einsatz-umstritten-kontakte-politik-lobbyismus
111 https://www.zeit.de/digital/datenschutz/2021-04/luca-app-sicherheitsluecken-datenschutz-kritik-corona
112 https://www.zeit.de/digital/datenschutz/2021-04/luca-app-gesundheitsaemter-corona-kontaktverfolgung-hackerangriff-risiko
113 https://www.zeit.de/digital/2021-05/luca-app-gesundheitsaemter-hackerangriff-risiko-kontaktverfolgung-coronavirus

die App nicht mehr zur Kontaktverfolgung genutzt, neXenio möchte sie stattdessen zu einer App ausbauen, mit der man im Restaurant bezahlen kann. Datenschützer:innen raten, bestehende Accounts zu löschen und dann die App vom Mobilgerät zu entfernen.

Im Mai 2021 wiederum zeigte Wittmann, dass Angreifer:innen über die CDU-Wahlkampf-App Zugriff auf persönliche Daten nicht nur von knapp 20 000 Wahlkampfhelfer:innen der CDU, sondern auch auf 100 000 Datensätze der angesprochenen Bürger:innen im Haustürwahlkampf hätten bekommen können – mitsamt einem Protokoll über das Gespräch und deren politische Ansichten. Doch anstatt sich zu bedanken, zeigte die Partei Wittmann kurzerhand beim LKA Berlin an.[114] Dabei hatte Wittmann zunächst das Bundesamt für Sicherheit in der Informationstechnik BSI informiert und erst dann die Öffentlichkeit, nachdem die CDU die App offline genommen hatte. Dieses Verfahren nennt sich Responsible Disclosure, also sinngemäß verantwortungsvolle Offenlegung, weil dadurch verhindert wird, dass Unbefugte, die erst durch die Veröffentlichung darauf aufmerksam werden, die entdeckten Sicherheitslücken ausnutzen können.

Erst nachdem der Chaos Computer Club (CCC) daraufhin ankündigte, dass seine Mitglieder unter diesen Umständen künftig Sicherheitslücken der CDU direkt öffentlich machen würden, da ihnen das Risiko des ethischen Responsible Disclosure-Verfahrens zu hoch sei, wenn die Partei ethische Hacker:innen direkt anzeige, zog die Partei die Anzeige zurück. Die Ermittlungen auf Basis des sogenannten Hackerparagrafen 202c im Strafgesetzbuch liefen trotzdem zunächst weiter. Denn das deutsche Recht stellt einiges unter Strafe, was für die Arbeit von IT-Sicherheitsforscher:innen

---

114 https://www.zeit.de/digital/datenschutz/2021-08/cdu-connect-app-it-sicherheit-lilith-wittmann-forscherin-klage/komplettansicht

notwendig ist – speziell der Paragraf 202c im Strafgesetzbuch. Er untersagt das »Vorbereiten des Ausspähens und Abfangens von Daten« und ergänzt seit 2007 die Paragrafen 202a und 202b, die das Ausspähen und Abfangen von Daten selbst unter Strafe stellen.

Als die entsprechende Erweiterung im Bundestag diskutiert wurde, gab es viele Proteste, denn so wie der Paragraf formuliert ist, fällt darunter nicht nur ethisches Hacking selbst, sondern vor allem auch der Schritt davor: Strafbar macht sich bereits, wer Computerprogramme herstellt oder sich verschafft oder diese verbreitet, die dazu geeignet sind, Daten auszuspähen oder abzufangen – also im Prinzip genau jene Programme, mit denen Sicherheitsforscher:innen wie Lilith Wittmann tagtäglich arbeiten.

Der Paragraf kommt in der Praxis selten zum Einsatz – vermutlich, weil die Betroffenen meist keine Anzeige stellen: »Es kommt sehr selten, aber leider immer mal wieder vor, dass die empfangende Seite sich zu diesem sehr undankbaren und nicht zu empfehlenden Schritt entschließt«, sagt CCC-Sprecher Linus Neumann. »Es gilt nicht nur in der Hackingszene als unfein, Menschen zu verklagen, die einem einen kostenlosen Dienst erwiesen haben.« Üblich sei es, sich zu bedanken.

Detektivarbeit

Der heutige Tag wird zeigen, ob auch die Stadt Gelsenkirchen eine Chance bekommt, sich bei Lilith Wittmann zu bedanken. »Willkommen bei der BürgerID Gelsenkirchen – Ihrer App für die einfache, sichere und zukunftsorientierte Authentifizierung mit dem Smartphone!«, begrüßt uns die App und verspricht: Die BürgerID werde zukünftig »zu Ihrer verschlüsselten Eintrittskarte für die Beantragung von Behördengängen in Ihrer digitalen, vernetzten Stadt«. Bereits heute könnten die Bürger:innen mit der »benutzerfreundlichen Authentifizierung zur Beantragung des Bewohnerparkausweises« starten. »Folgen Sie hierzu den Anweisungen in der App.«

Wittmann tut das, nicht ohne zuvor eine Anwendung zu starten, die die App-Aktivitäten protokolliert: »Damit sehen wir den Datenverkehr zwischen der App und dem Internet«, erklärt sie. Dann folgt sie den Anweisungen in der App, legt eine sechsstellige PIN fest und erhält schließlich eine E-Mail mit einem QR-Code, die sie auf ihrem Laptop öffnet. Sie scannt den QR-Code mit der App, der sie als Inhaberin der E-Mail-Adresse authentifiziert. Parallel beobachtet Wittmann mit einer App den Datenverkehr und die im Hintergrund ausgetauschten Daten und sieht, dass sich die BürgerID-App mit einer Schnittstelle austauscht, die von einem Unternehmen namens »XignSys« betrieben wird. »Der nächste Schritt ist zu recherchieren, was diese Firma eigentlich macht«, erklärt sie.

»Sie haben Ihre App erfolgreich auf Ihrem BürgerID-Konto aktiviert«, vermeldet die App schließlich, und Wittmann kopiert einige Daten des Handys auf ihren Laptop. Sie öffnet eine Webseite, auf der schließlich der Schriftzug »Welcome to XignIn Manager« erscheint. »Verwalten und konfigurieren Sie Ihre Organisationen, Dienste und Identitäten!«, wirbt das betreibende Unternehmen auf der Webseite.

»Aha, die haben sich ein Identitätsmanagement gekauft und den Namen Gelsenkirchen draufgeschrieben«, stellt sie fest. »Allerdings klingt das hier, als wäre es eigentlich ein Identitätsmanagement für Firmen«, sagt sie. Passt das überhaupt für eine Stadt? Solche Fragen stellt sie sich regelmäßig in ihren Recherchen, wenn ihr Bauchgefühl sagt: Hier könnte ein Denkfehler eine Tür für Angreifer:innen öffnen. Hat jemand eine falsche Annahme getroffen? Eine Abkürzung genommen im Denken? Oder sich einfach eine bequeme Lösung gesucht, die eigentlich für etwas anderes gedacht war und allein dadurch Angriffspunkte bietet?

»Ich würde jetzt anfangen zu manipulieren«, erklärt sie, beispielsweise die Anfragen analysieren, die die App an den Server schickt, sie leicht verändern und selbst erneut schicken. »Mal schauen, was da kommt«, sagt sie. Selbst eine Fehlermeldung kann etwas über die dahinterliegenden Prozesse verraten. Das alles sind Informationen, die sie weiterbringen. »Oder können wir den QR-Code manipulieren«, fragt sie, »sodass die Leute sich bei uns anmelden?« Schließlich sei es für die Nutzer:innen nicht eindeutig zu sehen, wofür sie ihre Daten gerade freigeben. »Ja, ich habe eine Idee«, ruft sie schließlich aus. Sie könnte selbst einen QR-Code erstellen und ihn Bürger:innen zusenden, beispielsweise zusammen mit einer Nachricht, die scheinbar von der Polizei kommt: »Sie haben einen Strafzettel erhalten. Scannen Sie den QR-Code mit ihrer BürgerID-App, um sich zu identifizieren, das Foto sehen zu können und die Strafe zu begleichen.« Da ist er, ihr Schlachtplan.

Sollte ihre Idee funktionieren und es möglich sein, über die BürgerID-App einen eigenen Dienst anzulegen, der die verifizierten Ausweisdaten anfragen darf, könnten Kriminelle auch auf diese Idee kommen und beispielsweise falsche Strafzettel verschicken. Wer das zum Social-Engineering-Angriff ausbauen will, könnte eine Drohung hinzufügen, die Emotionen erzeugt (»… sonst wird Ihr Führerschein entzogen«) und Zeitdruck aufbauen (»Wenn Sie bis zum … nicht bezahlen …«). Darauf würden vermutlich einige Menschen hereinfallen und den QR-Code mit ihrer BürgerID-App scannen – arglos und wohl auch häufig nicht bedenkend, dass sie damit ihre Ausweisdaten verschicken. Diese verifizierten Daten würden dann direkt an die Kriminellen gehen. »Damit können diese dann zum Beispiel ein Bankkonto eröffnen und vieles andere«, sagt Wittmann.

Sie untersucht den QR-Code genauer und findet heraus, dass der Dienst offenbar ein Protokoll verwendet, eine frei verfügbare Software, die es der Nutzerin ermöglicht, einem anderen Dienst Zugriff auf ihre Daten zu geben – also genau das, was die Bürger-

ID-App tun soll. Jetzt ist Wittmann siegessicher: »Damit ist die Wahrscheinlichkeit gestiegen, dass wir etwas finden«, sagt sie triumphierend, »denn das implementieren viele falsch.«

Langsam wird mir klar, was es mit diesem Bauchgefühl der Sicherheitsforscherin auf sich hat: Jahrelange Erfahrung im Auseinandernehmen von Software fördert eine gewisse Mustererkennung im Kopf, die zu einer Intuition für beliebte Fehler und Schwächen führt. Es gibt auch Muster, über die sie ganz offen spricht: Sobald jemand Technologien wie die Blockchain verwendet, wird sie hellhörig. Denn diese Technologie, mit der Informationen für immer garantiert unveränderbar gespeichert werden können, wird ihrer Erfahrung nach meist aus Gründen eines gewissen Hypes in Produkte eingebaut – teils auch, weil dieser Hype dazu führt, dass es einfacher ist, staatliche Fördergelder dafür zu bekommen als für eine andere Technologie. Selbst wenn diese sinnvoller wäre für den entsprechenden Anwendungsfall. Aus ihrer Sicht spricht das oft für ein fehlendes Verständnis, wofür welche Technologie geeignet ist. Und diese Ahnungslosigkeit führt häufig zu weiteren Denkfehlern bei der Implementierung der Technologie.

Dann ermittelt Wittmann die IP-Adresse, von der aus der Server betrieben wird, und scannt sie, um mehr über die dahinterliegende Architektur zu erfahren: Dafür nutzt sie ein Programm, das automatisiert alle denkbaren Ports abfragt, also alle potenziellen offenen Einfallstore an dieser IP-Adresse, denn Ports werden benötigt, um Dateien, die an eine IP-Adresse gesendet werden, gezielt einer Anwendung oder einem Dienst zuzuordnen. Schützt eine Firewall nicht vor diesen automatisierten Anfragen, ist es relativ einfach, automatisiert herauszufinden, wo Türen offen oder angelehnt sind. Offene Ports werden oft von Angreifer:innen ausgenutzt, um in ein System einzudringen. Wittmann findet nur einen offenen Port. Schließlich nutzt sie noch ein Tool namens crt.sh, um herauszufinden, welche Dienste auf der Domain xign.me laufen. »Das ist ein Trick«, erklärt sie, denn crt.sh zeigt eigentlich die Zertifikate an, die ein Dienst nutzt. »Aber in der Liste der Zertifikate stehen auch die Webadressen.« Jede Information über die Architektur eines Dienstes, über genutzte Bibliotheken und Protokolle, Programme und Dienste kann auf der Suche nach einem Einfallstor hilfreich sein. »Ich baue mir von deren IT-Infrastruktur eine Landkarte im Kopf«, erklärt Wittmann.

Über ihren Bildschirm laufen derweil verschiedene Dienste der Stadt Gelsenkirchen: Liegenschaften, Geodaten, Schulen, alles ist durchnummeriert. »Ah, das ist ein Windows-Server, das erkenne ich an der Fehlermeldung«, murmelt sie. Sogar die knappen Fehlermeldungen, die aus ein paar Ziffern bestehen, geben Informationen preis, die später nützlich sein können. Für die Fachleute der IT-Sicherheit. Aber auch für Kriminelle.

Zufällige Lückensuche

Auf ähnliche Art und Weise wie wir hier im Café hat Wittmann in den vergangenen Monaten viel Zeit in Videokonferenzen mit Freund:innen verbracht und Schwachstellen gesucht. »Wir ergänzen uns da ganz gut«, sagt sie. »Ich habe den Architekturblick, weil ich viel Softwarearchitektur gemacht habe, Flüpke sieht eine Versionsnummer und weiß aus dem Kopf: Da ist eine Sicherheitslücke drin.« Der Sicherheitsforscher, der unter dem Pseudonym »Flüpke« im Internet auftritt, hat oft zusammen mit Wittmann und dem Kollektiv »Zerforschung« durch die ganze Pandemie hindurch und in wechselnder Besetzung eine Reihe an Sicherheitslücken aufgedeckt – unter anderem in der Software zahlreicher Corona-Testzentren, in Lern-Apps für Schüler:innen und beim Lieferdienst Gorillas.

»Wir sitzen einen Abend per Videokonferenz zusammen, jemand hat eine Idee, wir schauen zusammen drauf«, berichtet

Wittmann. Nach einem solchen Abend trifft es im September 2021 auch die ID Wallet, das Prestigeprojekt der letzten Bundesregierung, das unter anderem den Führerschein staatlich verifiziert und einige Ausweisdaten aufs Handy bringen sollte. Direkt nach dem Start im September 2021 findet Flüpke einige Schwachstellen und macht sie auf Twitter öffentlich. Sein Tweet endet mit »Happy Hacking Everyone«.[115]

Mittels der App können Bürger:innen ihre Ausweisdaten hinterlegen. Wenn sie danach einen QR-Code einscannen, den ihnen ein Dienstleister präsentiert – also beispielsweise in einem Hotel beim Check-in –, werden die Ausweisdaten an den Dienstleister übertragen. Lilith Wittmann gelingt es schließlich in kurzer Zeit, selbst QR-Codes zu generieren und Nutzer:innen damit auszutricksen: »Sie konnten nämlich nicht überprüfen, wem gegenüber sie sich identifizieren«, sagt sie. Das macht es Kriminellen einfach, fremde Identitäten zu stehlen, beispielsweise indem sie schlicht die QR-Codes an der Hotelrezeption austauschen.[116] Dann gehen alle Daten der Hotelgäste an die Kriminellen anstatt an das Hotel.

Nachdem Wittmann und Flüpke sich die ID Wallet-App also genauer angeschaut haben, wird sie im September 2021 wenige Tage nach dem Start überraschend und quasi über Nacht offline genommen – angeblich, weil der Server aufgrund der vielen Anfragen überlastet gewesen sei. Wie sich später zeigen wird, sind Sicherheitslücken der Grund sowie die Angst vor Sicherheitsforscher:innen wie Flüpke, die offen dazu aufgerufen haben, die Software auf Schwachstellen hin zu überprüfen. Dabei sei das eine wichtige Maßnahme, sagt Wittmann: Schließlich sind heikle Daten der Bürger:innen betroffen, und sie und ihre

---

115 https://twitter.com/fluepke/status/1441481297751334912
116 https://lilithwittmann.medium.com/mit-der-id-wallet-kannst-du-alles-und-jeder-sein-ausser-du-musst-dich-ausweisen-829293739fa0

Kolleg:innen schützen diese, indem sie Anwendungen wie die ID Wallet ehrenamtlich überprüfen.

Die Reaktion von Tobias Plate, dem damaligen Leiter des Referats Digitaler Staat im Kanzleramt, auf die entdeckten Sicherheitslücken bestärkt Wittmann in ihrem Misstrauen. Man habe sich bewusst entschieden, mit einem unfertigen Produkt, »aber dafür schnell rauszugehen«, schrieb dieser auf Twitter, schließlich setze man auf agile Softwareentwicklung und das Prinzip #FailFastFailOften.[117] Dieser Begriff kommt aus dem Silicon Valley und hat sich zu einem viel zitierten Buzzword entwickelt. Denn auch wenn damit ursprünglich eher ein iterativer Prozess der Entwicklung von Innovationen gemeint war, für den es wichtig ist, Fehler zuzugeben, wird der Begriff heute oft als Ausrede dafür genutzt, unfertige und unsichere Produkte auf den Markt zu werfen und die Nutzer:innen quasi als Beta-Tester:innen auszunutzen −, die dann unter den Auswirkungen zu leiden haben.

Die direkte Folge einer solcher Herangehensweise, wie sie Plate beschreibt, ist also, dass Fehler erst in der praktischen Nutzung entdeckt werden. Im Falle der ID Wallet womöglich erst dann, wenn Kriminelle die Daten der Bürger:innen bereits entwendet haben. »Die Digitale Identitätsinfrastruktur eines Staates ist kein Nebenbei-Projekt für einen Digitalisierungs-Hackathon«, warnt Wittmann. In Deutschland gebe es viel Wissen, wie ein solches System sicher und nachhaltig funktionieren könne. »Leider ist dieses Wissen momentan nicht an der Stelle, an der es wirklich benötigt wird. Es ist nicht in der Verwaltung.« Plate hat die erwähnten Tweets zwischenzeitlich gelöscht − möglicherweise waren nicht alle im Kanzleramt glücklich mit seinen

---

117 https://lilithwittmann.medium.com/mit-der-id-wallet-kannst-du-alles-und-jeder-sein-au%C3%9Fer-du-musst-dich-ausweisen-829293739fa0

Äußerungen –, aber Wittmann hat Screenshots gesichert, die sie mir zeigt.

Einige Monate später, nachdem Aktivist:innen eine Anfrage nach dem Informationsfreiheitsgesetz gestartet haben, wird ein Schreiben des BSI an die Projektpartner der ID Wallet öffentlich, das schon im Mai 2021 vor Sicherheitsproblemen warnte und dem damaligen Pilotprojekt – einer Applikation für den Check-in in Hotels – bescheinigte, nicht das nötige Sicherheitsniveau zu bieten. Das Amt weist auch auf die »grundsätzliche Anfälligkeit für Sicherheitslücken des gesamten Systems« hin, die die verwendete Blockchain-Technologie berge, deren Nutzen zudem »unklar« sei.[118] Der zugehörige Sicherheitstest einer externen Firma kommt außerdem zu dem gleichen Schluss[119] wie Lilith Wittmann einige Monate später: Nutzende könnten nicht verifizieren, wem sie ihre Daten schicken – und das sei gefährlich. Offenbar haben die Verantwortlichen diese Warnungen in den Wind geschlagen und die App trotz der Schwachstellen (und mit dem Wissen um diese) auf den Markt gebracht.

Als Wittmann ihre Erfahrungen der vergangenen Monate im Café in Berlin-Mitte Revue passieren lässt, wird ihr klar: Jetzt ist es an der Zeit, sich die Sache mit dem QR-Code genauer anzuschauen – er ist schließlich ihr heißester Kandidat für eine Manipulation. Es wäre dann das gleiche Angriffsmuster wie bei der ID Wallet. »Wie genau funktioniert der QR-Code? Kann ich mich als Anbieter eintragen?«, fragt sie und scannt ihn. Vielleicht haben die Anbieter den gleichen Fehler gemacht?

Fieberhaft klickt sie durch die Webseite des Anbieters XignIn, der für die Stadt Gelsenkirchen offenbar das Identitätsmanagement übernommen hat, findet eine Seite, auf der sie einen Account eröffnen kann, und tut das. »Jetzt bin ich mir zu 99

---

118 https://fragdenstaat.de/dokumente/141932-bmi_idwallet/
119 https://fragdenstaat.de/dokumente/141933-bmi_idwallet/

Prozent sicher, dass der Angriffsvektor funktioniert«, ruft sie aus. Sie wird sich als Behörde ausgeben können, so wie bei der ID Wallet, und Bürger:innen austricksen, die ihr dann ihre Daten geben.

Jetzt ist Kreativität angesagt: Welche Behörde wird sie vorgeben zu sein? Wittmann denkt kurz nach und öffnet schließlich eine Datenbank auf ihrem Computer, »Hier bitte nicht hinschauen« – darin sind einige Domains, die sie sich auf Verdacht gesichert hat. »Ah, ich glaube Polizeistreife.de gehört mir«, sagt sie und grinst. »Jetzt könnte ich mir eine Webseite basteln, Polizeikontrolle Gelsenkirchen, das Logo der Stadt drauf und den Leuten Strafzettel schicken.« Für die Nutzer:innen sei nicht klar, was sie genau tun, wenn sie den QR-Code auf der Webseite scannen. »Krass ist, dass ich das nach einer halben Stunde herausgefunden habe.«

Solche Erfahrungen macht Wittmann öfter. Die Perspektive der Behörden ist aus ihrer Sicht ein Problem, das grundlegend geändert werden muss. »Wenn du heute fünfzig und in einem Ministerium bist, lebst du in einer ganz anderen Welt«, sagt sie. »Die haben das Internet ganz anders kennengelernt.« Für viele in der Verwaltung gehe es darum, die Inhalte der Offline-Welt zu digitalisieren – nur tun dies die meisten, ohne die Strukturen zu hinterfragen. Dabei gehe es nicht generell um das Alter, sondern um die Haltung.

Fehler im System

Wittmann hat sich viel mit dem Onlinezugangsgesetz OZG beschäftigt, das besagt, dass Behördendienstleistungen digitalisiert werden müssen, also online zugänglich sein müssen. Das Gesetz verpflichtet Bund, Länder und Kommunen, bis Ende 2022 ihre Verwaltungsleistungen über Verwaltungsportale auch digital anzubieten, schreibt das Bundesinnenministerium noch im Sommer

2022 auf seiner Webseite.[120] Insgesamt seien dafür knapp 600 Verwaltungsleistungen identifiziert worden. Allerdings räumte die Bundesregierung bereits Ende 2021 ein, dass das Ziel nicht zu halten sei.[121] Im März 2022 leakte schließlich ein Entwurf des BMI für einen »OZG-Booster«, in dem nur noch von rund drei Dutzend Verwaltungsleistungen die Rede ist, die bis Ende des Jahres digitalisiert werden sollen – darunter die Ummeldung und die Einbürgerung.[122]

Wittmann würde die Bedeutung dieses Gesetzes gerne mehr in den öffentlichen Fokus rücken, aber schon der Begriff klinge sperrig und abstrakt, und deshalb interessierten sich viele nicht dafür. »Ich habe irgendwann gemerkt, dass ich mit Sicherheitslücken viel mehr Aufmerksamkeit bekomme, als mit dem OZG«, sagt Wittmann lachend. Seither nutzt sie ihre wachsende Popularität, um das Thema OZG immer mal wieder zu thematisieren. Denn für die Gesellschaft ist es ja eigentlich ein zentrales Thema und durchaus wichtig.

Nicht nur quantitativ, auch qualitativ seien die Erfolge des OZG eher dünn, erklärt Wittmann. Was es digital gebe, sind vor allem eins zu eins die gleichen Formulare, die man auch analog im Bürgerbüro ausfülle. Das sei eine verpasste Chance: Denn wieso denkt man nicht gleich daran, auch die Prozesse so zu verändern, dass sie einfacher werden und dass Bürger:innen nicht die immer gleichen Daten eintragen müssen, die doch schon im System der Verwaltung vorhanden sind? Beispielsweise ein Wohngeldantrag: Relevant ist dafür hauptsächlich, wie viel Einkommen jemand

120 https://www.bmi.bund.de/DE/themen/moderne-verwaltung/
verwaltungsmodernisierung/onlinezugangsgesetz/onlinezugangsgesetz-node.html
121 https://www.heise.de/news/Neue-Bundesregierung-daempft-Hoffnungen-auf-schnelle-Digitalisierung-6298287.html
122 https://www.heise.de/news/Torschlusspanik-Bund-und-Laender-planen-OZG-Booster-fuer-die-Digitalisierung-6658696.html

hat. Das ist der Verwaltung aus der Steuererklärung aber schon bekannt. Wieso können Menschen nicht automatisch Wohngeld bekommen? Ein System in der Verwaltung könnte theoretisch die Berechtigung weitgehend automatisiert prüfen.

Wittmann hat recherchiert, dass eigentlich 700 000 Menschen in Deutschland wohngeldberechtigt wären. Aber der Antrag ist kompliziert und aufwendig, man muss viele Nachweise einreichen und ein langes Formular ausfüllen. Das machen viele nicht – sei es, weil sie nicht wissen, dass es Wohngeld überhaupt gibt, oder weil sie der Prozess überfordert. »Das hat mich total frustriert«, sagt Wittmann.

Ihre Utopie ist eine sichere und privatsphärenfreundliche App, die für die Menschen arbeitet, »eine App, die für mich mit den Ämtern redet«. Die Ämter müssten dafür Schnittstellen programmieren, damit entsprechende Informationen ausgetauscht werden können. Das ist aufwendig, aber wenn es einmal richtig gemacht werde, lohne es sich – mehr als das Flickwerk, das die Behörden derzeit beim OZG zusammenschusterten und das in der Gesamtsumme auch einiges verschlinge. Vor allem aber würde es sich für die Gesellschaft lohnen, prophezeit Wittmann: »Die App könnte deine Daten abgleichen und dann beispielsweise sagen: Schau, du hast Recht auf Wohngeld, willst du es beantragen? Und mit einem Klick wird der Antrag automatisch erstellt.«

Doch von solchen Visionen ist weit und breit nichts zu sehen. Was Wittmann stattdessen beobachtet: unzählige einzelne Insellösungen, die die Interaktion mit den Behörden kaum einfacher machen – meist zum Schaden derer, die weniger privilegiert sind und eigentlich alle Hilfe brauchen könnten. »Wenn du privilegiert bist, fühlt sich das alles vielleicht nicht so an«, sagt sie. Jedenfalls müssen sich Gutverdienende gar nicht erst mit einem Wohngeldantrag herumschlagen.

Strafzettel

Am Abend schickt mir Lilith Wittmann einen Link: https://gelsenkirchen.polizei-streife.de/. Als ich ihn anklicke, öffnet sich eine Webseite mit einem QR-Code darauf: »Diesen QR-Code scannen«, steht darüber. »Hier können Sie Ihren Strafzettel abrufen. Bitte laden Sie hierzu die BürgerID-App herunter (Sie hat die Appstores von Google und Apple verlinkt), melden sich dort an und scannen den untenstehenden QR-Code.« Obendrüber hat Wittmann sicherheitshalber in großen Buchstaben geschrieben: »Nicht die Polizeistreife Gelsenkirchen« und »Bitte melden Sie sich auf keinen Fall an, um Ihren Strafzettel einzusehen, dann werden Sie nämlich Opfer einer Hackerin.«

Ich tue das natürlich trotzdem, eröffne einen Account in der BürgerID-App, gebe meine Daten ein und verifiziere sie, indem ich den QR-Code aus der E-Mail mit dem Smartphone scanne – und schließlich den QR-Code der vermeintlichen Polizeibehörde. In meiner App –, der echten BürgerID-App aus Gelsenkirchen –, erscheint der Hinweis: »Datenabfrage« und die Information, dass ich meine Daten mit der Polizei Gelsenkirchen teile. Meine Daten sind offenbar angekommen: Jedenfalls erscheinen auf der Webseite, die mir Wittmann geschickt hat, auf einmal weinende Emojis und der Text: »Ihre Daten sind weg, weg, weg!« Zum Beweis erscheinen meine Daten auf dem Bildschirm, die nun »eine Hackerin« hat: Name, Adresse, Geburtsdatum, Geschlecht, E-Mail-Adresse und Telefonnummer.

Lilith Wittmann hat es also geschafft: Sie hat einen Denkfehler, eine Unaufmerksamkeit der App-Entwickler:innen gefunden und konnte sich so – ähnlich wie bei der ID Wallet der Bundesregierung – als Anbieter ausgeben, der Daten von Bürger:innen überprüfen darf. Zusammen mit der gefälschten Webseite können ahnungslose Bürger:innen auf diese Art also in eine Falle gelockt werden. Kriminelle würden freilich eine Webseite bauen, die keine Hinweise auf die Fälschung enthält, und einen offiziell aussehenden Brief schicken, sodass Betroffene tatsächlich glauben, sie hätten einen Strafzettel erhalten, und daraufhin gutgläubig ihre Daten übermitteln.

Mein nächster Schritt führt mich in eine Videokonferenz mit Markus Hertlein, dessen Unternehmen XignSys die BürgerID für die Stadt Gelsenkirchen mitentwickelt hat, und mit Oliver Kazmierski aus dem Rathaus Gelsenkirchen. Was ist hier schiefgelaufen? Das möchte ich gerne herausfinden. Zunächst bedanken sich beide tatsächlich. Sie betonen, wie dankbar sie sind, dass Lilith Wittmann die App untersucht hat. »Sie macht gute Arbeit«, betont Hertlein. Kazmierski, der die Stabsstelle »Vernetzte Stadt« in Gelsenkirchen leitet, in der Fachleute aus verschiedenen Bereichen unter anderem die BürgerID vorantreiben, ist sogar ein wenig stolz. »Das zeigt, wie groß das Interesse an der BürgerID ist.« Gelsenkirchen verstehe sich nämlich durchaus als Vorreiter; andere Städte könnten hier ein Vorbild für zukünftige Lösungen finden. »Wir wissen ja alle, dass ein Behördengang nicht immer ein Vergnügen ist«, sagt der Mann von der Behörde und grinst. Auch er kennt lange Schlangen vor Bürgerbüros und mühsame Verfahren, die manche Menschen schlicht überfordern. Sein Ziel ist, die Interaktion der Bürger:innen mit den Behörden in Zukunft massiv zu vereinfachen. »Ich nutze so etwas als Bürger doch auch, und ich habe großes Interesse daran, dass solche Lösungen gut und sicher sind.«

Und das sei die BürgerID auch, die App sei zu keinem Zeitpunkt unsicher gewesen, betonen die beiden Herren. Sie hätten von Wittmanns Analyse über Twitter erfahren, sie seien nicht offiziell kontaktiert worden, erklärt Hertlein. »Uns ärgert, dass hier von einem Sicherheitsproblem gesprochen wird«, sagt er dann. »Es gab zu keiner Zeit die Möglichkeit, dass Frau Wittmann auf gespeicherte Nutzerdaten zugreifen konnte.« Das stimmt, denn Lilith Wittmann hat lediglich gezeigt, wie sie Nutzer:innen der

BürgerID austricksen kann, damit diese ihre Daten eingeben – und auf diese hätten Angreifer:innen dann schon Zugriff. Das bestätigt Hertlein: »Sie hat einen Anbieter-Account erstellt«, erklärt er. Das sei möglich gewesen, weil es sich um ein Testsystem handle: »Wir haben ihre Daten nicht verifiziert.« Das werde freilich anders, sobald das System in den echten Betrieb gehe. Aber was ist mit dem Anwohnerparkausweis, der zum Zeitpunkt von Wittmanns Analyse bereits beantragt werden konnte: Ist das nicht schon der echte Betrieb? »Es ist ein Testsystem, aber es stand offen im Netz«, gibt Hertlein zu. Der Zweck sei gewesen, dass lokale Anbieter bereits mit dem System arbeiten und es ausprobieren könnten.

Nach Wittmanns Analyse hätten sie aber die Sicherheit »sofort hochgeschraubt«, erklärt Hertlein: »Wir benutzen das System jetzt wie ein Live-System.« Ab sofort werden neue Anbieter also überprüft und mit entsprechenden Rechten versehen, alle bekommen nur die Rechte, die sie haben dürfen. Und es werden nur noch jene Daten überhaupt abgefragt, die wirklich benötigt werden. »Wenn Sie eine Meldebescheinigung beantragen, brauchen wir zum Beispiel keine verifizierten Daten«, erklärt Oliver Kazmierski – denn die Bescheinigung geht ja an die Meldeadresse der Person.

Allerdings gilt es durchaus als schlechte Praxis, wenn Testsysteme öffentlich im Internet erreichbar sind. Das führt immer wieder zu Problemen – vor allem, weil Entwickler:innen diese häufig dann einfach in Live-Systeme verwandeln und übersehen, dass einige Funktionen nicht sicher sind oder vorher noch geändert werden sollten. Immer wieder haben mir Sicherheitsforscher:innen während meiner Recherchen gesagt, dass es eine häufige und unterschätzte Gefahrenquelle ist, wenn Testsysteme einfach live geschaltet werden und sich nur der Name ändert: vom Test- zum Live-System. Oft wissen die Beteiligten nach einer Zeit gar nicht mehr, dass dahinter ursprünglich ein Testsystem stand und dass dieses nicht ausgiebig auf Sicherheit geprüft wurde oder bei dem die Entwickler:innen davon ausgingen, dass es ja ohnehin noch nicht benutzt wird, sodass dadurch einige Sicherheitsfunktionen einfach noch unbedacht blieben. Hertlein betont, dass sie diesen Denkfehler nicht gemacht hätten: »Das System wird neu aufgesetzt, wenn es in den Live-Betrieb geht.«

Dennoch zeigt das Beispiel möglicherweise eine verbreitete Fehlannahme, die auch Wittmann immer wieder kritisiert: dass Sicherheit erst am Ende mitgedacht wird. »Start-up-Yuppies«, sagt Wittmann in ihrer provokativen Art, »sagen oft: Ich habe einen guten Plan, jetzt brauche ich nur noch einen Entwickler.« Damit sei es aber meist schon zu spät, denn dann müsse Sicherheit nachträglich in einen Plan eingebaut werden, was meist aufwendig ist. »Wenn du von Anfang an überlegst, wie mache ich etwas sicher, dann kostet es nicht mehr«, sagt Wittmann.

Manche sehen das anders und sagen, Sicherheit sei ein Kostenfaktor – aber das ist sie umso mehr, wenn es schiefgeht. Wenn massenhaft verifizierte persönliche Daten in die Hände von Kriminellen gelangen, ist das in der Gesamtsumme sicherlich teurer, als wenn Entwickler:innen einer App die Sicherheit von Anfang an mitbedacht hätten – nur trifft es andere Menschen. Von daher fehlt der Anreiz für Start-ups und Unternehmen, Software richtig sicher zu bauen. Der Chaos Computer Club und viele weitere Fachleute fordern deshalb seit Jahren eine Produkthaftung für Software – durchgesetzt hat sich das aber noch nicht.

Behörden umkrempeln

Wenn es um staatliche Software geht, ist der Zusammenhang eigentlich eindeutig: Schließlich liegt es im Interesse aller Bürger:innen, dass der künftige digitale »Gang« zum Bürgerbüro sicher ist, denn am Ende bleibt die Gesellschaft auf den langfristigen Kosten unsicherer Systeme sitzen.

Nur: Wieso funktioniert das so schlecht? Wieso finden Leute wie Lilith Wittmann immer wieder Sicherheitsprobleme in Verwaltungssoftware, die das Verhältnis zwischen Bürger:innen und Staat doch vereinfachen soll? »Weil die falschen Leute in den Behörden sitzen«, ist die einfache Antwort Wittmanns. Aus ihrer Sicht sollten in jedem Rathaus und in jeder Behörde Entwickler:innen und IT-Sicherheitsfachleute direkt neben Jurist:innen und klassischen Verwaltungsangestellten sitzen, und gute Lösungen gemeinsam erarbeiten. Denn sonst endeten entsprechende Projekte immer wieder damit, dass die Sicherheit zu spät mitgedacht werde. Das Problem wird dadurch verschärft, dass Behörden aufwendige Projekte an externe Firmen geben, der Behörde selbst aber oft die Expertise fehlt zu überprüfen, ob erstens das Budget gerechtfertigt ist, das die externe Firma verlangt, und ob zweitens die Lösung wirklich gut ist und sicher ist.

Das Denken muss noch einen Schritt vorher anfangen: Denn auch das, was sich die Behörde als technische Lösung für ein Problem überlegt und in Form eines Projekts an einen externen Dienstleister gibt, kann nur so gut sein wie die Expertise innerhalb der Behörde. Wenn sich dort niemand ausreichend mit der Materie befasst hat und wirklich weiß, welche technischen Umsetzungsmöglichkeiten zur Verfügung stehen und welche geeignet sind, hat das Produkt von vornherein Schwächen. »Juristinnen und Juristen definieren Prozesse – und Menschen, die was mit Technik tun, führen sie aus«, sagt Wittmann. »Das kann nicht funktionieren.« Es braucht Teams: Nur wenn Menschen mit beiden Expertisen von Anfang an mitgestalten, kann es gut werden.

Deshalb bleibt gute Verwaltungsdigitalisierung auf der Strecke zwischen dem Ansatz, der analoge Formulare eins zu eins digitalisiert, und jenem Ansatz, der sich vom Hype über neue Technologien fangen lässt und beispielsweise die Blockchain-Technologie für etwas verwendet, das anders viel besser gelöst wäre. »Selbst wenn so etwas keinen Sinn ergibt, wird es immer irgendein Unternehmen ausführen, wenn es eine Behörde beauftragt«, sagt Wittmann. Auch weil es oft recht gut bezahlte Aufträge sind.

Die Einschätzungen von Lilith Wittmann über die Natur von Behörden und deren Herausforderungen beim Thema Digitalisierung stammen teilweise aus eigener Anschauung. Nachdem sie sich bereits privat mit dem OZG beschäftigt hat, wird sie Anfang 2020 auf das Programm »Work4Germany« angesprochen, das IT-Fachleute aus der Wirtschaft für ein halbes Jahr in Ministerien bringen soll, »um dort unter anderem agiles Arbeiten einzuführen«. Es ist damals der Anfang der Coronakrise, Wittmann plant gerade ein Start-up zu gründen und arbeitet zudem als Freelancerin für einen großen Hamburger Konzern. »Ich wollte nicht fest in dem Unternehmen anfangen, und in der Coronazeit war es schwierig, Aufträge für das Start-up zu bekommen, also dachte ich: warum nicht?«

So landete sie im Referat »Grundsatzfragen der Digitalisierung« des Bundesministeriums für Bildung und Forschung BMBF, durchaus motiviert, hier etwas zu bewegen. Sie vermittelt zunächst digitale Tools für die Zusammenarbeit aus der Ferne – zu Beginn der Pandemie gibt es dafür einen großen Bedarf. Einfach ist es nicht, aber Wittmann hat ein gutes Gespür dafür, wie sie Menschen motivieren kann. »Ich musste nah genug an deren Weltbild bleiben, es durfte nicht zu anstrengend sein.« Doch nach einigen Wochen landet sie in einer Sackgasse. Sie sieht, dass es viele Förderprojekte vom Ministerium gibt, eine nationale Bildungsplattform, eine Schul-Cloud, »ganz viele KI-Lernprogramme« –, aber alles bleibt teures Flickwerk: »Es wird völlig an der Zielgruppe vorbei entwickelt.« Viele von diesen mit großen Summen geförderten Projekte werden von der Öffentlichkeit oder der jeweiligen Zielgruppe kaum genutzt oder gar nicht bemerkt.

Aber Wittmann will, dass die Gesellschaft aus ihrer Erfahrung lernt, dass dieses Zusammenführen von Menschen aus der Wirtschaft und der Verwaltung nicht völlig umsonst ist. Nach einiger Zeit beginnt sie schließlich über ihre Erfahrung in der Behörde zu bloggen. »Digitalisierung bedeutet nicht, einen schlechten Prozess ins Internet zu bringen«, schreibt sie im August 2020.[123] Anfang September berichtet sie von der Angst vieler Verwaltungsmitarbeiter:innen vor der Öffentlichkeit und fordert mehr Transparenz sowie den Abbau von Hierarchien.[124] »Lineare Hierarchien verhindern Veränderungen«, sagt sie. Das kommt offenbar nicht gut an in der Behörde. »Am nächsten Tag wurde mir gesagt: Du brauchst nicht mehr zu kommen.«

Auf meine Nachfrage, ob dies stimme und was der Grund dafür gewesen sei, antwortet ein Sprecher des BMBF nur knapp: Ja, das sei richtig, »Work4Germany hat den Einsatz von Frau Wittmann im BMBF vorzeitig beendet, da eine Basis für eine vertrauensvolle Zusammenarbeit nicht mehr gegeben war«.

Was aus Wittmanns Sicht jedenfalls fehlt: eigene Expertise in den Behörden. Denn wer Beratung und Aufträge vergibt, die er selbst nicht bewerten kann, macht sich abhängig von Unternehmen, die im Zweifel daran verdienen, suboptimale Lösungen anzubieten – und die aus dem gleichen Grund schlechte, unsichere Software abliefern können, ohne dass es rechtzeitig bemerkt wird. »Das Wissen, wie man sichere Software baut, muss dorthin gebracht werden, wo es gebraucht wird«, erklärt Wittmann. »Neben jedem Verwaltungsangestellten muss eine Software-Entwicklerin sitzen.«

Häufig hört man außerdem den Einwand, dass Behörden eben nicht besonders attraktiv seien für Menschen mit IT-Hintergrund.

123 https://lilithwittmann.medium.com/neue-arbeit-und-die-bundesverwaltung-816a745e8e63

124 https://lilithwittmann.medium.com/transparenz-und-die-verwaltung-d60f3f9b7a87

Das könnte erstens geändert werden und zweitens ein Vorurteil sein – das zeigt zumindest ein Blick ins Gelsenkirchener Rathaus. »Ich fühle mich hier sehr wohl, das ist eine spannende Stelle, auch wenn es vielleicht von außen nicht so wirkt«, sagt Oliver Kazmierski. Der Wirtschaftsinformatiker empfindet seine Arbeit in der »Stabsstelle Vernetzte Stadt« im Gelsenkirchener Rathaus als durchaus befriedigend, vor allem weil das Team viele verschiedene Expertisen vereint und er das Gefühl hat, wirklich etwas bewegen zu können. Von Lilith Wittmann hat er nie zuvor gehört bis zu jenem Tag im März 2022, als ihn die Pressestelle des Rathauses anruft und von den Tweets berichtet, in denen die Sicherheitsforscherin sein Projekt der BürgerID zerpflückt.

Auch wenn Kazmierski findet, dass es das Projekt zumindest teilweise zu Unrecht trifft, klagt er nicht. »Es ist doch eine gute Sache, dass wir von außen evaluiert werden«, sagt er. »Wir sind auf Menschen wie Lilith Wittmann angewiesen.« Und mit »wir« meint er nicht die Verwaltung, sondern die Gesellschaft – die durch die Arbeit von Sicherheitsforscher:innen wie Wittmann davor bewahrt werde, ihre Daten in unsicheren Systemen wiederzufinden. »Wir nutzen diese Anwendungen doch auch als Bürgerinnen und Bürger und wollen, dass sie sicher sind«, sagt er.

Kaszmierski ist kürzlich Vater geworden. Das Kind kam im städtischen Krankenhaus zur Welt –, die Mitarbeiterinnen dort notierten seinen Namen und die der Eltern. »Trotzdem musste ich mein Kind in einem extra Schritt offiziell anmelden«, sagt er. Und er musste eine Geburtsurkunde auf dem Amt beantragen – und das führte zu vielen weiteren Schritten, die aus seiner Sicht völlig unnötig sind: »Ich musste meine Eheurkunde meiner eigenen Kommune übergeben, obwohl ich dort geheiratet habe. Dann musste ich Kindergeld beantragen, obwohl ich das Kind doch angemeldet habe.« Ein weiteres umständliches Formular, ein weiterer Behördengang –, um Daten zu überbringen, die längst in den Systemen der Stadt gespeichert waren. Auch Elterngeld muss extra beantragt werden, hierfür müssen Verdienstnachweise und

Steuererklärungen eingereicht werden –, obwohl das Finanzamt genau diese Daten hat.

Der junge Vater hat zuvor in der freien Wirtschaft gearbeitet, und seit er im Rathaus ist, fällt ihm mehr und mehr auf, dass viele Prozesse umständlich und nicht bürgerfreundlich sind. Er teilt Wittmanns Vision einer sicheren App, die Interaktion mit den Behörden wirklich vereinfacht und entsprechende Leistungen wie das Wohngeld aus Wittmanns Beispiel mit einem Klick verfügbar macht. »Es wird eines Tages möglich sein, dass solche Leistungen automatisch ausgelöst werden«, glaubt er.

Bis dahin wird Lilith Wittmann wohl weiterhin die Rolle des »Schwarzen Blocks der Verwaltungsdigitalisierung« übernehmen, denn sie ist überzeugt, dass jemand laut und unbequem sein muss, damit sich überhaupt etwas bewegt. Erst kürzlich, berichtet sie mir bei unserem Gespräch im Café in Berlin-Mitte, habe sie jemanden aus der Politik getroffen, der erstaunt gesagt habe, sie sei im Zwiegespräch so konstruktiv. Und der fragte, wieso sie denn auf Twitter so destruktiv sei. Geht es nicht ein bisschen freundlicher? Wittmanns Antwort: »Hätte ich die letzten Jahre nicht darüber gepöbelt, was alles schiefläuft, dann würdet ihr jetzt nicht einmal mit mir reden.«

Ende

»Es gibt kein Zurück«

Als Thorsten Schröder beschließt auszusteigen, ist es schon viel zu spät. Er hat schleichend eine rote Linie überquert, quasi unmerklich. Das langsame Abrutschen in eine Welt, in der er nie sein wollte, beginnt eigentlich mit einer glücklichen Fügung: Schröder hat scheinbar einen Traumjob. Er arbeitet als Security Analyst für ein Schweizer IT-Sicherheitsunternehmen, und unter seinen Kolleg:innen sind viele Freunde. Sie kennen sich aus losen Gruppen, die sich nach Feierabend zusammensetzen und Software auseinandernehmen. Sie hacken aus Spaß an der Freude, einfach, weil es interessant ist zu sehen, was möglich ist, wo Lücken und Schwachstellen sind. Es ist das, was Schröder schon immer fasziniert. »Als Hacker lässt du nicht locker«, sagt er: »Du hast einen Drang nachzuforschen und nicht aufzuhören.«

Das hat ihn in den Beruf gebracht. Als junger Mann hat er sich selbst fortgebildet und in verschiedenen Jobs gearbeitet, um sich ein entsprechendes Studium leisten zu können. Denn es war sein Traum: »Mich hat das wahnsinnig gereizt, Dinge zu hacken und zu wissen, was hinter den Kulissen passiert.« Aber als er in diesen Tagen im Herbst 2010 hinter die Kulissen seiner eigenen Arbeit schaut, will er am liebsten die Augen verschließen. Doch das geht nicht. Denn das, was er tut, verletzt seine eigenen moralischen Standards.

Alles hat harmlos angefangen. Eine Gruppe um einen Freund und Kollegen von Schröder hat bereits einige Jahre zuvor begonnen, in abendelanger Arbeit einen digitalen Werkzeugkasten für Sicherheitsforscher:innen in Form einer CD zu entwickeln, die eine Reihe von Hackingprogrammen enthält und es den Betreffenden einfacher macht, einen Computer auf Schwachstellen hin zu analysieren. »BackTrack Linux« nennen sie das Tool. Es macht den Freunden einfach Spaß, ihr Wissen zusammenzutragen und elegant aufzubereiten. Ein wirklich schöner Werkzeugkasten kommt dabei heraus – damals wird er in einem Fachmagazin als »the ultimate hackers arsenal« bezeichnet.[125] Schröder stößt 2009 über seinen Freund zur Gruppe dazu und arbeitet mit ihnen an Werkzeugen zum Hacken drahtloser Tastaturen.

Als eines Tages eine britische Firma namens Gamma auf die Gruppe zukommt und fragt, ob jemand einen Workshop anbieten könne für BackTrack, fragt sich niemand, wer dieses Unternehmen eigentlich ist. Die Freunde sind Überzeugungstäter, sie freuen sich über das Interesse an ihrer Arbeit. Einer der Mitstreiter, Martin Münch, hat Zeit und übernimmt den Workshop – und offenbar ist Gamma begeistert von dessen Einsatz. Kurz darauf jedenfalls eröffnet das britische Unternehmen eine deutsche Dependance, Gamma International Germany, und stellt den Freund als deren Geschäftsführer ein. Martin Münch ahnt damals noch nicht, dass ihn das einige Jahre später in die Schlagzeilen bringen wird als »das personifizierte Übel«.[126]

Zunächst einmal ist Münch ziemlich beschäftigt mit seiner neuen Aufgabe, aber er vergisst seine Freunde nicht. Eines Tages fragt er einige von ihnen, ob sie ihm nicht helfen wollen, etwas auszuprobieren. Es geht um einen Hack, gemeinsam, so wie früher. Sie könnten sogar Geld dafür bekommen. Schröders Arbeitgeber wird Auftragnehmer von Gamma, Schröder und sein Freund arbeiten jetzt offiziell für Gamma.

---

125 https://www.admin-magazine.com/Articles/BackTrack-Linux-The-Ultimate-Hacker-s-Arsenal

126 https://www.bloomberg.com/news/articles/2012-11-08/mjm-as-personified-evil-says-spyware-saves-lives-not-kills-them

Das Thema fasziniert sie: Schon 2005 hat ein Mitglied des Chaos Computer Club demonstriert, wie man sich auf eine bestimmte Art und Weise über Schnittstellen in einen Windows-Computer hacken kann.[127] »Funktioniert das eigentlich immer noch?«, will Gamma fünf Jahre später von den Freunden wissen. Und funktioniert es für aktuelle Windows-Versionen? Und mit dem Apple Betriebssystem macOS? »Sie setzten immer noch eins drauf«, erinnert sich Schröder. »Es wurde immer krasser.« Auch für Linux? Also wirklich für alle Betriebssysteme? Die Gruppe findet immer mehr heraus, und ein Erfolgserlebnis jagt das andere. Schließlich bauen sie ein nutzerfreundliches Tool, das es auch technisch weniger Versierten ermöglicht, sich in ein paar Schritten in einen fremden Computer einzuhacken. »Was macht ihr eigentlich damit?«, fragte Schröder eines Tages. Ein »Remote Forensic Toolkit«, entstehe da, erklärte Gamma, damit könnten Ermittler dann Computer von Tatverdächtigen entsperren und Trojaner installieren.

Das war einer der Momente, in denen Schröder nachdenklich wird. Ein Tool, das jeden Computer der Welt zum Abhörgerät macht? Die perfekte Überwachung? »Remote Forensic Toolkit« klingt zwar harmlos, aber verbirgt sich nicht etwas Gefährliches dahinter? Rückblickend nennt Schröder diese Begriffe »Neusprech«, es habe sich um die »euphemistische Verschleierung unangenehmer Wahrheiten durch blumige Slogans« gehandelt.

Aber damals, 2010, erfüllen sie genau ihren Zweck, denn massive staatliche Überwachung ist noch kein Thema – und auch nicht deren Missbrauch durch diktatorische Regimes. Immer wieder sei gesagt worden, diese Technologie könne ja auch für das Gute genutzt werden. »Lawful Interception« war ein ande-

---

127 Der Originallink ist nicht mehr zu finden, aber hier wird der Vortrag erwähnt: https://www.welivesecurity.com/2011/07/28/where-theres-smoke-theres-firewire/

rer Begriff für den gleichen Mechanismus: sich in die Computer Verdächtiger einzuhacken – und das klingt erst einmal nicht so schlimm, schließlich ist das alles ja offensichtlich rechtlich genehmigt. Man habe damals zudem mehr Sorge vor Kriminellen als vor Behörden gehabt, erinnert sich Schröder.

Es ist eine schöne bunte Welt, und eigentlich hätte es immer so weitergehen können – aber in Schröder nagt ein Zweifel, der als kleiner Funke beginnt und den er nie mehr ganz verdrängen kann. Bis dahin hatte ihn sein Arbeitgeber immer beruhigt, wenn es um die Zusammenarbeit mit den Ermittlungsbehörden in der Schweiz geht, die damals schon einige Zeit lang stattfindet: Das sei alles legal und rechtlich abgesichert. Aber durch die Zusammenarbeit mit Gamma eröffneten sich offenbar neue Vertriebswege: Eines Tages fragt das Unternehmen bei den Freunden an, ob jemand eine Schulung zu »Offensive Security« in Turkmenistan abhalten könne: Dabei werden Gegner:innen gezielt mit digitalen Waffen angegriffen. Die Freunde lehnen ab: Sie haben kein gutes Gefühl dabei, einen wenig demokratischen Staat in Cyberangriffen zu schulen. Erst später erfährt Schröder, dass sein Schweizer Arbeitgeber seine »Lawful Interception«-Technologie aus Bern offenbar in den Oman lieferte.

All diese Puzzlesteine festigen eine Erkenntnis: Schröder wird klar, dass die Werkzeuge, die er und seine Freunde entwickeln, früher oder später ihren Weg in solche Länder finden werden – dann sind die mächtigen Überwachungstools plötzlich doch in der Hand repressiver Regimes. Sein Schweizer Arbeitgeber hat aber offensichtlich keinerlei Berührungsängste, dort auch an staatlicher Überwachungstechnik mitzuwirken. Da reift in ihm die Erkenntnis, dass die rote Linie nun endgültig überschritten ist. Er spricht mit seinen Kollegen und kündigt schließlich zusammen mit einem seiner besten Freunde. Schröder gründet kurz darauf sein eigenes IT-Sicherheitsunternehmen, und einige seiner damaligen Mitstreiter folgen ihm. Er führt heute ein gutes Leben, und die IT-Sicherheit ist nach wie vor sein Traumjob. »Der zivile Markt ist voll mit spannenden Projekten und Forschungsthemen«, sagt er.

Doch was dann folgt, gibt ihm recht: Gamma gründet schließlich ein Unternehmen namens FinFisher, und das Tool, das Schröder und seine Freunde entwickelt haben, heißt nun FinFireWire. Der Anbieter FinFisher verkauft seine Spionagetools an beliebige Staaten in aller Welt – unter anderem können Forscher:innen des kanadischen Citizen Lab den Trojaner FinSpy 2012 auf Geräten bahrainischer Demokratie-Aktivist:innen nachweisen, deren Kommunikation mithilfe des Tools an das repressive Regime übermittelt wird.

Amnesty International belegt schließlich, dass mit FinSpy unter anderem Demokratiebewegungen in Ägypten, Äthiopien und den Vereinigten Arabischen Emiraten verfolgt werden.[128] Damit erreicht Deutschland einen traurigen Rekord als weltgrößter Exporteur von Spionagesoftware. Und die geht weitgehend an repressive Regimes: 2021 führt laut »Global Spyware Index«[129] FinFisher den Markt an. Die Trojaner werden in 33 Ländern eingesetzt, von denen lediglich zwei als echte Demokratien gelten.

FinFisher wird schließlich im Juli 2021 von der Staatsanwaltschaft München wegen illegalen Exports von Cyberwaffen angeklagt[130], mehrere Wohnungen werden durchsucht und Konten eingefroren. Das Unternehmen meldet im März 2022 Insolvenz an.

128 https://www.amnesty.org/en/latest/research/2020/09/german-made-finspy-spyware-found-in-egypt-and-mac-and-linux-versions-revealed/
129 https://www.top10vpn.com/research/global-spyware-market-index/
130 https://www.tagesschau.de/investigativ/ndr/ausspaehen-handys-101.html

Tod nach Spähangriff

Thorsten Schröders wichtigste Mission ist heute, Jüngere darauf hinzuweisen, die Augen offen zu halten. »Damals herrschte die Haltung: Wenn du Hacking machst, hast du automatisch Dreck am Stecken«, sagt er. Doch das sei falsch: »Du bist nicht auf diesen Markt angewiesen, wenn du gutes Geld verdienen willst.« Hacker:innen haben hier durchaus einen Spielraum.

Sein früherer Mitstreiter Martin Münch hat das offenbar anders gesehen. Seine Spur verliert sich in einem unübersichtlichen Firmengeflecht: FinFisher bestand aus einem Netzwerk an Firmen, deren Zusammensetzung und Rechtsform sich immer wieder änderte. Auch Münchs offizielle Rolle änderte sich immer wieder. Schröder hat keinen Kontakt mehr zu ihm, und auch mehrere Anfragen von Journalist:innen bei Personen, die an Gamma oder verschiedenen FinFisher-Unternehmen beteiligt waren, brachten keine Erkenntnis darüber, was er heute macht.[131]

Wer die damaligen Interviews[132] mit Martin Münch liest, zieht unweigerlich Parallelen zum jüngsten NSO-Skandal um Spähsoftware aus Israel. Münch ebenso wie seine Kollegen der NSO Group mehr als zehn Jahre später reden sich mit den gleichen Argumenten heraus: Nicht die Software töte, sondern die Waffen derer, die sie missbrauchten. Und wie sie überhaupt an jene undemokratischen Regimes gelange – darüber hüllen sich beide in Schweigen.

Doch der NSO-Skandal hat die breite Öffentlichkeit sensibilisiert –, anders als die Geschichte um FinFisher. Die Gefahr blieb für viele zunächst abstrakt. Doch als eine internationale Medien-

---

131 https://netzpolitik.org/2022/nach-pfaendung-staatstrojaner-hersteller-finfisher-ist-geschlossen-und-bleibt-es-auch/

132 https://daserste.ndr.de/panorama/aktuell/gamma111_page-2.html

kooperation im Sommer 2021 ihre aufrüttelnden NSO-Recherchen präsentiert, kann niemand mehr wegsehen. Der Öffentlichkeit wird plastisch vor Augen geführt, wie gefährlich es sein kann, wenn Unternehmen gezielt nach Sicherheitslücken suchen und diese an staatliche Dienste verkaufen.

Die Anforderungen sind ungewöhnlich und deuten auf etwas Größeres hin: Mobiltelefone müssen abgegeben werden, und wer dabei sein will, muss einen gänzlich leeren Laptop mitbringen, der fortan ausschließlich mit einem hochsicheren Betriebssystem genutzt wird. Als Kai Biermann im Frühjahr 2021 auf Einladung der NGO Forbidden Stories nach Paris reist, findet sich der Redakteur der Wochenzeitung *DIE ZEIT* schließlich in einem Konferenzraum in Paris wieder zusammen mit Hunderten Kolleg:innen aus aller Welt.

Ihnen wird eine ungeheuerliche Sache präsentiert: Ein Whistleblower hat der Pariser Rechercheinitiative Forbidden Stories 50 000 Handynummern von Menschen übergeben, die mutmaßlich von Geheimdiensten mit einer Spähsoftware namens Pegasus der israelischen NSO Group überwacht werden oder werden sollen. Pegasus gilt als einer der besten Spähangriffe der Geschichte – die Betroffenen haben meist keine Chance, eine Infektion zu bemerken: Die Spionagesoftware kann Handys infizieren, ganz ohne eine Aktion der Opfer, es ist eine sogenannte Zero-Click-Infektion. Das ist teuerste Produkt der NSO Group – der Name setzt sich zusammen aus den drei Vornamen der Gründer Niv, Shalev und Omri –, die sich das einiges kosten lässt. Aber selbst wenn sich ein Geheimdienst für die etwas günstigere Variante entscheidet, für die ein Klick des Opfers auf einen Link nötig ist, sind die zugehörigen Textnachrichten so perfekt auf das Opfer zugeschnitten, dass sie kaum zu enttarnen sind.

Eine Überwachung mit Spionagesoftware kann lebensgefährliche Folgen haben, wie die Geschichte des Journalisten Jamal Khashoggi zeigt: Der Kolumnist der *Washington Post* wurde im Oktober 2018 brutal im saudi-arabischen Konsulat in Istanbul ermordet.

Wie sich später zeigte, hatte der saudische Geheimdienst unter anderem deshalb so genaue Informationen über seine Aktivitäten und die Orte, an denen er sich aufhielt, weil die Spione mindestens sein Umfeld (und möglicherweise auch ihn selbst) mit der israelischen Spähsoftware überwachten.[133] Nur einen Tag vor der Ermordung des Kolumnisten der *Washington Post* hatten Forscher:innen des kanadischen Citizen Lab einen Bericht[134] veröffentlicht, in dem sie unter anderem nachwiesen, dass saudische Sicherheitsdienste das Telefon des im kanadischen Exil lebenden Aktivisten Omar Abdulaziz mit Pegasus gehackt hatten. Abdulaziz stand im täglichen Kontakt mit Khashoggi. Dank der Nachrichten, die der Geheimdienst auf dessen Smartphone mitlesen konnte, war er bestens über die Aktivitäten Khashoggis informiert.

Medienschaffende ebenso wie Nichtregierungsorganisationen äußerten schon lange den Verdacht, dass die Produkte der israelischen NSO Group hauptsächlich dazu verwendet werden, Oppositionelle autoritärer Regimes zu verfolgen –, aber das Unternehmen stritt das stets ab. Die Spionagesoftware werde lediglich zu rechtmäßigen Zwecken verwendet, so die häufige Behauptung der Firma sowie von Behörden, die gegen Terrorismus oder gefährliche Kriminelle vorgehen.

Und jetzt diese 50 000 Telefonnummern mutmaßlich Betroffener: »Das war unsere Chance endlich nachzuweisen, dass diese Tools missbraucht werden«, sagt Biermann heute. Dass die Spionagesoftware also nicht wie behauptet für demokratisch legitimierte Verbrechensbekämpfung verwendet wurde, sondern um Oppositionelle repressiver Regimes zu überwachen. Dafür müssen Biermann und seine Kolleg:innen von 17 Medienorganisationen aus

---

133 https://www.nzz.ch/international/khashoggi-mord-israelische-firma-liefert-spyware-an-saudiarabien-ld.1629529

134 https://tspace.library.utoronto.ca/bitstream/1807/95329/1/Report%23115-Kingdom%20Came.pdf

zehn Ländern, die das Leak gemeinsam mit Forbidden Stories und Amnesty International untersuchen, aber erst einmal in Erfahrung bringen, welche Menschen sich hinter den 50 000 Telefonnummern verbergen, ob diese tatsächlich mit Pegasus ausspioniert werden und auch, ob es sich tatsächlich um einen Missbrauch der Spionagesoftware handelt oder ob sich dahinter möglicherweise demokratisch legitimierte Überwachungsmaßnahmen verbergen.

Die Aufgabe ist nicht einfach. »Wir konnten die Nummern nicht einfach anrufen«, sagt Biermann, »schließlich ging es um eine Spionagesoftware, die jede Bewegung auf dem Handy registriert.« Bei den 50 000 Nummern handelt es sich nicht zwangsläufig um ausspionierte Handys, sie sind lediglich das Ergebnis einer Vorprüfung eines Geheimdienstes: Diese erhielten von der NSO zunächst Zugang zu einem Terminal, in das sie Telefonnummern potenzieller Zielpersonen eingeben und sehen können, wo sich die Person (beziehungsweise deren Smartphone) gerade befindet und ob es eingeschaltet ist. Die Spionagesoftware selbst wurde erst in einem zweiten Schritt auf den Weg gebracht. Die 50 000 Menschen standen also zwar alle im Fokus eines Geheimdienstes, aber es ist offen, wer von ihnen tatsächlich die raffinierten Spionagesoftware auf dem eigenen Smartphone hat(te).

Die Journalist:innen gleichen die Nummern mit allen erdenklichen Quellen ab, um die Menschen zu finden, denen sie gehören. Sie können schließlich 1000 Telefonnummern realen Menschen zuordnen – allein 180 Journalist:innen befinden sich darunter von namhaften Medien wie der Agentur Reuters, der *New York Times*, *Al Jazeera* und *CNN*.

Wer sind die anderen Ausspionierten? Bei manchen bleibt es für immer rätselhaft, wieso sich Geheimdienste für sie interessierten – bei vielen aber nicht: »Nach ein paar Wochen hatten wir über 100 echte Überwachungsopfer«, sagt Biermann. Also Menschen, die überwacht wurden, weil sie sich für Demokratie und Menschenrechte einsetzten oder weil sie undemokratische Machenschaften aufdeckten.

Der zweite Schritt der Recherche ist nicht minder schwierig: Für einen hieb- und stichfesten Beleg muss die Schadsoftware auch auf den entsprechenden Geräten der Betroffenen nachgewiesen werden. Die 80 Journalist:innen bilden Teams und reisen durch die Welt. »Wir mussten Leute überreden, uns ihre Handys zu geben«, erinnert sich Biermann. Doch die Mühe lohnt sich, denn so ist es das erste Mal möglich nachzuweisen, dass Pegasus in großem Umfang genutzt wird, um kritische Stimmen zu unterdrücken. »Die Quote war gigantisch«, sagt Biermann: Achtzig Prozent der Telefone, die die Journalist:innen international einsammelten und von Amnesty International technisch analysieren ließen, waren tatsächlich mit Pegasus infiziert. »Wir konnten zum ersten Mal Opfer zeigen und beweisen, dass die Software tatsächlich in großem Stil missbraucht wird.«

Biermann trifft bei seinen Recherchen Menschen, die aus allen Wolken fallen, als sie erfahren, dass sie auf Schritt und Tritt ausspioniert werden – andere hingegen wundern sich über nichts mehr. Er spricht mit Menschen, die unter widrigsten Umständen und trotz permanenter Bedrohung ihrer Freiheit und ihrer körperlichen Unversehrtheit für Demokratie und Menschenrechte kämpfen. »Mir ist klar geworden, wie froh wir hier über die Bedingungen unserer Arbeit sein können«, sagt er. Umso wichtiger ist es ihm, die Zustände in anderen Ländern aufzudecken – und was die israelische Spionagesoftware anrichtet. Er trifft Kolleg:innen aus Ländern, die permanent Sorge haben müssen, aufgrund ihrer journalistischen Arbeit im Gefängnis zu landen, und zu deren Alltag brutale Gewalt und Drohungen staatlicher Stellen gehören.

Im Juli 2021 beginnen die beteiligten Medien, ihre Erkenntnisse zu veröffentlichen, darunter zahlreiche dramatische Schicksale von Überwachungsopfern. Ein mexikanischer Journalist ist ermordet worden, wenige Wochen nachdem sein Telefon 2017 für die Überwachung mit Pegasus ausgewählt worden war. Auch in Bezug auf den ermordeten Journalisten Jamal Khashoggi gibt es Neuigkeiten –

und es zeigt sich, wie wenig die Beteuerungen der NSO-Gruppe wert sind, damit nichts zu tun zu haben: Khashoggis Verlobte Hatice Cengiz wurde – zumindest direkt nach dessen Tod – mithilfe von Pegasus bespitzelt.[135] Biermann und seine Kolleg:innen finden in den 50 000 Telefonnummern viele weitere von Vertrauten des Journalisten, von Freund:innen und Kolleg:innen. Auch die Nummer seines Sohnes befindet sich auf der Liste.

»Als sich der Mord zu einer internationalen Affäre ausgewachsen hat und die Saudis weltweit am Pranger stehen, wird Jamal Khashoggis Umfeld mit einem nahezu lückenlosen Überwachungsnetz überzogen«, schreiben Biermann und seine Kolleg:innen.[136] »Daran gibt es keinen Zweifel.«

Woran es auch keine Zweifel gibt, sagt Biermann, ist die Ohnmacht der Zivilgesellschaft gegenüber dieser Art von Cyberwaffen: »Gegen solche Player hast du keine Chance.« Software hat immer Lücken, und wer genug Aufwand betreibt, findet diese. Solange das Interesse von Geheimdiensten an Sicherheitslücken und deren Ausnutzung so groß ist, wird der Markt bestehen bleiben – und er ist lukrativ. »Es gibt kein Zurück«, sagt Kai Biermann. Was er gesehen hat, hat ihn schockiert – und gleichzeitig fühlt er sich bestätigt. Denn dass Spionagetools missbraucht werden, das ist für ihn keine Überraschung, auch wenn er zugibt: »Die Menge hat mich schon überrascht.«

In dem, was Thorsten Schröder und Kai Biermann aus entgegengesetzten Perspektiven erlebt haben, verschmilzt das, was Politik und Cybersicherheitsforschung immer wieder versuchen zu trennen, was sich aber nicht endgültig trennen lässt: staatliche und

---

135 Auch wenn es wahrscheinlich ist, dass sie auch vor seinem Tod schon überwacht wurde, ließ sich das nicht nachweisen: Der geleakte Datensatz begann erst nach der Ermordung.

136 https://www.zeit.de/2021/30/nso-cyber-unternehmen-pegasus-software-israel-spionage/komplettansicht

kriminelle Akteure. Ihre Geschichten zeigen, dass sich Gut und Böse nicht so einfach trennen lassen und dass es kein »sauberes« Ausnutzen von Sicherheitslücken gibt. »Pegasus ist eine schmutzige Waffe«, sagt Biermann. Sie sollte nicht von demokratisch legitimierten Behörden genutzt werden. Die Geschichte zeigt aber auch, dass es keine sauberen Cyberwaffen geben kann. Denn sie wecken Begehrlichkeiten.

Was hilft?

Was hilft also? Was können wir als Einzelne tun? Es gibt kein Zurück –, aber das heißt nicht, dass Sie zur Ohnmacht verdammt sind. Am Ende dieses Buches kristallisieren sich vier Handlungsbereiche heraus, auf die ich Sie aufmerksam machen möchte – für Ihre persönliche Sicherheit vor Angriffen und Überwachung, aber auch für die der Gesellschaft.

1. Sie können die Anbieter sowie die Apps und Anwendungen auswählen, die Sie nutzen, und stets jene bevorzugen, die möglichst wenige Daten erheben, die sicher und transparent sind. Dazu gehört auch eine verschlüsselte Kommunikation (beispielsweise über Messenger) und dass Sie sich per Zwei-Faktor-Authentifizierung anmelden können. Zudem lohnt sich ein genauerer Blick in die Datenschutzerklärungen (An wen werden welche Daten weitergegeben?) oder auch eine anderweitige Recherche in den Artikeln vertrauenswürdiger Journalist:innen. Beispielsweise empfehle ich gerne sichere und diskrete Messenger (Signal oder Threema) und E-Mail-Anbieter (zum Beispiel Posteo oder ProtonMail).

2. Betreiben Sie Cyberhygiene. Denn so wie Händewaschen einen guten Schutz gegen Ansteckung bietet, so ist eine entsprechende Hygiene auf Ihren Geräten ein guter Grundschutz gegen Viren und Trojaner. Halten Sie Ihre Software immer aktuell, verschie-

ben Sie Updates nicht auf später. Wählen Sie gut aus, welche Anwendungen und Programme Sie wirklich benötigen.

3. Sie können als Bürger:innen nicht zuletzt demokratisch mitgestalten und politische Entscheider:innen auf die Gefahren hinweisen, die entsprechende Software und das Offenhalten von Sicherheitslücken mit sich bringen. Ihre Stimme zählt – auch bei der nächsten Wahl. Cyberwaffen und Spionagetools können missbraucht werden, sie können in die falschen Hände geraten, wie viele Beispiele in diesem Buch zeigen.

Ob es die »richtigen« Hände für Cyberwaffen gibt, ist freilich umstritten. Schließlich hat Edward Snowden gezeigt, wie schnell die Überwachung unschuldiger Bürger:innen ausufert und wie persönlich die Daten sind, die staatliche Spione sammeln.

4. Vielleicht der wichtigste Tipp: Trainieren Sie Ihr kritisches Denken. Halten Sie inne, wenn etwas auch nur eine Spur Misstrauen bei Ihnen erregt. Treten Sie innerlich einen Schritt zurück, wenn jemand Sie unter Druck setzt. Reflektieren Sie die Situation, wenn eine aufwühlende Nachricht hereinkommt. In den seltensten Fällen entsteht ein Schaden, wenn eine Entscheidung ein paar Minuten später getroffen wird. Das mag Ihnen übertrieben vorkommen, aber diese paar Minuten Nachdenken können viel Schaden verhindern. Auch das zeigen viele der Beispiele in diesem Buch.

Ich hatte eingangs geschrieben, ich sei ein schlechtes Opfer für Cyberkriminelle, weil ich mich schon viel mit diesen Themen beschäftigt habe und schnell misstrauisch werde. Das heißt übrigens nicht, dass ich unangreifbar bin – Sie haben in diesem Buch gelesen, dass es digitale Attacken gibt, für die es kein Zutun der Opfer braucht. Und auch wenn es ein Zutun braucht: Ich kann nicht ausschließen, dass ich doch mal auf eine besonders gut gemachte Spear-Phishing-E-Mail hereinfalle.

Alles, was Menschen wie Sie und ich tun können, ist, die Hürde möglichst hochzuhalten, Opfer eines Angriffs zu werden. Ich möchte an dieser Stelle ganz konkret werden, denn Sie werden sich nun fragen: Wie geht das denn, was sind die einfachsten Maßnahmen, um die Hürde anzuheben? Meine Erfahrung ist, dass Fachleute aus dem Bereich Sicherheit oft nicht einschätzen können, was für Laien einfach umsetzbar ist. Sie überfordern sie mit Vorschlägen und Forderungen, was sie alles tun sollen – und viele denken sich dann: Das verstehe ich nicht, das ist mir viel zu kompliziert, ich kann wohl einfach nichts gegen Cyberangriffe tun.

Hier kann ich vielleicht helfen. Denn ich kenne die Situation aus eigener Erfahrung sehr gut, dass einem ein Experte ein paar Fachwörter um die Ohren haut, sodass man sich gar nicht mehr traut nachzufragen aus Angst, dumm dazustehen. Aber die Folge ist extrem gefährlich: Denn das führt dazu, dass Menschen sich ohnmächtig fühlen und aufgeben. Dabei können wir schon mit wenigen, einfachen, sehr konkreten Maßnahmen viel tun.

Die gute Nachricht ist: Gesunder Menschenverstand und ein paar einfache Prinzipien verhindern schon viele der häufig vorkommenden Angriffe. Ich möchte hier einige verhältnismäßig einfache Maßnahmen teilen, die mir im Alltag helfen – ohne Anspruch auf Vollständigkeit. Es gibt sicher noch viel mehr, was man tun kann. Das ist eine persönliche Sammlung und soll Sie inspirieren und ermutigen. (Sollten hier Fachleute mitlesen und jetzt denken »Um Himmels willen, wie kann sie nur diese und jene komplexe Maßnahme unerwähnt lassen«, lesen Sie bitte den vorigen Absatz dazu, wie wenig hilfreich diese Haltung ist).

Die Basics sind selbstverständlich: Alle Programme immer auf dem aktuellen Stand zu halten. Aber was schon weniger Menschen klar ist: Sie sollten nur die nötigsten Programme installieren, beziehungsweise nicht Genutztes wieder deinstallieren. Denn mit jedem Programm erhöht sich die Gefahr, sich Sicherheitslücken oder sogar schadhafte Updates einzufangen.

Bei Passwörtern darauf achten, dass sie vor allem lang genug sind: Das macht es aufwendiger, sie mit purer Rechenpower zu knacken. Wenn das System Sie lässt, schreiben Sie einen ganzen Satz. Ansonsten: Für jeden Dienst ein anderes. Hier bietet sich ein »Passwort-Manager« an, ein Programm, das zudem sichere Passwörter vorschlagen kann.

Bei E-Mails: Mit Anhängen extrem vorsichtig sein. Selbst wenn die E-Mail von einer bekannten Person zu kommen scheint, lieber zweimal nachdenken, bevor Sie einen Anhang anklicken. Wenn ich mir unsicher bin und nichts sehr Vertrauliches im Anhang ist, lade ich ihn auf »VirusTotal« hoch: Dafür müssen Sie den Anhang herunterladen, ohne ihn zu öffnen.

Verfahren Sie ähnlich mit Links, insbesondere, wenn damit die Aufforderung verbunden ist, Zugangsdaten irgendwo einzugeben: Überlegen Sie immer genau, ob das wirklich sein kann, dass Sie Ihre Bank zum Beispiel bittet, sich zu dem genannten Zweck einzuloggen. Fragen Sie im Zweifel telefonisch nach. Auch Links kann man bei VirusTotal zur Überprüfung eingeben.

E-Mail-Absender überprüfen: Bei vielen E-Mail-Programmen gibt es die Option »Quelltext anzeigen« oder »erweiterten Header«: Auch wenn Quelltext auf den ersten Blick unübersichtlich wirkt, lassen sich darin E-Mail-Adresse und Domains erkennen, und Sie können sehen, welche Wege die E-Mail genommen hat und ob sie womöglich von einer anderen Adresse stammt.

Wenn es auch nur den leisesten Zweifel geben sollte: Suchen Sie die Telefonnummer Ihrer Bank (oder des angeblichen Senders) heraus (nicht aus der Signatur, sondern aus dem Internet oder aus Ihrem Adressbuch) und fragen Sie nach. Wenn ich mir relativ sicher bin, dass eine E-Mail legitim ist, aber eben nicht ganz, dann antworte ich auch manchmal darauf und erkläre, dass ich den Anhang nicht öffne oder die gewünschte Aktion nicht ausführe, weil die E-Mail Merkmale einer Phishing-E-Mail aufweist und dass die betreffende Person mich doch bitte auf anderem Wege kontaktieren oder die Inhalte als Text in der E-Mail senden soll.

Das gibt meist lustige Rückrufe, zudem werden so andere auch dafür sensibilisiert.

Sollten Sie von Ihrer Arbeit aus an einem sogenannten Anti-Phishing-Training teilnehmen, machen Sie sich bewusst, dass sich die Angreifer:innen ständig weiterentwickeln und dass ein echter Angriff mit Sicherheit anders aussieht. Meine Beobachtung ist: Diese Trainings setzen zwar sehr schön, aber eben auch sehr plakativ typische Social-Engineering-Methoden um: Sie erregen Emotionen, sie machen Zeitdruck, und sie fordern zum Handeln auf. Seien Sie misstrauisch, wenn das eine E-Mail tut – aber seien Sie sich gewahr, dass es auch dann Phishing sein kann, wenn der Anhang ein total trockenes Thema hat (und nicht ihre zu viel genommenen Urlaubstage oder einen Fehler in Ihrer Gehaltsabrechnung). Der E-Mail-Anhang, mit dem ein russischer Staatshacker deutsche Energiekonzerne angriff, hatte beispielsweise den Titel »Bewertung des langfristigen Investitionsbedarfs der dezentralen e.on-Stromnetze«, wie sich im Juli 2022 herausstellte.[137]

Generell kommuniziere ich mehr und mehr über verschlüsselte Messenger-Dienste und versuche, E-Mails für meine Arbeit langsam aber sicher unwichtiger werden zu lassen. Außerdem überlege ich gut, welche Informationen ich öffentlich über mich teile, damit ich einschätzen kann, was Fremde über mich wissen und was sie für einen Social-Engineering-Angriff nutzen können.

Besondere Vorsicht ist geboten bei Hotspots aller Art – auch bei solchen, die dem Namen nach vertraut klingen. Für Angreifer:innen

---

137 https://www.tagesschau.de/investigativ/br-recherche/stromnetz-hacker-russland-101.html

ist es einfach, einen Hotspot zu imitieren: Sie könnten ihn »Wifi@ DB« nennen oder »Starbucks Free Wifi« oder beliebig anders. Verbindet sich Ihr Laptop damit, haben Sie die Angreifer:innen bereits auf dem Gerät. Meistens sind Ihre Daten im öffentlichen WLAN zudem nicht verschlüsselt, das heißt, auch andere könnten darauf zugreifen. Meine persönliche Lösung ist ein Handyvertrag mit einem großen Datenvolumen: 30 GB reichen für mich aktuell, um auf öffentliches WLAN verzichten zu können und mir mit dem Handy selbst einen Hotspot zu geben – sogar für Videokonferenzen genügt das. Alternativ lege ich Ihnen folgende Vorsichtsmaßnahmen ans Herz: Wählen Sie beim Verbinden die Option »mein Gerät nicht im Netzwerk anzeigen« (sinngemäß) und klicken Sie niemals »automatisch verbinden« an – denn dann verbindet sich Ihr Gerät unmerklich mit einem WLAN, sobald dieses den gleichen Namen hat (was Kriminelle ausnutzen). Nutzen Sie außerdem wenn möglich eine VPN-Verbindung, damit Ihre Daten verschlüsselt sind.

Und nicht zuletzt lohnt es sich für Privatpersonen zu überlegen, das Betriebssystem zu wechseln: Ich nutze beispielsweise teilweise Linux anstatt Windows, weil Windows immer wieder Sicherheitslücken hat. Kriminelle investieren ungleich viel mehr Energie darauf, Lücken im Windows-System zu suchen – allein, weil eine Windows-Lücke die Tür zu viel mehr potentiellen Opfern öffnet.

Linux hat zwar den Ruf, für unbedarfte Menschen wie Sie und mich zu kompliziert und nicht intuitiv nutzbar zu sein – das ist aber falsch. Die meisten Anwendungen fühlen sich genauso an, wie ich es von Windows kenne. Lassen Sie sich im Zweifel beim Einrichten von jemandem helfen, der tägliche Betrieb ist dann intuitiv.

Wenn ich mir am Ende dieses Buches eines von Ihnen wünschen darf, dann ist es das: Denken Sie nie: »Es wird mich schon nicht treffen.« Und tun Sie alles aus Ihrer Sicht Nötige, was aus dieser Erkenntnis erwächst. Einen Teil davon haben Sie hoffentlich aus diesem Buch gelernt.

Glossar

Active Directory (manchmal auch »Domain Controller« genannt)	Häufig eingesetzter zentraler Verzeichnisdienst eines Unternehmens, in dem alle Accounts und Zugriffsberechtigungen verwaltet werden. Quasi eine Art zentrales Telefonbuch für ein Unternehmen.
Advanced Persistent Threat Actors (ATP)	Gruppen, die ausgefeilte digitale Angriffe vorbereiten. Meist werden darunter staatliche Hackinggruppen gefasst, mitunter aber auch einige Kriminelle.
Air Gap	Physische Trennung einer Steuerungsanlage bspw. eines Kraftwerkes vom Internet
Backdoor	»Hintertür«, die Angreifer:innen in ein Programm einbauen, um sich Zugang zu einem Computer/System zu sichern. Dafür nutzen sie Sicherheitslücken aus.
Blockchain-Technologie	Dezentrale, verteilte Speicherung von Einträgen als Aneinanderreihung von Blöcken. Durch kryptografische Verfahren wird sichergestellt, dass hinterlegte Informationen unveränderbar sind.
Botmaster	Botmaster sind Kriminelle, die → Botnetze vom → Command-and-Control-Server aus steuern.
Botnetz (Peer-to-Peer-Botnetz)	Ein Netzwerk infizierter Computer, die von einem zentralen Server gesteuert werden und bspw. automatisiert Schadprogramme verschicken: eine Infrastruktur für Kriminelle. Sonderfall Peer-to-Peer-Botnetz: In diesem Fall werden die übernommenen Computer nicht von einem einzelnen zentralen Server aus gesteuert, sondern sie geben ihre Informationen nach einem ausgeklügelten System von einem zum anderen

weiter, unter Peers (also Gleichgestellten), von Angegriffenem zu Angegriffenem.

Command-and-Control-Server	Ein Computer/Server, von dem aus der digitale Angriff gesteuert wird: Es ist die Kommandozentrale, von der aus Befehle an die Computer geschickt werden, die zuvor mit einem Virus infiziert wurden und nun bspw. als Botnetz gesteuert werden.
Demilitarisierte Zone (DMZ)	Die Demilitarisierte Zone ist ein speziell abgeschirmter Teil des Computernetzwerks, eine Art Puffer zwischen dem externen und dem internen Netz. Eigentlich sollte eine DMZ unter anderem durch starke Firewalls dafür sorgen, dass Externe nicht auf das interne Netz zugreifen können.
Distributed Denial-of-Service-Angriffe (DDoS-Angriffe)	Der Versuch, Onlinedienste und Webseiten zu blockieren, indem sie mit Anfragen überhäuft werden. Dafür werden meist → Botnetze genutzt.
Drive-by-Attacke	Die Schadsoftware gerät im »Vorbeisurfen« auf den Computer des Opfers, ohne dass dieses etwas aktiv dazu beitragen muss oder das auch nur bemerkt.
GitHub	GitHub ist ein Dienst im Internet, der von Microsoft betrieben wird und auf dem Entwickler:innen ihre Softwareprojekte und deren Quellcode teilen und verwalten können.
Hashwert	Das ist ein eindeutiger Wert, der auf sensible Informationen wie Passwörter verweist. Die Eingabewerte einer Hashfunktion lassen sich lediglich durch Ausprobieren errechnen – aus dem Hashwert sollte sich also »eigentlich« das Passwort nicht errechnen lassen. Lediglich andersherum kann es gehen: Auf diese Weise erkennt das System, wenn jemand das richtige Passwort benutzt. Rückwärts geht es auch – allerdings nur mit viel Rechenpower.

Honeypot	Ein Honeypot ist ein Tool im Kampf gegen Internetkriminalität. Die Sicherheitsforscher:innen stellen einen angreifbaren Computer ins Netz, bieten also eine offensichtliche Sicherheitslücke. Einmal angegriffen, können sie beobachten, wie die Kriminellen und ihre Malware vorgehen, und Informationen über die Schadsoftware, aber auch über die Angreifer:innen sammeln.
IP-Adresse	Adresse eines Computers oder Systems im Internet, die aus einer Zahlenfolge besteht. Anhand der IP-Adresse lässt sich der Standort des Computers näherungsweise ausmachen – allerdings kann diese Information auch manipuliert werden.
Keylogger	Ein kleines Programm, das alles protokolliert, was das Opfer tippt, und dies an die Angreifer:innen schickt.
Logdateien	Die Logdatei eines Programms enthält ein Protokoll aller Aktivitäten der Nutzer:innen mit dem jeweiligen Programm.
Lücke im System vgl. Leaks	Der Schwachpunkt in der Software eines Computers, den Hacker:innen zum Eindringen nutzen.
Maschinencode/ Binärcode	Computercode, wie ihn eine Maschine versteht: Dafür wird der Programmiercode kompiliert, also in Maschinencode übersetzt. Wer Maschinencode wiederum »zurückübersetzen« will in Programmiersprache, betreibt → Reverse Engineering.
Mimikatz	Beliebtes Programm bei Angreifer:innen ebenso wie Sicherheitsforscher:innen: Die Software nutzt einen Windows-Mechanismus aus, der Passwörter zwischenspeichert. Damit kann man sich innerhalb eines Systems fortbewegen und sich mehr und mehr Rechte verschaffen bis hin zu Administratorrechten.

Money Mules	Menschen, die auf ihren Namen ein Konto eröffnen, über das gestohlenes Geld weiterüberwiesen wird. Meist behalten sie einen geringen Betrag von dem Geld ein als Bezahlung für ihren Geldwäschedienst. Oft werden sie von den Kriminellen im Unklaren gehalten über den Hintergrund ihrer Tätigkeit.
Operational Technology OT	OT meint Hardware und Software zum Betrieb technischer Industrieanlagen und zur direkten Steuerung dieser Anlagen.
Patch	Update einer Software, um eine Sicherheitslücke zu schließen: Ein Flicken quasi, der eine Lücke im Code schließt wie ein Loch in der Hose – dann ist der Code »gepatcht«.
Payload	Der Begriff Payload – auch Nutzlast oder nachgeladener Schadcode – sagt aus, was eine Schadsoftware auf dem Computer eines Opfers tut: beispielsweise Daten zu verschlüsseln oder zu löschen oder anderen Schaden anzurichten. Immer mal wieder wurde diese Payload nicht gefunden: Dann verbreiten sich Viren zwar, richten aber keinen Schaden an. Im Falle eines Botnetzes können die Angreifer:innen die Payload aber nachladen und auch verändern.
Pen-Tester:in	Pen-Tester:innen decken Sicherheitslücken mit guter Absicht auf, um diese dann schließen zu lassen. Sie werden häufig von Unternehmen selbst beauftragt, um deren Systeme auf Sicherheitslücken zu überprüfen, indem sie diese von außen angreifen (sogenanntes Penetration-Testing).
Phishing-E-Mail	E-Mails mit dem Ziel, die Angeschriebenen dazu zu bewegen, bspw. einen schädlichen Anhang oder Link anzuklicken oder Informationen preiszugeben.

Ransomware	Eine Art Erpressungsversuch durch Schadsoftware: Die Malware verschlüsselt die Inhalte eines Computers oder ganzer Rechnerstrukturen, und erst nach Zahlung eines Lösegelds (ransom) wird – manchmal – der Rechner wieder entschlüsselt. Neuerdings werden Daten nicht unbedingt verschlüsselt, sondern es wird mit deren Veröffentlichung gedroht, wenn die betroffenen Unternehmen kein Lösegeld bezahlen.
Reverse Engineering	Reverse Engineering versucht die Funktionsweise und die Interna von außen ohne Einblick in das System offenzulegen. Dazu kann die Rückübersetzung von Binärcode in Programmcode gehören, oftmals reicht aber auch, von außen nutzbare Programmfunktionen zu erkennen. Da es für die Rückübersetzung von Binärcode in Programmiercode keine eindeutige Lösung gibt, kann es immer nur eine Annäherung sein, eine mögliche Repräsentation.
Sandboxing	Sandboxing heißt eine Methode, die einen bestimmten Teil des Computers – z. B. den Browser – vom Rest des Computers abtrennt und so verhindert, dass Computerviren auf diesem Weg in den Rechner eindringen bzw. sich verbreiten können.
SCADA-System	Das Computersystem industrieller Steuerungsanlagen wird als SCADA-System bezeichnet, die Abkürzung SCADA steht für »Supervisory Control and Data Acquisition«, also für Überwachung, Steuerung und Datenerfassung.
SMB	SMB bedeutet Server Message Block und ist ein Kommunikationsprotokoll, das es ermöglicht, in lokalen Netzwerken Daten zwischen einem Client und einem Server zu übertragen – beispielsweise um einen Drucker zu benutzen oder auf Dateien zugreifen zu können.

Sinkhole	Eine von Sicherheitsforscher:innen eingerichtete »Falle«, die Angriffe von Botnetzen umlenken und damit unschädlich machen soll.
Spam-E-Mails	Spam-E-Mails werden auch als Junk-E-Mails bezeichnet. Das sind massenhaft versendete, unerwünschte E-Mails: Von Kettenbriefen über Werbepost bis hin zu E-Mails mit schädlichen Anhängen wird alles unter diesem Begriff zusammengefasst, was unaufgefordert in einem E-Mail-Postfach landet.
Spear-Phishing-E-Mail	Auf eine Person abzielende und personalisierte E-Mails mit dem Ziel, die Angeschriebenen dazu zu bewegen, bspw. einen schädlichen Anhang oder Link anzuklicken oder Informationen preiszugeben.
Speicherprogrammierbare Steuerung (SPS)	Eine SPS einer Industrieanlage erlaubt es Programmierern, eine entsprechende Steuerungssoftware zunächst auf einem (meist Windows-)Computer zu programmieren und dann auf die SPS hochzuladen, die dann die Maschine steuert.
Supply-Chain-Attacke	Ein Angriff, der an der schwächsten Stelle einer Lieferkette ansetzt und darüber ein gesamtes Netz attackieren kann. Auf Deutsch auch Lieferkettenangriff.
TeamViewer	Eine Software für den Fernzugriff und damit auch für die Fernwartung von Computern. Sie wird aber auch von Kriminellen genutzt, um Zugriff auf den Computer des Opfers zu bekommen.
Treiber	Ein Treiber ist ein Programm, das an einen Computer angeschlossene Geräte verwaltet. Durch ihn können diese mit dem Computer kommunizieren – sie werden also normalerweise installiert, wenn eine neue Hardware angeschlossen wird, beispielsweise ein Drucker.

Trojaner	Schadsoftware-Variante, die oft über schadhafte Anhänge auf den Computer gelangt, sich dort installiert und im Hintergrund ihre Funktion erfüllt, z. B. das Opfer auszuspionieren oder Passwörter auszulesen.
VirusTotal	VirusTotal ist ein Portal von Google, das die Antivirenprogramme von 70 verschiedenen Anbietern nutzt, um Dateien auf Schadsoftware hin zu untersuchen. Jeder kann dort kostenlos verdächtige Dateien hochladen und bekommt in Echtzeit angezeigt, ob sich darin bekannte Computerviren und Schadsoftware befinden. Allerdings sollte man das nicht mit vertraulichen Dokumenten tun, da die zahlenden Kund:innen des Dienstes Zugriff bekommen auf alles, was hochgeladen wird.
Wörterbuch-Attacke	Bei dieser Form des Angriffs werden automatisiert existierende Wörter und bereits geleakte Passwörter durchprobiert, um Zugang zu einem Account oder System zu bekommen.
Wurm	Ein sich selbst vervielfältigendes Schadprogramm (Virus) nennt man auch Wurm oder Computerwurm.
Zero-Day	Zero-Days sind Sicherheitslücken, die erst kürzlich entdeckt, aber noch nicht an das betroffene Unternehmen gemeldet wurden und von daher auch noch nicht geschlossen sind. Zero-Days, also Null-Tage, bezieht sich auf die Zeit, die Unternehmen, um die Sicherheitslücken in ihren Programmen zu schließen – und da sie es in diesem Fall noch gar nicht wissen, können sie auch noch keine Updates zur Verfügung stellen. Von daher sind solche Sicherheitslücken extrem attraktiv für Angreifer:innen, denn sie sind die Garantie dafür, mit Schadsoftware auf beinahe jeden Computer durchdringen zu können.

Zertifikate Zertifikate sind die Basis für das Vertrauen im Internet. Es ist ein sicheres kryptografisches Verfahren, das Software gegenüber dem Computer als legitim ausweist. Oftmals werden dafür asymmetrische kryptografische Verfahren genutzt, die auf privaten und öffentlichen Schlüsseln beruhen. Die Hersteller können damit ihre Produkte fälschungssicher signieren, und Computer können überprüfen, dass die Software tatsächlich von jenem Hersteller kommt.

Was ich noch zu sagen hätte

Ein Buch zu schreiben ist ein Abenteuer. Bei diesem Abenteuer haben mich zahlreiche Menschen begleitet und unterstützt, sodass es ein wunderbarer Prozess war. Ohne das Feedback, die Kritik, die Aufmunterung und das Für-mich-da-Sein meines Umfelds wäre dieses Buch nicht so, wie es ist. Sehr viele Menschen waren in diesem Jahr relevant und wichtig für mich und meine Arbeit, viele haben mich im Hintergrund unterstützt – und manche haben vielleicht nicht einmal gemerkt, wie sie dieses Buch mitgeprägt haben. Ich habe unendlich viele Gespräche geführt, und oft war es nur ein Halbsatz, der mich ins Nachdenken gebracht und einem Kapitel noch mal einen neuen Dreh gegeben hat. Es ist unmöglich, all diese Menschen hier persönlich zu nennen – aber wer in den vergangenen anderthalb Jahren Kontakt mit mir hatte und mit mir über seine oder ihre Erfahrungen im Bereich Cybersecurity und Hacking, aber auch Psychologie, Mensch-Maschine-Interaktion, Manipulation, Spionage und vieles mehr gesprochen hat, hat mit großer Wahrscheinlichkeit dieses Buch mitgeprägt. Ich danke euch allen!

Persönlich bedanken möchte ich mich:
- Bei meiner Freundin und Kollegin Andrada Fiscutan, einer ganz wunderbaren Wissenschafts- und Technikjournalistin aus Rumänien, für die vielen spannenden Diskussionen in Cambridge, für ihre tollen Ideen und ihre wertvollen Hinweise für dieses Buch, für unzählige Tipps, für motivierende Videokonferenzen und für ihren Humor.
- Bei meiner Familie, die nicht nur in stressigen Phasen geduldig mit mir ist, sondern mir auch den Rücken freihält und Ar-

beitszeiten außer der Reihe inzwischen mit einem spöttisch-verständnisvollen »jaja, nur noch eine E-Mail«-Spruch kommentiert: Bitte entschuldigt, ich kann nicht versprechen, ob ich mich je ändere. Ich denke jedes Mal, es ist wirklich nur noch schnell eine E-Mail – und dann fällt mir noch was ein und noch was und noch was …

- Bei meinen lieben Freundinnen Miriam Hesse und Sandra Lichtenfeld, die unermüdlich mein Manuskript in verschiedenen Phasen gelesen und mir wertvolles Feedback gegeben haben. Ohne sie wäre dieses Buch nicht nur viel unleserlicher, ohne sie wäre auch der Prozess des Schreibens freudloser gewesen. Die Diskussionen haben mich angespornt und motiviert. Diese beiden ersten Leserinnen meines Buchs waren unendlich wertvoll für mich, um dranzubleiben und das Gefühl zu haben, auf der richtigen Spur zu sein. Danke für eure Aufmunterungen und eure vielen Tipps!
- Bei meiner Lektorin Caroline Draeger für ihr beeindruckendes Gespür für die Feinheiten von Sprache und dafür, dass sie mich bei jeder zu direkten Übersetzung aus dem Englischen ertappt und jedes Mal einen sehr guten Alternativvorschlag ergänzt hat.
- Bei meiner Agentin Barbara Wenner für die inspirierenden Gespräche, für ihr Dranbleiben, ihre verbindliche wunderbare Unterstützung im Ideen- und Strukturierungsprozess und für ihre wertvolle Hilfe beim Feilen am Konzept für dieses Buch.
- Bei meinem Verlag und insbesondere Elisabeth Schmitten für die offene und unkomplizierte Zusammenarbeit, für das große Vertrauen und die wunderbaren Freiheiten im Schreibprozess.
- Bei der Sicherheitsforscherin Bianca Kastl für die Faktenprüfung des Glossars und wichtige fachliche Hinweise – und vor allem für die Spontaneität nach meinem Jetzt-oder-nie-Überfall mitten im Sommerloch.
- Bei allen, die in diesem Jahr an anderen Projekten mit mir gearbeitet haben und zurückstecken mussten, die sich wunder-

ten über längere Reaktionszeiten meinerseits und die das Wort
»Buch« heimlich auf ihre »Will-ich-nicht-mehr-von-Eva-hö-
ren«-Liste gesetzt haben und trotzdem geduldig und verständ-
nisvoll waren, und bei allen meinen Freund:innen, denen es
ähnlich ging und die mich trotzdem in diesem Jahr ertragen,
unterstützt und aufgemuntert haben.

• Und natürlich bei den Wichtigsten: Bei allen Interviewpart-
ner:innen für ihre Zeit, ihre Offenheit und ihre Geduld, meine
unzähligen Fragen zu beantworten, und für all ihre Kreativität − nicht nur bei ihrer wichtigen Arbeit, sondern auch bei
ihrer Bereitschaft dafür, diese komplexen Themen einer breiten
Öffentlichkeit zu vermitteln. Die Offenheit ist nicht selbstverständlich, das weiß ich aus meiner täglichen Arbeit als Journa-
listin. Aber sie ist so wichtig. Ihre/eure Zeit ist ein wertvoller
Beitrag für die Gesellschaft und für ein besseres Leben im Digitalen und damit auch im Analogen.